当代浙江学术文库
DANGDAI ZHEJIANG XUESHU WENKU
浙江省社科联省级社会科学学术著作出版资金资助出版（编号：2015CBQ04）
浙江省社科规划课题成果

厉鹗年谱长编

申屠青松 著

浙江工商大学出版社
ZHEJIANG GONGSHANG UNIVERSITY PRESS

图书在版编目(CIP)数据

厉鹗年谱长编 / 申屠青松著. — 杭州：浙江工商大学出版社，2016.6

ISBN 978-7-5178-1643-0

Ⅰ. ①厉… Ⅱ. ①申… Ⅲ. ①厉鹗(1692—1752)—年谱 Ⅳ. ①K825.6

中国版本图书馆 CIP 数据核字(2016)第 106690 号

厉鹗年谱长编

申屠青松 著

出 品 人	鲍观明
策划编辑	任晓燕
责任编辑	沈明珠　任晓燕
封面设计	林朦朦
责任校对	何小玲
责任印制	包建辉
出版发行	浙江工商大学出版社 (杭州市教工路 198 号　邮政编码 310012) (E-mail:zjgsupress@163.com) (网址:http://www.zjgsupress.com) 电话:0571-88904980,88831806(传真)
排　　版	杭州朝曦图文设计有限公司
印　　刷	杭州五象印务有限公司
开　　本	710mm×1000mm　1/16
印　　张	18
字　　数	313 千
版 印 次	2016 年 6 月第 1 版　2016 年 6 月第 1 次印刷
书　　号	ISBN 978-7-5178-1643-0
定　　价	49.00 元

浙江工商大学出版社营销部邮购电话　0571-88904970

凡　例

1. 厉鹗年谱，旧有贝信三《樊榭山房年谱》、朱文藻与缪荃孙《厉樊榭先生年谱》、陆谦祉《厉樊榭年谱》、孙克宽《厉樊榭年谱初稿》。贝谱草创，轮廓而已，其他三谱也比较简略，故有增订补充的必要。本稿所载为四谱考订得出者，皆予注明，据文集编年而得，或一望即知无须考证者，则不予注明。

2. 本书分正谱和后谱两部分，正谱叙厉鹗生前之事，后谱叙厉鹗身后之事，以明先生地位与影响之起伏变迁，内容包括友朋追怀、文献流传、后人评论，评论仅著荦荦大者，具体作品评论则从略。后谱所叙年月起自厉鹗逝世次年，即乾隆十八年(1753)，止于民国三十八年(1949)。

3. 本书纪年兼用年号、干支，并注明公元年份。月、日使用夏历，为免烦琐，不再转换成公历日期。

4. 本书正文用纲目体，事件为纲(宋体)，一事一题，征引文献及考证说明为目(楷体)，文献引用仅著有资说明本事的文字，以免内容繁夥，不便阅览。往来书翰及酬答诗文，若无必要，仅著篇目而已。援引资料如有文字、时地、名目、事实等方面的错误和异说，均加按语予以辨正。

5. 本书于有日期可考之事，悉按日期排列；具体日期不详者，则列于月内；月份不详者，则列于季节内；至季节亦无可考者，一般列于年末；年份不详之事，一般不载。

6.《樊榭山房集》中诗集已按编年排列，词、文及集外部分虽无编年，但如果未能考证具体日期，只列年份，亦无补于事。故本书于厉鹗诗文，涉及交游或有具体日期可考者著之，否则从略。

7. 本书以考述厉鹗行事为主，其诗文多涉及地理、史事、金石、书画之事，若无必要，考证一律从略。

8. 本书援引厉鹗著作，一般择要引录，佚作则全文抄录。为便于读者了解笔者所录厉鹗全部佚作，也因部分佚作无法系年，谱后特附录《厉鹗佚文辑存》一卷。

9. 为便于读者了解厉鹗所处时代的社会背景，本书择要采录历年时事，按照日期次序录于谱文之中，而不是录于每年谱文之前。

10. 交游对厉鹗的生活和创作影响重大，本书对于与厉鹗有交往者的活动状况，亦择要叙录。

11. 本书所涉及之同时人物，其生平小传，一般据现在资料或工具书介绍。凡出于今人研究、考证所得之结论，皆说明所本。未加说明者，属自家考证所得。未注生卒年份之人物皆为生卒年不详。

12. 本书后附征引书目，以供了解本书搜罗文献范围。征引书目只列引用材料者，其他参考之书则不列入。

目　　录

正　谱

康熙三十一年壬申(1692)　一岁

五月初二日辰时,先生生于杭州东园。

朱文藻与缪荃孙《厉樊榭先生年谱》:“嘉庆六年辛酉岁,得先生及侧室朱孺人栗主。时何春渚(琪)方倡率同人葺新武林门外衖湾吴家桥苏家庙,以祀宋黄文节公,遂于祠右建清风阁,以祀先生。栗主为丁龙泓(敬)手题,其内陷云:‘樊榭先生行二,生康熙壬申年五月初二日辰时,卒乾隆壬申九月十一日辰时。’”《樊榭山房续集》卷八载吴凤华《寿樊榭先生六十诗》:“先生间史辰,五月蓂吐二。”先生《东城杂记序》:“杭城东曰东园,地饶水竹疏蓏,翛然清远,先君子因家焉。小子生于是,居已三十余年,凡五迁,未尝离斯地也。”

先生名鹗,字太鸿,又字雄飞,号樊榭、南湖花隐、西溪渔者,斋名曰樊榭山房、无尽意斋。

先生生时,有大鸟下庭中,文采甚异,遂取名曰鹗,字太鸿、雄飞。居近南湖,故自号南湖花隐。先世本慈溪,遂以“樊榭”名其居,一以示眷恋故土,二为慕仙远游。《浙江通志》卷十三“四明山”:“后汉刘纲为上虞令,与妻樊云翘居(潺湲)洞侧,后人立祠,有榭曰樊榭。”《松陵集》卷五陆龟蒙《四明山诗·樊榭》:“樊榭何年筑,人应白日飞。至今山客说,时驾玉麟归。乳蒂悬松嫩,芝台出石微。凭栏虚目断,不见羽华衣。”皮日休《奉和四明山九题·樊榭》:“主人成列仙,故榭独依然。石洞哄人笑,松声惊鹿眠。井香为大药,鹤语是灵篇。欲买重栖隐,云峰不售钱。”

先生祖上居慈溪戎历村(今掌起镇厉家村),后迁居杭州。世为平民,高祖恭,曾祖子良,祖大俊,小名阿六,父奇才,前母孙氏,母何氏。兄士泰,以贩卖烟叶为业。

尹元炜《溪上遗闻集录》卷八："戎、厉、柴、裘四姓，世居邑北乡，皆衰落，而厉姓尤微，至今无一人读书识字。而出隶外籍者，奕叶贵盛，邑中无与为比……厉鹗，字太鸿，号樊榭，为北乡厉氏冯家漕派，寄籍钱塘。"柴萼《梵天庐丛录》卷十："太鸿为北乡戎厉村人，自号樊榭，亦不忘四明之意。祖墓在今洋山殿东，名厉阿六坟头。阿六乃其祖小名也。太鸿亦尝至北乡，有《展拜先大父墓感赋诗》云：'吾祖坟头柏，先人血泪斑。生迟违抚养，侨籍隔家山。遗德耕种内，栖神恬漠间。酸辛才一别，酹草想音颜。'其眷恋故乡，情见乎辞矣。"全祖望《鲒埼亭集》卷二十《厉樊榭墓碣铭》："樊榭少孤家贫，其兄卖淡巴菰叶为业以养之，将寄之僧寮，樊榭不可。"

是年，黄宗羲八十三岁，毛奇龄七十岁，姜宸英六十五岁，朱彝尊六十四岁，吴农祥六十一岁，王士禛五十九岁，万斯同五十岁，洪昇四十八岁，查慎行四十三岁，冯景、景星杓四十一岁，丁文衡四十岁，汤右曾、项溶、徐逢吉三十七岁，吴允嘉三十六岁，万经三十四岁，赵执信三十一岁，陆奎勋、郑性二十八岁，方苞二十五岁，唐绍祖二十四岁，方粲如、梁文濂二十一岁，沈德潜、李绂二十岁，吴焯十七岁，周京、朱樟十六岁，傅王露、沈炳震、顾之珽十五岁，程梦星、陈撰十四岁，郑江、汪惟宪、华岩十一岁，张庚八岁，汪士慎、陆培七岁，金农六岁，马曰琯、符曾五岁，赵昱四岁，鲍鉁三岁，方士庶一岁。

十二月廿七日，陆陇其卒。

吴光酉、郭麟《陆稼书先生年谱》。陆陇其（1630—1693），字稼书，浙江平湖（今浙江省平湖市）人。康熙九年进士，官至四川道监察御史。为官清廉，学宗程朱，力诋陆王，为清代理学大家。著有《三鱼堂文集》等。

康熙三十二年癸酉（1693）　　二岁

是年，查为仁生。

查为仁（1693—1749），字心谷，号莲坡，顺天宛平（今北京市）人。康熙五十年举人，筑水西山庄，接引文士，与马曰琯小玲珑山馆、赵昱小山堂齐名。著有《蔗堂未定稿》四卷。

康熙三十三年甲戌(1694)　三岁

是年,严遂成生。

严遂成(1694—?),字崧瞻,号海珊,浙江乌程(今浙江省湖州市)人。历官知县、知州,尽职奉公,所至有声。诗兼雄奇绮丽之长,与先生齐名,又与先生、钱载、王又曾、袁枚、吴锡麒并称"浙西六家"。著有《海珊诗钞》《诗经序传辑疑》等。

康熙三十四年乙亥(1695)　四岁

七月初三日,黄宗羲卒。

全祖望《鲒埼亭集》卷十一《梨洲先生神道碑文》。黄宗羲(1610—1695),字太冲,号南雷,晚年自称梨洲老人,浙江余姚(今浙江省余姚市)人。与顾炎武、王夫之并称"清初三大儒"。著有《明儒学案》《南雷文定》等。

是年,姚世钰、桑调元、梁启心、吴震生、丁敬生。

姚世钰(1695—1749),字玉裁,号薏田,浙江归安(今浙江省湖州市)人。著有《孱守斋遗稿》等。

桑调元(1695—1771),字伊佐,号弢甫,浙江钱塘(今杭州市)人。雍正十一年进士,官工部主事。著有《兰亭考》《弢甫集》等。

梁启心(1695—1758),字首存,号蔎林,浙江钱塘(今杭州市)人,父文濂。乾隆四年进士,改庶吉士,授翰林院编修。著有《南香草堂诗集》。

吴震生(1695—1769),字长公,号可堂、南村,安徽歙(今安徽省歙县)人,迁居浙江仁和。贡生,入赀为刑部贵州司主事。著有《南村遗集》《太平乐府十三种》等。

丁敬(1695—1765),字敬身,号钝丁、龙泓山人,浙江钱塘(今杭州市)人。擅书画,尤工篆刻,为"浙派"鼻祖。著有《武林金石录》《砚林诗集》《砚林印款》等。

康熙三十五年丙子(1696)　　五岁

是年,杭世骏、胡天游、陈章、江源、张湄生。

杭世骏(1696—1773),字大宗,号堇浦,浙江仁和(今杭州市)人。雍正二年举人。乾隆元年召试博学鸿词,授编修,以直言罢官。与先生齐名,世称"厉杭"。著有《道古堂集》等。

胡天游(1696—1758),初名骙,字稚威,号云持,浙江山阴(今浙江省绍兴市)人。乾隆元年举鸿博,不第,以布衣终。善骈文,工书画,著有《石笥山房集》等。

陈章(1696—?),字授衣,号绂斋,别号竹町。浙江钱塘(今杭州市)人,寓居扬州。先生挚友。著有《孟晋斋诗集》等。

江源(1696—?),字岷山,号敬斋,浙江仁和(今杭州市)人。雍正二年举人,官直隶保定知府。

张湄(1696—?),字鹭洲,号柳渔,浙江钱塘(今杭州市)人。雍正十一年进士,官至兵科给事中。著有《柳渔诗钞》等。

康熙三十六年丁丑(1697)　　六岁

是年,梁诗正、殳涟、沈心生。

梁诗正(1697—1763),字养仲,号芗林,浙江钱塘(今杭州市)人,文濂子。雍正八年进士,授编修,官至东阁大学士,赠太傅,谥文庄。著有《矢音集》等。

殳涟(1697—1777),字千波,浙江仁和(今杭州市)人。官至卢氏令。

康熙三十七年戊寅(1698)　　七岁

以早慧称,是年始学为诗。

《樊榭山房集外诗》存杭世骏《游仙百咏序》:"朱异赋弓之岁,便解操觚。"楼锜《于湘遗稿》卷四《五哀诗·厉孝廉樊榭》:"七龄既开敏,学诗从何师。"全祖望《鲒埼亭集》卷二十《厉樊榭墓碣铭》:"读书数年,即学为诗,有佳句。是后，遂于书无所不窥。”

是年，刘大櫆、金肇銮生。

刘大櫆(1698—1779)，字耕南、才甫，号海峰，安徽桐城(今安徽省桐城市)人。与方苞、姚鼐并称桐城三大家。著有《海峰文集》等。

金肇銮(1698—1757)，字羽阶，号存斋，原籍安徽休宁(今安徽省休宁县)，居钱塘(今杭州市)，为先生诗弟子。杭世骏《道古堂文集》卷十二《金存斋遗稿序》："樊榭厉先生少为诸生时，尝教授吾里中，凡著录称弟子者皆能谐声病，事雕绘，前喁后于，联翩蔚起，存斋金五兄其一也。"

康熙三十八年己卯(1699)　八岁

七月初七日，王修玉卒。

王修玉(1626—1699)，字倩修，号松壑、恬翁，浙江仁和(今杭州市)人。与毛先舒、吴志伊等订诗文交，世称鹫山十六子。著有《历朝赋楷》等。

是年，姜宸英主顺天乡试，目昏不能视卷，为同官所欺，御史鹿佑参其纵恣行私。姜系狱，寻卒。

全祖望《鲒埼亭集》卷十六《翰林院编修湛园姜先生墓表》。姜宸英(1628—1699)，字西溟，号湛园、苇间，浙江慈溪(今浙江省慈溪市)人。康熙三十六年探花，授编修。擅书画，初以布衣荐修明史，与朱彝尊、严绳孙并称"三布衣"。著有《湛园未定稿》《苇间诗集》《西溟文钞》等。

是年，王曾祥、朱蔚、汪浦生。

王曾祥(1699—1756)，字麟征、王瞿，号茨檐，浙江仁和(今杭州市)人。诸生，与先生善。著有《静便斋集》等。

朱蔚(1699—1738)，字霞山，号西簃，浙江桐乡(今浙江省桐乡市)人。国子监生，先生友。著有《春明吟稿》。

汪浦(1699—1731)，字蘅洲，诸生，浙江仁和(今杭州市)人，先生弟子。以肺病卒，享年三十三。

康熙三十九年庚辰(1700)　九岁

是年，殳闻望生。

殳闻望(1700—1730)，原名继淞，字娄江，号万夫，浙江仁和(今杭州市)

人，举人。

康熙四十年辛巳(1701)　　十岁

是年，吴城、赵信、马曰璐、陈兆仑生。

吴城(1701—1772)，字敦复，号瓯亭，浙江钱塘(今杭州市)人。吴焯子，监生。著有《瓯亭小稿》等。

赵信(1701—?)，字辰垣、意林，浙江仁和(今杭州市)人。监生。著有《酕略》《秀砚斋吟稿》《同林倡和集》等。

马曰璐(1701—1761)，字佩兮，号半槎，安徽祁门(今安徽省祁门县)人。寓扬州，曰琯弟。著有《南斋集》。

陈兆仑(1701—1777)，字星斋，号句山，浙江钱塘(今杭州市)人。雍正八年进士，乾隆元年荐博学鸿词，授检讨，官至太仆寺卿。著有《紫竹山房集》等。

康熙四十一年壬午(1702)　　十一岁

四月初八日，万斯同卒于京邸，享年六十五岁。

钱仪吉《碑传集》卷一百三十一载黄百家《万季野先生斯同墓志铭》。万斯同(1638—1702)，字季野，号石园，浙江鄞县(今浙江省宁波市鄞州区)人。黄宗羲学生，清代浙东学派的代表人物。官修《明史》的主要编纂者，另著有《历代史表》《儒林宗派》《石园诗文集》等。

是年，朱彝尊《明诗综》蒇事，开雕于吴门白莲泾之慧庆寺。

杨谦《朱竹垞先生年谱》。朱彝尊(1629—1709)，字锡鬯，号竹垞，晚号小长芦钓鱼师，又号金风亭长，浙江秀水(今浙江省嘉兴市)人。康熙十八年举博学鸿词，以布衣授翰林院检讨，入值南书房，参加纂修《明史》。出典江南省试，后因疾，未及毕事而罢归。诗与王士禛齐名，时称"南朱北王"，词为浙西词派的创始者。著述甚丰，著有《经义考》《日下旧闻》《曝书亭集》等，编有《词综》《明诗综》等。

是年，查慎行撰《苏诗补注》成，凡五十卷。

陈敬璋《查他山先生年谱》。查慎行(1650—1727)，初名嗣琏，字夏重，后改名慎行，字悔余，号他山，又号初白，浙江海宁(今浙江省海宁市)人。

康熙四十二年进士,官至翰林院编修。雍正四年,受弟查嗣庭讪谤案牵连,以家长失教获罪,被逮入京,次年放归,不久去世。著有《敬业堂集》等。

是年,金甡、施安、吴颖芳、沈廷芳生。

金甡(1702—1782),字雨叔,号海住,浙江仁和(今杭州市)人。乾隆七年一甲头名进士,官至礼部侍郎。著有《今雨堂诗墨》等。

施安(1702—?),字竹田,号石友、南湖老渔,浙江仁和(今杭州市)人。著有《旧雨斋集》等。

吴颖芳(1702—1781),字西林,号临江乡人,浙江仁和(今杭州市)人。世业商贾,赴试尝遇隶诃,遂绝意仕进,流连山水以终。著有《临江乡人诗集》。

沈廷芳(1702—1769),字畹叔、荻林,号椒园,浙江仁和(今杭州市)人。乾隆元年举博学鸿词,官至山东按察使。著有《隐拙斋集》等。

康熙四十二年癸未(1703)　　十二岁

四月,查慎行第进士。

陈敬璋《查他山先生年谱》。

是年,金农初学诗,遇耆英宿儒高会,辄褰裳从之。同里项溶引为小友,尝曰:"子诗度越时彦,举体便佳,梵夹道藏,不可偏废。"

金农(1687—1764),字寿门,浙江钱塘(今杭州市)人。"扬州八怪"之一,诗、书、画皆名擅一时,以布衣终。著有《冬心先生集》等。

项溶(1656—1718),字霜田,浙江钱塘(今杭州市)人。监生,屡试不售,归而从酒人游。著有《耘业堂遗稿》,朱彝尊称其诗"恢奇雄鹜"。先生《东城杂记》载其生平,并录诗三首,末云:"评者有元和大历间风骨,洵不诬也。"

是年,华岩迁杭州,以画技猎食。

徐逢吉《新萝山人离垢集题辞》:"忆康熙癸未岁,华君由闽来浙,余即与之友。"华岩(1682—1761),字秋岳、空尘,号新罗山人、离垢居士。福建上杭(今福建省上杭县)人,侨寓杭州,善画。

是年,齐召南生。

齐召南(1703—1768),字次风,号琼台、息园,浙江天台(今浙江省天台县)人。乾隆元年举博学鸿词,授庶吉士,官至礼部侍郎。著有《宝纶堂集》等。

康熙四十三年甲申(1704)　　十三岁

六月初一日,洪昇由江宁返杭州,途经乌镇,酒后登舟,堕水而亡,享年六十岁。

阮元《两浙辅轩录》卷四王著《挽洪昉思》。洪昇(1645—1704),清代戏曲家、诗人。字昉思,号稗畦,又号稗村、南屏樵者,浙江钱塘(今杭州市)人。著有传奇《长生殿》、诗集《稗畦集》等。洪昇诗学王士禛,先生友徐逢吉即出其门。

六月初八日,阎若璩卒,享年六十九岁。

张穆《阎潜丘先生年谱》。阎若璩(1636—1704),字百诗,号潜丘。山西太原(今山西省太原市)人,侨居淮安山阳(今江苏省淮安市)。清代朴学大师,著有《古文尚书疏证》《眷西堂集》等。

六月,宋荦选刻王式丹、吴廷桢、宫鸿历、徐昂发、钱名世、张大受、管棆、吴士玉、顾嗣立、李必恒、蒋廷锡、缪沅、王图炳、徐永宣、郭元釪之作为《江左十五子诗选》。

宋荦《西陂类稿》卷四十九《漫堂年谱》。康熙刊本《江左十五子诗选》前有康熙癸未且月宋荦自序。

十月,王士禛辞官归里。

蒋寅《王渔洋纪事征略》。王士禛(1634—1711),字子真,另字贻上,号阮亭,晚号渔洋山人,山东新城(今山东省桓台县)人。顺治十五年进士,官至刑部尚书。著有《池北偶谈》《渔洋山人集》等。王士禛为康熙诗坛领袖,论诗主神韵,影响深远,清人无出其右者。

是年,金农结识上绪、吴农祥,吴称其诗。得诸老鼓励,金益刻苦攻诗,卒为乡里所称。

金农《冬心先生集》卷首自序:"予赋性幽敻,少耽索居味道之乐。有田几棱,屋数区,在钱塘江上。中为书堂,面江背山。江之外又山无穷,若沃州、天姥、云门、洛思诸峰岭,群欲褰裳涉波昵就余者。于是目厌烟霏,耳饱澜浪,意若有得。时取古人经籍文辞,研披不闲昕夕,会心而吟,纸墨遂多。然犹不自慊,近交里闬二三能言之士,大抵多与予同其好。林壑间俊僧隐流,钵单瓢笠之往还,复饶苦硬清峭之思,相与摅发抉擿,尽取高车影缨辈所不至之境,不道之语,而琢之缋之,由是世遂比数予于诗人。予翻然秘匿,惧其隘而不广于见闻,直而不惬于比兴,瘠而不腴于枝叶,笑覆陆机之瓿屡矣。”

上绪(? —1724),字亦谙,初居涵青院,后主相国寺。著有《钵后集》。

吴农祥(1632—1708),字庆百,号星叟,浙江钱塘(今杭州市)人。康熙十八年举博学鸿词,不中。工诗古文,客大学士冯溥门下,与陈维崧、毛奇龄、吴任臣、王嗣槐、徐林鸿号“佳山堂六子”。著有《西湖水利考》《流铅集》等。

是年,汪沆、张云锦、张熷生。

汪沆(1704—1784),字师李、西灏,号槐堂、艮园,浙江仁和(今杭州市)人。乾隆元年试博学鸿词,不利。著有《槐塘诗稿》《槐塘文稿》等。

张云锦(1704—?),字龙威,号铁珊、艺舫,浙江平湖(今浙江省平湖市)人。著有《兰玉堂集》等。

张熷(1704—1750),字曦亮,号南漪,浙江仁和(今杭州市)人。乾隆九年副榜贡生。著有《读史举正》《南漪遗集》等。

康熙四十四年乙酉(1705)　　十四岁

四月初三日,玄烨南巡抵杭州。初五日于演武场检阅八旗、绿营官兵。初七日移驻西湖行宫,诏赦浙江、福建两省死罪以下罪犯,减等发落。初十回銮北返。

《圣祖实录》卷二百二十。

是年,先生三弟鹍、释篆玉、全祖望生。

厉鹍(1705—1731),字子山。

释篆玉(1705—1767),字让山,号岭云,俗姓万,浙江仁和(今杭州市)人。与先生善。著有《话堕集》。

全祖望(1705—1755),字绍衣,号谢山,浙江鄞县(今浙江省宁波市鄞州区)人。乾隆元年进士,选翰林院庶吉士,次年即返里,后未出仕,专事讲学著述。曾主讲蕺山书院、广东端溪书院。著有《宋元学案》《鲒埼亭集》《全校水经注》等。

康熙四十五年丙戌(1706)　　十五岁

正月,翁嵩年将刊行陈祚明《采菽堂古诗选》,为作序,言及当时诗坛俱入宋元一派。

翁嵩年《采菽堂古诗选序》:"吾恐今日言诗者,俱入宋元一派,则古音几不可识矣。是编也,其亦有救时之苦心乎?山颓木坏以来,碌碌尘壒,未遑举以问世,今校士之暇,编辑而刊布之,以为后学津梁……康熙丙戌春正月西湖受业翁嵩年顿首谨序。"

陈祚明(1623—1674),字胤倩,号稽留山人,浙江仁和(今杭州市)人。明亡不仕,游学京师,卒于客邸。著有《稽留山人集》等。

翁嵩年(1647—1728),字康饴,号萝轩,浙江钱塘(今杭州市)人。康熙二十七年进士,官至广东提学。擅绘事。著有《白云山房集》等。

正月三十日,户部右侍郎汪霦、姚士藟因去年主考顺天乡试,"取士不公",遭革职,永不叙用。

《清史编年·康熙四十四年》。

汪霦,字昭采,号东川,浙江钱塘(今杭州市)人。康熙十五年进士,十七年举博学鸿词,授编修,官至户部侍郎。著有《东川日记》等。

姚士藟(?—1708),字绥仲,号华曾,安徽桐城(今安徽省桐城市)人,文燮子。康熙二十七年进士,官至左春坊赞善。著有《泳园诗文集》等。

二月,赵吉士卒于京师。

赵吉士(1628—1706),字天羽、渐岸,号恒夫,安徽休宁(今安徽省休宁县)人,入籍钱塘。顺治八年举人,历官交城知县、户科给事中、国子监学正等。著有《寄园寄所寄》《万青阁全集》等。

四月,金农渡罗刹江(钱塘江),至萧山访毛奇龄,毛激赏其诗。

陈康祺《郎潜纪闻二笔》卷九引金农《冬心先生续集序》:"丙戌,渡罗刹江,访九十一翁毛西河太史。至会稽禹穴,观窆石,作九言诗。太史激赏,夸示宾坐曰:'吾年逾耄耋,忽睹此郎君紫豪一管,能颠狂耶?"毛奇龄(1623—1716),字大可,又字于一、齐于,号秋晴、初晴,浙江萧山(今杭州市萧山区)人。明末廪生,曾参与抗清斗争,后亡命十余年。康熙十八年举博学鸿词,授翰林院编修。西河学问博赡,然挟博纵辩,多偏至之言。工书,善诗词。著有《西河合集》等。

是年,先生以文才称誉乡里。

《樊榭山房集外诗》卷首杭世骏《游仙百咏序》："兰成射策之年，即闻染翰。"

是年前后，陆奎勋、陆载昆于平湖举洛如诗社，成《洛如诗钞》，刊行。

张云锦《兰玉堂文集》卷十二《舅氏陆堂先生传》："丙戌、丁亥间，先生偕侄渔沧倡洛如诗社，先君亦与焉，湖中风雅，藉以振兴。"（光绪）《平湖县志》卷十七："陆载昆……举洛如诗社，陆氏十五人，益以亲知十五人。"叶之溶《小石林诗集》卷七有《洛如十子诗》，可知与社者有沈崃、孙眉光、陆竞烈、邵嵩、潘应奎、陆时杰、张培源、周朱耒、陆升嵘、陆邦烈等。叶之溶《小石林文外》："陆渔沧（载昆）举洛如吟社，吾湖能诗者皆集焉。一时擘笺洒翰，名句流传，所刊《洛如诗钞》六卷，海内风行。继起姚敏囦为赓花会，规条仿佛洛如，其诗正在梓行。"

陆奎勋（1665—1740），字聚缑，号坡星、陆堂，平湖（今浙江省平湖市）人。康熙六十年进士，改翰林院庶吉士，散馆，授检讨。著有《陆堂文集》等。

陆载昆，字伯玑，号渔沧，平湖（今浙江省平湖市）人，诸生，曾任《浙江通志》分纂。

沈崃，字涵中，号古民，平湖（今浙江省平湖市）人，岁贡生，博极群书，癖耽吟咏。著有《长水杂诗》。

陆竞烈，字懒真，平湖（今浙江省平湖市）人，庠生，工诗，著有《停云摈影集》。

邵嵩，字白崖，平湖（今浙江省平湖市）人，邵延龄子，监生。善诗古文。著有《白崖诗集》，另与柯弘祚辑有《宋诗删》。

潘应奎，字星伯，号今尼，平湖（今浙江省平湖市）人，诸生，工诗，洛如诗社中推为翘楚。

陆时杰，字耳莹，号力夫，平湖（今浙江省平湖市）人，增广生，工骈体，著有《广舆要览》等。

张培源（1683—1708），字江亭，别字莼乡，平湖（今浙江省平湖市）人，张云锦父。著有《吟香诗稿》《吟香文稿》等。

周朱耒（1675—1727），字象益，吴江（今江苏省吴江市）人，朱彝尊外孙，补秀水诸生，官知州。著有《童初室诗文稿》等。

陆邦烈，字乂超，平湖（今浙江省平湖市）人，毛奇龄弟子。著有《圣门释非录》等。

是年，符之恒、吴高增、吴爚文、余元甲、申甫、江昱生。

符之恒（1706—1738），字圣几，号南竹，浙江仁和（今杭州市）人。师事厉鹗，与同郡汪沆、王曾祥、杭世骏、张熷号"松里五子"。著有《秋声馆吟稿》。

吴高增(1706—?),字继长,号敬斋,浙江秀水(今浙江嘉兴市)人。诸生,桑调元弟子,曾任行唐县知县。著有《敬斋集》《玉亭集》等。

吴爚文(1706—1769),字朴庭、朴存,号文璞,浙江会稽(今浙江省绍兴市)人。著有《朴庭诗稿》等。

余元甲(1706—1765),字葭白、柏岩,号茁村,江苏江都(今江苏省扬州市)人。诸生,授内阁中书。著有《濡雪堂集》等。

申甫(1706—1778),字及甫,号笏山,浙江西安(今浙江省衢州市)人,寄籍江都(今江苏省扬州市)。乾隆元年举博学鸿词,未第,乾隆六年举人,官至都察院左副都御史。著有《笏山诗钞》。

江昱(1706—1775),字宾谷,一字松泉,原名旭,字才江,江苏江都(今江苏省扬州市)人。诸生,研精小学,与弟恂并称"广陵二江"。著有《松泉诗》等。

康熙四十六年丁亥(1707)　十六岁

四月初二日,康熙南巡至杭州,十二日,銮舆北返。期间,吴焯献所著书三册,玄烨命付内阁。

《圣祖实录》卷二百二十九。罗以智《新门散记》:"丁酉,翠华再幸,焯奏《岁华纪丽续编》十卷、《圣因寺志》四卷、《海潮集说》三卷,皆宣付内阁。"按:"丁酉"笔误,当作"丁亥"。吴焯(1676—1733),字尺凫,号绣谷,别号蝉花居士,安徽歙县(今安徽省歙县)人,侨居浙江钱塘(今杭州市)。筑瓶花斋,藏书不下数万卷,元钞宋椠,往往而在。博学多闻,精于小学,善作词,纡徐幽邃,惝怳绵丽,在清真、玉田诸人间。著有《药园诗稿》《玲珑帘词》等。

时吴兴诗社称盛,沈炳震以诗称誉乡里。

沈炳巽《权斋文稿》卷一《先兄东甫征君行略》:"初学王摩诘、柳子厚,中年独得力于东坡、山谷。丁亥、戊子之间,吾里举诗社,名流翕集,每月必会,会必有诗。每一诗出,诸公辄阁笔。"沈炳震(1678—1738),字寅驭,号东甫,浙江归安(今浙江省湖州市)人。乾隆元年举博学鸿词,未第。与先生善。著有《新旧唐书合钞》《增墨斋诗》等。

是年,金农读书金阊,入何焯之门,焯赏其诗。

金农《画竹题记》:"康熙丁亥予读书于先师何义门先生家。"按:汪师韩

《诗学纂闻》:"友人有曾游于何义门先生之门者,尝言刘随州诗:'细雨湿衣看不见,闲花落地听无声。'先生家有宋椠本,乃是'闲花满地落无声',盖花已落地,更何可听? 古人不沾沾以'听'对'看'也。余始闻而信之。"笔者猜测此"友人"很可能就是金农。何焯(1661—1722),字屺瞻,号义门,江苏长洲(今江苏省苏州市)人。清初著名学者,官至翰林院编修。著有《义门读书记》等。

是年,鲍珍授长兴令。

全祖望《鲒埼亭集》卷十九《杭州海防草塘通判辛浦鲍君墓志铭》:"辛浦二十即知浙江之长兴县,几十年以病去官,寻再知长兴,亦几十年。其考最者累矣,而不知迁。最后大府以便宜擢之为盐运嘉松分司通判,而部议又格之,于是三知长兴。盖其筮仕在圣祖仁皇帝四十六年,历三世至今上之七年,犹在长兴。大府至者皆为称屈,乃稍移之知嘉兴,又移之海宁,寻擢为草塘通判。"鲍鉁(1690—1748),字冠亭、西冈,号辛圃。山西应州(今山西省应县)人,后入汉军旗籍。曾官浙江长兴知县、嘉兴府海防同知。诗学渔洋,全祖望谓之"丰赡流丽,自然合度"。著有《道腴堂诗编》等。

是年,江南大旱。

《清史编年·康熙四十六年》。

康熙四十七年戊子(1708)　　十七岁

六月,章世丰、章世观伯仲邀同人集南湖沈氏水轩,诗酒流连,成《南湖倡和集》,会者王建章、卢之翰、景星杓、丁文衡、王德璘、朱咸、郭用锡、俞起蛰、宋凤池、王嘉树暨章氏伯仲凡十二人。

章世丰编《南湖倡和集》。

七月十六日,吴农祥卒。

钱仪吉《碑传集》卷一百三十九方楘如《吴征君农祥传》。

八月十二日,张培源卒。

张云锦《兰玉堂文集》卷十五《先考吟香府君行状》。

是年,金农怀刺访朱彝尊,朱赏其诗才。

陈康祺《郎潜纪闻二笔》卷九引金农《冬心先生续集序》:"读书吴中,秀水朱检讨在慧庆寺主东南诗盟,怀刺往谒。检讨出迎笑曰:'子非秀水周林张高士宅赋《木莲花》钱塘金二十六乎? 吾齿虽衰脱,犹能记而歌也。"

是年，钱载生。

钱载(1708—1793)，字坤一，号萚石，又号匏尊，晚号万松居士、百幅老人，浙江秀水(今浙江省嘉兴市)人。乾隆十七年进士，官至礼部侍郎。钱载为秀水诗派的领袖，著有《萚石斋诗集》等。

康熙四十八年己丑(1709)　　十八岁

四月，李绂、唐绍祖、戴名世第进士。

《明清进士题名碑录索引》

李绂(1673—1750)，字巨来，号穆堂，又号巨洲，江西临川(今江西省抚州市临川区)人。历官编修、侍讲学士、内阁学士、左副教御史。康熙六十年，充会试副考官，以隐匿不奏，落第士子围其门起哄，夺官。旋复官。雍正二年，官广西巡抚、直隶总督。雍正五年，坐大小二十一事，当斩，免死，令修《八旗通志》。乾隆间，官光禄寺卿，迁内阁学士。著有《春秋一是》《朱子晚年全论》《陆子学谱》《别稿》《穆堂诗文钞》等。

唐绍祖(1669—1749)，字次衣，号改堂，江苏江都(今江苏省扬州市)人。由刑部主事累迁湖州知府，入为刑部员外郎，告归卒。著有《改堂文钞》。

戴名世(1653—1713)，字田有，号褐夫、南山，别号忧庵，安徽桐城(今安徽省桐城市)人。官编修，以《南山集》案惨遭杀戮。

十月十三日，朱彝尊卒。

杨谦《朱竹垞先生年谱》。

是年，赵一清生。

赵一清(1709—1764)，字诚夫，号东潜，浙江仁和(今杭州市)人，赵昱子，监生。著有《水经注释》《三国志补注》《褚堂闾史》《东潜诗文稿》等。

康熙四十九年庚寅(1710)　　十九岁

六月，闲居寡欢，作游仙诗以寄意，成百首，名曰《游仙百咏》，自序之。

《樊榭山房集外诗》卷七《游仙百咏》序云："《游仙诗》，自晋郭景纯倡之，逮唐曹尧宾、明马鹤松连篇累牍，奇艳可诵。予闲居寡欢，偶尔缀韵，辄成百章。大要游思呓语，杂以感慨，玉茗先生所谓'事之所无，安知非情之所有'者也。且灵均作骚，尚托于云中君、湘夫人，其亦庶几不悖作者之意乎？有好事者出而读之，词虽不工，聊当龟兹一觉云尔。康熙庚寅六月，樊榭山人自题。”

是年，《游仙百咏》付梓，颇得时人赞誉。

厉鹗《再续游仙百咏序》：“曩作前、后《游仙》凡二百首，《前游仙》已雕板，不揣荒鄙，颇有嗜痂。”

是年，先生丁父忧。

《樊榭山房集》卷六《题三弟子山遗诗后序》：“予少孤露，弟仅六龄，零丁危苦，相依至今凡二十一年。”厉鹍生于康熙四十四年，推算先生父当卒于是年。

康熙五十年辛卯(1711)　　　二十岁

是年，从杭机游，得交杭世骏。杭机命二子世瑞从先生学。

《樊榭山房文集》卷五《杭可庵先生遗像记》：“犹忆鹗弱冠时，从先生游……先生命其少子执经于鹗，而堇浦亦时相过，以文辞往复。”杭机，号可庵，浙江仁和(今杭州市)人，杭世骏父。著有《艺余类稿》。

时与吴焯、杭世骏、沈嘉辙、符曾游赵昱、赵信园，诗酒流连为乐。

杭世骏《道古堂文集》卷九《赵谷林爱日堂吟稿序》：“余少时锐意科举之学，先师又禁不得为诗，后得交于赵氏谷林昆季。谷林有园亭，甲于通邑，其时沈个庭、符药林两诗人皆主其家。尝所往来，吴明经绣谷、厉孝廉樊榭及余三人，则蒋径之羊求也。霜宵雪昼，时过二林吟屋，效刘、白之倡酬，斗孟、韩之联句，余乃稍稍自见。”

沈嘉辙(？—1733)，字栾城，号个庭，浙江仁和(今杭州市)人。按：沈父名荪，字涧芳。康熙二十九年举人，五上春官不售，遂不复谒选，晚年得湖南攸县知县，复以年老见斥。少从王士禛游，与查慎行、朱昆田友善。著有《梵夹集》《南史识小录》《北史识小录》等。

符曾(1688—1764)，字幼鲁，号药林，浙江钱塘(今杭州市)人。诸生。著有《赏雨茅屋小稿》等。

赵昱(1689—1747)，原名殿昂，字功千、谷林，浙江仁和(今杭州市)人。贡生。筑小山堂，藏书数万卷。著有《爱日堂吟稿》等。

五月十一日，王士禛卒。

蒋寅《王渔洋纪事征略》。

十月，戴名世《南山集》案发，方苞以作序被逮下狱。

戴廷杰《戴名世年谱》。初方孝标撰《滇黔纪事》，记录南明永历之事。戴名世著《南山集》，南明史事多采自《滇黔纪事》。康熙四十一年，《南山集偶钞》辑成时，方苞、朱书作序，尤云锷、方正玉捐资刊行。本年十月，左都御史赵申乔疏参戴名世"私刻文集，肆口游谈，倒置是非，语多狂悖"。玄烨下旨严察审明。方苞(1668—1749)，字凤九，又字灵皋，晚号望溪，安徽桐城(今安徽省桐城市)人。康熙四十五年进士，官至内阁学士。桐城派文学创始人。著有《望溪文集》等。

是年，邵廷采卒。

邵廷采(1648—1711)，原名行中，字九思、允思，号念鲁，浙江余姚(今浙江省余姚市)人。诸生，讲学姚江书院十七年。著有《思复堂文集》等。

是年，释明中、张四科生。

释明中(1711—1767)，初名演中，字大恒，号烎虚，一号啸崖，俗姓施，浙江桐乡(今浙江省桐乡市)人。晚主杭州圣因寺，兼摄天竺讲席，移住净慈寺。乾隆南巡赐紫衣三次。著有《烎虚大师遗集》。

张四科(1711—?)，字喆生，号渔川，陕西临潼(今陕西省临潼区)人。居扬州，业盐，招致宾客，接济穷士，一时称盛。著有《宝闲堂集》等。

康熙五十一年壬辰(1712)　　二十一岁

四月，沈树本、程梦星第进士。

《明清进士题名碑录索引》。

沈树本(1671—1743)，字厚余，号操堂，别号轮翁，浙江归安(今浙江省湖州市)人。官编修。生性恬淡，喜奖进后学。著有《竹溪诗略》等。

程梦星(1679—1755)，字伍乔、午桥，号洴江、香溪，江苏江都(今江苏省扬州市)人。改庶吉士，授翰林院编修，后四年，以母丧归，不复出，与一时名流诗酒往还为乐。著有《今有堂诗集》《茗柯词》《李义山诗集笺注》等。

是年，万光泰、查岐昌生。

万光泰(1712—1750)，字循初，号柘坡，浙江秀水(今浙江省嘉兴市)人。乾隆十五年举人。著有《柘坡居士集》十二卷。

查岐昌(1712—1761)，字药师，号岩门，浙江海宁(今浙江省海宁市)人，查慎行孙，父克念。诸生，工诗。

康熙五十二年癸巳(1713)　二十二岁

二月,《南山集》狱决,戴名世斩立决,其家人从宽治罪,方孝标戮尸枭示,子方登峰等免死并其妻子充发黑龙江。受牵连之汪灏、方苞等免治罪,入旗,尤云锷、方正玉免死,徙其家。

戴廷杰《戴名世年谱》。

二月廿五日,顺天乡试舞弊案狱决。初,顺天乡试解元查为仁之父查日昌,请人为其子代笔,贿买书办,传递文章,事发后脱逃被获,处斩监候,查为仁及书役龚大业处绞监候,代作文章之邵坡革去举人,杖徙,失察之御史常春、李弘文罚俸一年。

《清史编年·康熙五十二年》。

三月,检箧得《游仙百咏》旧稿,更定十二首。

《樊榭山房集外文》:"庚寅岁,长夏无事,为《游仙诗》百首,手录二帙,一为海昌徐雍昭持去,一为友人杭大宗持去。今年春,检箧得旧稿读之,复更定十二首。杨修不云乎:'悔其少作。'因复录成一编,所谓'只可自怡,不堪持赠'者也。癸巳暮春,西溪渔者又识。"

六月初八日,撰成《再续游仙百咏》,合前所作《游仙百咏》《续游仙百咏》,凡三百首。自序之,并请杭世骏为作序。

《樊榭山房集外诗·游仙百咏序》:"柏梁台上,曾传《五岳》之图;金马署中,亦著《十洲》之记。龙师与鱼吏俱升,桂父偕茅君共举。游戏紫清之上,翱翔碧落之中。桐峰梓瑟,倚歌而和皇娥;湘水瑶琴,弹曲而迎帝子。《玄云》新韵,久唱璇宫;《黄竹》旧词,犹留瀛岛。乐哉仙乎!斯其至矣。然而东海枣花,空忆齐侯之语;西池桃核,莫延汉帝之年。是则尘缘未断人间,烟路遂遥天上。乃有抽思幽秘,发藻鲜妍,翦月为心,镂霞作想。《云君》《太乙》,体虽诞而不删;佚女羽人,意似夸而有取。参军调逸,爰咏《升天》之篇;子建才高,遂有《步虚》之作。至于宏农之始倡,实为屈子之余波,事虽寄于游仙,情则等于感遇,后有作者,咸步趋焉。此皆天情腾踔,清思雕华,淹蹶穷途,漂摇愁境。排云阊阖,思翻玉女之壶;追日虞渊,欲絷羲和之辔。尘迷赤县,将晞发于沧溟;唾弃齐州,拟伐毛于紫水。句飞兰露,滴尽金壶;纸叠桃花,喷成绣字。洞天福地之胜,常以神游;银台琼阙之间,奚劳气驭?诚可谓挥斥八极,逍遥九垓者矣。仆无凌云之才,有餐霞之癖。懒如中散,论或托于《养生》;贫似稚川,书未传夫《抱朴》。山居长啸，偶有遐心；萝户高吟，遂多逸兴。身非脉望，何曾三食琅函？腹愧鞠通，安得一餐墨海？譬彼学仙项曼，诡言渴饮流霞；好道长源，诈说馈来玉液。但以俗缘羁绁，尘网撄缠，与其作白眼以看人，何如问青天而搔首。于是效颦郭璞，学步曹唐，前后所为，数凡三百。瑶台梦破，唤起飞琼；洛浦舟回，拾残翠羽。曾无当于《风》《雅》，亦见摈于《庄》《骚》，持赠何堪，自娱而已。时当朱明届节，白日舒长。何方避暑，玄冰飞雪之丸；无计迎凉，鹄羽龙皮之扇。襞笺雪案，岂窥大酉之书？涤笔冰瓯，聊当龟兹之枕。康熙癸巳季夏八日，钱塘厉鹗题于寄圃之半舫斋。”

杭世骏序："盖闻皇娥既邈，韵不唱夫璇宫；穆满云遥，歌未传于瑶岛。月中桂树，羽士难逢；源里桃花，渔郎安在？天上乏骖鸾之客，人间无吐凤之俦。迨至庾开府仗清新之气，郭景纯用隽上之才，开生面于青宫，夺夜光于玄圃。然而辞多感慨，同坎懔之咏怀；调本轻淫，非列仙之本趣。难匹休乎子建，终见笑于钟嵘。仙咏难工，由来久已。厉先生太鸿者，玉皇香吏，暂谪尘寰；碧落侍郎，侨居瀛海。朱异赋弓之岁，便解操觚；兰成射策之年，即闻染翰。琅玕披腹，门无题凤之宾；珠玉为心，座有解龟之赏。一丸飞药，逢玮瑞于西山；九节菖蒲，遘商丘于北海。东华公子，旧是相知；南岳夫人，新为结客。凝神濯魄，原无俟于冰壶；洗髓伐毛，亦何须于紫水？乃琼霄有路，阆苑多歧，既非《感遇》之刘桢，讵作《娭邪》之赵壹？聊寄怀于玄远，遂托咏于《游仙》。数凡三百，谢家《蝴蝶》之篇；字过八千，倪氏《梅花》之制。洞中蕊简，始足挥毫；海上珊瑚，差堪架笔。月穿高树，依萝户以敲金；风度碧天，傍云窗而戛玉。江花满箧，种由琼草之田；潘锦连箱，裁作流霞之帔。行间冰雪，喷来即是玄霜；腕底蛟螭，泻出何殊碧海？笑驱素豹，盘桓墨椀之中；怒逐朱龙，游戏砚池之侧。昆仑袅袅，不用支筇；烟渚茫茫，何须买舶？苔笺十幅，俄成王屋之峰；缃帙一函，都是蓬莱之岛。以神仙为输写，借文翰为遨游，可谓尽名士之才情，极仙人之本色者矣！仆与先生云霞意气，泉石投交。架上琅函，共读《通明》之卷；篱边黄菊，曾倾陶令之杯。风义平生，兼之师友；相逢今日，示以琼瑶。击节三终，何惜玉壶之缺；披吟数过，恍登银阙之遥。携来市上，谁不购以千金？若在床头，人自函其一部。斥曹唐于下座，谁曰不宜？坐何邵于庑间，佥云允称。引尊相对，聊当醽醁之浆；浣手高吟，除是蔷薇之露。书藏二酉，何用秕穅？纸贵《三都》，宁关玄晏？爰等兹于弁髦，敢用是为前驱。谨序。弟杭世骏拜撰。"

七月，查慎行乞休归里。

陈敬璋《查他山先生年谱》。

八月初五日，《佩文韵府》刊刻完毕，玄烨命刷印一千部。

《清史编年·康熙五十二年》。

十月十二日，"万寿恩科"会试，王敬铭等一百四十三人中式，万承苍、王国栋、任兰枝在其列。

《清史编年·康熙五十二年》。

万承苍(1683—1746)，字宇光，号孺庐，江西南昌(今江西省南昌市)人。官翰林院侍读学士，与李绂、全祖望善。通经史，善诗文，著有《孺庐诗文集》。

王国栋(？—1736)，字左吾，汉军镶红旗人。官至侍读学士，充陕西、广东乡试主考官，提督河南学政，授浙江观风整俗使，迁宗人府丞，擢湖南巡抚，终刑部侍郎。

任兰枝(1677—1746)，字香谷，号随斋，江苏溧阳(今江苏省溧阳市)人。授编修，雍正间累擢内阁学士兼礼部侍郎，宣谕安南，乾隆间授礼部尚书。著有《南楼集》。

是年，先生往来嘉兴、苏州、宜兴、无锡，贩卖烟叶，逐什一之利，间亦作诗。并为王路清《疏寮集》作序。

朱文藻《厉樊榭先生年谱》转引《疏寮集序》："近余道莺湖，过虎丘，临惠泉，往返于荆溪、锡山之间，遇一胜境，则必鼓棹而登。足之所涉，必寓诸目，目之所睹，必识诸心。自谓此行也，诗可盈箧矣。迨归检其稿，仅得八首，而其抑郁愤懑、欲吐而不得吐者，填塞胸臆间，几不复支。静求其故，终勿可得。盖余担囊作客，所闻者什一之筹，所接者会计之策，即遇山水，稍涤襟怀，而尘壒复垢，绝无文人翰士可角胜于笔墨之场。故每一搦管，旋复自弃，游虽多而诗则少。"按：先生兄士泰以贩烟叶为生，所谓"什一之筹""会计之策"当即此业。王路清，字宾远，号茸湖，浙江钱塘(今杭州市)人。雍正四年举人。著有《疏寮集》《茸湖诗钞》《蓟门游草》等。

是年，释上绪卓锡于葛岭涵青院。

陈景钟《清波小志补》："释上绪……癸巳，卓锡于葛岭涵青院。"

康熙五十三年甲午(1714)　　二十三岁

受汪坤之聘，馆听雨楼，汪浦、汪沆伯仲始从先生学。《樊榭山房集》编诗始于是年。

汪沆《樊榭山房文集序》："忆康熙甲午至戊戌，先生授经予家听雨楼，兄浦偕沆朝夕承提命。"汪沆《槐塘诗稿》卷一《听雨楼集序》："楼在厅东偏，余兄弟辈从游樊榭厉先生授经之地也。听雨楼为先生命名，金丈寿门曾为书额。先生复教以声律之学，积久成帙。乾隆甲辰春，侄彭寿因诗卷丛杂，请为编次，自少作俱不可存，断自雍正丙午为始，得诗若干首。名'听雨'者，盖不忘在昔敦敦书案咿唔情事尔。"汪坤，字大隅，号舍亭，浙江仁和（今杭州市）人。康熙五十三年举人，官内阁中书。幼从毛奇龄游，深受毛氏推挹。著有《村乐堂集》等。

春，访金农，观所藏唐景龙观钟铭拓本。时金编辑《冬心斋石刻》。

《樊榭山房集》卷一《金寿门见示所藏唐景龙观钟铭拓本》。《樊榭山房集》附录四《轶事》："蔡朗馀先生《剩稿》云：'厉樊榭征君制意抽率，不修威仪，尝曳步缓行，仰天摇首，虽在衢巷，时见吟咏意。市人望见遥避之，呼为"诗魔"。''厉征君之诗词，与金农冬心书画，乡里齐名，人称"髯金瘦厉"。'"蔡焜，字朗馀，号木龛居士，浙江钱塘（今杭州市）人。活动于道光前后，任鹾务司会计。

春，游无门洞。

《樊榭山房集》卷一《游无门洞》。

六月廿三日，杭城大火，延烧二千余家，次日方息。

陈景钟《清波三志》。

夏，偕金农访汪熷于葵巷之东门，相与定交。

《樊榭山房文集》卷三《汪熷遗诗序》："康熙甲午夏，予偕金君寿门访次颜，相与定交。"汪熷，字次颜，浙江钱塘（今杭州市）人。擅词曲，出洪昇门，有《倚楼集》《病已集》等。

夏，访汪潭，观潭所藏嵩山诸碑版拓本，有诗。

《樊榭山房集》卷一《观汪青渠所藏嵩山诸碑版拓本六首》。汪潭（1691—?），字青渠，号慧日居士，先生诗友。

秋，过葛岭，夜宿涵青精舍，有诗。

《樊榭山房集》卷一《秋夜宿葛岭涵青精舍》。

九月，有诗寄杨杨山。

《樊榭山房集》卷一《晚秋寄杨杨山》。

冬，有西溪之游。

《樊榭山房集》卷一《西溪道中》《由牛滑岭至龙门坑》《宿龙门山巢云上人房》。

是年，胡渭、顾贞观卒。

胡渭(1633—1714),初名渭生,字朏明,一字东樵,浙江德清(今浙江省德清县)人。精于地学。著有《禹贡锥指》《易图明辨》等。

顾贞观(1637—1714),字华峰,号梁汾,江苏无锡(今江苏省无锡市)人。康熙五年举人,擢秘书院典籍,工诗古文,词名尤著。著有《弹指词》《积书岩集》,辑有《积书岩宋诗删》等。

康熙五十四年乙未(1715)　　二十四岁

是年,馆听雨楼。与同里杭世骏、孙灏、梁启心、梁诗正、张熷、严在昌、陈兆仑、殳涟、汪大坤、龚鉴等结读书社,五日一课,讨论问难,学问日进。

《樊榭山房文集》卷三《无悔斋诗集序》:"往时,吾乡士友专攻举子业,例不作诗。乙未、丙申间,予辈数人为文字之会,暇即相与赋诗为乐。"杭世骏《道古堂文集》卷首应沣《杭世骏墓志铭》:"少时与同里厉鹗、汪大坤、殳闻望、张熷、龚鉴、严瑵诸名辈,结读书社,日有课,月有程,湛深经史,名誉卓然。"许宗彦《鉴止水斋集》卷十七《杭太史别传》:"与孙银台灏、陈太仆兆仑、梁编修启心、相国文庄、严进士在昌、翰林瑵昆仲等为友,五日一相聚,互为主客。问难以多闻见者胜。"

严瑵(1704—1734),字十区,浙江仁和(今杭州市)人。雍正八年进士,官庶吉士。

严在昌,字季传,瑵兄,雍正八年进士,官永宁知州。

龚鉴,字龄上、硕果、明水,浙江钱塘(今杭州市)人。官至甘泉县令。著有《龚甘泉集》《毛诗疏说》。

孙灏(1700—1766),字载黄,号虚船,浙江钱塘(今杭州市)人。雍正八年进士,官至都察院左副御史。著有《道盥斋集》。

正月初七日,游南湖慧云寺,有诗纪之。

《樊榭山房集》卷一《人日游南湖慧云寺七首》。

二月初八日,吴问郑招王求皇、张景隆、周京、项溶、顾升、汪熷宴集,分题赋诗。

周京《无悔斋集》卷二《乙未二月八日吴宛轮招集揽莅堂同王菊存张景隆项霜田张兰佩顾隅东汪熷分题限韵》。

周京(1677—1749),字西穆、少穆,号穆门,自署东双桥居士,浙江钱塘(今杭州市)人。以贡生考授州同知。工书,善诗,先生曾以"高岑"比之。著有《无悔斋集》等。

王求皇，字雄飞，号菊存，浙江钱塘（今杭州市）人。监生。著有《菊存园偶存稿》。

顾升，字隅东，号斗山，又号石帆，浙江仁和（今杭州市）人。监生，工书画篆隶。著有《写山楼诗集》。

吴问郑，字浣陵，初字皖轮，安徽歙县（今安徽省歙县）人，侨居钱塘。康熙五十九年举人，官通州知州。与兄焯皆有声于时，交游广泛，有"缟纻遍天下"之说。

春，先生有过丁文衡斋，观陈洪绶《合乐图》。

《樊榭山房集》卷一《过丁茜园斋观陈洪绶合乐图》。

丁文衡（1653—1723），字公铨、乃清，号茜园。浙江仁和（今杭州市）人。布衣，好客，著有《乃清诗》《湖上词》等。

陈洪绶（1599—1652），字章侯，号老莲，浙江诸暨（今浙江省诸暨市）人。明亡不仕。善画，所作古人物，世所罕及。

四月，汪熷卒。

陆谦祉《厉樊榭年谱》。

四月，鲍鉁再授长兴令。

鲍鉁《道腴堂诗编》卷十五《康熙乙未四月余铨授长兴令七月出都……》。

六月，冯景卒。

杭世骏《道古堂文集》卷三十三《冯景传》。冯景（1652—1715），字山公，一字少渠，私谥文介，浙江钱塘（今杭州市）人。国子监生。著有《幸草》《樊中集》《解舂集》等。

七月，有诗怀蒋淑。

《樊榭山房集》卷一《早秋夜坐怀蒋丈静山》。蒋淑，字令仪，浙江钱塘（今杭州市）人。有《静山诗钞》。

七月，梅庚罢泰顺令，还宛陵，途过杭州，先生偕同人为诗送之。

《樊榭山房集》卷一《送梅耦长先生罢归泰顺令还宛陵》有云："归去宣州七月初，萧然行李意何如。"金志章《江声草堂诗集》卷二《送梅听山先生归宣城》。梅庚，字耦长，号雪坪，安徽宣城（今安徽省宣城市）人。康熙二十年举人，朱彝尊所取士，晚知泰顺县。著有《漫兴集》《听山诗钞》等。

九月初三日，游池上，有诗纪之。

《樊榭山房集》卷一《九月三日池上》。

九月，金志章游粤楚归，与先生互有赠答。

《樊榭山房集》卷一《金绘卣自湖南游桂林归赋赠》，金志章《江声草堂诗集》卷三《楚粤游归樊榭有诗见问聊叙景物大略赋以答之》。按：《江声草堂诗集》卷三最末一首为《秋晚有怀湘楚之游》，樊榭诗则在《九月三日池上》之后，可知金氏回乡必在九月间。金志章（1682—?），初名士奇，字绘卣，号江声，自号安遇居士，浙江仁和（今杭州市）人。雍正元年举人，授内阁中书，迁侍读学士，出为直隶口北道。著有《江声草堂诗集》。

十一月，何焯被控毁谤系狱，玄烨检查其诗文无违戾语，命释出，革去官衔、进士、举人，仍在武英殿供职。

全祖望《鲒埼亭集》卷十七《翰林院编修赠学士长洲何公墓碑铭》。

冬，过金农寓，观颜真卿《麻姑山仙坛记》、米芾《颜鲁公祠堂碑》拓本，有诗。

《樊榭山房集》卷一《江上访金寿门出观颜鲁公麻姑山仙坛记米海岳颜鲁公祠堂碑拓本》。

是年前后，杭世骏与郑江定交。

杭世骏《道古堂文集》卷三十八《侍读郑公行状》："余之交于公也，时方逾冠。"郑江（1682—1745），字玑尺，晚号筠谷，浙江钱塘（今杭州市）人。官侍读学士，与修《明史》《大清一统志》。所学无不贯通，尤邃于经。著有《春秋集义》《筠谷诗钞》等。

是年，陈经业、查礼生。

陈经业（1715—?），字觥恬，号匏村，浙江秀水（今浙江省嘉兴市）人。贡生，与先生有往来。著有《匏村诗集》。

查礼（1715—1783），字恂叔，号俭堂、铁桥、榕巢，顺天宛平（今北京市）人，为仁弟。乾隆元年举人，官至湖南巡抚。著有《铜鼓书堂遗稿》等。

康熙五十五年丙申（1716）　　二十五岁

是年，馆听雨楼。

春，倪国琏、金志章访先生于城东，不值。

《樊榭山房续集》卷四《倪穟畴给谏庚申夏日在京师曾作城东访友图并系以二绝句寄金江声副使于上谷盖追写丙申春同访余不值事也江声亦题二绝句装潢成册穟畴癸亥奉使江南殁于太和今春江声归里始得见之感叹不足如数题后》。倪国琏（? —1743），字紫珍、西昆，号穟畴，浙江仁和（今杭州市）人。雍正八年进士，改庶吉士，授编修，官至吏科给事中、宣谕化导使。善琴，工书画，山水得无人意。著有《春及堂集》。

春，同厉南畹游河渚，饮于沈绎祖斋，有诗。

《樊榭山房集》卷一《同南畹二兄游河渚饮沈晴川书斋》。沈绎祖，字晴川，浙江钱塘（今杭州市）人。

春，与金志章过吴奂所，观《唐泰山摩崖碑》拓本，有诗。

《樊榭山房集》卷一《观吴耕民所藏唐泰山摩崖碑拓本同绘卣作》，金志章《江声草堂诗集》卷一《因树亭观唐玄宗皇帝泰山摩崖碑》。吴奂，字耕民，号艺门，一号历园，浙江钱塘（今杭州市）人。不乐仕进，放浪山水以终，著有《因树亭诗钞》。吴振棫《国朝杭郡诗续辑》卷四："艺门诗世未有传本。壬辰夏五，汪小米远孙从赵雩门钺案头检得诗一册，因以示余。册中凡录古今体诗九十余首，诗前有慧日居士汪潭青渠所作山水一幅，盖艺门以此属汪题诗而汪为之图者。后有周穆门、厉太鸿、王晋三、汪抱朴诸公跋。周跋云：'历园兀傲自得，研吟不休，清池修竹，享大自在。'厉跋云：'外鲜声利之扰，居有池林之观，自师万物，游畋文史，萧闲简远，流形于诗。'汪跋云：'艺门年不满三十，不屑屑为进取计，于历园中莳花种竹、饮酒赋诗为乐。'王跋云：'艺门以名家盛年，拔俗孤往，谢去纨绮雕华之习，放浪山水，风致在散人漫士间。'观此数跋，可以仿佛其生平矣。"

秋，与王求皇、汪潭、杨大晟渡西湖至壑庵，登慧日精舍，访僧人上绪，傍晚下山寻明昌化伯邵林墓，不得，泛舟而还。有诗纪之。

《樊榭山房集》卷一《秋日同王菊存汪清渠杨开绪渡湖至壑庵由幽居洞上看摩崖家人卦登慧日精舍访亦谙上人际晚下山寻明昌化伯墓不得泛舟而还得诗四首》。杨大晟，字开绪，浙江海宁（今浙江省海宁市）人，杨雍建孙。仁和监生。

十二月，同金农、周京、王罢出郭，由九里松往游西山，访朱弁墓，游灵隐诸胜。

《樊榭山房集》卷一《九里松至西山道中同金寿门周少穆王雪子作》《过宋通问副使朱公少章墓》《冷泉亭》《灵隐寺月夜》《晓登韬光绝顶》《莲居》。王罢，字晋三，号雪子，浙江仁和（今杭州市）人。康熙五十九年顺天举人，乾隆元年举博学鸿词，不就。著有《论古堂集》。

是年，先生娶蒋氏。蒋淑为先生妻之世父，故屡得从之论诗。

《樊榭山房文集》卷三《蒋静山诗集序》："岁丙申，予昏于蒋氏，先生为予妻之世父，屡得从先生论诗。"

是年，程梦星辞官归扬州，建筱园。

王昶《湖海诗传》卷一。

是年，袁枚生。

袁枚（1716—1798），字子才，号简斋，晚号随园老人，浙江钱塘（今杭州州市）人。乾隆四年进士，历任江苏溧水、江浦、沭阳、江宁等县知县，后居南京随园以终。著有《随园诗话》《小仓山房诗文集》等。

康熙五十六年丁酉(1717)　　二十六岁

是年,馆听雨楼。

正月,有西溪之游,过陈子健斋,观宋人画《太真按舞图》。归访王既咸。

《樊榭山房集》卷一《西溪泛舟遇雪》《题陈子健所藏宋人画太真按舞图》《西溪归访王既咸》。

二月廿四日,清明,作词《百字令》一首。

《樊榭山房集》卷九《百字令·丁酉清明》。

三月十三日,游法华山,有诗纪之。

《樊榭山房集》卷一《三月十三日游法华山》。

三月,出游北郭,过散花滩、江涨桥、妙行寺、西马塍,各有诗纪之。

《樊榭山房集》卷一《北郭纪游四首》。

八月十九日,秋分,作诗寄陈撰、上绪。

《樊榭山房集》卷一《秋分日呈陈楞山兼寄亦谙上人》。陈撰(1679—1758),字愣山,号玉几,浙江鄞县(今浙江省宁波市鄞州区)人,侨居钱塘(今杭州市)。监生,曾师从毛奇龄,乾隆元年举博学鸿词,不就。善草书,工花卉。著有《玉几山房吟卷》《玉几山房听雨录》等。

秋,乡试不售,意颇怏怏。

《樊榭山房集》卷一《雨夜述怀十三韵》有云:"触迕愁难断,峥嵘意未降……入世憎高髻,浇胸漫满缸。"《无尽意斋寒夜用觉范送元老住清修韵》:"生年号迂疏,窘步远捷径。寒林听脱叶,濩落固不愠。"或即棘闱不利,文章不谐于时,故多烦闷之语。

十二月,有诗答王既咸,互慰人生之不称意。

《樊榭山房集》卷一《岁暮答王既咸》有云:"诗来慰我不称意,岁晏怜君独寡谐。"

是年,卢文弨、顾光生。

卢文弨(1717—1796),字召弓,又作绍弓,号矶奂、矶鱼,别号抱经、弓父,又署万松山人,浙江余姚(今浙江省余姚市)人。乾隆十七年进士,官至侍读学士。精校勘之学,著有《抱经堂集》等。

顾光(1717—1800),字彦青,号涑园,浙江仁和(今杭州市)人。乾隆三年举人,官至广州知府。著有《橘颂堂诗集》。

康熙五十七年戊戌(1718)　　二十七岁

是年，馆听雨楼。

正月，逢老友施伊谓，相与话旧。

《樊榭山房集》卷一《春日逢施伊谓话旧》。

二月廿七日，出游皋亭山，赏桃花，有诗。

《樊榭山房集》卷一《二月二十七日皋亭山下看桃花二首》。

三月廿二日，泛湖，有词纪之。

《樊榭山房集》卷九《惜余春慢·戊戌三月二十二日泛湖用清真韵》。

三月，得汪坤婺州见怀诗，有词答之。

《樊榭山房集》卷九《摸鱼儿·得汪舍亭婺州晚春见怀诗用蜕岩韵答之》。

四月，病目。

《樊榭山房集》卷一《病目戏成》。

四月，汪应铨等一百七十人第进士，郑江、徐本在其列。

《清史编年·康熙五十七年》。徐本(1683—1747)，字立人，又字是斋。浙江钱塘(今杭州市)人。选庶吉士，授编修，官至东阁大学士兼礼部尚书，充《实录》总裁，进军机大臣加太子太保。卒谥"文穆"。父潮，子以烜，皆举进士。

五月，偕金农客湖州，访长兴令鲍铃，三人频有唱和。先生贻诗一册于鲍铃。

《樊榭山房集》卷一《月夜舟出北关同寿门作》《菱湖》《碧浪湖》《同寿门访长兴鲍西冈明府留宿县斋即事》《督牛犁我田欧阳圭斋句也寿门为图因题其后》《同寿门游若溪广惠寺是陈武帝故宅》《苹州曲十首和鲍明府》《吴兴归舟作》，皆作于此时。鲍铃《裨勺·樊榭逸诗》："余前宰长兴，厉孝廉鹗来访，贻诗一册，藏之箧中二十三年矣。"

鲍铃睹金农《怀人绝句三十首》，以为可裨益交道，锓而传之，名《景申集》。先生为作序。

《樊榭山房文集》卷三《景申集序》。

王豫过长兴，始与先生、金农交。

王豫《孔堂初集》卷一《寄金寿门若溪二首》其一："相见即成别，相思日几回。"王豫(1698—1738)，字敬所，浙江长兴(今浙江省长兴县)人。著有《孔堂小稿》等。

五月十八日，泛舟碧浪湖，各作诗、词一首纪之。

《樊榭山房集》卷一《碧浪湖》、卷九《梦芙蓉·戊戌五月十八日泛舟碧浪湖作》。

五月廿八日，李光地卒。

李光地(1642—1718)，字晋卿，号厚庵，福建安溪(今福建省安溪县)人。康熙九年进士，官至文渊阁大学士。为清初理学名臣，先后奉命承修《朱子全书》《周易折中》《性理精义》等书。

六月末，自长兴归杭。

陆谦祉《厉樊榭年谱》。

七月初七日，夜宿涧西微上人房。

《樊榭山房集》卷一《七夕宿涧西微上人房》。晖，字鉴微，莲花精舍僧，有诗见《国朝杭郡诗辑》。

秋，雨夜集汪台斋，有诗。

《樊榭山房集》卷一《秋夜雨中集汪抱朴斋》。汪台(1692—?)，字抱朴，号复园，浙江仁和(今杭州市)人，汪煜子，汤右曾婿。学诗得西厓津梁。以岁贡官天台教谕。家有复园，杭郡墨客常集于此，飞觞吟咏，一时称盛。按:《樊榭山房续集》卷七《题汪复园亭角寻诗图三首》其一云"不论公瑾小一月"，可知汪台与先生同年。

八月十五日，月食，有诗纪之。

《樊榭山房集》卷一《八月十五夜对酒作歌》。

闰八月十五日，有词。

《樊榭山房集》卷九《永遇乐》题注:"戊戌闰八月十五。"

秋，读书城西寿安坊。

《樊榭山房集》卷一《城西读书杂兴二首》:"谁向寿安坊里问，庐陵风调有遗文。"

秋，於潜令王灏招先生饮于寓斋。

《樊榭山房集》卷一《於潜王柘村明府招饮寓斋》。王灏，号柘村，潼川(今四川省三台县)人。官於潜令。

十二月十二日，大雪，有诗。

《樊榭山房集》卷一《十二月十二日大雪用东坡聚星堂雪韵》。

十二月十三日，石文访先生，互有唱酬。

《樊榭山房集》卷一《次韵酬石贞石雪后过访》。石文，字行之、贞石，浙江上虞(今浙江省绍兴市上虞区)人。陈章妻弟，年三十二卒。钱塘诸生。《两浙輶轩录》卷十七:"朱彭曰:贞石为陈授衣妻弟，少与授衣为诗，贞石善为幽怨之音，出入郊、岛、卢、李间，金寿门、厉樊榭、丁龙泓辈爱之，遂结为诗友。家有小楼，青山满帘，翠滴笔砚，终日孤吟，樵苏不爨。后因丧妻无子，境益困苦，抑郁成疾，年卅有二。故人厉征君收其残稿，选定为一卷。"按：《国朝杭郡诗辑》言石文卒年为二十九。曹斯栋《稗贩》卷七亦云："石贞石名文，上虞人，父兄以贸易来杭，因家于杭之石龟巷。家贫力学，不屑为举子业，年二十九而殁。有句云：'萧郎三十行年近，守冢无儿最可怜。'厉（鹗）刻其遗诗。"曹斯栋（1740—?），字仙耨，浙江仁和（今杭州市）人。布衣。著有《饭颗山人诗集》《稗贩》等。

十二月廿四日，风霰交作，有诗纪之。

《樊榭山房集》卷一《腊月二十四日风霰交作》。

是年，程晋芳、金兆燕生。

程晋芳（1718—1784），字鱼门，号蕺园，安徽歙县（今安徽省歙县）人。乾隆三十六年进士，官至吏部员外郎。著有《蕺园诗》《勉和斋文》等。

金兆燕（1719—?），字钟越、棕亭，安徽全椒（今安徽省全椒县）人。乾隆三十一年进士，官至扬州教授。著有《国子先生集》等。

康熙五十八年己亥（1719）　二十八岁

正月，有过太湖，作词纪之。

《樊榭山房集》卷九《摸鱼儿》题注："己亥初春过太湖次李秋堂韵。"

春，于家养病，吴奂有遗丸药。

《樊榭山房集》卷二《雨中耕民寄新诗兼贶丸药奉答二首》，其一有云："抱痾卧旬日，春物遂已深。"

三月十五日，离杭赴扬州，晚出东新关，有诗纪之。应汪潭之邀，途中盘桓吴门数日，与汪潭、汪台共游寄畅园、虎阜、惠山、对山。

《樊榭山房集》卷二《三月十五日晚泊东新关》《虎阜即事》《同青渠抱朴游惠山》《题对山开卷楼壁》。《樊榭山房集》卷九《满庭芳》词序："寄畅园在惠山脚下，梁溪胜地也。引第二泉，穿垣而入，汇为大池，有声幽潺。池中多磐石，上芘乔木，皆数百年物，轩楹倒影，与波澹荡。己亥暮春十有三日，汪青渠邀予来游，坐荫弄水，顾而乐之。同行虞山沈生弹筝作秦声以佐酒，因成此调。青渠近买吴姬，自杭来家梁溪，故戏及之。"按：先生离杭当在十五日，十三日或为接汪潭邀请之日。

过武进、京口，有词。

《樊榭山房集》卷九《浣溪纱·奔牛道中初晴》。《秋林琴雅》卷一《八声甘州·京口》。

七月，心思怀归，作诗遣之。

《樊榭山房集》卷二《初秋写怀》。

八月廿四日，先生爱姬朱氏月上生。

朱文藻《厉樊榭先生年谱》："嘉庆六年辛酉岁，得先生及侧室朱孺人栗主……副室朱氏孺人栗主，乃先生所自题，云：'名曰满娘，字曰月上，乌程人。生康熙己亥八月二十四日辰时，殁乾隆壬戌年正月初三戌时。'"

九月，同程鸣泛舟红桥，登平山堂，有诗词纪之。时金农寓居扬州，鬻书自给。

《樊榭山房集》卷九《采桑子》题注："晚秋同程松门泛舟红桥，登平山堂。"《樊榭山房集》卷二《同程友声红桥夜泛》《登平山堂》。程鸣，字友声，安徽歙县(今安徽省歙县)人，侨居扬州，长期寓程梦星筱园。邑庠生，工画，诗学王士禛，渔洋尝云："松门诗名，为丹青所掩。"

十一月初一日，自西溪泛舟之余杭，游南湖、洞霄宫。有诗纪之。

《樊榭山房集》卷二《西溪福清竹院》《十一月一日自西溪泛舟之余杭》《南湖晚望》《游洞霄宫》。

是年，鲍鉁解长兴令。

鲍鉁《闰吴兴集序》："余以康熙乙未筮仕长兴，阅四稔解去。"

是年，郑江终养回籍，居杭州。

杭世骏《道古堂文集》卷三十八《侍读郑公行状》。

康熙五十九年庚子(1720)　　二十九岁

春日，金志章、倪国琏过访先生，不值。

《樊榭山房集》卷二《次韵答绘卣春日见访不值》并附金志章原作。金志章《江声草堂诗集》卷二《同倪子珍过东园访厉太鸿不值》，倪国琏《春及堂诗集》卷九《庚子春偕江声访太鸿不值遂闲步艮山门》。

三月，赏梨花于城东许氏水轩。

《樊榭山房集》卷九《一枝春·城东许氏水轩临流梨花一株妍净可念主人命酒邀赏已半落矣感而赋之》。

四月初十日，游西湖，有诗。

《樊榭山房集》卷二《四月十日湖上作》。

秋，以《诗经》中式九十一名，主考官李绂，副考官汤之旭，同考官张昉。陈兆仑亦中式。

全祖望《鲒埼亭集》卷二十《厉樊榭墓碣铭》："李穆堂阁学主试事，闱中见其谢表而异之，曰：'是必诗人也。'因录之。"

汤之旭，字孟升，河南睢州（今河南省睢县）人。康熙四十五年进士，授翰林院编修。

张昉，字梁友，直隶清苑（今河北省清苑县）人。康熙四十八年进士，曾官永康、东阳县令。

姚世钰、诸锦应试至杭，始与先生交。

姚世钰《孱守斋遗稿》卷三《石贞石遗诗序》："庚子始晤太鸿于钱塘上。"张云锦《兰玉堂文集》卷十四《荐举博学鸿词庚子科举人樊榭厉君墓表》末载诸锦批语："太鸿工于诗，其博综最长于南宋后杂事，词亦超逸无前人矣。神交于戊戌，谱年于庚子，温温士君子也。今得铁珊一表之，以不没其实焉。"诸锦（1686—1769），字襄七，号草庐，浙江秀水（今浙江省嘉兴市）人。官金华府教授，乾隆元年举博学鸿词，授编修，迁赞善。博闻强识，诗法山谷、后山。著有《毛诗说》《飨礼补亡》《绛跗阁诗》等。

全祖望至杭城应试，谒查慎行于湖上，查盛赞其文。

全祖望《鲒埼亭集外编》卷七《翰林院编修初白查先生墓表》："犹忆初应乡举时，谒先生于湖上，时方学为古文，先生见之，喜谓万丈九沙曰：'此刘原父之词也。'"

九月初五日，游南山，有诗纪之。

《樊榭山房集》卷二《九月五日南山纪游三首》。

九月初九日，游葛岭，有词。

《秋林琴雅》卷二《霜叶飞・九日葛岭用梦窗词韵》。

九月初九日，景星杓卒，易箦前以遗稿托付桑调元。

景星杓《拗堂诗集》卷首桑调元《景先生传》。景星杓（1652—1720），字亭北，号雪农，晚号菊公，浙江仁和（今杭州市）人。解音律，善书法，布衣以终。著有《拗堂诗集》等。

秋，往慈溪省先人墓。

《樊榭山房集》卷二《萧山》《山阴舟中四首》《夏盖湖》《义石谣》《展先大夫墓感赋》，《秋林琴雅》卷二《江月晃重山・月夜渡钱塘》《高阳台・蓬莱阁望海》《苏武慢・谢叠山……》《台城路・上虞百官江口舜庙》《满江红・曹娥碑》，皆作于此时。

秋，鲍鉁有诗寄先生，问及《东城杂记》著述情况。

鲍鉁《道腴堂诗编·送诸襄七之杭州兼讯厉太鸿》自注:"太鸿《城东杂录》若干卷,尚未脱稿。"

十一月末,偕符之恒、倪国琏北上京师应试,途中赋诗词不辍,与倪、符频有唱和。

《樊榭山房集》卷二《莺脰湖》《姑苏旅舍夜雨》《欲游沧浪亭因雨不果怅然有作》《新丰》《广陵寓楼雪中感怀》《宝应舟中月夜》《渡河》《骡车口号》《宿迁》《郯城》《过沂水》《半城》《蒙阴》《羊流店拜羊太傅祠》《泰安道中望岳作歌》《晚次齐河》《除夕宿德州》《河间怀古》,《秋林琴雅》卷二《兰陵王·三高祠》、《江城梅花引》(扁舟如叶过红桥)、《钓船笛·韩侯钓台下作》、《淡柳黄·赋晓色》,皆作于北上途中。倪国琏《春及堂诗集》卷十《莺脰湖赠厉太鸿同年》《又和太鸿一首》《行箧中检得李长蘅书莲居碑拓本联句》《梁溪阻风和太鸿》《寓宿七芙蓉阁感怀和太鸿》《维扬客夜书怀和太鸿》《舟过甓射湖太鸿忆旧句成诗因和其韵》《宝应舟中见月同太鸿作》《千里镜联句》。

十一月廿九日,过苏州,入城访友,欲游沧浪亭,因雨不果。

《樊榭山房集》卷二《姑苏旅舍夜雨》《欲游沧浪亭因雨不果怅然有作》。倪国琏《春及堂诗集》卷十《独游虎丘》自注:"廿九日系艇山塘,太鸿入城访友,余因独步至可中亭,游人寂然,颇惬幽兴。"

过广陵,或得程鸣资助。

《樊榭山房集》卷二《广陵寓楼雪中感怀》:"兹来扪空囊,翻为故交累。"自注:"谓程友声。"

十二月廿四日,宿济南敖阳店,寒甚,有怀故园,作词解之。

《樊榭山房集》卷九《凄凉犯》小序:"庚子十二月二十四日宿济南敖阳店,寒甚,有怀故园节物,凄然作此解。"

除夕,宿德州,有诗。

《樊榭山房集》卷二《除夕宿德州》。

是年,杭世骏、汪浦、汪沆、殳闻望、江源始共读书听雨楼,相与砥砺,如是延续至雍正二年。

杭世骏《道古堂文集》卷十七《汪母江孺人寿序》:"忆康熙庚子迄雍正甲辰,偕江君岷山、吴君紫翰、殳君娄江,共读书文学听雨楼,以经史文辞相切劘。"汪沆《槐塘文稿》卷一《敬轩诗钞序》:"予同里交最先者得三人:杭君堇浦、江君敬轩、殳君万夫……康熙庚子、辛丑间,共读书予家听雨楼,习为古文词。"

是年,符之恒始从先生学。

王曾祥《静便斋集》卷九《符南竹权厝志铭》:“年十五从樊榭厉先生游。”杭世骏《道古堂文集》卷十六《符以立寿序》:“之恒年齿韶茂,向学缀文,闻钱唐厉先生一代通儒,亟令负墙奉席。闻诗对易,爰就琢磨,以故钱唐之诗法,独符氏得其宗。”按:以立为符之恒父。

是年,郑性以岁贡应受铨,不赴,削竹为刺,署曰“五岳游人”。

蒋天枢《全谢山先生年谱》。郑性(1666—1743),字义门、南溪,自署五岳游人,浙江慈溪(今浙江省慈溪市)人,郑梁子。康熙五十九年举人。著有《南溪偶刊》等。厉鹗《秋林琴雅》卷一《满江红》小序:“郑义门自号五岳游人,索予题其纪游画册。”

是年,曹芝生。

曹芝(1720—1774),字茎九,号荔帷,又号晚客,浙江钱塘(今杭州市)人,汪师韩高弟。诸生。著有《洗句亭诗钞》等。

康熙六十年辛丑(1721)　三十岁

正月十五日,与王煛、金志章集汪立名寓所,赋词纪之。

《樊榭山房集》卷九《庆清朝慢·辛丑长安元夕同王雪子金绘卣集汪西亭水部寓斋赋》。汪立名,号西亭,婺源(今江西省婺源县)人,隶籍浙江钱塘(今杭州市)。曾官工部主事。著有《钟鼎字源》。

春,念及里中诸友,作诗怀之。时赵昱在杭州,亦有诗怀先生与金志章。

《樊榭山房集》卷二《都下春雪怀里中诸友》。金志章《江声草堂诗集》卷五《偶述次韵答赵谷林》,附赵昱《偶述柬江声樊榭时偕客京师》。

春,在京师程哲斋中逢江湑,话旧凄然,作词纪之。

《秋林琴雅》卷三《倦寻芳》小序:“扬州与江佩水别三年矣,辛丑春日在都下重见于程蓉槎斋中,话旧凄然,因制此曲。”

程哲,安徽歙县(今安徽省歙县)人。监生,曾官崖州知府、广东盐运司运同。著有《蓉槎蠡说》等。

江湑,字佩水,号蒿坪,江苏江都(今江苏省扬州市)人,江宁籍诸生。乾隆元年举博学鸿词,不第。工小楷。

三月,会试下第。汤右曾深赏先生诗,欲授馆,先生不谢而归。

全祖望《鲒埼亭集》卷二十《厉樊榭墓碣铭》:“计车北上,汤侍郎西崖大赏其诗。会报罢,侍郎遣人致意,欲授馆焉。樊榭襆被潜出京,翌日侍郎迎之,已去矣。”又《鲒埼亭集外编》卷二十二《汤侍郎集序》:“岁在庚子,里中厉征君樊榭以计车北上，侍郎观其诗，深赏之，置酒殷勤，因扫榻欲延之邸中。樊榭为人孤僻，次晨遽束装，不谢而归。说者服侍郎之下士，而亦贤樊榭之不因人热。”按：“庚子”误，当为“辛丑”。《樊榭山房集》卷二《南归次琉璃河》《苦水铺》《任城夜雨》，《秋林琴雅》卷三《花发沁园春·琼花观春宵小饮》《聒龙谣·虎丘》，皆作于南返途中。汤右曾（1644—1721），字西厓，浙江仁和（今杭州市）人。康熙二十七年进士，官吏部侍郎。工书，诗学苏、陆，与朱彝尊、查慎行齐名。著有《怀清堂集》等。

三月，于东阿逢上绪。

《樊榭山房集》卷二《题亦谙上人黄山图》：“去年东阿城，逢师瘦于鹤。”

三月，于沛上舟中遇金埴，赏其《三言诗吃》，朝夕相遇，至吴门始别。

金埴《不下带编》卷一：“□丑三月，予自东鲁南旋，攜《三言诗吃》一册，于沛上舟中遇仁和厉孝廉泰鸿鹗邻舫，朝夕相遇，极赏予‘东船头，西船头。阻风悲，便风喜。’又……至吴门始分去。”按：根据先生与金埴二人年龄推算，此之“□丑”只可能是康熙六十年辛丑、雍正十一年癸丑或乾隆八年乙丑，癸丑或乙丑三月，先生皆无从沛上至吴门之行，唯辛丑三月下第南返，适由此路，故“□丑”为“辛丑”无疑。金埴（1663—1740），字苑孙、小郯，号鳏鳏子、牟翁、浅人、壑门，浙江山阴（今浙江省绍兴市）人。著有《不下带编》《巾箱说》等。埴与洪昇、孔尚任善，晚年无依，赵昱奉养以终。

三月中浣，抵家。

《秋林琴雅》卷三《聒龙谣·虎丘》有云：“过清明，尚未还家。”可知清明即二月初九前后先生过苏州，则回抵杭州当为是月中旬。

四月，邓钟岳等一百六十三人为进士，马维翰、卢见曾、陆奎勋、钱陈群、程元章、鲁曾煜在其列。

《明清进士题名碑录索引》。

马维翰（1693—1740），字墨麟，一作墨临，号侣仙，浙江海盐（今浙江省海盐县）人。官至四川川东道。著有《墨麟诗》等。

卢见曾（1690—1768），字抱孙，号雅雨，山东德州（今山东省德州市）人。官至两淮盐运使。著有《雅雨堂集》等。

钱陈群（1686—1774），字主敬，号香树，浙江秀水（今浙江省嘉兴市）人。官至刑部尚书。著有《香树斋集》等。

程元章（1684—1767），字冠文，号恒斋，河南上蔡（今河南省上蔡县）人。曾任浙江总督，官至吏部侍郎。

鲁曾煜（？—1753），字启人，号秋塍，浙江会稽（今浙江省绍兴市）人。改庶吉士，未授职，乞养亲归，历主杭州、汴州、广州讲席。著有《秋塍文钞》《三州诗钞》等。

五月初一日，游皋亭山，观竞渡。

《秋林琴雅》卷三《渌兰香·五月一日皋亭山下竞渡》。

五月，先生闻台湾朱一贵聚众起义，祈愿干戈勿起。

《樊榭山房集》卷二《李森劫钵图吴耕民索赋》："书生亦有弘誓愿，愿勿濒海生虎貙。"自注："是日闻台湾有寇警。"董兆熊注引《平台纪略》云："朱一贵，长泰人。入台湾，饲鸭为生，能编鸭为队，愚民惑焉。以康熙六十年四月十九日倡乱，不数日，全台俱陷。总督觉罗满保闻信，调南澳镇总兵官蓝廷珍星赴厦门。六月初一日，出厦口，会提督施世骠于澎湖。十六日，抵台湾港口，湖水加涨，大军骈渡。七日间，廷珍连战收复府治，世骠亦以军会，遣外委陈章飞航入厦门报捷。旋俘一贵等至厦门，事平。"倪国琏《春及堂诗集》卷十一《赠紫峦》自注："时有台湾之警，奉敕调杭旗兵助镇闽省。"

五月廿六日，同周京、吴奂泛舟西湖，赋诗纪之。

《樊榭山房集》卷二《夏至前一日同少穆耕民泛湖》，周京《无悔斋集》卷二《夏至前一日泛湖至清隐庵》。

五月晦，有诗遣怀。

《樊榭山房集》卷二《五月晦日作》。

夏久旱，西湖水涸。

汪惟宪《积山先生遗集》卷一《同胡又乾周西穆金长孺倪紫珍过湖上湖水大涸》："岸柳汀荷渐槁黄，湖南芜塞更荒凉。可怜西子秋颜悴，仅作徐妃半面妆。"汪惟宪(1682—1742)，字子直、积山，号水莲，浙江钱塘(今杭州市)人。雍正七年拔贡生。精于鉴别书画。著有《积山先生遗集》等。

夏，周京去年有作《西湖竹枝词》，先生和之。二人并同咏昼卧，有露坐联句。

周京《无悔斋集》卷二《西湖竹枝词》《午睡》《露坐同厉太鸿联句》，《樊榭山房集》卷二《西湖竹枝词》《昼卧》。

夏，同石文、金焜等过访陈章所居清平山僧舍。

陈章《孟晋斋诗集》卷一《夏日读书清平山僧舍厉太鸿石贞石金以宁朱与参姚舜龑诸君见过纳凉》。金焜，字以宁，号赤泉，浙江钱塘(今杭州市)人。雍正三年举人，官国子监典簿。著有《蠡测集》《妙明书屋遗集》等。

夏，与吴焯、方棨如、符曾、沈嘉辙、赵信等燕集赵昱小山堂，分韵赋诗。

赵昱《爱日堂吟稿》卷一《东阳王虎文淳安方朴山山阴周粹存同里沈栾城

吴绣谷厉樊榭符药林家弟意林燕集小山堂分赋得粘字》。方桑如(1672—1759)，字文辀，号朴山，浙江淳安(今浙江省淳安县)人。康熙四十五年进士，官丰润令，坐事免，乾隆元年举博学鸿词，格于吏议，不得入试。先后主讲敷文、蕺山、紫阳等书院。著有《朴山存稿》《朴山续稿》等。

七月初二日，陈章离杭往扬州。

陈章《孟晋斋诗集》卷一《辛丑七月二日薄游扬州别家二首》。

七月，与周京同咏闻蛩诗。

周京《无悔斋集》卷二《闻蛩同太鸿》。

七月十七日，夜赏月，有诗纪之。汪惟宪有诗和之。

《樊榭山房集》卷二《七月十七夜对月时将之婺州》。汪惟宪《积山先生遗集》卷一《和历太鸿秋夜对月时将之婺州寄诸吟社原韵》。

七月，同陈撰、符曾、施安、张昒游湖，各有诗。

《樊榭山房集》卷二《湖上秋阴同陈楞山符幼鲁施竹田张东扶作》。张昒，字东扶，号涤岑居士，浙江钱塘(今杭州市)人。著有《瑞石山房诗》《东老庵稿》。

七月，有婺州之行，溯钱塘江而上，过桐庐、金华，至永康，访房师张昉，住县斋十日。偶染小疾，遂引而归。

《樊榭山房集》卷二《晚发江干》《富春》《江行晓望》《夜泊桐庐》《七里濑钓台下作》《石塘洪阻浅》《望金华山出云俄而大雨》《自金华至永康道中作》《永康怀古四首》《将返武林留别张梁友先生》，卷九《玉漏迟》，《秋林琴雅》卷三《贺新凉·秋日登八咏楼》，《樊榭山房续集》卷十《一半儿·仙吕宫·金华宝婺观》，皆作于此时。按：《将返武林留别张梁友先生》有云："偶游嗤索米，临别感传衣。"先生此行，似有为衣食计者。

跋马雄镇《汇草辨疑》，时婺守为雄镇孙，请先生为作序，先生作书婉拒。

《樊榭山房文集》卷七《答金华马使君启》，卷八《书马文毅公汇草辨疑后》。马雄镇(1634—1677)，字锡蕃，又字坦公，谥文毅，辽宁辽阳(今辽宁省辽阳市)人，隶汉军镶红旗。官至广西巡抚，吴三桂反时，因不屈被杀。著有《击笏楼遗稿》《汇草辨疑》。

八月，自永康归武林。

九月初，倪国琏、金志章有庐州之游。

倪国琏《春及堂诗集》卷十二《将偕绘卤往庐州赵恭千宸垣昆季于桂树下设醉饯别二首》。

九月初九日，与张昒游栖霞岭诸寺，有诗纪之。

《樊榭山房集》卷二《九日同东扶游栖霞岭诸兰若六首》。

九月十六日，泛船过秦亭、法华，游秋雪庵，夜宿西溪田舍，有词纪游。

《樊榭山房集》卷九《忆旧游》序："辛丑九月既望，风日清霁，唤艇自西堰桥，沿秦亭、法华，湾洄以达于河渚。时秋芦作花，远近缟目，回望诸峰苍然，如出晴雪之上。庵以'秋雪'名，不虚也。乃假僧榻，偃仰终日，唯闻棹声掠波往来，使人绝去世俗营竞所在。向晚宿西溪田舍，以长短句纪之。"

九月廿日，赵昱父赵汝旭卒。

赵昱《爱日堂吟稿》卷四《九月二十一日先君讳日自康熙辛丑见背已历十周延僧冥荐感赋》。赵汝旭（？—1721），人称东白先生，曾官象山教谕。

九月，作《晚秋斋居》诗，颇有忤时之叹。

《樊榭山房集》卷二《晚秋斋居》有云："干世策堪黄口笑，背时诗待素心论。"

秋，蒋宏道作《试天目茶歌》，请徐逢吉与先生和之。

《樊榭山房集》卷二《试天目茶歌同蒋丈雪樵徐丈紫山作》。

蒋宏道，字宾侯，号雪樵，浙江仁和（今杭州市）人。蒋淑弟，工诗，通医术，以孝悌称。著有《雪樵集》。

徐逢吉（1656—1740），字紫山，一字子宁，号青蓑老渔、紫珊老人，原名昌薇，浙江钱塘（今杭州市）人。诸生。著有《黄雪山房集》。先生称其词"清微婉妙，绝似宋人"。

十月初四日，小雪，撰《南宋院画录》八卷成，自序之。

《南宋院画录》卷首自序："宋中兴时，思陵几务之暇，癖耽艺学，命毕长史开榷场，收北来散佚书画。而院人粉绘，往往亲洒宸翰，以宠异之。故百余年间，待诏祗候，能手辈出，亦宣政遗风也。顾李唐以下，如《晋文公复国图》《观潮图》之类，托意规讽，不一而足，庶几合于古画史之遗，不得与一切应奉玩好等。予家古杭，每乐稽诸人名迹。考《梦粱录》《武林旧事》等书，姓氏存者寥寥，岂以其院画少之欤？暇日因据《图绘宝鉴》《画史会要》二书，得如干人，遍搜名贤吟咏题跋，与夫收藏赏鉴语，荟萃成帙，名曰《南宋院画录》。自愧家乏秘册，见闻狭陋，凡有缺略，幸好古君子之助我焉。康熙六十年辛丑小雪日，钱塘厉鹗书。"

十二月初八日，符曾点次陈撰《拟古》，删五十首为二十二首，传之先生暨诸同人，诸人并有题词点评。

陈撰《玉几山房吟卷·拟古》存先生、马朴臣、赵信、王焯、江潆、史凤辉、符曾七人题词，诗中又附诸人点评，凡有十五人，分别为先生、符曾、马朴臣、沈嘉辙、杭世骏、金志章、汪攻石、雷寄堂、江瀛、程鸣、赵昱、陈芝光、施兰隅、姚世钰、姜邵湘。其中先生题词云："语云：'写西施之貌，美而不可悦；规孟贲之目，大而不可畏。'君形者亡焉。诗之拟古亦然，不得其神，而袭其形，赝焉而已。今读是卷，清深窈渺，譬若霜钟风琴，气至自鸣，聆之祛人昏瞀恇懦之思多矣。真古诗也！玉几先生远客邗上，间阔积月，循玩之下，便似竹间水际，抗襟高论。时同里学弟厉鹗。"

马朴臣（1683—1737），字春迟、相如，号渔山，安徽桐城（今安徽省桐城市）人。雍正十年举人，官内阁中书，乾隆元年举博学鸿词，不第。与方贞观为石交。著有《春迟诗稿》。

史凤辉（1679—1758），字南如，江苏宜兴（江苏省宜兴市）人。雍正七年举人，官中书舍人，乾隆元年举博学鸿词，不第。

江灏，字研南，或作砚南，号冷红。工诗词，钩染花卉草虫，取法元人。

姜邵湘，字赋山，浙江钱塘（今杭州市）人。康熙六十年进士，历官山东临溪知县、永州知府、襄阳道。

十二月十四日，探梅孤山，作诗题壁纪之。

《樊榭山房集》卷二《腊月二十四日探梅孤山题壁》。

十二月十七日，立春，有作《卖花声》词。

《樊榭山房集》卷九《卖花声》序："壬寅立春日作。"

十二月，徐逢吉于华岩处读先生《高阳台》词一阕，心向往之。

《樊榭山房集外词》卷首徐逢吉《秋林琴雅题辞》。《樊榭山房集》卷九有《高阳台·题华秋岳横琴小像》，徐逢吉所见，当即此词。词云："剑气横秋，诗肠涤雪，风尘湖海年年。三径归来，慵将身事笺天。草堂不著樱桃梦，寄疏狂、菊涧梅边。想清游，如此须眉，如此山川。　　枯桐在膝冰徽冷，纵一弦虽设，亦似无弦。世外音希，更求何处成连。几时与子苏堤去，采苹花、小艇冲烟。笑平生，忘了机心，合伴鸥眠。"

是年，金农寓扬州，与谢遵王、余元甲交，谢极称其诗。

陈康祺《郎潜纪闻二笔》卷九引金农《冬心先生续集序》："辛丑游扬州，谢秀才前羲驰誉江表，不可一世。见予《景申集》雕本，捶壁发颠曰：'吾目光如炬，不轻让第一流，何来狂夫，夺吾赤帜。'"谢遵王，字前羲，江苏江都（今江苏省扬州市）人。康熙五十二年副榜。

是年，汪孟鋗、汪宪、江春生。

汪孟鋗（1721—1770），字康古，号厚石，浙江桐乡（今浙江省桐乡市）人，寓居秀水（今浙江省嘉兴市）。乾隆三十一年进士，官至吏部主事。著有《厚石斋诗集》等。

汪宪（1721—1771），字千陂，号渔亭，浙江钱塘（今杭州市）人。乾隆十年进士，官刑部陕西司员外郎。著有《振绮堂诗存》等。

江春(1721—1789)，字颖长，号鹤亭，安徽歙县(今安徽省歙县)人，居扬州。业盐。乾隆间应举不第，二十二年帝南巡命其总理盐业，授布政使衔。著有《随月读书楼诗集》等。

康熙六十一年壬寅(1722)　　三十一岁

正月初七日，雪，有诗纪之。

《樊榭山房集》卷二《人日雪》。

正月十五夜，同宋杏洲、周京集吴焯瓶花斋，有词纪之。

《秋林琴雅》卷四《点绛唇》序："灯夕同宋杏洲、周少穆集吴尺凫瓶花斋。"

正月十六日，与周京过吴奂斋赏梅。

《樊榭山房集》卷二《耕民斋中看梅》，有云："闲思灯初落。"可知约在正月十六。周京《无悔斋集》卷二《咏梅同太鸿耕民》。

正月，访徐逢吉，言谈甚洽，引为知己，相约以词倡和，得题目若干，不数日而成者已半。

《秋林琴雅》卷首存徐逢吉《题辞》："新年过访，披襟畅谈，语语沁人心脾，遂相订为倡和之作，共得题如干，并注以调名。乃不数日，两家已各成其半。"《秋林琴雅》卷四《绮罗香·送紫山之秣陵和留别韵》："象管题花，冰弦弹雪，难得词场同气。"

二月初五日，春分，与徐逢吉同赋《绮罗香》词。

《樊榭山房集》卷九《绮罗香》序："壬寅春分约徐丈紫山同赋。"

二月廿日，浴于宗阳宫，有诗。

《樊榭山房集》卷二《清明日宗阳宫浴》。

三月，同里好友陈兆仑、杭世骏等结文社于西湖藕花居，先生未与。

陈玉绳《陈句山先生年谱》"康熙六十一年"条："三月，结文社于西湖藕花居。何鸣世姚瑞、吴子廉国锷、吴春郊景、任处泉应烈、孙介斯曾禔、钱苍益在培、汪履顺金城、汪介纯宏禧、梁葭林启心、杭堇浦世骏、梁芗林诗正、王琬华瀛洲、金以宁文济、孙虚船灏、裘沧晓肇煦、金雨叔甡、陆宾之秩暨先生十八人，相序以齿，裒其文曰《质韦集》。"

吴国锷，字子廉，安徽歙县(今安徽省歙县)人，寄籍钱塘。乾隆三年举人，考授内阁中书。著有《青岑阁偶吟》。

任应烈(1693—1768)，字武承，号处泉，浙江山阴(今浙江省绍兴市)人，寄籍钱塘。雍正八年进士，官至南阳知府。

孙曾禔，字介斯，浙江仁和（今杭州市）人。乾隆元年副贡。

钱在培，字苍益，浙江仁和（今杭州市）人。雍正十三年举人，官内阁中书。著有《椒馨书屋文钞》。

汪金城，字履顺，安徽歙县（今安徽省歙县）人，寄籍钱塘。雍正元年举人。

汪宏禧，字介纯，浙江钱塘（今杭州市）人。雍正八年进士，官赣州知府。

王瀛洲，字琬华，安徽歙县（今安徽省歙县）人，寄籍钱塘。雍正元年举人。

裘肇煦，字沧晓，浙江仁和（今杭州市）人。雍正八年进士，官翰林院编修。

陆秩，字宾之，号抑斋，浙江钱塘（今杭州市）人。乾隆四年进士，官至工科给事中。著有《抑斋诗文集》。

四月初，徐逢吉离杭客金陵，途中续成与先生所约倡和之词作。

《秋林琴雅》卷首徐逢吉《题辞》："会余适有白门之役，孟夏解缆，羁留吴苑者二旬，又足成之。顷寓秦淮，樊榭书至，知其前后俱削稿，复合以平时所作，付之梓人，先以首卷刻成者寄示。"

四月十三日，周京、金志章北上入都，先生有词送之。此前，先生有为《江声草堂图》题诗。

《秋林琴雅》卷四《月下笛·送周少穆北游兼怀是谏在上虞》。周京《绛云集·四月十三日下船留别诸同学》。周京《无悔斋集》卷六《康熙壬寅春莫束装北游同人饯于湖上醉后题酒楼壁间……》。《樊榭山房集》卷二《题金绘卣江声草堂图》自注："时将入都。"按：《江声草堂图》，华岩为金志章所画。

四月，同蒋淑雨中泛湖。

《樊榭山房集》卷九《夏初临》序："初夏雨中同蒋丈静山泛湖。"

四月，吴焯为先生词集《秋林琴雅》题词。

《樊榭山房集外词》卷首吴焯《秋林琴雅题辞》："余友太鸿《秋林琴雅》之词，质也灵虚，学也膏腴，才也佽飞，如玉光之陆离，剑花之参差。如是而命之为词，苟舍是其将焉如？虽然，犹有说。夫词，南唐为最艳，至宋而华实异趣，大抵皆格于倚声，有叠，有拍，有换，不失铢黍。非不咀宫嚼商，而才气终为法缚。临安以降，词不必尽歌，明庭净几，陶咏性灵，其或指称时事，博征典故，不竭其才不止。且其间名辈斐出，敛其精神，锼心雕肝，切切讲求于字句之间，其思泠然，其色荧然，其音铮然，其态亭亭然。至是而极其工，亦极其变，苟舍是，无或取焉。今太鸿之词，不必梔其貌，蜡其言，抽其关键，拔其辕辕，上下五百年，居然独树一标坛矣。余弱年从羡门侍郎、竹坨翰林论词，尝取宋末诸家为矩矱，久竟弃去。近与太鸿还往，回理前绪，不禁辗然一笑，思效邯郸之步也。康熙壬寅清和月，鹅笼生吴焯书。"

五月十八日，作《台城路》词寄吴允嘉。

《秋林琴雅》卷四《台城路》序："五月十八日东城闲居，风雨骚屑，忽动吟秋之思，书寄吴石仓先辈。"吴允嘉(1657—1729)，字志上，号石仓，浙江仁和(今杭州市)人。著有《石甑山房诗》。

六月初九日，何焯卒。

全祖望《鲒埼亭集》卷十七《翰林院编修赠学士何公墓碑铭》。

六月十五夜，赏月于宗阳宫老君台。

《秋林琴雅》卷四《百字令・六月望夜宗阳宫老君台玩月括杨仲弘诗》。

六月廿七日，陈撰为先生词集《秋林琴雅》题词。

《樊榭山房集外词》卷首陈撰《秋林琴雅题辞》："词于诗同源而殊体，《风》《骚》五七字之外，另有此境，而精微诣极，惟南渡德祐、景炎间斯为特绝。吾杭若姜白石、张玉田、周草窗、史梅溪、仇山村诸君所作皆是也。自是以还，正不乏人，而审音之善，二百余年以来，几成辍响。近称西泠词派，或踪迹《花间》，或问津《草堂》，星繁绮合，可为极盛，乃缘情体物，终惜其体制之未工。独吾友樊榭先生起而遥应之，清真雅正，超然神解。如金石之有声，而玉之声清越；如草木之有花，而兰之味芬芳。登培塿以揽崇山，涉潢汙以观大泽，致使白石诸君，如透水月华，波摇不散。吴越间多词宗，吾以为叔田之后无饮酒矣。樊榭天才轶举，靡不洽习，而志尚高远，泊于荣禄。其与予同寓广陵时，当日斜花外，必相约为倚声，往往予未及脱稿，而樊榭点笔已就，予辄为之罢去。此卷中怀古咏物诸篇，皆与同里徐丈紫山酬唱者为多。予既滞淫旅人，生意消削，从尘土挈肩中，手把是编，恍铅椠之周旋，感素琴于秋思，徬徨吊影，殆若异身，有不禁为之掩卷怃然也。康熙壬寅立秋日，玉几生陈撰书于真州之玉渊堂寓馆。"

夏，与吴焯有吴中之行，以词相倡和。

《樊榭山房集》卷九《雪狮儿》四首、《思佳客・吴中作和绣谷》附吴焯原作。《雪狮儿》其一小序："华亭钱葆酚以此调咏猫，竹垞翁属和得三阕，征事无一同者。予与吴绣谷约戏效其体，凡二家所有，勿重引焉。昔徐铉与弟锴共策猫事，铉得二十事，锴得七十事。作此狡狯，殆非词家清空婉约之旨，观者幸毋以梦窗质实为诮也。"

七夕，集小山堂，分韵赋词。

《秋林琴雅》卷四《摸鱼儿·七夕雨中集小山堂分得渐字》。

七月廿六日，周京、汪台夜宿汤右曾怀清堂，有怀同里诸子。

周京《无悔斋集》卷二《七月廿六日夜雨同汪八抱朴宿怀清堂因忆故乡同学诸子却寄时抱朴将归》。

七月廿八日，徐逢吉为先生词集《秋林琴雅》题词。

《樊榭山房集外词》卷首徐逢吉《秋林琴雅题辞》："余束发喜学为词，同时有洪稗村、沈柳亭辈尝为倡和，彼皆尚《花庵》《草堂》余习，往往所论不合。未几，各为他事牵去，出处靡定，不能专工于一。今二君已化为宿草，余犹视息人世间，作倚声之歌，几无一人可语者。去腊于友人华秋岳所，读樊榭《高阳台》一阕，生香异色，无半点烟火气，心向往之。新年过访，披襟畅谈，语语沁入心脾，遂相订为倡和之作，共得题如干，并注以调名。乃不数日，两家已各成其半。会余适有白门之役，孟夏解缆，羁留吴苑者二旬，又足成之。顷寓秦淮，樊榭书至，知前后俱削稿，复合以平时所作，付之梓人，先以首卷刻成者寄示。回环读之，如入空山，如闻流泉，真沐浴于白石、梅溪而出之者。噫！舍紫山而外，知此者亦鲜矣。独余沉酣斯道，几五十年，未能洗净繁芜，尚存故我，以视樊榭壮年，一往奔诣，宁不有愧乎！时康熙六十一年壬寅白露前一日，同里紫山徐逢吉题。"

七月廿九日，览《倚声初集》，有跋。

《樊榭山房集外文·倚声初集跋》。

八月，作诗怀徐逢吉，时徐游金陵未归。

《樊榭山房集》卷二《怀徐丈紫山客金陵二首》，有云："中秋过后重阳未。"

九月初八日，与蒋淑同登吴山。

《樊榭山房集》卷二《和蒋丈静山九月八日登吴山》。

九月，为吴允嘉像题诗。

《樊榭山房集》卷二《题吴丈志上小像》。

秋，序符曾《赏雨茅屋小稿》

符曾《赏雨茅屋小稿》卷首存先生序："微云遥岑，若惟恐其尽也；寒花定水，若惟恐其滓也；弦停籁寂，若惟恐其喧也；缨兰纕蕙，佩风衣云，若惟恐其凡近也。西泠派外，正不可无蠲烦析酲之作，殷璠所谓翦刻省净者，庶几近之。学弟厉鹗拜书。"按：此文未署日期，前吴焯序署云"康熙壬寅中秋前十日"，陈撰序署云"壬寅九月"，姑系先生序于是年秋。

十一月初三日，瓮熺刊《秋林琴雅》，有跋。

《秋林琴雅》卷尾存瓮熺跋："樊榭先生幽居道古，翛然清远，诗文之外，锐意于词。尝病倚声家诞荡者失之靡，豪健者失之肆，因约情敛体，深秀绵邈。兴至思集，辄自比之孙氏一弦，柳家双锁，要以自写胸抱，非求悦众耳也。十年以来，已有三数曲流传朋游间。赏音者以所见未多为憾。予因请于先生，尽发箧衍之藏，厘为四卷，锓而行之。夫昔贤论词，雅正为宗，故清真堂名'顾曲'，草窗堂名'志雅'，惟'志雅'而后可言'顾曲'也。嗣是必有援瑟受谱者，予仍得而读之，快何如已。壬寅十一月三日，宛平瓮熺履吉谨跋。"

十一月十三日，玄烨驾崩，年六十九。

《清史编年·康熙六十一年》。

十一月廿日，胤禛登基。

《世宗实录》卷一。

十二月初九日，从吴允嘉、符曾处得周密《绝妙好词》，嘱门人录之。

《绝妙好词笺·题跋附录》："张玉田《乐府指迷》云：'近代词如《阳春白雪集》《绝妙好词选》，亦有可观，但所取不甚精一，岂若草窗所选《绝妙好词》为精粹？惜此板不存，墨本亦有好事者藏之。'据此，则是书在元时已为难得。有明三百年乐府家未曾见其只字，徒奉沈氏《草堂选》为金科玉律，无怪乎雅道之不振也。幸虞山钱遵王氏收藏抄本，禾中柯孝廉南陔、钱塘高詹事江村校刊以传，是书乃流布人间矣。近时购之颇艰。余最有倚声之癖，吴丈志上掇残帙以赠，仅得二卷。又借于符君幼鲁，属门人录成，乃为完好，聊志岁月于简端。时康熙六十一年十二月九日，钱唐厉鹗题于无尽意斋。"

十二月十八日，胤禛赦戴名世、方苞等族属出旗，方苞仍于武英殿修书。

《清史编年·康熙六十一年》。

是年，全祖望在武林，与先生、杭世骏、龚鉴、梁诗正、陈兆仑、赵昱、赵信、姚世钰、王豫交，讨论经史，证明掌故，尊酒邮筒，往复甚频。

全祖望《鲒埼亭集》卷十九《前甘泉令明水龚君墓志铭》："康熙之季，杭才彦最盛……壬寅、癸卯间，余寓杭，去君居不远，昕夕相从。每说经或不合，大声争之，惊其邻舍儿。或相赏，亦复绝倒，相与醵钱百十文，觅鱼酒为乐。"

是年，先生词集《秋林琴雅》付梓，徐逢吉、吴允嘉、陈撰、吴焯、赵信为题词弁于卷首。

康熙刻本《秋林琴雅》卷首存诸人题词。吴允嘉题词："词调六百六十，体凡千一百八十有奇。一调有一调之章程，一体有一体之变化，作法既殊，音响亦异，殆难于诗远矣。余友徐紫山尝教余作词，谢不能也。厉君太鸿于诗古文之外，刻意为长短句，拈题选调，与紫山相倡和，大约怀古咏物之作为多。数月之间，动成卷帙，声谐律叶，骨秀神闲，当于豪苏腻柳之间，别置一席。至于琢句之隽，选字之新，直与梅溪、草窗争雄长矣。余学诗垂四十年，尚不能工。太鸿工诗，工古文，而《琴雅》一刻，各极其妙，人之愚智，何相去之敻绝也！石仓吴允嘉。"

符曾题词："欧阳圭斋谓《雅》即雅乌之雅，以其声能动物也。词之声，生于宫羽，而动物者必雅。余与樊榭交垂十五年，见其偃蹇侘傺，不废文史，而感时览物，托寓微至，诗所不尽，必形之于词。上者海山缥缈之音，次亦不减游春绿水之奏。闻者意消神往，直与乡先辈清真、玉田、山村、句曲诸公相后先矣。符曾幼鲁题。"

赵信题词："淡而弥永，清而不肤，渲染而多姿，雕刻而不病格，节奏精微，辄多弦外之响，是谓'以无累之神，合有道之器'者，讵止有井水饮处必歌柳七词，令市伶按拍称好乎？意林赵信。"

雍正元年癸卯(1723)　　三十二岁

正月初一日，雪晴，作词纪之。

《樊榭山房集》卷十《东风第一枝·癸卯元夕雪晴》。

正月，有过相国寺，访上绪。

《樊榭山房集》卷三《相国寺访亦谙上人》。

正月，与符曾、符之恒有西溪之游。

《樊榭山房集》卷三《雨中同符幼鲁圣几泛舟河渚看梅暮至西溪》《宿永兴寺德公山楼》《永兴寺二雪堂晓起看绿萼梅是冯具区先生手种》《溪上巢泉上作》《秋雪庵》《柏家园行三四里皆竹树梅花中》《晚入石人坞还永兴寺》。符曾《赏雨茅屋小稿·同太鸿夜宿永兴寺》。

二月十九日，游开元宫，有词。

《樊榭山房集》卷十《木兰花慢》小序："城西开元宫，本宋周汉国公主府，元时句曲外史张伯雨入道于此。外史《开元宫得月轩》词有'环堵隘，花狼藉。沟水涨，云充斥。似石鱼湖小，酒船宽窄'之句。今阑入军营中，仅矮屋数楹，奉高真像，旁有隙地，积水纵横，犹是当日陈迹也。雍正癸卯二月十九日过之，书此以贻访古者。"

二月末，徐逢吉有诗寄先生，次韵答之，并访徐于黄雪山庄。

《樊榭山房集》卷十《次韵答紫山见寄》《少年游·春日访紫山同坐学士桥望湖》,有语云:“节近清明。”

三月初一日,清明,风雨作,思及前年会试下第并多病之身,作《绛都春》,有伤心之语。

《樊榭山房集》卷十《绛都春·清明风雨》云:“攲侧。前年旧旅,寄单枕闷把、卧枝花摘。水外濸红,帘底纤琼,游踪隔。文园多病何人惜?有鬓影、参差知得。便教晴蝶敲风,岸阴翠织。”按:前年清明,先生尚在下第返乡途中。先生未参加是年恩科会试,一是为病身所阻,二是囊资羞涩。故《夏日闲居》云:“旧业闲来废,禅心病后赊。今年饥似朔,不拟上公车。”

春,全祖望以事在杭。

蒋天枢《全谢山先生年谱》。

春,杭世骏集百人于西湖,为诗酒之会,致物议纷纷,甚有以“禽兽”目之者。

郑性《南溪寤歌》卷下《西湖大会绝句》自注:“主会者杭大宗,人多谤之。吾友万西郭谓会中人尽假名士,不可与交,至目为禽兽,故有是作。”万承勋,号西郭,浙江鄞县(今浙江省宁波市鄞州区)人,曾官磁州知府。与郑性、李暾、谢绪章号“四明四友”。万承勋对杭世骏偏见甚深,郑性则对杭世骏评价很高,有云:“一片西湖百尔人,相逢尽是降衷民。为尧为舜今朝共,区别徒彰我不伦。”“脱颖囊中客姓杭,登坛遽被俗嗔狂。虽然锻炼还须火,料有精纯一段钢。”

五月,金农赴莱东,道经临淄,访赵执信,赵称其诗孤调独诣。

陈康祺《郎潜纪闻二笔》卷九引金农《冬心先生续集序》:“予赴莱东,道经临淄,邂逅赵秋谷詹事,索予诗,哑哑抚掌曰:‘子诗造诣,不盗寻常物,亦不屑效吾邻家鸡声,自成孤调。”赵执信(1662—1744),字伸符,号秋谷,山东益都(今山东省青州市)人。康熙十八年进士,官至翰林院检讨。著有《饴山诗集》《谈龙录》等。

六月十五日,朱樟在京师招周京、陈聂恒、郑世元、朱稻孙、顾之珽、金志章等集怡园纳凉,分韵赋诗。时朱樟倡立诗社,与者多为浙人。

周京《无悔斋集》卷二《怡园纳凉分赋同华亭陆香林武进陈秋田秀水郑黛参海宁杨东崖青浦张虚受林豫仲如皋姜白蒲宜兴蒋西洲秀水朱稼翁钱唐顾月田朱鹿田金江声时癸卯六月十五日》,金志章《江声草堂集》卷五《六月十五日朱鹿田水部招同陈秋田先生姜白蒲庶常周穆门蒋西洲两上舍怡园避暑》《怡园合欢花同秋田先生鹿田白蒲穆门西洲分韵》。按:周京在去年八月间所作《简朱鹿田水部》一诗中曾云:“时将有诗社,拉余厕之。”此集显然是诗社活动之一。

陆荣秬，字锡三，号香林，江苏华亭（今上海市松江区）人。监生，乾隆元年举博学鸿词，不第。著有《香林诗文集》。

姜任修（1676—1751），字自芸，号退耕，又号白蒲，江苏如皋（今江苏省如皋市）人。康熙六十年进士，官至清苑县知县。著有《白蒲子古文编年诗》。

林令旭（1678—1743），字豫仲，号晴江，江苏娄县（今上海市松江区）人。雍正八年进士，官至太常寺卿。著有《墨花楼集》《锦城记》等。

朱樟（1677—1757），字亦纯、鹿田，号慕樵，晚号灌畦叟，浙江钱塘（今杭州市）人。康熙三十八年举人，官至泽州知府。年八十卒。著有《观树堂诗集》等。

陈聂恒，字曾起，号栩园。江苏武进（今江苏省常州市）人，家有且朴斋、秋田草堂。康熙三十九年进士，官至翰林院检讨。著有《栩园词弃稿》等。

张泽瑊，字虚受，江苏青浦（今上海市）人，安茂孙。康熙五十九年举人，工诗文，画入逸品。

顾之珽（1678—1745），字揩玉，号茶园、月田，浙江仁和（今杭州市）人。康熙三十八年举人，官广东电白知县。著有《丹井山房诗集》等。

郑世元（1671—1728），字黛参、亦亭，号耕余，浙江余姚（今浙江省余姚市）人，占籍秀水（今浙江省嘉兴市）。康熙五十九年举人。著有《耕余居士诗集》。

朱稻孙（1682—1760），字稼翁、芋坡，号娱村，浙江秀水（今浙江省嘉兴市）人。彝尊孙。乾隆元年举博学鸿词，官至州判。擅书。著有《六峰阁诗》等。

六月，与同人游吴山，纳凉于清凉山精舍。

《樊榭山房集》卷三《清平山精舍纳凉》：“几人来亦偶，六月兴尤偏。”

七月初六日，陈章往扬州，有诗送之。

《樊榭山房集》卷三《七月六日立秋送陈授衣之广陵》。

七月，过金焜斋，观北宋苏汉臣《扫象图》。

《樊榭山房集》卷三《金以宁斋中观苏汉臣扫象图》。

八月十五日，有作诗怀都下故人，时周京、朱樟、顾之珽、金志章、符曾、张湄皆在京师。

《樊榭山房集》卷三《中秋对月怀都下故人》。

八月十五日，王鸿绪卒于京师。

《清史编年·雍正六十一年》。王鸿绪(1645—1723),初名度心,字季友,号俨斋,别号横云山人。江苏娄县(今上海市松江区)人。康熙十二年榜眼,官至左都御史。著有《横云山人集》。任《明史》馆总裁,《明史》刊印,不具万斯同名,世以此讥之。

八月,夜听潮有感,寄诗吴焯。

《樊榭山房集》卷三《秋夜听潮歌寄吴尺凫》。

九月十八日,杭世骏与沈嘉辙、袁荂、吴焯、丁敬出游城南,观钱江潮。

杭世骏《道古堂诗集》卷一《九月十八日纪游》。袁荂,字舒文,石门(今浙江省桐乡市)人。太学生,工诗善书。

九月晦日,张昉移居瑞石山麓,先生有诗纪之。

《樊榭山房集》卷三《张东扶移居瑞石山麓》。按:丁丙《武林坊巷志·太庙巷》引此诗,题作《雍正癸卯秋尽日张东扶移居瑞石山麓》。

十月初八日,立冬,与张昉游凤凰山,有诗。

《樊榭山房集》卷三《冬日同东扶游凤凰山》。

冬,金农过访,索诗序于先生。

《樊榭山房集》卷三《金寿门过访以诗卷索拙序茶话良久殊慰寒寂》。

十月廿日,序汪埙《中晚唐七言绝句》。

汪埙《中晚唐七言绝句》卷首厉鹗序:"唐人诗无体不佳,唯绝句感人为最。盖异于古体之聱牙而俪偶不拘,人工至矣,天趣转生,本事抒情。旗亭椒壁之所窃记者,皆是也。宋孝宗尝语洪容斋云:'宫中无事,日编唐人绝句至六百首。'容斋对以可得五千首。归而搜括小说中神仙妇女鬼怪之作,以充其数,仅得十之三,因以进御。世所传《万首唐人绝句》者,固不无丛杂矣。明杨用修有《唐绝搜奇》之选,专意情艳,所登甚隘,未为善本。袚江先生暇录唐人绝句自娱,祧初盛而祖中晚,予得其手抄本,读之,与诸家所采特异。大历以后之诗,取清微而遗卑弱;会昌以后之诗,取隽快而斥纤秾。目过境随,情紬语出,不徒言格调而格调转新,不徒喜声华而声华自淡,沨沨乎若我欲言之而古人已言之也,若古人言之而即我言之也。回视景云、开元诸公,古律高秀雄拔,千古所宗,而绝句如土鼓苇钥,尚有淳闷之音。以云善感人而兴观群怨之旨皆备,断非中晚莫属,亦非兹选莫属。亟劝袚江开雕,以公海内。世不少恬吟密咏善于领取之人,则瓣香所在,选者之功,不与作者等乎?雍正元年十月二十日,钱唐厉鹗拜书于东城之无尽意斋。"汪埙,号袚江,先生友。

十月廿三日,跋张翥《蜕岩词》。此书为先生从金志章子金焜处借抄而得,金志章又从龚翔麟处抄得。

梁绍壬《两般秋雨庵随笔》卷八《蜕岩词》,又见《樊榭山房集外文》。龚翔麟(1658—1733),字天石,号蘅圃,又号稼村,晚号田居,浙江仁和(今杭州市)人。康熙二十年中顺天乡试乙榜,官至御史。工词,为浙西六家之一。著有《田居诗稿》《红藕庄词》等。

十一月初一日,校刘昌诗《芦浦笔记》,有跋。

"知不足斋丛书"刘昌诗《芦浦笔记》卷尾存先生跋:"考《西江志》,刘昌诗,清江人,开禧元年毛自知榜进士。《芦浦笔记》乃其所作。芦浦即华亭芦沥场,昌诗盖曾为盐官者。卑吏博雅如此,足征赵宋文治之盛矣。雍正十年壬子十有一月朔,钱塘樊榭山民厉鹗书。"

十一月初一日,恩科发榜,帅念祖、沈荣仁、徐以升中式。

《清史编年·雍正元年》。

帅念祖,字宗德,号兰皋,江西奉新(今江西省奉新县)人。官至陕西布政使。工指画花卉,兼写山水。著有《树人堂诗》。

沈荣仁,字勉之,浙江归安(今浙江省湖州市)人,树本子。官翰林院编修。著有《碧浪篙师诗略》等。

徐以升(1694—?),字阶五,号恕斋,浙江德清(今浙江省德清县)人,徐倬曾孙。官至广东按察使。著有《南陔堂诗集》。

十一月,丁文衡卒,享年七十一。先生有诗哭之。

《樊榭山房集》卷三《哭王源村丁茜园二首》。黄士珣《北隅掌录》卷下:"(丁茜园)卒于雍正癸卯年十一月,年七十一。"汪惟宪《汪积山先生遗集·丁茜园先生传略》:"雍正癸卯年十一月,先生捐馆舍,年七十一。"

十二月初七日,张吻以水仙花相送,赋诗纪之。

《樊榭山房集》卷三《东扶送水仙花五本时腊月七日雨中》。

十二月,雪中过汪潭土桥精舍,不值,题诗于壁。

《樊榭山房集》卷三《汪青渠营土桥精舍去予居二里许雪中过之不值题壁二首》。

十二月,与沈嘉辙、杭世骏集赵昱二林吟屋,分咏岁除节物,先生赋胶牙饧、粣盆,杭世骏赋腊八粥、爆仗,沈嘉辙咏消夜果、腊鼓,赵昱咏年糕、钟馗。

《樊榭山房集》卷三《寒夜同沈栾城杭大宗集赵功千二林吟屋咏岁除节物二首》,杭世骏《道古堂诗集》卷一《二林吟屋与沈嘉辙厉鹗赵昱分咏节物》,赵昱《爱日堂吟稿》卷一《岁除杂咏集二林吟屋分赋》并附沈嘉辙、厉鹗、杭世骏诗。

十二月,赵信北上入京。

赵昱《爱日堂吟稿》卷一《送别意林北上》自注:"癸卯十二月。"

除日，与王畏、吴奂泛舟西湖，入南山，有诗纪之。

《樊榭山房集》卷三《岁除日同王雪子吴耕民放舟湖上入南山作》，《国朝杭郡诗续辑》卷四载吴奂《癸卯岁除同晋三太鸿泛舟湖上》。

是年，与黄琛、石文登云居山，访得南宋摩刻。

曹斯栋《稗贩》卷七引黄琛《车笠契》："又雍正癸卯余偕厉樊榭、石贞石登云居山，憩上方僧舍，访一滴泉，见摩崖一石，仅尺许。老僧云：'此碑三十年前还有"卧听宰相去朝天周瑞臣题"十一字未尽剥落。'三人摩挲久之。按周瑞臣，字彦良，号葵窗，南宋御前应制有《题叶靖逸东庵诗》云：'一庵自隐古城边，不是山林不市廛。落月满窗霜满地，卧听宰相去朝天。'据此则上方庵旧名东庵矣。静逸即龙泉叶绍翁，亦曾流寓庵中，可知是时宰相当是贾似道。"黄琛，字西清，号山民、�笑，浙江钱塘（今杭州市）人。擅丹青。著有《市曲茅堂集》。

是年，傅王露徙居武林。

篆玉《话堕三集》卷首傅王露序："雍正癸卯归田，徙居武林间，为一二朋好闲入西湖吟社。"傅王露（1678—?），字晴溪、良木，号玉笥、阆林，浙江会稽（今浙江省绍兴市）人。康熙五十四年探花及第。著有《玉笥山房集》《晴溪诗钞》等。

是年，梁同书生。

梁同书（1723—1815），字元颖，号山舟，晚自署不翁、新吾长，浙江钱塘（今杭州市）人。梁诗正子。乾隆十二年举人，十七年特赐进士，官至翰林院侍讲。善书法。著有《频罗庵遗集》《频罗庵论书》等。

雍正二年甲辰（1724）　三十三岁

正月十五日，周京、陈聂恒、陆荣秬、郑世元、姜任修、朱樟、钱陈群、金志章、符曾等集京师半浮书屋观灯。

周京《无悔斋集》卷二《上元夜半浮书屋观灯分赋同陈秋田陆香林郑亦亭杨东崖姜白蒲朱鹿田钱主敬金江声符幼鲁张西湄潘雪江》，金志章《江声草堂诗集》卷五《上元夜潘雪江招同陈秋田先生朱鹿田周穆门陆香林姜白蒲钱香树杨东崖郑亦亭汪重阆符幼鲁集半浮书屋观灯分韵》。汪德容（1683—1739），初名抡甲，字云尺，号重阆，浙江钱塘（今杭州市）人。先生同年，雍正二年探花，授编修。著有《重阆斋诗集》等。

二月初二日，赵昱子志清夭亡，时年十三。

赵昱《爱日堂吟稿》卷一《哭亡儿志清八首》。

二月中浣，有西溪之游，访石佛庵、沈捷旧居、永兴寺、洞霄宫等。

《樊榭山房集》卷三《溪上巢怀去年与幼鲁同游》《石佛庵赠敏上人》《沈大匡先生华山草堂》《西溪梅花已残永兴寺绿萼二株正盛开》《二月十七日重游洞霄宫探大涤洞天》。沈捷，字大匡，浙江海宁（今浙江省海宁市）人。明崇祯十三年进士，历任桃源、武进知县。甲申后隐居瑞石山下，构别业曰石园。

二月，黄叔琳加兵部侍郎衔，任浙江巡抚。

顾镇《黄侍郎公年谱》。黄叔琳（1672—1756），字昆圃，号金墩，晚号守魁，顺天大兴（今北京市大兴县）人。康熙三十年进士，官至吏部侍郎。著有《文心雕龙辑注》等。

春，与张旸、石文游云居寺。

《樊榭山房集》卷三《同张东扶石贞石游云居寺礼中峰和尚发塔》并附石文同作诗。

春，赵昱得沈周《冷泉亭图》，请先生暨同人观摩题诗。

《樊榭山房集》卷三《题沈启南冷泉亭图次韵》自注："图向为灵隐僧房物，后归龚田居侍御，今归赵君功千。"史鉴明《西村十记》附录先生、赵昱、吴焯、沈嘉辙、施谦、丁敬、陈章、赵信、姚立德、赵一清同题之作。赵昱《爱日堂吟稿》卷二《石田翁冷泉亭图图为田居侍御家藏余近得之上有石田自题诗一首绣谷栾城樊榭授衣虚舟敬身意林依韵同赋》。姚立德（？—1783），字次功，号小坡，浙江仁和（今杭州市）人。以祖荫封主事，官至河东河道总督。

四月，与沈嘉辙、吴焯、赵昱游六和塔、云栖寺。

《樊榭山房集》卷三《同沈栾城吴尺凫赵功千登六和塔》《洗心亭看竹》《宿云栖寺》。

四月十七日，读书蒋氏水轩，录成《草堂诗余》三卷，符之恒为之装褫成册，跋之。

"享帚精舍词学丛书"《精选名儒草堂诗余》卷末附厉鹗跋："元凤林书院《草堂诗余》三卷，亡名氏选，至元、大德间诸人所作，皆南宋遗民也。词多凄恻伤感，不忘故国。而于卷首冠以刘藏春、许鲁斋二家，厥有深意。至其采撷精妙，无一语凡近，弁阳老人《绝妙好词》而外，渺焉寡匹。余于此二种，心所爱玩，无时离手，每当会意，辄欲作碧落空歌、清湘瑶瑟之想。雍正甲辰四月十七日，樊榭山民鹗记。"又："甲辰春晚，读书于外家蒋氏之水轩，凡十日，录成此本。为予手装精好者，符子圣几也。鹗又记。”

四月，黄叔琳抵杭署。

顾镇《黄侍郎公年谱》。

闰四月十二日，与杭世骏、沈嘉辙、赵昱、吴焯、赵信联句，共赋妆域。

赵昱《爱日堂吟稿》卷一《妆域联句序》：“甲辰闰四月十二，沈嘉辙栾城、吴焯绣谷、厉鹗樊榭、杭世骏堇浦暨昱兄弟集小山堂赋之。”杭世骏《道古堂诗集》卷一《妆域联句》。

闰四月，沈炳震辑《唐诗金粉》毕，自序之。

沈炳震《唐诗金粉》卷首自序。

五月初，梅雨经旬，闲居作诗遣怀。

《樊榭山房集》卷三《梅雨经旬得遣怀绝句六首》，其六云：“一笑茅堂作重午，自锄昌本煮清泉。”

六月初八日，将北游，张旸、符之恒饯于湖上，先生赋《念奴娇》词志别。赵昱、沈嘉辙有诗赠之。

《樊榭山房集》卷十《念奴娇》序：“甲辰六月八日，予将北游，东扶、圣几饯于湖上，泊舟柳影荷香中，日落而归，殊觉黄尘席帽，难为怀抱矣。用白石道人韵，歌以志别。”葛嗣浵《爱日吟庐书画别录》卷四《厉鹗行书七言》：“穿花蛱蝶深深见，点水蜻蜓款款飞。甲辰六月八日，予将北游，幼鲁、尺凫诸君饯予湖上，泊舟柳影荷香中，山水浮动，凉气沁人肌骨。缘孤山，掠苏堤，入西泠桥，以泊于里湖。时意林鼓琴，敬身作小篆楹联，栾城觞碧筩劝客，予与尺凫各书数联，分赠诸君。又各赋《探春词》，极暮乃罢去。既归，南斋、尺凫以炙甜香供客，风味幽寂，前明宣宗时禁中制也，属予记之。”按：“泊舟柳影”至“极暮乃罢去”，为先生词《水龙吟》小序语，作于雍正五年；“既归”后之文则出自《国香慢》小序，作于雍正十年。颇疑葛氏所见此行书为赝作，系后人拼凑先生词序而成。赵昱《爱日堂吟稿》卷一《送樊榭之京师》并附沈嘉辙同作。

六月中旬，北上入京。

《樊榭山房集》卷三《立秋日同马丈碧沧汪青渠松泉上人游惠山舟中口占》《惠山听松庵观王孟端竹炉诗画卷次吴文定公韵》《广陵秋夜闻络纬》《题余葭白青灯雪屋图》《公路浦即目》《桃源县雨泊寄舍弟子山》《峄县道中》《宿邹县谒孟子庙毕看峄山夜月》《富庄驿遇潦》《任丘道中寄汪祓江》《赵北口》，卷十《好事近·吴江月夜》《点绛唇·题授衣读书稻田隅图》《菩萨蛮·马佩兮梅花卷子寓骑省之戚征予赋此》，皆作于北上途中。

六月十九日，立秋，过吴门，与汪潭、马涧游惠山，于听松庵观王绂竹炉诗画卷。

《樊榭山房集》卷三《立秋日同马丈碧沧汪青渠松泉上人游惠山舟中口占》《惠山听松庵观王孟端竹炉诗画卷次吴文定公韵》。

马涧，字碧沧，江苏无锡(今江苏省无锡市)人。国子生。师从魏禧、顾祖禹。祖禹撰《读史方舆纪要》，徐乾学修《一统志》，涧皆与焉。传见《国朝耆献类征初编》卷四百二十五。

王绂(1362—1416)，字孟端，江苏无锡(今江苏省无锡市)人。工诗，能书，善丹青，尤以墨竹名天下。

六月，过扬州，做短暂停留，为余元甲《青灯雪屋图》题诗，为陈章《读书稻田隅图》、马曰璐梅花卷子题词。

《樊榭山房集》卷三《题余葭白青灯雪屋图》，卷十《点绛唇·题授衣读书稻田隅图》《菩萨蛮·马佩兮梅花卷子寓骑省之戚征予赋此》。

七月，至京，索居无事，唯日与金志章、符曾二友访古游观为乐。

《樊榭山房集》卷三《都下寓舍偶坐》："入洛谁相问，深居等系匏。唐碑从寺勘，秦译借僧抄。风雨新圆梦，云山广绝交。时时期二妙，携手看烟郊。"《风氏园古松相传金源时物近为人所伐幼鲁有诗惜之邀余同作》。

七月，浙江风雨大作，海潮为患，仁和、海宁、平湖、山阴、会稽、萧山、余姚诸邑塘堤冲坍，田庐漂没，百姓溺毙无算。

《清史编年·雍正二年》、顾镇《黄侍郎公年谱》。《樊榭山房集》卷三《寄内》有云"梦回竹月摊书地，人道风潮损稼天"，当指此次风灾。

八月十五日，周京在都闻母讣信，南归。

周京《无悔斋集》卷二《闻先慈讣南归中秋夜走卢沟桥》。

八月，黄叔琳以徇私、受贿等罪解任浙江巡抚。

顾镇《黄侍郎公年谱》。

九月十六日，会试发榜，先生下第，旋离京南返。

《世宗实录》卷二十四。按：全祖望《厉樊榭墓碣铭》称先生自康熙六十年会试报罢后，"不复入长安"，至乾隆元年始应博学鸿词试，此说不确。先生是年六月北行，九月离京，显是为应会试。《都下寓舍偶坐》其一云："棘墙愁露索，尘市畏风行。"《寄内》云："行卷赁居真左计，心关桂玉路三千。"皆可为证。《樊榭山房集》卷三《南归夜行赵北口同范希声作》《九月晦日晓行阜城道中大风雨午间飞雪宿漫河作》《东阿逆旅壁有无名氏绝句云霜树微茫月半环解鞍茅店且偷闲行人过尽严更发一盏寒灯满屋山次韵一首》《过东平怀苏源明五太守燕集之诗城外山际积水空明疑是小洞庭也即效其体》《徐州舟行即事》，皆作于南返途中。

九月三十日，在阜城道中，风雪大作，有诗纪之。

《樊榭山房集》卷三《九月晦日晓行阜城道中大风雨午间飞雪宿漫河作》。

九月，沈廷芳过石门访吕留良曾孙吕为景，与吕共同商订留良文集，厘为八卷。

吕留良《吕晚村先生文集》卷首吕为景《吕晚村先生文集识语》。

十月初五日，汪由敦、严遂成、诸锦、周长发第进士。

《清史编年·雍正二年》。

汪由敦(1692—1758)，初名良金，字师茗，号谨堂，又号松泉居士，安徽休宁(今安徽省休宁县)人，以商籍寓居钱塘。官至吏部尚书。著有《松泉集》等。

周长发(1696—1761)，字兰坡，号石帆，浙江会稽(今浙江省绍兴市)人。雍正二年进士，官至翰林院侍读学士。著有《赐书堂诗钞》等。

十月，过扬州，汪埙见留，相谈甚欢，依依惜别。

《樊榭山房集》卷十《定风波》小序："甲辰冬杪南归，过邗城，祓江见留。酒间款语忘暮。月黑江寒，行五六里，送至舟中而别。到家旬余，祓江书来，作此寄之。"

冬，开湖，有诗寄徐逢吉，赵昱和之。

《樊榭山房集》卷三《开湖寄徐丈紫山义兴》。赵昱《爱日堂吟稿》卷一《开湖次樊榭韵》。

十二月下旬，与周京、吴奂集密香斋，拥炉赋雪。复又与吴奂泛舟同游北郭。

《樊榭山房集》卷三《春雪密香斋拥炉同少穆耕民作》《雪后同耕民泛舟北郭游一僧舍颇尽幽趣》。

十二月，赵昱购得明俞存熙《仙山楼阁图》，先生与同人有诗赋之。

赵昱《爱日堂吟稿》卷一《仙山楼阁图用东坡烟江叠嶂图韵》序："余购得此帧，绢素漫灭，无作者名氏，上惟存'金门画士''俞存熙'二印文。俞为括苍龙泉人，师永嘉赵仕谦，永乐中召为金门画士，见《两浙名贤录》。因赋长句题其上，同作者吴兴韩怡园、同里沈栾城、吴绣谷、厉樊榭、家弟意林。"韩云，字自为，号怡园，浙江乌程(今浙江省湖州市)人。长兴贡生。著有《怡园诗钞》。

冬，有葺屋之举。

《樊榭山房集》卷三《葺屋》。

冬，与全祖望拜张煌言、魏耕墓，访得杨文琮殡。祖望应先生提议，为撰《杨职方茔域志》。

全祖望《鲒埼亭集外编》卷六《杨职方茔域志》："雍正甲辰，予馆湖上，拜苍水、雪窦墓，因访职方殡，得之灌莽中，为加封之。职方本末已具予所作《杨氏四忠双烈合状》中。同游厉君樊榭以为当更志之，以备湖上掌故。予仍略举其概以答之。"杨文琮（？—1662），字天璧，浙江鄞县（今浙江省宁波市鄞州区）人。福王监国，以诸生从军，授职方郎中。张煌言举义军于海上，文琮为其联络陆上事宜。康熙二年，因降卒告密被逮，卒于狱中。兄文琦、文瓒，弟文球皆因抗清而死，史称"杨氏四忠"。

是年，与全祖望信件往来，讨论苏若兰回文诗。

全祖望《鲒埼亭集外编》卷首《年谱》："（雍正）二年甲辰先生二十岁……惟《与樊榭论苏若兰回文诗札》确系此年。"按：此文《鲒埼亭集》未见。

是年，《南宋杂事诗》撰成，查慎行、万经、章藻功序之，复有白长庚、柴世堂、张奕光、汪熷、陈撰、金农、赵殿成、吴允嘉、程鸣、徐逢吉、程梦星、韩云等人为之题词。

赵昱《春草园小记·二林吟屋》："即南楼也，亦曰画选楼，予与意林读书处，昔沈栾城、符药林、袁南垞尝假馆焉。雍正癸卯、甲辰间，共赋《南宋杂事诗》，觞咏流连，盍簪于此。"全祖望《鲒埼亭集》卷十九《赵谷林诔》："谷林露抄雪购，小山堂插架之盛，遂与代兴，为吾浙河东西文献大宗。同学之士，雨聚笠，宵续灯，读书其家，谷林解衣推食以鼓舞之。"

查慎行序："吾杭自建炎南渡，号称帝都，虽偏据规小，顾历七朝百五十余年间事，亦綦赜矣。其载在潜说友《咸淳志》者，视他书较详，犹不无舛漏。余尝欲就世传单本，证其瑕衅而补其缺略，别成一编，名《武林备志》，炳烛之光，力未逮也。钱唐沈栾城、吴尺凫、陈蔚九、符幼鲁、赵功千、厉太鸿、赵意林相约为《南宋杂事诗》，大而朝庙宫壸，细及闾阎风俗，或取诸志乘，或取诸稗史，或取诸名家诗文集，一篇之中，或专举一事，或连缀数事，网罗散逸，巨细不捐，人各成七言绝句百首，合七家之作得七百篇焉。大抵绚者若霞锦，淡者若云烟，领异标新，目不暇给。而今而后，于故都旧事，可无舛漏之憾矣乎！综其指归，在补田副使《西湖志》之未备，洵田氏之功臣也。尝考《汉书·艺文志》，'杂家者流，盖出于议官，兼儒、墨，合名、法'而为言者也。张河间亦云：'小说九百，古秘书所掌，其流实繁，班氏刊之诸家，于以见王治之悉贯，小道之可观。'然则杂事之什，岂世之雷同剿说、贵耳而贱目者所敢望其厓哉！昔刘后村生当南渡时，曾取中兴以后诸家五七言绝句，各选百首，而江湖派诸人如姜夔、赵蕃、师秀、徐照之流不在此数。以今拟古，殆将过之无不及也。观兹集者，于事不厌其杂，于辞则味其醇，庶几不失诸君立言之旨也夫。南书房旧史官查慎行序。”

万经序：“国史综其大纲，野史补其缺略，然传闻失实，不可尽信，则一也。如胜国《愍帝遗录》载：‘十七年三月甲辰，李自成陷昌平州，毁十二陵。’余核之，实止昭、定二陵。西山口天下大师坟乃蒙古僧，朱竹垞《日下旧闻》辨之极明，屈翁山《谒陵诗》至指师为建文君。夫有明事，其近者也，犹难信如此，况其远者乎！南宋遗事如亦斋《程史》、放翁《老学庵笔记》、东发《日钞》、草窗《齐东野语》之类，皆记述详核，近而可据，足以取信而行远。兹武林七子抗怀卓荦，伟然为儒林艺苑中人，于千百年事协志搜遗，因事系诗，诗各百首。其词凄楚沈冥，不堪卒读。而上系庙廊，下逮里闬，言外显垂法戒，不当与《程史》《笔记》诸书永传信于后世哉？抑遗事之最巨者，莫如六陵。兰亭后天章寺前，旧有冬青穴，今寺僧灭其迹为寺地，酷烈不下于杨髡。姚江黄耒史尝作《兰亭录冬青记》。七子以阐微发幽为己任，其东渡钱唐一问之乎？九沙万经拜手序。”

章藻功序：“三十里西湖，侈说金牛故事；一百年南宋，争传泥马新闻。业是偏安，势同全盛。君臣佚宴，楼船则锦幕珠帘；士女骈阗，灯市则遗钿堕珥。凌虚有阁，澄碧为池，花繁静乐之堂，乐奏载忻之馆。泉于何冷？峰不能飞。伛愚叟之移山，类神人之驱石。若果旧殊可念，频尝五嫂之羹；奈何本已都忘，徒赛二郎之酒。双胜之连环安在，漫夸聚景延祥；一杯之御酝未干，但见埋魂委骨而已。嗟乎！西湖实水利之源，不专游览；南宋有上崩之渐，何事奢华？无数离宫，过丘坟而指点；难忘胜地，对缃帙以寻探。揭奚斯共与纂修，田叔禾别为辑撰。或搜罗之未备，或委屑而不收。乃有群贤，用加博采，参百家之说以广聪明，摘一语之奇而资吟咏。笔歌墨舞，剧当年鼓吹之欢；粉掠绡笼，供此日赓酬之料。绝句只廿八字，合斗奎列宿以罗胸；全集共七百章，开高孝盘游之生面。稗官野史，处处搜余；断简残编，时时觅得。二三盍各，宁嫌坐席之分；八九靡遗，具识行都之概。纪天宝之遗事，仿日下之旧闻，爰补《志余》，曷可少也。嗟乎！汉朝陵墓，晋代衣冠，松柏薪摧，梧桐叶落。以竹枝之逸韵，为《黍离》之变风；极南宋所不堪，与西湖兮何涉？独是一泓碧水，有情亦老之天；四壁青山，回首可怜之地。谁能遣此，尚忍言哉！章藻功序。”

万经(1659—1741)，字授一，别署九沙，浙江鄞县(今浙江省宁波市鄞州区)人，寓居钱塘(今杭州市)。康熙四十二年进士，授编修，充贵州学政。著有《九沙分隶偶存》等。

章藻功(1656—1726)，字岂绩，浙江钱塘(今杭州市)人。康熙四十二年进士，官至翰林院庶吉士。工骈体。著有《思绮堂文集》等。

白长庚，字芗石，四川什邡（今四川省什邡市）人。工书画。

柴世堂，字陛升，浙江仁和（今杭州市）人。工诗，与柴升、吴陈琰、诸朝鼎并称“浙西四子”。著有《啸月轩诗》。

是年，上绪圆寂。

杭世骏《道古堂文集》卷四十八《诗僧亦公塔铭》。

雍正三年乙巳（1725）　　三十四岁

正月初七日，与陈章、丁敬、石文登吴山，有诗纪之。

《樊榭山房集》卷四《人日同陈授衣丁敬身石贞石登吴山用石壁上东坡先生释迦院看牡丹韵》。

正月，离杭赴扬州。

《樊榭山房集》卷四《夏五日闲居八首》其一：“始春游广陵。”《樊榭山房集》卷十《琵琶仙·乙巳早春过吴门作》。按：先生雍正六年所作《春雨有怀徐丈紫山湖上》有云：“几年不作踏灯人。”可见此前离杭赴扬多在元宵之前。

正月，过余元甲斋，和其《题唐子畏画韩熙载夜宴图诗》。

《樊榭山房集》卷四《和余葭白题唐子畏画韩熙载夜宴图》。

二月初四日，汪埙招饮康山，同集者吴焯、陈章等，各赋《琵琶仙词》一阕。与汪埙相约编撰《宋诗纪事》。

《樊榭山房集》卷十《琵琶仙》题词有云：“康山在扬州，辇土为之，以康对山寓此得名，今属吴氏。乙巳二月四日，祓江招饮其上。四顾旷然，俯仰今昔，同集者尺凫、授衣，各赋一解。”厉鹗《宋诗纪事序》：“予自乙巳后，薄游邗沟，尝与汪君祓江欲效计有功，搜括而甄录之。”

二月廿三日，清明，伤父墓庐远在慈溪，未能常供麦饭，思迁殡于西湖西山。有诗、词各一首。

《樊榭山房集》卷四《扬州清明有感》、卷十《摸鱼儿·芜城清明》。

三月初六日，饮于程鸣七芙蓉阁，同会者江湑、程岷东，岷东出示郭畀《客杭日记》真迹。

《樊榭山房集外文·题客杭日记》，《樊榭山房集外诗·题郭云山日记真迹》。

三月廿三日，孤愁特甚，作词有怀吴焯。

《樊榭山房集》卷十《扫花游》小序：“乙巳三月二十三日，客扬州，空斋积雨，孤愁特甚，问人，始知是春尽日也。黯然于怀，赋寄尺凫。”

三月廿六日，从程岷东处借得郭畀《客杭日记》，抄录序之。

《樊榭山房集外文·题客杭日记》。

四月初六日，题一绝于郭畀《客杭日记》抄本之上。

“知不足斋丛书”郭畀《客杭日记》卷尾附先生诗：“郭髯行记箧中收，便是沧江虹月舟。解道楼居好风韵，杭人不合异乡游。”并云：“《题郭云山日记真迹》一绝句，樊榭山民厉鹗书，时雍正三年四月六日。”

春，与杭世骏约分注辽史、金史，后成《辽史拾遗》。

赵昱《爱日堂吟稿》卷二《和樊榭雨中移居之作》自注：“时樊榭约与堇浦分注金、辽史。”

春，金农有泽州之行。

马曰璐《南斋集》卷一《春日送金寿门之河东》。陈康祺《郎潜纪闻二笔》卷九引金农《冬心先生续集序》：“客泽州陈幼安学士四载，相国午亭留咏殆遍，即中条、王屋，无处不放胆题诗。学士叹曰：‘吾不幸十六中进士，翱翔禁庭十年，罢归，不深读书，今夜镫相对，受益良多。君乡查翰林兔园挟策，吾最薄之。君诗如玉潭，如灵湫，绠汲不穷，非吾友，实吾师也。’从此执业，称诗弟子矣。”陈壮履，字礼叔，号幼安，山西泽州（今山西省晋城县）人，陈廷敬子。康熙三十六年进士，改庶吉士，官至翰林侍读学士。金农主陈幼安家凡三年。

春，平湖重举洛如诗社，与者陆培、陆载昆、叶之淇、叶之溶等。

张云锦《兰玉堂诗续集》卷一《纾斋招饮玉兰花下长歌分韵》自注：“乙巳春尊公鹤喈居士重举洛如诗社，招同懒迂、待堂、笠亭、渟川、渔沧、淮左、南香诸君、红椒上人赋诗花下，今已三十三年矣。”

陆培（1686—1752），字翼凤，号南香、恬浦，浙江平湖（今浙江省平湖市）人。雍正二年进士，授江苏东流县知县。后罢官归，萧然以终。著有《白蕉词》等。

姚廷瓒，字述绸，号懒迂，江苏金山（今上海市金山区）人，移居平湖。著有《修竹庐稿》《懒迂小稿》等。

叶之淇，字右水，号待堂，安徽歙县（今安徽省歙县）人，移居平湖。监生，候选州同知。著有《寒碧斋诗》等。

叶之溶，字笠亭，之淇弟。雍正十三年举博学鸿词，省试被放。著有《小石林集》。

四月十二日，胤禛调川陕总督年羹尧为杭州将军，并嘱杭州地方官严加监视。

《清史编年·雍正三年》。

五月，自扬州归杭，作《夏五闲居八首》，述己与友朋闲居读书之乐。

《樊榭山房集》卷四《夏五闲居八首》其一："始春游广陵，仲夏返敝庐。"按：其二云："治中好贵囚，正以簪绂累。"似非无端之语，或为年羹尧案而发。

六月，离杭赴扬。过无锡，有诗寄汪潭。过长洲，有诗答蒋淑。

《樊榭山房集》卷四《梁溪舟中苦热寄汪青渠》《答蒋丈静山蠡墅见寄》。

夏秋间，楚中有人编刻近诗，选先生诗，误将"厉"作"励"，先生作诗自嘲并寄吴焯，以示自己秉性疏淡，无意攀龙附凤。

《樊榭山房集》卷四《楚中有刻近人诗者谬收鄙作其间姓旁误增力字戏成俳体寄吴尺凫》。

七月十四日，自扬归杭途中至吴江，风雨交加，愁心如捣，作《秋雨杂述四首》。

《樊榭山房集》卷四《秋雨杂述四首》其一有云："吴江澹秋水，云气垂太湖。我时趁风雨，身作《归舟图》……明朝中元近，武林酒堪沽。"可知作于是日归杭途中。

七月，离杭赴扬。

按：先生约在七月十四在归杭途中之吴江，八月四日已在扬州，可知回家后旋又赴扬州。

八月初四日，在扬州，晚雨，有诗。

《樊榭山房集》卷四《八月四日晚雨急凉》。

八月，陈章续婚广陵，先生作诗赠之。

《樊榭山房集》卷四《授衣续婚广陵戏赠长句》。

八月，李绂由广西巡抚迁直隶总督。

《清史编年·雍正三年》。

九月初九日，集余元甲斋，有诗。

《樊榭山房集》卷四《九日雨中集葭白斋》。

九月，吴中商贾出古钱以售，汪埙拓其文赠先生，汪为山复赠厌胜钱拓本，先生装潢成册，自题为诗，并邀汪埙和之。

《樊榭山房集》卷四《吴中有书贾来广陵出古钱三百余见示刀布正伪诸品皆备汪君祓……》《汪为山亦赠予厌胜钱拓本……》。

九月，汪景祺《读书堂笔记》案发。

《清史编年·雍正三年》。汪景祺(1672—1726)，原名曰祺，字无己，浙江钱塘(今杭州市)人。户部侍郎汪霦次子。康熙五十三年举人，著有《读书堂诗稿》等。雍正二年，汪景祺赴陕西谒年羹尧，稍后著《读书堂西征笔记》，于时政多有抨击。三年九月，胤禛着浙江巡抚福敏锁拿年羹尧，福敏于年家查抄得《读书堂笔记》手抄本二册，以“言辞悖逆”，奏闻。胤禛下谕严办。

十月十八日，同余元甲、陈章、闵华游禅智寺。

《樊榭山房集》卷四《十月十八日同余葭白陈授衣闵廉风游禅智寺》，闵华《澄秋阁集》卷一《十月十八日同余茁村厉樊榭陈竹町游禅智寺作》。

十月，李卫任浙江巡抚。

《清史稿》卷二百一：“雍正三年乙巳：浙江……十月戊申，李卫代……雍正七年己酉：浙江：李卫三月丙寅入觐，蔡仕舢署浙江巡抚。”李卫(1688—1738)，字又玠，江苏铜山(今江苏省丰县)人。清代名臣，官至直隶总督，谥敏达。

冬，移寓所于余元甲家，有诗纪之。

《樊榭山房集》卷四《冬日移寓葭白斋中二首》。

冬，沈廷瑞归宣城，作歌送之。

《樊榭山房集》卷四《画松歌送沈丈樗崖归宣城》。沈廷瑞，字樗崖，号顽仙，安徽宣城(今安徽省宣城市)人，明遗民沈寿民孙。布衣，工于山水。著有《秦淮诗草》等。

十二月十一日，年羹尧案结案。年羹尧“立正典刑，以申国法”，其父及兄、弟、子、孙、伯、叔、伯叔兄弟之子年十六岁以上者俱处斩，十五岁以下及母、女、妻、妾、子之妻妾给功臣家为奴，正犯财产入官。

《清史编年·雍正三年》。

十二月十八日，汪景祺案结案。汪以大不敬罪，斩立决，妻子发遣黑龙江，给与穷披甲之人为奴，期服之亲兄弟、亲侄，俱着革职，发遣宁古塔。五服以内之族人，现任及候选、候补各官，俱查出革职，令其本籍地方官约束，不许出境。

《清史编年·雍正三年》。

岁暮，先生归杭。

《樊榭山房集》卷四《雨中过锡山》《归来》。

是年，全祖望读《南宋杂事诗》，叹其引书浩博，有渡浙访书之思。

全祖望《鲒埼亭集外编》卷四十四《奉万九沙问任士林松乡集书》：“近日从陈外翰(陈时夏)所，得见《西湖七家诗》，为沈栾城、吴尺凫辈著，前有先生序例一篇。其诗亦不甚成家，而所引书目，甚繁且夥，间有宋、元文集为某所未见者。每思一渡浙江，从诸君子访诸书，得为一瓻地步。”按：

《西湖七家诗》当即《南宋杂事诗》，后者卷首有万经序。

吴焯搜集《南宋群贤小集》近十年，是年始成六十四家，自序之。

吴焯《南宋群贤小集序》："余搜求不下十年，始汇其全。近日与赵谷林校勘此集，因书其端委示之。惜乎竹坨已往，不及见余本之完善。忆曩日落帆亭舟中对语，老人深叹曹氏藏本之佳，而不知其不全。余生行都旧地，遥遥白云，怀古何深，实甚快焉。雍正乙巳除夕，南华堂燃岁烛书。吴焯。"

是年，沈德潜刻所编《古诗源》十四卷。

沈德潜《沈归愚自订年谱》。沈德潜（1673—1769），字确士，号归愚，江苏长洲（今江苏省苏州市）人。乾隆四年进士，官至内阁学士兼礼部侍郎。论诗主格调，倡温柔敦厚之说，主持坛坫，影响深远。辑有《古诗源》《唐诗别裁集》《明诗别裁集》《国朝诗别裁集》，著有《沈归愚诗文全集》等。

是年，钱载与同里朱沛然、陈向中、祝维诰、王又曾定交，联肩吟咏，时称"南郭五子"。

王又曾《丁辛老屋集》卷十五《挽陈渔所茂才》。钱世锡《显考萚石府君行述》："是时诸公皆未第，方事举业。而府君年最少英异，诸公皆心折为聪明过人，藉畏友以镞砺。府君慨然于俗学蔽蒙，见同牧竖，汩没兔园册子中，以弋取科第为心。理学如陆当湖，博学如朱秀水间出之，先贤近在桑梓，而音徽未远，风流莫继。于是奋志力为古人之学，作为文章，脱弃凡近，波澜自我，将蕲于古之立言者。"

朱沛然（？—1728），字霖斋，号偶圃，浙江桐乡（今浙江省桐乡市）人。乾隆元年进士，知江西高安县。

陈向中，字书绿，浙江秀水（今浙江省嘉兴市）人。副贡生。著有《桐乳巢诗集》。

祝维诰（1697—？），字宣臣，号豫章，浙江海宁（今浙江省海宁市）人，入秀水（今浙江省嘉兴市）籍。乾隆三年举人，授内阁中书。著有《绿溪诗钞》等。

王又曾（1706—1762），字受铭，号谷原，浙江秀水（今浙江省嘉兴市）人。乾隆十九年进士，官礼部主事，改刑部。著有《丁辛老屋集》。

是年，韩云卒。

赵昱《爱日堂吟稿》卷二《哭吴兴韩怡园》。

是年，蒋士铨、王昶生。

蒋士铨（1725—1785），字心余、苕生，号藏园，又号清容居士，江西铅山（今江西省铅山县）人。乾隆二十二年进士，官翰林院编修。工诗古文辞，与袁枚、赵翼并称"乾隆三大家"。

王昶(1725—1806)，字德甫，号述庵，又号兰泉，江苏青浦(今上海市青浦区)人。乾隆十九年进士，官至刑部侍郎。著有《春融堂集》等。

雍正四年丙午(1726)　　三十五岁

正月，将汪埙、汪为山所赠古钱拓本出示丁敬、金志章、杭世骏等友人，并索赋诗。

丁敬《砚林集》卷一《丙午正月樊榭自扬州回携示汪祓江拓赠厌胜钱文并同人诸作因成七古一章》，金志章《江声草堂诗集》卷四《樊榭拓得古厌胜钱文五藏之箧中出示索赋漫题长句》，杭世骏《道古堂诗集》卷一《厌胜钱歌为厉二鹗作》。

正月初八日，游城南梵天寺、崇圣院，有诗纪之。

《樊榭山房集》卷四《正月八日城南纪游二首》。

正月十二日，与符之恒泛舟西溪，夜宿姚氏庄。

《樊榭山房集》卷四《十二日同圣几泛西溪暮宿姚氏庄》。

正月下旬，离杭赴扬。过吴江，谒三高祠，有诗寄陈撰。

《樊榭山房集》卷四《新市道中》《晓发乌戍大风过平望》《泊垂虹桥谒三高祠叠前韵寄陈楞山》《双桥》。按："三高"谓越范蠡、晋张翰、唐陆龟蒙，皆隐于吴。

二月初一日，行舟于丹阳途中，有诗。

《樊榭山房集》卷四《二月一日丹阳舟中初晴》。

四月初十日，为程梦星《畅余集》作序。

程梦星《今有堂集·畅余集》卷首存先生序："昔仲长统论《乐志》，潘安仁赋《闲居》，其辞若恬愉冲淡，使人有屏弃埃壒之意。乃迹二子之所终，皆以簪绂负累，为世所窃笑，彼岂徒托之辞哉？其中无所自得，始虽暂寄高闲，久之而遂动于名位，所必然也。洴江先生早入词馆，遭逢盛世，与二子所遇不同，而乐志闲居之作，在二子当日所自期而不果者，先生且兼得之。以优游林水而歌咏太平，此《畅余集》之诗所为作也。盖先生自丙申归田后，筑筱园于扬州之西郊，其地爽垲闲圹，竹木交荫，凭虚望远，可以瀹性灵而外形役。扁舟双屐，往来其间，为事也简矣，为志也约矣。志约故气舒，事简故神惬，宜其发于声者广而不溺，敛而不枯。无侒也，故秀远而不繁缛；无忧也，故幽深而不结轖。世之读是集者，充然足以见其中之所存，岂不使二子远愧于千载也哉！畅余，园中轩名，取《南史》刘预语，因以氏其集云。丙午初夏十日钱唐厉鹗。”

四月，离扬归杭。过吴淞，景物清旷，有诗、词纪之。

《樊榭山房集》卷四《四月吴淞好二首》、卷十《摸鱼儿·首夏归杭过吴淞景物清旷有会而作》。

四月，赵昱有诗柬先生。

赵昱《爱日堂吟稿》卷二《雨窗柬樊榭》。

四月，钱名世以媚年羹尧故，遭革职，发回原籍。胤禛书“名教罪人”四字，着地方官制造匾额，悬于钱宅。又令在京科举出身官员“各为诗文，纪其劣迹，以儆顽邪”。侍读吴孝登以“作诗妄谬”革职，发宁古塔为奴；侍读学士陈邦彦、陈邦直因“谬误舛错”，翰林项维聪因“文理不通”，皆革职，发回原籍；余甸、徐学柄、吴廷熙、庄松承、孙兆奎、王时济等则因“浮泛不切”，发还原作，另作进呈。五月初九，胤禛谕将有关钱名世之谕旨及京官“刺恶”诗文交钱刊刻进呈，题名《名教罪人》，颁发所有学校。

《清史编年·雍正四年》。钱名世(1660—1730)，字亮工，江苏武进(今江苏省常州市武进区)人。康熙四十二年探花，官至侍讲学士。著有《崇雅堂集》《古香亭诗集》等。

五月初二日，生日，有诗纪感。

《樊榭山房集》卷四《五月二日生日有感》。

五月初，过赵信斋，观陈汝言《采菱图》，题诗其上，赵信和之。

《樊榭山房集》卷四《题陈惟允采菱图》，并附赵信次韵诗。陈汝言，字惟允，江苏吴县(今江苏省苏州市)人。明初官济南经历，坐法死。工画山水。著有《秋水轩集》。

五月初，过符之恒秋声馆，有诗。

《樊榭山房集》卷四《坐圣几秋声馆作》。

五月初五日，与周京、吴奂湖上观竞渡。

《樊榭山房集》卷四《午日湖上同少穆耕民观竞渡》。

五月，吴允嘉七十寿辰日，作诗贺之。

《樊榭山房集》卷四《吴丈志上七十生日即次其病起韵为寿》。

五月十八日，夜遭贼入室，家具顿空。

《樊榭山房集》卷四《五月十八夜偷儿涉水入室家具顿空戏成集杜》。

五月，离杭赴扬，过苏州，访赵虹。

《樊榭山房集》卷十《斗婵娟·题赵饮谷采香词居近沧浪亭自榜曰小吴船》：“斜雨梅黄，凭君画槛。”可知此行约在五月间。赵虹，字饮谷，江苏嘉定(今上海市嘉定区)人。

八月,客居苦雨,有诗。

《樊榭山房集》卷四《秋半苦雨》。

八月廿一日,马曰楚卒。

《樊榭山房文集》卷七《候选儒学教谕马君墓志铭》:"君卒于雍正四年八月二十一日。"马曰楚(1685—1726),字开熊,安徽祁门(今安徽省祁门县)人,曰琯、曰璐兄。

九月,查嗣庭"江西试案"发。

《清史编年·雍正四年》。查嗣庭(1664—1727),字润木,号横浦,浙江海宁(今浙江省海宁市)人,慎行弟。康熙四十五年进士,官内阁学士兼礼部侍郎。著有《双遂堂遗集》等。是年嗣庭为江西乡试正主考,被胤禛以其"向来趋附隆科多",所出试题"显露心怀怨望,讥刺时事之意"等罪名革职查办。

十月初六日,胤禛以浙人查嗣庭、汪景祺"诗文悖逆,风气恶薄",以王国栋为观风整俗使,"省问风俗,稽察奸伪。应劝导者劝导之,应惩治者惩治之,务使绅衿庶有所儆戒,尽除浮薄嚣凌之习,归于谨厚,以昭一道同风之治"。

《清史编年·雍正四年》。

十一月初八日,查慎行及其子弟十一人,由海宁被逮入都。

查慎行《敬业堂诗续集》卷五《和胡元方中丞次东坡入狱诗第一章韵》自注:"余自去年十一月初八日离家。"

十一月廿七日,胤禛诏停浙江士子乡会试,"俟风俗渐趋淳厚,再降谕旨"。

《清史编年·雍正四年》。

十一月,先生归自扬州,代王钧作《开浚西湖碑记》。

《樊榭山房文集》卷六《开浚西湖碑记》:"(开浚西湖)始雍正二年十一月初十日,讫雍正四年十月二十日。"厉鹗记当作于竣工前后,姑定于十一月。王钧,字驭陶,浙江山阴(今浙江省绍兴市)人,寓杭。国子监生。家有养素园,池馆之胜,甲于杭城。

十二月初六日,大雪初霁,同吴奂登吴山,有诗。

《樊榭山房集》卷四《十二月六日大雪初霁同耕民着屐登吴山归检乡先辈凌柘轩集有同瞿存斋吴山对雪诗因次其韵》。按:先生自扬州归杭,当在此日稍前。

十二月,汪埙以竹火笼两枚寄先生,先生以诗报之,时汪在会稽。

《樊榭山房集》卷四《祓江在越州以竹火笼二枚见寄》。

雍正五年丁未(1727)　三十六岁

正月十四日，受汪景祺案影响，平湖县盛传屠城之谣，地方官挨户晓谕，民心始定。

《清史编年·雍正五年》。

正月，客湖州，郡治后圃有爱山台，日与客登其巅，有词纪之。晦日，同姚世钰、姚世鋉兄弟游道场山，过归元庵，拜孙一元墓。

《樊榭山房集》卷十《一萼红》小序："丁未始春，客吴兴，郡治后圃有爱山台，南宋时建，盖取东坡'尚爱此山看不足'之句。日与客登其巅，苍弁清苕，奔赴襟舄，情味洒然，如遇白石、草窗诸名胜于五百载上。乃歌此曲，以寄予怀。"《樊榭山房集》卷五《正月晦日同姚玉裁念慈游道场山》《归云庵拜孙太初墓》。姚世鋉，榜名汝金，字念慈，号砺圃，浙江归安(今浙江省湖州市)人。由诸生入国子监，雍正十三年、乾隆六年两中副榜，荐举博学鸿词。三礼馆纂修告成，议叙长沙县丞。著有《孤笑集》《五峰游草》。

正月，沈廷芳离杭入京。

沈心《孤石山房诗集》卷一《丁未除夕二首》自注："今岁正月椒园入京。"

二月十五日，雨中游西湖，有诗。

《樊榭山房集》卷五《西湖春雨四首》。按：诗第三首云"雨从月额到花朝"，可知此游当在是日。

二月廿九日，与吴奂闲步东郊，有诗纪之。

《樊榭山房集》卷五《二月二十九日同耕民闲步东郊晚眺沙河二首》。

三月初一日，与杭世骏、符之恒、汪沆游皋园，各有诗纪之。之恒诗有"寒烟栖木末，活水啮城根"之句，大为众人所赏。

《樊榭山房集》卷五《三月一日同杭大宗符圣几汪西颢游皋园在城东为严颢亭少司农所筑得诗二首》《是日春社晚归坐雨寄诸君》。杭世骏《道古堂诗集》卷二《过故侍郎严公皋园》，诗后并附汪沆、符之恒同作。汪沆《槐塘诗稿》卷一《皋园》。姚思勤《东河棹歌》其二十自注："符之恒，字圣几，号南竹，仁和茂才。年十五，从厉樊榭过城东皋园，有'寒烟栖木末，活水啮城根'之句，为一时名彦所赏。"按：姚氏所言有误，符之恒此年已十八岁，非十五也。

三月十五日，与杭世骏、丁敬、汪沆、符之恒游城东顾氏庄，有诗纪之。

《樊榭山房集》卷五《清明后一日同大宗敬身西颢圣几游城东顾氏庄》，杭世骏《道古堂诗集》卷二《郊游同厉(鹗)丁(敬)符(之恒)集古冢下作》，丁敬《砚林诗集》卷一《郊游同厉樊榭杭堇浦符南竹同作》。

三月廿二日，查嗣庭于狱中自杀。

查慎行《敬业堂诗续集》卷六《哭三弟润木二首》。

三月，马曰璐过杭州，与先生同游西湖。

《樊榭山房集》卷五《暮春马佩兮来湖上用去年泊垂虹桥谒三高祠韵》《和佩兮游冷泉亭》附马曰璐原作。

三月，钱塘、海宁、萧山复传屠城之谣，人心惶惶，出城逃避者纷纷有之。

《清史编年·雍正五年》。

春，鲍鉁作《春日怀人诗三十首》，有及先生。

鲍鉁《道腴堂诗编》卷十四《春日怀人诗三十首》。

四月，与马曰璐、汪埙同游吴门，访沧浪亭、支硎山、寒山诸胜。

《樊榭山房集》卷五《独游沧浪亭五首》《同祓江佩兮游支硎山》《寒山寻赵凡夫隐处有法螺庵千尺雪诸胜》。

五月初四日，夏至，得金农书，时农在泽州。

《樊榭山房集》卷五《夏至日雨中得金寿门泽州书》。

五月十三日，撰《湖船录》成，作自序。

《湖船录》卷首先生自序云："西湖风漪三十里，环以翠岚，策勋于游事者唯船为多。秀水朱竹垞先生作《说舟》一篇，其命名有以形者，有以色者，有形色杂者，有以姓者，至总宜之名，洵孟公之标致矣。余暇日翻寻故册，自宋、元来及近时耆旧所造，又得数十条，连缀于后。其出于先生者，间有增注，都为一编。传之士友间，以为湖上故事云尔。雍正丁未竹生日，钱塘厉鹗书于无尽意斋。"按：丁午《湖船续录》："烟雨宜：'山水缘'，张昉书额。'镜中行，烟雨宜'，厉樊榭题名，金寿门书额。《湖船录》不载，岂因同时人制欤？见朱映滑《碧溪丛话》。"又："野人舟：厉樊榭征君制，徐紫珊逢吉有《借野人舟诗》。"

杭世骏阅《湖船录》，有戏语。

丁午《湖船续录》："《桂堂随笔》云：厉太鸿《湖船录》成，因戏谓之曰：'余生杭州，姓杭氏，他日拟制湖舟，取"一苇杭之"之意，题曰"杭杭杭"。前人有"轩轩轩"、"堂堂堂"、"亭亭亭"诸题榜，不自余作古矣。'"

五月廿五日，梅雨初霁，吴焯买舟，约数人缘山掠苏堤，入西泠桥，以泊于里湖。时赵信鼓琴，丁敬身作小篆数幅，沈嘉辙觞碧筩劝客，先生与焯各赋《水龙吟》一阕，极暮乃罢去。

《樊榭山房集》卷十《水龙吟》。

五月，查嗣庭案结案。查嗣庭本应凌迟处死，因在监已故，戮尸枭示，其子查沄斩监候，兄查嗣瑮及其余子侄俱流三千里，家产变价修海塘。兄查慎行因年已老迈，家居日久，相隔遥远，并不知情，连同其子俱释放回籍。

《清史编年·雍正五年》。

六月初十日，与丁敬、石文游龙兴寺，观唐开成二年陀罗尼石幢，有诗纪之。

《樊榭山房集》卷五《六月十日同丁敬身石贞石游龙兴寺观唐开成二年陀罗尼石幢为处士胡季良书》。

六月廿四日，览《乐府补题》，有语题练恕可名下，辨"练"字为"陈"字之误。

《樊榭山房集外文·书乐府补题练恕可名下》。

夏，姚世钰家居莲花庄，请沈廷瑞为画图，遍邀吟朋题诗其上，先生有诗寄之。

《樊榭山房集》卷五《寄题姚玉裁莲花庄图》。

七月，离杭赴扬。

《樊榭山房集》卷五《月夜渡江》有云："唤起鱼龙一笛秋。"

七月，余元甲疟疾初愈，夜招先生饮于月下。

《樊榭山房集》卷五《葭白病疟初起招饮月下作》："金柔火老争混茫。"

七月廿七日，改定袁易《静春堂诗集》抄本讹字，有跋。

"四库全书"袁易《静春堂诗集》卷尾有先生跋："静春诗似黄、陈学杜，往往以苍硬盘郁出之，当是去宋未遥，不染元人纤靡之习耳。《八月一日雨后》七古一篇，意气摆脱，才情奔放，且休大苏矣。抄本多讹字，改定，觉眼界爽朗。谁云误书，思之更是一适邪！丁未七月二十七日半村学人厉鹗记。"

八月初六日，李绂革职就审。

《清史编年·雍正五年》："时署直督宜兆熊参大城县知县李先枝贪婪私派，雍正帝以李先枝系科目出身，曾经李绂特荐，必有请托之处，命将李先枝革职严审。李绂现任工部侍郎，亦革职，命其从广西回京，质问有关案件。"

八月三十日，查慎行卒。

陈敬璋《查他山先生年谱》。

九月，与杭世骏、闵华、陈皋燕集于余元甲濡雪堂，杭世骏以《江湖小集》赠余元甲。

杭世骏《道古堂诗集》卷二《扬州过访余元甲濡雪堂留饮招同厉鹗闵华陈皋》《赠余元甲江湖小集题此代柬》，后者云："六十三家集，江湖迹杳然。

书坊睦亲改，善本解元传。（石仓吴丈有宋椠本，末署‘陈解元书棚刊，在睦亲坊’。）清气知难灭，幽吟共尔研。还应石仓叟，宋椠较遗编。”附余元甲《杭堇浦见遗南宋小集书白石道人诗后》：“之子竟归去，相隔音驿疏。何斯乘越舸，寄录南宋书。夜阑心未阑，雪案孤烛秉。白石诗粼粼，弋猎欣一骋。”“尊挹黄太史，气得双井源。句法造深澹，幽微欲无言。寻绎不尽味，索索茧抽绪。危吟风竹知，戛响助清苦。”陈皋，字江皋，号对沤，浙江钱塘（今杭州市）人。诸生。著有《吾尽吾意斋诗》。

九月，钱载初谒桑调元。

钱载《萚石斋诗集》卷三十二《桑先生挽词四首》：“丁未深秋谒，朱园彻夜论。”

十月初五日，定隆科多罪，永远禁锢，家产不必入官，但赃银数十万两须如数追完，妻子免入辛者库，子岳兴阿、玉柱发黑龙江当差。

《清史编年·雍正五年》。

十一月初五日，李卫迁浙江总督，管巡抚事。

《清史编年·雍正五年》。

十二月，离扬归杭，赵虹作《意难忘》词送别，先生和之。

《樊榭山房集》卷十《意难忘·丁未冬杪客芜城将归次饮谷送别韵》附赵虹原作。按：赵虹原作有云：“载将书画归船。有东城别录，南渡遗编。”可知先生《东城杂记》业已告竣。

十二月，游吴山，作《咏古》二首。

《樊榭山房集》卷五《吴山咏古诗二首》。

十二月，李绂案结案，议政大臣等会议李绂有罪二十一款，按律应斩，妻子财产入官。胤禛以其学问尚好，从宽免死，令在撰修《八旗志》书馆效力，妻子、财产亦免入官。

《清史编年·雍正五年》。

冬，沈近思卒。

杭世骏《道古堂文集》卷三十九《资政大夫都察院左都御史赠礼部尚书太子少傅谥端恪沈公神道碑铭》。沈近思（1671—1728），字位山，号暗斋、俟轩，浙江仁和（今杭州市）人。康熙三十九年进士，官至都察院左都御史。著有《天鉴堂诗文集》等。

是年，袁枚、张映辰受知于王兰生，入学为生员。

袁枚《随园诗话补遗》：“余十二岁，与张星指映辰侍郎同受知于王交河先生，入泮。”王兰生（1679—1737），字振声，别字坦斋，直隶交河县（今河北省泊头市）人。康熙六十年进士，官至礼部侍郎。著有《律吕正义》《数理精蕴》《音韵阐微》等。张映辰(1712—1763),字星指,号藻川,浙江仁和(今杭州市)人。充湖北、陕甘乡试主考官,提督湖南、江西、陕甘学政,终都察院副都御史。著有《露香书屋遗集》等。

是年,赵翼生。

赵翼(1727—1814),字云崧,号瓯北,晚号三半老人,江苏阳湖(今江苏省常州市)人。乾隆二十六年进士,官至贵西兵备道。旋辞官,主讲安定书院。长于史学,考据精赅。工诗古文,与袁枚、蒋士铨并称"乾隆三大家"。著有《廿二史札记》《陔余丛考》《瓯北诗钞》《瓯北诗话》等。

雍正六年戊申(1728)　　三十七岁

正月,与丁敬、张旸游云居寺,念及石文离世,感伤不已。

《樊榭山房集》卷五《同敬身东扶过云居寺伤贞石下世》,《两浙輶轩录》卷二十六张旸《同樊榭敬身重游云居寺伤石贞石下世》。

二月十六日,吴焯招先生、袁蕚、沈嘉辙、符曾、赵昱、赵信、杭世骏、丁敬往包家山看桃花。

《樊榭山房集》卷五《二月十六日吴尺凫招同袁舒雯沈柬城符幼鲁赵谷林意林杭大宗丁敬身包家山看桃花》,杭世骏《道古堂诗集》卷二《包家山看桃花复登桃关绝顶观潮归各作诗纪胜》,赵昱《爱日堂吟稿》卷三《包家山看桃花》并附符曾同作。

二月廿五日,清明,出游东郊至钱塘江。

《樊榭山房集》卷五《清明日出东郊至江上》。

三月十二日,《东城杂记》成,自序之,杭世骏亦有序。

《东城杂记》卷首存先生自序:"杭城东曰东园,地饶水竹蔬蓏,翛然清远,先君子因家焉。小子生于是居,已三十余年,凡五迁,未尝离斯城也。每欲考里中旧闻遗事,而志乘所述,寥寥无几,邻翁野叟,拙朴无可与语者。因从故籍参稽,每有所得,辄掌录之。又于交朋质问,得复一二。虽见闻陿隘,或遇嘉客见临,聊举为茗碗间谈资尔。或曰:'古杭事綦繁,何不推广成书,而区区方隅为?'笑应之曰:'姑有待!'雍正六年春三月十有二日,樊榭山民厉鹗书于野人舟。"

三月,过城东周氏小园,有词纪之。

《樊榭山房集》卷十《蝶恋花·戊申春暮城东周氏小园池上作》。

三月末,与沈嘉辙、赵昱、符曾、赵信游南屏山。

《樊榭山房集》卷五《送春日同沈栾城赵功千游南屏四首》，赵昱《爱日堂吟稿》卷三《湖南送春同栾城药林樊榭意林四首》。

四月十五日，与施谦、吴焯游西山，夜宿迎峰庵，次日晨方回。

《樊榭山房集》卷五《四月十五日同施自勖吴尺凫游西山入龙泓洞》《由永福寺左上白衲庵》《石笋峰》《冷泉亭月夜》《迎峰庵晓起冒雾出山》。施谦（？—1760），字自勖，号兰垞，浙江海宁（今浙江省海宁市）人。诸生。有《涵青阁诗》。

四月，集符之恒秋声馆，观唐墓志铭砖，有诗。

《樊榭山房集》卷五《雨中集秋声馆观唐于府君墓志铭砖》。

五月，冒雨移居，仍在东城。

《樊榭山房集》卷五《移居》。

六月初一日，梦及程鸣，醒时见壁上悬程所赠画，异而成诗一首。

《樊榭山房集》卷五《六月一日午睡梦程友声醒时见壁上悬垂虹杈櫂图乃友声为余作者》。蒋宝龄《墨林今话》卷二："奚铁生藏有松门为樊榭写《垂虹放棹图》并诗云：'水国春寒不肯晴，雪鸥飞处有诗盟。扁舟爱向垂虹泊，又阻吴门半日程。'一为《西溪卜居图》，题云：'小住西溪第几湾，蟹村渔舍鹭鸶滩。扁舟他日还相访，十顷芦花当雪看。'"

七月十六日，游西湖，作词纪之。

《樊榭山房集》卷十《谒金门·七月既望湖上雨后作》。

八月十六日，与丁敬同游龙华寺，有诗。

《樊榭山房集》卷五《八月十八日同丁敬身游龙华寺寻石壁上宋人题名登慈云岭观永寿院宋仁宗佛牙赞吴越摩崖篆字》。

八月廿九日，胤禛以浙江士风丕变，"省衍改过"，准予明年复乡会试。

《清史编年·雍正六年》。

八月，与吴焯游湖，过西泠桥。

《樊榭山房集》卷五《舟泊西林桥同吴尺凫作》。

九月初一日，同丁敬、张熷、金焜、符之恒游天龙寺。

《樊榭山房集》卷五《九月一日同丁敬身张希亮金以宁符圣几游天龙寺……》。

九月廿八日，曾静案起。

《清史编年·雍正六年》。曾静（1679—1735），号蒲潭，湖南永兴（今湖南省永兴县）人。县学生员，应考试五等，乃闭门读书授徒。著有《知新录》。曾静性迂阔，喜谈道学，受吕留良民族思想影响，于是年九月派弟子张熙投书于川陕总督岳钟琪，劝其反清，钟琪具实以奏，胤禛命彻查严办。

九月，王藻于扬州马氏得观先生《秋林琴雅》，爱不释手，有诗题于卷后。

王藻《莺脰湖庄诗集》卷七《书厉孝廉(鹗)秋林琴雅后》："南渡新词世共珍，酒边清唱更无伦。手君此卷真难释，绝似芗林向子諲。"王藻(1693—?)，字载扬，号梅沜，江苏吴江(今江苏省吴江市)人。监生，由荐举官国子监学正。著有《莺脰湖庄诗集》。

十月初，伤父墓庐远在慈溪，有诗。

《樊榭山房集》卷五《十月》。

十月初九日，曾静案发展为吕留良文字狱案。本日，依张熙所供，胤禛令浙江总督李卫缉捕吕留良子孙门生并查抄书籍。

《清史编年·雍正六年》。

吕留良(1629—1683)，一名光轮，字庄生、用晦，号晚村、耻翁，晚年为僧，名耐可，字不昧，号何求老人，浙江石门(今浙江省桐乡市)人。著有《吕晚村先生文集》《东庄诗存》等。初，曾静读留良书，服膺其说，雍正五年八月，派弟子张熙至浙江石门寻访留良遗书及子孙门人，得见留良子吕毅中、吕黄中及门人严鸿逵、沈向日等，诸人卒以此牵连被祸。

严鸿逵，字赓臣，浙江吴兴(今浙江省湖州市)人。晚村高弟，讲学乡里，有声于时，曾拒清廷荐修《明史》。卒于狱，遭戳尸枭示。

十月，弟鹍举一男，未几而殒。

《樊榭山房集》卷六《去年十月舍弟子山举一男未几而殒追感赋此诗》。按：此诗作于雍正七年。

十一月十二日，与黄树谷、张机闲步散花滩，有诗。

《樊榭山房集》卷五《十一月十二夜月同黄松石张情田散花滩闲步用句曲外史马塍新居韵》。

张机，字省度，别号情田农，浙江山阴(今浙江省绍兴市)人。其《自跋宋拓佛遗教经拓本》云："余学书二十年，初学晋人，中间复入唐室数年，比年又爱宋人。"传见《皇清书史》卷十五。

黄树谷(1701—1751)，字培之、松石，号黄山、楷瘿，别号佛国山人，浙江钱塘(今杭州市)人。工篆隶。著有《楷瘿斋遗稿》等。

十一月，有与吴焯、丁敬游西湖，登慈云岭。

《樊榭山房集》卷五《同尺凫敬身过湖登慈云岭……》。

十一月，赵昱有送梅枝，并以《汎湖看梅诗》见示，和韵报之。

《樊榭山房集》卷五《赵谷林以汎湖看梅诗见示意林复以诗送梅枝次韵奉共四首》。

冬，沈廷芳因刘大櫆之介，谒方苞，请为弟子。

沈廷芳《隐拙斋集》卷四十一《方望溪先生传》。

冬，钱载、朱沛然、陈向中、祝维诰、王又曾合订五家诗为一集，题曰《南郭新诗》。

钱载《萚石斋诗集》卷十二《朱大明府沛然殁于江西四月七日灵榇归里五月二十日载之闻耗六月晦久而不能哭之以诗今闻将以十二月八日葬于桐乡某原赋寄挽词十五首》自注："戊申冬，君偕陈二乳巢、祝大豫堂、王五受铭及载合订诗卷，曰《南郭新诗》。"又卷四十七《里中》自注："戊申，尝集彪湖南煮茶，近处朱君之偶圃，合钞五家诗为一集，曰《南郭新诗》。"

是年，王曾祥始识符曾、施安。

王曾祥《静便斋集》卷七《符药林诗集序》："忆岁戊申，余始识药林于其族孙南竹秋声馆舍。是时里中称诗，就余所熟识者，为沈栾城、吴绣谷、金寿门、厉樊榭、赵谷林、意林、杭堇浦、丁敬身、石贞石、陈授衣、江皋、汪西颢、施竹田及南竹，俱各以其工力所到，争雄于豪牍。"又卷八《书符南竹手札后》："异时吾里声类，以古文辞相推激，有杭堇浦、汪西颢、张南漪、符南竹，而余以寡昧，亦忝附其后。"同卷《施母蔡太君六十寿序》："忆岁戊申，余始识竹田。"

是年，鲍廷博生。

鲍廷博(1728—1814)，字以文，号渌饮，祖籍歙县(今安徽省歙县)，寓桐乡乌镇。世业盐，其知不足斋藏书冠甲一方。著有《花韵轩遗稿》《花韵轩咏物诗存》等。

雍正七年己酉(1729)　　三十八岁

正月初七日，为吴焯词集《玲珑帘词》作序。

《樊榭山房文集》卷四《吴尺凫玲珑帘词序》。亦见吴焯《玲珑帘词》卷首。

正月，游西湖，过圣因寺。

《樊榭山房集》卷六《早春游湖上圣因寺四首》。

二月，离杭赴扬。

《樊榭山房集》卷六《荆溪道中》。

三月初三日，与同人集余元甲斋，时金农自泽州回扬，亦在会中。

《樊榭山房集》卷六《上巳集葭白斋》。

三月中旬，于马曰璐斋借抄宋人史弥宁《友林乙稿》，跋之。

《樊榭山房文集》卷八《友林乙稿跋》。

春，金农复客泽州，先生有诗送之。

《樊榭山房集》卷六《广陵送寿门游河东》。

四月，胤禛命浙江总督李卫搜查吕留良、严鸿逵、沈在宽家藏书籍，有关系者悉解至京。先生友王豫、朱蔚亦牵连被逮入京。

全祖望《鲒埼亭集》卷二十《王立甫圹志铭》："顾立甫有膏肓之疾，莫甚于好名。以其好名，故不慎于择交，而连染之祸至，逮入京师。"按：王豫、朱蔚皆以严鸿逵牵连被逮，朱蔚幼年尝师从严鸿逵。姚世钰《王立夫遗文序》："己酉以同郡严氏牵连逮诏狱。"王豫《孔堂私学》卷一"因树屋"："余以钩党逮赴刑部狱，初入，从狱吏得屋三间，与桐乡朱霞山兄弟共住。庭中有白榆合抱，盖百余年物也。既有来告余者曰：'此中合着君辈矣！往戴田有、方灵皋尝居之。先基立于周侍郎栎园所谓因树屋者也。'时侍郎孙仁举亦系狱，讯之，以为诚然。至方、戴同居，白头狱卒都能言焉。余笑谓霞山曰：'因树为屋，申屠蟠事，固于我辈尤切也。'"

五月，集饮于马曰琯、曰璐斋，观顾定之《墨竹》，有诗。

《樊榭山房集》卷六《马秋玉佩兮招饮出观定之墨竹》："留取抽梢当五月。"马曰琯（1688—1755），字秋玉、嶰谷，安徽祁门（今安徽省祁门县）人，居扬州。业盐，筑玲珑山馆，招致文士，名盛一时。著有《沙河逸老小稿》等。

五月，马曰琯、曰璐街南书屋成，为题诗。

《樊榭山房集》卷六《题秋玉佩兮街南书屋十二首》。

五月，观元张羽撰、宋克书《七姬权厝志》拓本，题诗其上。

《樊榭山房集》卷六《题七姬权厝志拓本》

五月，吴允嘉卒，先生有诗哭之。

《樊榭山房集》卷六《哭吴丈志上》。《国朝杭郡诗续辑》卷三载允嘉《口占示儿辈》："几卷残书几亩田，祖宗相守已多年。后人穷死休相弃，免使而翁恨九泉。"按语云："按此诗为临殁时口占，盖绝笔也。"

五月，陈皋过访，坐雨赋诗。

《樊榭山房集》卷六《无尽意斋坐雨同陈江皋作》："五月披裘未是狂。"

五月，归杭。

五月廿五日，晚出艮山门，有诗。

《樊榭山房集》卷六《五月二十五日艮山门外晚眺》。

七月，程元章迁浙江布政使。

《汉名臣传》卷十八。

八月，陈撰写梅花芭蕉小幅以贻先生，先生有跋纪之。

王端履《重论文斋笔录》卷十二："予购得陈玉几撰梅花芭蕉小幅，其自题云：'雪烂芭蕉春又芽，隔墙开过老梅花。此间好事能兼得，喫了鱼儿又拣虾。'（自题摹天池所画句。）右有厉樊榭鹗跋云：'楞山擅郑虔之三绝，蜚英腾茂。客居竹西，声价隆振，求点笔者恒满户外。唯其天才亮拔，无子些尘俗气染及笔端，触手生春，自然超妙。天池、白阳走且僵矣，何况余子落落者乎？酉秋过邗上，把晤多日，濒行，承写此幅见贻，意良可感，因书数行于后，以志忻幸。'（款云樊榭山民厉鹗志。）"

八月，自扬归杭。

《樊榭山房集》卷六《葭白饷琴鱼》《秋夜泊浒墅》。按：先生五月返家，旋至扬州，淹留至此，复南返，特为祝母寿也。

九月初一日，为母六十寿。

《樊榭山房集》卷六《母寿日作》："酉年季秋朔，阿母甲子周。"

九月十二日，胤禛命将有关曾静案之谕旨及曾静等口供汇编，刊刻《大义觉迷录》，颁行全国各府州县，俾读书士子及乡曲小民共知之。

《清史编年・雍正七年》。

九月十六日，赵信自京归杭。

赵昱《爱日堂吟稿》卷三《秋尽日意林南归》。

九月十七日，立冬，与杭世骏、姚世钰集皋园。

《樊榭山房集》卷六《同玉裁大宗集皋园》，杭世骏《道古堂诗集》卷二《立冬日皋园小集同厉（鹗）姚（世钰）》。

九月，丁敬赠先生张遂辰《白下编》一册。

张遂辰《白下编》卷首存厉鹗亲笔题词："卿子先生诗，余初贸得《湖上编》《蓬宅编》，共一册。己酉秋九月，友人丁君敬身复赠此编，方成全璧，因志良朋之惠。正月六日厉鹗记。"

冬，复客扬州。

姚世钰至广陵，与先生同宿闵华斋，晤谈废眠。

《樊榭山房集》卷六《玉裁来广陵同宿闵廉风斋中即事》并附姚世钰同作。

十二月，陈兆仑、梁诗正、徐廷槐、汪宏禧、杭世骏、孙灏、裘肇煦、任应烈、严在昌、严璲、陈兆嵋公车赴京，张湄亦北上。

陈玉绳《陈句山先生年谱》。张湄《柳渔诗钞》卷一《己酉冬日将事北征饮湖楼短歌志别》。

陈兆嵋，字阆风，号眉山，浙江钱塘（今杭州市）人，兆仑弟。雍正七年举人，授内阁中书，年六十五卒。

徐廷槐，字立三、笠山，号墨汀，浙江会稽（今浙江省绍兴市）人。雍正八年进士，候补教授。著有《南华简钞》《墨汀诗草》等。

冬，将《湖船录》出示同人，嘱马曰璐、姚世钰、全祖望作序。

《湖船录》卷首全祖望序："雍正己酉，吾友厉太鸿相遇于扬，以所辑《湖船录》示予，且令弁一言于其首。"

岁暮，自扬归杭。

是年，孙庭兰始从先生学诗。

杭世骏《道古堂文集》卷十六《孙瑶圃寿序》："君弱冠从厉征君樊榭指授诗法，在坛坫中如白圭振鹭，迥出于烟霞风露之表。方舟载酒，与一二宿老觅句于皋亭九曲间，秀笔与天桃稚柳争春日之艳，有承平贵游之风。"孙庭兰（1710—?），字瑶圃，浙江仁和（今杭州市）人。以子志祖封刑部郎中。

雍正八年庚戌（1730）　　三十九岁

正月初六日，有识语题于张遂辰《白下编》卷首，记述得书始末。

张遂辰《白下编》卷首厉鹗题词。

正月十一日，同吴焯、赵昱泛舟湖上，丁敬未至。

《樊榭山房集》卷六《正月十一日同尺凫功千泛舟湖上期敬身不至二首》，赵昱《爱日堂吟稿》卷三《早春同绣谷樊榭泛湖看梅期敬身不至》。

正月，访杭州府学教授苏滋恢，赋诗相赠。

《樊榭山房集》卷六《过苏耕余教授斋赋赠》。苏滋恢，字茂宏，一字耕余，浙江余姚（今浙江省余姚市）人。康熙五十二年进士，官杭州府学教授，主敷文书院，造就人才，声誉鹊起，梁诗正、陈兆仑、孙灏皆出其门。

二月初十日，与丁敬、金文淳、陈皋登宝石山天然图画阁。

《樊榭山房集》卷六《二月十日同丁敬身金质甫陈江皋登宝石山天然图画阁》，丁敬《砚林诗集》卷一《二月十日同厉樊榭金质甫陈江皋登宝石山天然图画阁》。金文淳，字质甫，浙江钱塘（今杭州市）人。乾隆四年进士，改庶常，出知直隶顺德府，以事落职。深于经术，诗歌清婉秀出。著有《娥子录》《读史卮言》《困学纪闻》等。

二月十八日，清明，与同人集城东顾氏庄，赏花赋诗。

《樊榭山房集》卷六《清明日城东顾氏庄看花分得耕字》。

二月，过慈云寺，得见宋石刻。

《东城杂记》卷上《慈云寺宋刻》:"雍正庚戌二月,余过慈云寺,见阶下生台石柱,上有宋元符二年冯谨建普会塔一所题记。殿壁又有宋景定二年城东慈云院甲乙流传住持证据府帖碑,乃是临安府给付住僧崇宁者。篆额细如丝发,上作云螭文,甚古。城东宋刻仅存此耳。"

三月,至扬州。姚世钰为先生《湖船录》撰序,并促刊行。

《湖船录》卷首姚世钰序:"雍正己酉冬,与吾友厉兄太鸿俱客扬州。示余以所著《湖船录》者,盖本朱太史竹垞先生《说舟》而添注增广之。凡八十余件,视太史所说三倍焉,多乎哉!昔姜白石举《吴都赋》'家具画船'语,以题目吾乡春游之盛;叶水心亦言'镜波蓝浪''舸经舫纬''穿南北而透东西'。顾清境虽著,佳名罕耀。兹录网罗博存,不惟补《梦粱录》《武林旧事》《西湖志余》诸书之阙,澄怀卧游,如身坐碧琉璃,湖光山渌,动摇窗棂。而阻风中酒之感,浮家泛宅之思,且将藉慰吾二人之同病相怜者矣。越来春庚戌三月,重会邗江,附书卷后,并促实版行之。吴兴姚世钰。"

四月,殿试传胪,浙江举人中式者达七十人,鼎甲三人周澍、沈昌宇、梁诗正皆为浙人,报录到杭州,阖城绅衿士庶欢呼踊跃,"诵声载道,感戴皇仁"。先生友人中,若周澍、陈兆仑、梁诗正、徐廷槐、汪宏禧、孙灏、裘肇煦、任应烈、严遂、倪国琏、商盘、严在昌、孙人龙、徐以烜皆中式,杭世骏、陈兆嵋落榜。

《清史编年·雍正八年》、陈玉绳《陈句山先生年谱》。

周澍,字雨甘,号甘村,又号西坪,浙江钱塘(今杭州市)人。官修撰。

商盘(1701—1767),字宝义,一作宝意,号苍雨,浙江会稽(今浙江省绍兴市)人。授编修,出为元江、顺宁知府。著有《质园诗集》。

徐以烜(1702—1771),字养资,号润亭,浙江钱塘(今杭州市)人,徐潮孙。雍正八年进士,官至礼部侍郎。

孙人龙,字端人,号药亭,浙江乌程(今浙江省湖州市)人。未散馆特授编修,官至中允。

四月十五日,马曰璐为《湖船录》撰序。

《湖船录》卷首马曰璐序。按:丁午《湖船续录序》云:"厉征君《湖船录》,初刊小字本于邗上,凡七十九则,姚、马、自序而外,列题词十六家。再刻附于诗文集后,增者十则,遗采芳艇一条,削诸家题词。"可知,《湖船录》初刻当即在此年。十六家题词分别为赵虹、沈嘉辙、杭世骏、吴焯、赵昱、施谦、马曰琯、符曾、赵信、蒋淑、周二学、丁敬、闵华、陈皋、符之恒、汪沆。又倪国琏《春及堂诗集》卷十二《题厉樊榭同年湖船录》。周二学,字幼闻,号药坡,又号晚崧居士,浙江仁和(今杭州市)人。诸生。家富书画,以精鉴称。著有书画装裱专著《赏延素心录》《渐于集》等。

四月十八日，泛舟红桥，登平山堂。全祖望以选贡北上入京，过扬州，故亦与会。先生出所著《湖船录》，邀全为作序。先生旋回杭。

《樊榭山房集》卷六《四月十八日同人泛舟红桥登平山堂送全绍衣入京》。蒋天枢《全谢山先生年谱》。全祖望《厉太鸿湖船录序》："雍正己酉，吾友厉二太鸿相遇于扬，以所著《湖船录》示予，令序。"按："己酉"当为"庚戌"之误，先生去冬在扬时，全祖望未有北上之行。

五月十三日，与丁敬、金农游智果寺。

《樊榭山房集》卷六《五月十三日同丁敬身游智果寺》，并附丁敬同作，《国朝杭郡诗辑》卷十四金农《五月十三日同厉樊榭游智果寺》，丁敬《砚林诗集》卷一《五月十三日同厉樊榭游智果寺》。

五月，赵昱得高丽墨两枚，分遗先生与吴焯，有诗答之。丁敬亦求之，不果，赵昱以琉球扇相赠。诸人皆有诗赋此事。

《樊榭山房集》卷六《功千送高丽墨用山谷和文潜谢穆父赠松扇韵》《敬身用山谷韵乞高丽墨于功千而墨仅二枚一赠尺凫一以赠仆竟无以应也次韵答之仆亦同作》《和功千遗敬身流求扇以偿高丽墨之请三用前韵》，赵昱《爱日堂吟稿》卷四《近得高丽墨二枚分遗绣谷樊榭及敬身来索无以应请三君用山谷谢钱穆父松扇韵赋诗辱示依韵酬谢》《再用前韵寄敬身并遗琉球扇以偿高丽墨之请》。

六月十九日，序汪惟宪遗集。

汪惟宪《汪积山先生遗集》卷首厉鹗序："往时余将之婺州，作衾字韵诗，寄诸吟社，最后得吾友水莲和章云：'徙倚闲斋辞竹簟，商量江路定绵衾。'余哦讽不能去诸口……余极嗜其诗，清恬粹雅，吐自胸臆，而群籍之菁华经纬其中。昔人所云'以无累之神合有道之器'者，庶几似之。吾里近称才薮，第工举场之文者，或鄙吟咏为闲家具，而林栖谷饮，清韵斐然，梵夹新裁，亦复敛手，二者难兼，被君一时将去，何不廉邪？雍正庚戌六月十九日，钱塘同学弟厉鹗书。"

七月初一日，陈兆仑、陈兆嵋、杭世骏买舟出京南归，杭临行前有诗报及先生。

陈玉绳《陈句山先生年谱》。杭世骏《道古堂诗集》卷三《长行有日先期报厉孝廉鹗》。

七月，先生有诗怀杭世骏，世骏时因大水阻于山左。

杭世骏《道古堂诗集》卷三《次厉鹗维扬见怀韵》，附厉鹗《得堇浦都下书约早秋归里逾期不至闻山左大水作诗怀之》："长安几朋旧，往往断音尘。

忽枉因风讯,偏伤失意人。龙蛇争路险,波浪益愁新。反愧卑栖者,期君醉紫莼。”

八月初七日,杭世骏自燕归里。

杭世骏《道古堂诗集》卷四《予以八月初旬还里即以是日见梦丁处士敬见良友之念我切也书此志感》,并附丁敬《庚戌八月七日寢堇浦归自日下为述途次泽水之阻语最了了后询之果抵家于是日亦异矣》。丁敬诗亦见《砚林诗集》卷一。

八月十九日,跋朱弁《曲洧旧闻》。

沈涛《匏庐诗话》卷下:“余尝于邗上书摊市得旧钞《曲洧旧闻》,以虞山张氏、长塘鲍氏刊本校之,俱有异同,亦互有得失。内夹纸签数条,自某字至某字、第某卷云云。合之《宋诗纪事》,所采字数、卷数皆同。盖樊榭山人所藏之本。末有樊榭手书数行:‘公墓在西湖九里松普福寺之旁,有碑云“宋通司副使朱松之墓”。予尝过之,敬赋七言一首,今附于此:“突兀残碑立古阡,行人犹记绍兴年。青衣已见君王辱,白发何期使节旋。老泪冰天他日恨,遗闻曲洧至今传。一坏筑傍花宫地,夕呗晨钟更惘然。”雍正八年八月十九日,钱唐后学厉鹗书。’其诗见樊榭初集,‘皓首’作‘白发’,‘终古’作‘千载’,余俱相同,盖后来定本如此。然‘白发’‘千载’不如‘皓首’‘终古’远甚,洵乎初拓《兰亭》,刚刚恰可也。”

九月初八日,殳闻望卒。

杭世骏《道古堂文集》卷四十八《孝廉殳万夫墓碣》。

九月初九日,与吴焯、杭世骏、丁敬、赵昱、赵信集赵氏隐几山楼,分韵赋诗。

赵昱《爱日堂吟稿》卷四《九日南垞绣谷樊榭堇浦敬身家弟意林集隐几山楼用少陵九日蓝田崔氏庄诗句为韵得千字》,杭世骏《道古堂诗集》卷四《九日集隐几山楼》。

九月廿三日,同汪沆过宿杭世骏松吹书堂,世骏有诗纪之。

杭世骏《道古堂诗集》卷四《霜降日雨中厉鹗汪五沆过宿松吹书堂》。

十月初,先生与汪沆往扬州,杭世骏有诗送之,论及先生诗,谓曰“力矫颓波正风始”。

杭世骏《道古堂诗集》卷四《送汪五之维扬即题其行卷》:“(汪沆)尽将秋士结习缘,琱入清寒五字里。主曰茁村(江都余元甲)师樊榭(钱唐厉鹗),力矫颓波正风始。樊榭论诗造幽澹,荔裳萝带牵兰芷。微旨应须蜜味参,清言泻作溪流驶。茁村句格超卑凡,涩语苦危绝比儗。华峰四面类削成,峡水三堆长倒徙。大江南北风雅衰,败鳞秃甲都褵褷。濡雪堂标主客图,玲珑馆析灵通指。清时过从作雅娱,商榷风骚辨商徵。乃于二者门庭间，日夕熏湔得神髓。冰肠雪魄搜清严，栀貌蜡言簸糠秕。”

过苏州，与王澍、汪沆同游虎阜、惠山。

《樊榭山房集》卷六《登虎阜小吴轩赠雪涧上人》《小吴轩晓望用清远道士韵》《王蒻林司勋邀惠山访愚公谷四首》，汪沆《槐塘诗稿》卷一《王箬林吏部招游惠山同樊榭先生作六首》。王澍，字虚舟，号蒻林，江苏金坛（今江苏省常州市金坛区）人。康熙五十一年进士，曾官吏部员外郎。工书。著有《法帖考正》。

十月初四日，胤禛以徐骏诗文“悖逆狂妄”，照大不敬律，处斩立决，其文稿尽行烧毁。

《清史编年·雍正八年》。徐骏（1683—1730），字观卿，徐乾学之子，江苏昆山（今江苏省昆山市）人。康熙五十二年进士，官翰林院庶吉士。著有《石帆轩诗集》。

十月初七日，以先前借得朱彝尊抄本校补《名儒草堂诗余》，跋之。

“享帚精舍词学丛书”《精选名儒草堂诗余》卷尾载先生跋：“此本借钞于吴君尺凫绣谷亭所藏，颇多颠倒残缺，略为校定，而脱字则仍之。今年冬日，舟杈虎丘，从山塘书肆中借得朱竹垞先生家抄本，复补改数字，下卷《题滕王阁·齐天乐》一首，添入龙紫蓬姓氏，殊快人意。但朱本上卷姓氏多遗落，不可解也。雍正庚戌阳月七日，樊榭山民再题于邗江小玲珑山馆。”按：上云“今年冬日，舟杈虎丘”，可知先生离杭赴扬在十月初。

十月廿八日，从《翰墨大全》《天下同文集》补得《草堂诗余》所选诸公佚词数首，付录卷中，跋之。

“享帚精舍词学丛书”《精选名儒草堂诗余》卷尾载先生跋：“诸公之作，散见于他书者绝少，偶见刘应李《翰墨大全》、刘将孙《天下同文集》内有数首，亟付录于卷中。零珠碎玉，亦自可宝，愿与知音者共之。庚戌大雪日，鹗记。”

十月，陈兆仑赴闽任职。

陈玉绳《陈句山先生年谱》。

十二月初，陈皋借先生元凤林书院刻《草堂诗余》钞本抄录，至八日始毕。

“粤雅堂丛书”第十三集《精选草堂诗余》末附陈皋跋：“庚戌冬，予客邗上，借樊榭先生凤林书院词钞本，篝灯手录，凡五七夜。吟玩之余，殊觉忘旅食况也。腊八日对鸥主人陈皋呵冻识。”

冬，同马曰琯、马曰璐、汪沆、陈皋游焦山。

《樊榭山房集》卷六《同秋玉佩兮西颢江皋自京口放船至焦山》《三诏洞拜焦隐君像》《观音岩次石壁上宋人赵冰壶韵》《双峰阁》《别峰庵》《夜宿松

寥阁用萨天锡韵》《瘗鹤铭》《焦山古鼎》《甘露寺》《海岳庵》《游金山》，皆作于此行途中。

十二月，离扬归杭。赵昱为先生《三山纪游》题诗。

赵昱《爱日堂吟稿》卷四《题樊榭三山纪游卷用宋人赵冰壶焦山摩崖韵》。

十二月十七日，过沙河，有诗。

《樊榭山房集》卷六《十二月十七日雪后沙河写望》。按：陈皋十二月八日作《草堂诗余跋》有云向先生借书，可知十二月初先生尚在扬州，归杭当在月初至十七日之间。

是年，弟鹍举一子，名志黼，后过继为先生嗣。

厉志黼，字之甫，一字绣周，号层云。钱塘诸生。《国朝杭郡诗续辑》卷十二"厉志黼"："绣周为雄飞征士从子，即为征士后，又为丁钝丁先生爱婿，诗筏文津，皆有所受。尝与苏展亭许堂、柯大严观、郁陛宣礼、倪嘉树一擎、黄书厓模、周亦庵骏发为文字之会，分题审韵，无集无诗，惜多散佚。所居在城东仓巷，破屋萧然，粝餐自给，竟困于逢掖以老。"

是年，张云锦始与先生定交。

张云锦《兰玉堂文集》卷十四《荐举博学鸿词庚子科举人樊榭厉君墓表》："余幼寡交，雍正庚戌年，寓于西湖昭庆山房，长老啧啧称钱塘孝廉厉君太鸿不置口。因从长老访君于无尽意斋，古心古貌，无尘俗气，遂定交。"

是年，南浔茅应奎远游归，结社唱酬湖中。

钱载《萚石斋文集》卷八《纪心斋楚游集序》："雍正辛亥，诗翁南浔茅渠眉远游归，偕载倡酬禾中。"茅应奎（1675—1765），字渠眉，号湘客，浙江归安（今浙江省湖州市）人。康熙五十九年副贡生，官昌化教谕，年九十一卒。尝结五湖诗社。著有《五湖诗钞》等。

雍正九年辛亥（1731）　　四十岁

正月初七日，与同人集施安芊香斋。

《樊榭山房集》卷六《人日集施竹田芊香斋》。

正月，为华岩诗集题诗一首。

《樊榭山房集》卷六《题华秋岳诗卷》。

正月，与杭世骏、符之恒、陈皋探梅西溪。

《樊榭山房集》卷六《古荡舟中同大宗圣几江皋探梅作》。赵昱《爱日堂吟稿》卷四《樊榭堇浦西溪看梅余不及行独对庭梅忆作》。《沽上题襟集》中陈皋《得西颢书述探梅之胜因成二律并寄厉太鸿》自注："予于辛亥之春与太鸿、大宗、圣几河渚探梅，今各散处，而圣几已下世矣。"

二月，李卫开《浙江通志》局，先生入局任分修之职。志局延总裁三人，分别为沈翼机、傅王露、陆奎勋，分修二十八人，先生与焉。

嵇曾筠《敕修浙江通志进呈表》："世宗宪皇帝……特命纂修通志。浙江于雍正九年二月兴修，至雍正十三年十二月纂竣。"《通志》卷首载分修二十八人，分别为张为仪、方棨如、苏滋恢、陈璟、诸锦、周长发、周本孝、王霖、吴斯洺、厉鹗、查览、杭世骏、王延年、陆秩、赵贤、沈德潜、吴焯、赵昱、曹熙、谢绪敔、翁于广、朱稻孙、张云锦、张增、汪沆、吴嗣广、陆载昆、陈璜，分校二人，即符之恒、吴国锷。

沈翼机(1664—?)，字西园，号澹初，浙江海宁(今浙江省海宁市)人。康熙四十五年进士，官至翰林院侍读学士。著有《澹初诗稿》。

张为仪，字可仪，一字存中，号竟筠，浙江海宁(今浙江省海宁市)人。雍正十一年进士，官编修。有《寓庸堂集》。

陈璟，字葆林，号大璞，浙江钱塘(今杭州市)人。雍正元年进士，官台州府教授。

周本孝，字慎旃，浙江钱塘(今杭州市)人。由诸生保举，官武义教谕。

王霖(1679—1754)，字雨丰，一字雨枫，号弇山，浙江山阴(今浙江省绍兴市)人。康熙四十四年举人，曾官直隶南宫知县。著有《西山游草》《弇山诗钞》。

吴斯洺，字淋岩，一字五亭，浙江归安(今浙江省湖州市)人。康熙五十年举人。著有《补阁诗钞》。

查览，浙江海宁(今浙江省海宁市)人。雍正元年举人，官天津通判。

王延年，字介眉，号涌轮，浙江钱塘(今杭州市)人，侨寓平湖(今浙江省平湖市)。雍正四年举人，荐仕国子监学正，年七十授司业，旋授侍读。著有《资治通鉴纪事本末补》。《清史列传》有云："尝应聘总督李卫聘修《浙江通志》，沿革离合，表分晰特详，遂为全志之冠。"

周铮(？—1741)，字铁士，浙江仁和(今杭州市)人。雍正元年、乾隆十三年两中举人。著有《南塘吟稿》。

赵贤(1704—1753)，字端人，号浅山，浙江钱塘(今杭州市)人。乾隆十三年进士，官永顺县令，卒于官。著有《浅山堂诗文集》。

谢绪敔，字人舆，别字小江，浙江镇海(今浙江省宁波市镇海区)人。岁贡，官云和训导。著有《小江集》等。

吴嗣广，字艺君，号樵石，浙江海宁(今浙江省海宁市)人。诸生，著有《抱秋亭集》《就鸥阁诗草》。

志局同时修《西湖志》,总裁为傅王露,分修十人,先生亦与焉。

《西湖志》卷首载总修傅王露;分修苏滋恢、厉鹗、杭世骏、陆秩、沈德潜、吴焯、赵信、吴嗣广、张云锦、陈璜;分校周铮、沈甲、汪沆、赵一清;校刊吴廓、汪士雅、吴城、汪志伟、杨曾琦、王惟果、汪璇、薛景瑄、汪忠焘、汪正衡、鲍兆麟、吴永昌、汪元琏、汪士倬、汪定瀚、叶世纪、孙岐福、吴国铉、吴国藩。沈甲(1681—1739),字眷瑶,号桐敏,浙江仁和(今杭州市)人。贡生。工书画。

修志之余,志局诸公常以赋诗联吟为乐。

张云锦《兰玉堂诗集》卷首沈德潜《兰玉堂诗集序》:"雍正辛亥岁,予留浙江志书馆修《省志》及《西湖志》,平湖张子铁珊在焉。铁珊为太史陆堂前辈甥,工韵语。时浙中名流咸集纂辑,暇常跋烛联吟,搜奇斗险。铁珊诗出语必惊人,予为之敛手服。"沈德潜《归愚自订年谱》:"三月,浙督李公聘修《浙江通志》《西湖志》,赴馆总裁学士沈公西园讳翼机、太史傅公阆陵讳王露、陆公聚缑讳奎勋,嘱先修《湖志》,分水利、名胜、祠墓、志余四门。遍览载籍,时率松儿往来湖上,到处寻访。回忆前游,相距二十三年,犹梦寐也。同人会合,时相倡酬,尤契合者方文辀、张存中、陈葆林、诸襄七、厉太鸿、周兰坡、王介眉诸公,不必出门求友矣。"

二月廿日,春社日,有诗呈志局诸公,诸公多有和之者。

《樊榭山房集》卷六《春社呈志局诸君》附汪沆次韵。汪沆《槐塘诗稿》卷二《社日呈志局诸公次樊榭先生韵》,陆奎勋《陆堂诗续集》卷三《春社次厉太鸿韵》,汪惟宪《积山杂记》载吴斯洺《春社呈志局诸公》,张云锦《兰玉堂诗集》卷三《春社和厉太鸿韵》。

二月廿九日,清明,李卫召志局诸公泛舟西湖。

汪沆《槐塘诗稿》卷二《制府彭城李公招同志局诸公泛舟西湖分赋》。汪惟宪《积山杂记》载吴斯洺《西湖公燕诗》。张云锦《兰玉堂诗集》卷三《清明日制府李公燕集西湖即席分赋》自注:"时同吴门沈归愚、淳安方文辀、会稽周兰坡、归安吴琳岩、仁和杭堇浦、钱塘王介眉、厉樊榭、秀水诸襄七分修《浙江通志》。"

春,鲍钤复授长兴令。

鲍钤《闰吴兴集序》:"余以康熙乙未筮仕长兴,阅四稔解去,有《吴兴集》诗三卷。雍正辛亥,复令于兹。"王藻《莺脰湖庄诗集》卷八《送鲍明府(钤)再任长兴四首》。

四月,陆钟辉刻《南宋诗选》十二卷成,自序之。

陆钟辉《南宋诗选序》："有宋诗人，自建隆以逮德祐，三百年间，粲然辈出。渡江以往，虽体沧卑近，然放翁、石湖、晦翁三君子屹然鼎峙，足称继起。其间卓然成家者亦不乏人，第悉有耑集及行世选本。惟此六十余家，自临安汇刻之后，绝罕流传，倘不亟为甄收，诚虑终归湮落。闲居诵读之余，爰加决择，存其什三，厘为十二卷。驱旧目于新途，总宿舌于别味，要皆异乎前人之所谓村剧者，览者幸无以郐后可删，致相诮责也。雍正辛亥四月，江都陆钟辉书。"陆钟辉（？—1761），字南圻，又字渟川，号环溪，安徽歙县（今安徽省歙县）人，寓扬州。官南阳同知。著有《放鸭亭小稿》《环溪词》。

四月，与沈德潜雨中泛游西湖。

《樊榭山房集》卷一《雨中泛舟三潭同沈确士作》并沈德潜同作。

五月初五日，赵昱在志局邀同人观其所藏宋徽宗《鹳鸽图》，先生、张云锦、沈德潜各有诗。

《樊榭山房集》卷六《意林所藏宋徽宗鹳鸽图同确士作》有云："五月五日工剪舌，学成语言知人心。"张云锦《兰玉堂诗集》卷三《题赵意林所藏宋徽宗鹳鸽图》有云："天水才人具书癖，牙签三万掌墨娥。相逢官阁出图示，弆藏真迹良非讹。"又卷七《樊榭索和西湖竞度曲即次原韵》其二自注："辛亥、壬子与樊榭同在西泠书局过重午，同事共二十四人。"

五月，与沈德潜、吴斯洺、张云锦、汪沆、王霖、周长发联句松棚。

张云锦《兰玉堂诗集》卷三《松棚联句》有云："已得广厦庇，奚愁大火升。"

五月，沈德潜暂归苏州，先生有诗送之。

《樊榭山房集》卷六《送沈确士归苏州》云："满天梅雨合思吴。"

七月，全祖望自历下归南，过扬州访马氏伯仲，同游平山堂。过杭州，时先生卧病，未及晤谈。

全祖望《鲒埼亭集外编》卷二十《平山堂记》，又卷二十六《厉太鸿湖船录序》："辛亥南下，太鸿方卧病，不得一握手。"

九月初九日，徐逢吉为华岩诗集题词。

华岩《离垢集》卷首徐逢吉《题辞》。

九月初十日，与马曰琯、马曰璐、陈皋、汪埙游真州吴氏园，分韵赋诗。

马曰璐《南斋集》卷一《辛亥九月十日同厉樊榭陈对鸥汪祓江家兄嶰谷游真州吴氏园亭用庚子山黎红大谷晚桂白小山秋平字韵》。

十月初十日，三弟鹍卒。

《樊榭山房集》卷六《题三弟遗诗序》："予少孤露，弟仅六龄，零丁危苦，相依至今，凡二十一年……今年十月十日弟忽遘疾夭亡，痛可言邪？检故箧中有手书杂药文十数纸，后有《庚戌除夕》一绝句，弟素不能诗，其辞似工者，岂有夙慧邪？第二句竟成刘希夷花落之谶，抑有物以凭之邪？吁可痛也！因忍泪成二十字题后，付孤侄黼收藏。"

十月，周京出都南返。

周京《无悔斋集》卷六《辛亥十月出国门》。

十二月，杭世骏纳妾，赵昱有诗戏之。

赵昱《爱日堂吟稿》卷四《戏赠堇浦纳姬人十首》。

是年，先生、杭世骏在通志局，有书予全祖望，求四明旧志。时全在京，遣使取家藏所有予之。

全祖望《鲒埼亭集外编》卷三十六《跋宁波简要志》。

是年，汪浦、汪坤先后卒。先生为作《祭汪舍亭文》。

汪沆《槐塘文稿·敬轩诗钞序》："庚戌，万夫计偕归，病死。明年，伯氏以展墓殁于新安。"《樊榭山房文集》卷七《祭汪舍亭文》："（汪浦）病肺而夭，如刑惸夫。君在客馆，闻而惊呼。恸甚病剧，归舍卧舆。忧能伤人，斯语不诬。便接凶问，讵非天乎！"可见，汪浦卒后不久，汪坤旋亦伤心而逝。

是年，朱彭生。

朱彭（1731—1803），字青湖，号亦籛，浙江钱塘（今杭州市）人。诸生。继先生后主持武林坛坫，批评先生诗耽于宋习，末流至于饾饤，故转宗盛唐，意在矫枉。

雍正十年壬子（1732）　　四十一岁

是年，移居南湖，自号南湖花隐，王曾祥为撰《南湖花隐记》。

王曾祥《静便斋集》卷七《南湖花隐记》。

正月初七日，观李迪《竹雀图》于小山堂。

《南宋院画录》卷二："李迪《竹雀图》，款云：'淳熙丁未李迪画。'画着色竹，间以疏梅，枝叶上残雪炯然。雀立枝头，下遗枯竹叶二片在地，旁有荠菜一茎，寒秀之气，扑人衣襟。壬子春人日观于赵氏小山堂，云间王氏物也。"

春，张奕枢于北京得见姜夔《白石道人歌曲》钞本，大喜过望，亟录副之。

乾隆十四年刻本《白石道人歌曲》卷首张奕枢序："壬子春客都门，与周子耕余过澹虑汪君邸舍，见案头有《白石道人歌曲》六卷，别集一卷，系陶南村手抄本，而楼观察敬思所珍藏者。因共襄录副，加校雠焉。"张奕枢，字今涪，浙江平湖（今浙江省平湖市）人。诸生。著有《红螺词》等。《樊榭山房文集》卷四有《张今涪红螺词序》。

五月，全祖望入都，道过武林，携宋刻《宝庆四明志》，杭世骏说服赵昱购之。

杭世骏《道古堂文集》卷二十七《宝庆四明志跋》："雍正壬子孟夏，绍衣入都，道过武林，竟以是书来，乃宋末雕本，与吴丞相《续志》合刊者。予惊喜出望外，亟走，属友人赵谷林为绍衣谋脂辖之费，而以书纳之小山书库。"

秋，至扬州，寓居马氏小玲珑山馆。

《樊榭山房集》卷七《丁未暮春佩兮来游湖上曾作五字诗奉赠壬子秋仆至邗留寓小玲珑山馆岁晚将归复次前韵志别兼呈令兄秋玉》。

秋，王豫出狱。

全祖望《鲒埼亭集》卷二十《王立甫圹志铭》："立甫锐意著书。其出狱也，杭堇浦方过予，而立甫至，堇浦问曰：'患难之中，所著多少？'立甫曰：'无有也。'堇浦愠曰：'古人遭患难，正可立言，何忽忽耶！'立甫谢之。呜呼！岂知立甫雄心，已为荼苦所尽，竟不能待五稔也。"

八月廿九日，李卫迁直隶总督，程元章为浙江总督。

《清史编年·雍正十年》。

十月，金农《冬心先生集》成，自序之。

金农《冬心先生集》卷首自序。

十一月初八日，过马曰璐南斋，曰璐炙甜香供客，先生为赋词《国香慢》一阕，并书一联。

《樊榭山房集》卷十《国香慢》序："壬子冬至后三日，过马半槎南斋，炙甜香以供客，风味幽绝，前明宣宗时禁中制也。坐上索予谱斯阕成，半槎谓予云：'昔熊讷斋请詹天游赋《软香·庆清朝慢》，云："愿扫陈言。"君于此题，当与天游竞爽矣。'明日以绿笺请予书之，装成小轴，高西唐篆其首曰《甜香新唱》。"现存厉鹗行书对联："壁琴风过闻天籁，香椀灰深裊篆烟。"款识云："壬子冬至后三日，过马半槎南斋，炙甜香以供客，风味幽寂，前明宣宗禁中制也。坐上索予谱《国香慢》一阕成，半槎谓予云：'昔熊讷斋请詹天游赋《软香·庆清朝慢》："愿扫陈言。"君于此题，当与天游竞爽矣。'酒正酣，出素纸索书是联，醉眼蒙胧，不足为大雅所赏。钱塘太鸿厉鹗并志。"钤印"太鸿""厉鹗诗词"。

十二月，吕留良案决，吕留良及其子葆中戮尸枭示，吕毅中着斩立决，其孙辈着从宽免死，发遣宁古塔与披甲人为奴，吕氏财产由浙江地方官变价，充本省工程之用。是案牵连甚众，先生友王豫遭革去功名，杖一百，徙三年，朱蔚、朱荃兄弟尝从学严鸿逵，然其时年尚幼小，着释放。

《清史编年·雍正十年》。朱荃（？—1750），字子年，号香南，浙江桐乡（今浙江省桐乡市）人。乾隆元年举博学鸿词，补试得一等。著有《香南诗钞》。

岁暮，先生离扬归杭。

《樊榭山房集》卷七《丁未暮春佩兮来游湖上曾作五字诗奉赠壬子秋仆至邗留寓小玲珑山馆岁晚将归复次前韵志别兼呈令兄秋玉》。

过松江，访赵昱。

《樊榭山房集》卷七《过青浦县》自注："时将访功千于松江。"

是年，作《论词绝句》十二首。

《樊榭山房集》卷七《论词绝句十二首》。

是年，朱休度生。

朱休度（1732—1812），字介裴，号梓庐，又号小木子，浙江秀水（今浙江省嘉兴市）人。乾隆十八年举人，官山西广灵知县。著有《梓庐吟稿》等。

雍正十一年癸丑（1733）　四十二岁

正月初十日，胤禛诏谕各省建立书院，设于省会，各赐帑银一千两，为读书士子膏火之费。

《清史编年·雍正十一年》。

二月廿一日，清明，与赵信、赵一清、陈皋游虎丘。

《樊榭山房集》卷七《虎丘清明同意林诚夫江皋作五首》。

三月初八日，胤禛颁诏荐举博学鸿词。

《世宗实录》卷一百三十。

三月下旬，同吴焯、汪沆登丁家山新亭。

《樊榭山房集》卷七《春晚同尺凫西颢登丁家山新亭》。

春，晤沈廷芳，以朱存理《珊瑚木难》一书为贶。

《樊榭山房续集》卷一《沈椒园待御寄和移居诗用韵奉答四首》其一自注："癸丑春晤椒园于杭，以朱性父《珊瑚木难》为贶。"

三月廿四日，与丁敬、陈章过重阳庵，访薛尊师。

《樊榭山房集》卷七《立夏后二日同丁敬身授衣过重阳庵薛尊师房》。

四月，张映辰、张湄、汪师韩、周宣猷、桑调元、董邦达、雷铉、张映斗、张为仪、陆嘉颖第进士。

《明清进士题名碑录索引》。

汪师韩(1707—1774),字杼怀,又字韩门,号上湖,浙江钱塘(今杭州市)人。官编修,出知湖南学政,后主莲池书院。有《上湖分类文稿》《诗学纂闻》等。

周宣猷,字辰远,号雪舫,湖南长沙(今湖南省长沙市)人。授桐庐知县,调海盐,官至浙江盐运判官。著有《史断》《雪舫诗钞》等。

董邦达(1699—1769),字季存,一作孚存,号东山,浙江富阳(今浙江省杭州市富阳区)人。授编修,会修《石渠宝笈》《西清古鉴》诸书,官至工部尚书,卒谥"文恪"。

雷鋐(1697—1760),字贯一、翠庭,福建宁化(今福建省宁化县)人。官至左副都御史,学宗程、朱。著有《经笥堂集》等。

张映斗(?—1747),字雪子,号苏潭,浙江乌程(今浙江省湖州市)人。官至翰林院编修。著有《秋水斋诗集》。

陆嘉颖,字大田,号心斋,又号恂斋,浙江仁和(今杭州市)人。曾官翰林院编修、中允等职。

四月初八日,胤禛诏重开博学鸿词科,命在京满、汉三品以上各举所知,在外督抚会同学政悉心体访,遴选保题。时杭世骏在京,有书于赵昱,言及此事。

《清史编年·雍正十一年》。赵昱《爱日堂吟稿》卷五《堇浦京师来札中及诏开词科却寄》。

四月初,离杭赴扬。初八,虎丘舟中跋明人沈仕《唾窗绒》。

《樊榭山房文集》卷八《沈青门唾窗绒跋》。沈仕,字子登,号青门。擅丹青。著有《林下清录》等。

四月廿一日,阅明人沈与文辑《泉石清谭》,跋之。

美国哈佛大学燕京图书馆藏明沈与文《泉石清谭》抄本附有先生跋,云:"此书系明嘉靖中吴下老儒所辑,其中甚多伪谬,如以房琯西湖为钱塘,王明清《玉照新志》为张功父,天台左经臣为唐人之类,不一而足。第手自抄撮,饶有积卷。卷首云:'家藏赵仲穆书刻《袁清容文集》十册,其字清丽遒劲可宝,犹可想见先民风流也。'雍正癸丑初夏廿一日,杭人厉鹗记。"

五月初五日,有词。

《樊榭山房集》卷九《渠兰香·癸丑淮南重午用吴梦窗韵》。

五月,桑调元闻父讣,南归治丧。

马荣祖《力本文集》卷九《文侯桑翁墓表》。桑天显,字文侯,浙江余姚(今浙江省余姚市)人,徙居浙江钱塘(今杭州市)。以孝称于乡里。

约六月间,自扬归杭。

六月,与沈嘉辙、赵昱月夜游南湖。

《樊榭山房集》卷七《夏夜同栾城功千步月湖南》。赵昱《爱日堂吟稿》卷五《南湖看月招同樊榭三首》其二:"披披六月藕花洲。"其一自注:"去秋薄游云间。"

夏,汪惟宪招先生、丁敬、周二学、胡棁游湖观荷,分韵赋诗。

《樊榭山房集》卷七《汪积山招泛湖上观荷分得于字》,汪惟宪《积山先生遗集》卷一《同太鸿敬身幼闻质孚泛湖观荷太鸿拈花气凉于雨句分韵赋诗余得气字》。胡棁(1677—?),字又乾,号质孚,浙江仁和(今杭州市)人。雍正二年进士,历官长宁、狄道知县。

夏,王豫南归。

全祖望《鲒埼亭集》卷二十《王立甫圹志铭》:"癸丑之夏,买舟南下,过予卧榻中,怅然言曰:'吾一往萧索,不敢复与诸公争宋虢之长,但愿继今以往,寂坐深山,穷经治史,稍于学有所得,东隅之失,或可藉手以见。'予曰:'诺!'乃至任邱,故人为之宿留,犹贻书于予,谓:'志气奄奄,几不可收束,寄声吾友,愿得良规,以箴心疾,则成我者也!'"

七月初七日,苦热,有诗,赵昱和之。

《樊榭山房集》卷七《七夕苦热效西昆体》。赵昱《爱日堂吟稿》卷五《次韵樊榭七夕苦热戏效西昆体》。

七月十三日,浙江总督程元章奏淳安有告假回家县丞吴茂育刊刻《求志编》两册,"语多狂悖",书首李沛霖序只书癸卯九月,不书雍正元年,更干法纪。胤禛命严加追审。湖北学政凌如焕请审查今人著作,胤禛未许。

《清史编年·雍正十一年》。

七月,同杭世骏、王曾祥、汪沆、符之恒游报国院,有诗。

《樊榭山房集》卷七《早秋同王麐征汪西颢符圣几坐报国院池上》。丁敬《砚林诗集》卷一《同厉樊榭杭堇浦王茨檐汪西颢符南竹游城西报国院池上分韵得门字僧静山妙于茗事频供不倦》自注:"时樊榭云:'今日诗中不二之门,惟先生得之矣。'"

八月初三日,与吴焯游宴西湖。

《樊榭山房集》卷七《哭吴尺凫》:"八月三日,与尺凫饮湖上。"

八月,复客扬州。

八月十五日,马曰琯邀先生等集看山楼赏月。

《樊榭山房集》卷七《中秋夜广陵看山楼对月》。

九月初九日，赵一清跋张泰来《江西诗社宗派图录》，此书抄借自先生，故有录先生跋语。

"知不足斋丛书"《江西诗社宗派图录》赵一清跋："此书从樊榭山民厉君借钞校过，并录其跋语。南湖花隐，其新号也。雍正癸丑秋九月九日勿药记。"先生跋云："南州张扶长吏部作《江西宗派图录》，荟粹诸书，出处甚详，但二十五人内李錞、江端本、扬符三人小传未备。江子我在南渡初最知名，其母夫人为刘原父之女，见晁以道《寿昌县君墓志》，兄端礼，弟端本云云。惟李錞仅以官传，扬符仅以字著耳。因为补缀于后，庶好事者有考焉。南湖花隐识。"

九月廿二日，沈嘉辙卒。先生有诗哭之。

《樊榭山房集》卷七《哭沈栾城》。赵昱《爱日堂吟稿》卷五《哭绣谷》："昨日沈郎徂，今日吴公死。一时风义乖，三日失双美。"自注："两君相继下世才隔三日耳。"吴焯卒于九月二十五日，则沈嘉辙当卒于二十二日。又同卷《哭个庭》自注云："舟过临平，尚诵参寥子绝句，俄而疾作，竟不复一语而逝。"

九月廿五日，吴焯卒。

张熷《南漪先生遗集》卷四《吴绣谷先生行状》："绣谷先生以雍正十一年九月二十五日卒，享年五十有八。"

九月，沈廷芳过访先生，先生为其诗集作序，论及查嗣庭案，颇多唏嘘之言。

《樊榭山房文集》卷三《沈椒园诗序》："癸丑岁客维扬，椒园亦从海昌来，访予于邸，喜且慰。言笑既浃，神色间若有结轖不自得者。询其故，则知椒园为名家子，少擩染见闻于外氏，得文苑巨公以为师，若韩之湜、籍，苏之晁、张然。平居有田庐给饘粥，诗书供研讨。既更多难，不独骨肉师友间聚散死生，云乖雨绝，而椒园亦用是客游无方，屡叹少陵之干请伤性矣。别去之真州，始寄一编来，如《别母》云：'云影有心随望眼，线痕和泪绽征衣。'《秋怀》云：'境当安稳谁知足，事到分飞始信穷。'《过樵沙道院》云：'乡老曾居此，今朝忍再过。'《遣怀》云：'秋来红豆怀南国，春到青铜赴朔方。'皆缠绵悲惋，元本于人伦天咫之故，而合于四始六义之旨。若幼鲁昔日嗟赏之言，犹不足以尽椒园者。殆情随境迁，有不得已而言，不特工力之浅深与年俱进而已。"按：此序亦见于沈廷芳《隐拙斋集》卷首。沈廷芳父沈元沧为查升甥，少从查慎行、查嗣瑮学，厉序所谓"文苑巨公"即查氏伯仲，"多难"指查嗣庭文字狱案。查氏案发，沈元沧与长子亦牵连入狱，半年始放还。查案留给江南士子的影响，于此可窥一斑。附沈廷芳《柬厉太鸿征士》："今秋忽云尽，夕阳不复驻。病起乍登楼，风檐畅情愫。芜城明澹烟，遥瞩城东树。送雁念侣俦，闻砧怅迟莫。美人惜余景，著书寡良晤。相望不相见，相思邈云路。"

秋，始睹陆培《白蕉词》。

《樊榭山房文集》卷四《陆南香白蕉词序》。

十月晦日，夜梦吴焯以一笺相示，醒而以诗哭之。

《樊榭山房集》卷七《哭吴尺凫》序："八月三日，与尺凫饮湖上。来广陵两月，遽闻尺凫凶问……十月晦，夜梦尺凫手一笺相示，如生平，觉而为诗哭之。"

十一月廿二日，得元刻《草堂诗余》，为增词作二人六首，校定数十字。

"享帚精舍词学丛书"《精选名儒草堂诗余》卷尾载先生跋："雍正癸丑中冬廿二日，在广陵小玲珑山馆，得新购元刻《草堂诗余》三册。增入赵功可三首，李太古三首，复校定数十字，始称善本，为之快绝。樊榭又记。"

十一月，马曰琯、曰璐将改窆父母、兄曰楚墓于天长县新沟桥，先生应其请，为撰墓志铭。

《樊榭山房文集》卷七《候选儒学教谕马君墓志铭》《朝议大夫候选主事马公暨元配洪恭人墓志铭》。

十二月，自扬归杭。

十二月廿二日，同周京、吴奂泛舟湖上，周京感念沈嘉辙、吴焯之逝，题诗酒楼壁上，抄写者不绝，酒价为之增贵。

周京《无悔斋集》卷六《十二月廿二日同樊榭耕民放舟湖上时快雪初晴风物闲静重过酒舍念栾城尺凫已下世感今念昔弥觉清游之足重也分韵同作》《昨年岁晚同樊榭耕民来湖上重题楼壁而良友至携笔墨往写之荒词流传惭荷交并一时佳话未敢没也复题壁》。王藻《文献征存录》卷五《周京》。

除夕，序周二学《一角编》。

《樊榭山房文集》卷二《一角编序》。

是年，陈景仁刻其父诗集《懒园诗钞》，先生为懒园忘年之交，序之。

《樊榭山房文集》卷三《懒园诗钞序》："诸君言为唐诗工矣，拙者为之，得貌遗神，而唐诗穷于是。能者参之苏、黄、范、陆，时出新意，末流遂澜倒，无复绳检，而不为唐诗者又穷。"

是年，翁方纲、钱世锡、罗聘、吴骞生。

翁方纲(1733—1818)，字忠叙，一字正三，号覃溪，晚号苏斋，顺天府大兴(今北京市)人。乾隆十七年恩科进士，官至内阁学士。著有《复初堂集》等。

钱世锡(1733—1795),字慈伯,号百泉、雨楼,浙江秀水(今浙江省嘉兴市)人,钱载长子。乾隆四十三年举人,官翰林院检讨。著有《麂山老屋诗集》。

罗聘(1733—1799),字遯夫,号两峰,原籍安徽歙县(今安徽省歙县),客寓扬州。擅丹青,金农弟子,“扬州八怪”之一。

吴骞(1733—1814),字槎客,号兔床,浙江海宁(今浙江省海宁市)人。著名藏书家,其拜经楼藏书不下五万卷。著有《愚谷文存》。

雍正十二年甲寅(1734)　　四十三岁

正月初九日,约王曾祥、丁敬、汪沆、符之恒同舟出北郭门,游佛日净慧寺。次日游龙藏泉、神龙洞、仙姑洞。

《樊榭山房文集》卷六《佛日净慧寺游记》。《樊榭山房集》卷七《北郭舟中同丁敬身汪西颢王麐征作》《石鼓亭》《宿佛日净慧寺》《晓起彻上人导行黄鹤峰下观龙藏泉遂寻龙洞至仙姑洞》,王曾祥《静便斋集》卷九《游佛日净慧寺后录》,汪沆《槐塘诗稿》卷一《将游佛日北郭舟中同樊榭厉先生丁龙泓王茨檐符南竹作》《石鼓亭》《宿佛日净慧寺》,丁敬《砚林诗集》卷一《北郭舟中同樊榭西颢茨檐作》《石鼓亭》《游佛日净慧日》《晓起彻上人导行黄鹤峰下观龙藏泉遂寻龙洞至仙姑洞》。

二月十七日,雨中游湖。

《樊榭山房集》卷七《二月十七日雨中湖上二首》。

约二月间,赴扬州。

《樊榭山房集》卷七《自石湖至横塘二首》《游鹤林寺》。

二月,徐逢吉撰《清波小志》成,自序之。

《清波小志》卷首徐逢吉自序。

约四月间,离扬归杭。

五月初一日,严璲卒于京城邸舍。

杭世骏《道古堂文集》卷四十二《翰林院庶吉士严君墓志铭》:“明年疾作,卒于邸舍,年仅三十有一,盖雍正甲寅岁五月朔也。”

五月,与赵信登隐几山楼,有怀赵昱。时昱游华亭。

《樊榭山房集》卷七《夏五雨后同意林登隐几山楼望江湖诸山怀功千游华亭》。赵昱《爱日堂吟稿》卷五《次韵樊榭意林夏五雨后登隐几山楼望江湖诸山寄怀之作余时客游云间将归》。

五月廿六日，胤禛从江苏巡抚高其倬疏言，准江都县新分出甘泉县，山阳、盐城新分出阜宁县。

《清史编年·雍正十二年》。

夏，病疟，汪沆、符之恒曾过之。

《樊榭山房集》卷七《病痁少间西颢圣几见访》。

夏，杭世骏始编次所为文成集。

杭世骏《道古堂文集》卷首王曾祥序："甲寅夏季，杭君堇浦编次所为文，得百有几十首。"

七月初八日，雨中游湖。

《樊榭山房集》卷七《七夕后一日湖上雨后作》。

八月初四日，汪沆母顾太夫人寿六十，先生为撰寿序。

《樊榭山房文集》卷四《汪母顾太君六十寿序》。

八月廿一日，与王曾祥、汪沆、符之恒游四照亭。

《樊榭山房文集》卷六《秋日游四照亭记》："阏逢摄提格壮月之廿一日……同来者，麟征、师李、圣几。"

九月初十日，陈兆仑由闽抵家。

陈玉绳《陈句山先生年谱》。

九月，浙江总督程元章为应博学鸿词之诏，合试全浙之士，题为《河清海晏颂》《万宝告成赋》《杜氏通典郑氏通志马氏通考总论》《赋得冲融和气洽》。先生与试，名列第二。

《樊榭山房文集》卷一《河清海晏颂》、卷七《杜氏通典郑氏通志马氏通考总论》。《樊榭山房集》附录四《轶事》："雍正甲寅、乙卯，浙江总督程元章三次省试，荐举博学鸿词十人：严遂成、厉鹗、周玉章、杭世骏、沈炳谦、齐召南、张懋建、周长发、汪沆、周琰。正试题为《河清海晏颂》《万宝告成赋》《杜氏通典郑氏通志马氏通考总论》《赋得冲融和气洽》。补试题为《玉烛醴泉颂》《鹏奋天池赋》《九法五政论》《赋得禾比君子》。续试题为《景陵瑞芝赋》《春雪诗》《两浙通志序》《评二十一史》。先生应正试，名列第二，程制军批云：'颂体俊伟，赋材丽则，论该洽而当理，诗雅正以和声，诚为于越含香，浙河韫秀。'帅文宗批云：'辞挹群言，体苞众制，以质纬文，以文被质，殆昔人所云无一字空设者。'张方伯加批云：'高华之气，典丽之词，春容之节，加以骨干坚凝，根极理要，扶质垂条，兼擅其美。'颂、赋、论具载入文集。试帖诗曰：'圣主治当阳，乾坤正寿昌。璇图三极贯，协气太和翔。煦育情田遍，熏蒸德泽长。元音聆合爱，宝历应无疆。习习祥风扇，迟迟化日光。沦肌无远近，涤志共柔刚。累洽逾姬代，时雍接帝唐。昭苏潜启蛰，甲坼兆句芒。帆在春台上，如依日御旁。巽申通蔀屋，豫顺出天阊。金石诚难喻，絪缊属未央。臣民同率舞，长此咏时康。'"张云锦《兰玉堂文集》卷十四《荐举博学鸿词庚子科举人樊榭厉君墓表》："甲寅九月，君与余各以县令荐应试鸿博。"杭世骏《词科余话》卷一："甲寅九月，总督上蔡程公合试全浙之士，题有《河清海晏颂》，仁和处士吴颖芳拟作极工。"又卷一："归安沈炳谦以后到补试，题有《九法五政论》。"《词科掌录》卷七："上蔡程公总督浙江时，与提学奉新帅先生兰皋雅意搜罗，幼牧以《五法九政说》受知荐牍，列名第五，在余与天台齐次风间。"

张懋建，字介石，号石痴，浙江镇海（今浙江省宁波市镇海区）人。雍正三年举人，官至福建长泰知县。著有《介石初集》等。

沈炳谦，字幼牧，浙江归安（今浙江省湖州市）人，沈炳震弟。

周琰，字西序，号青瑶，浙江萧山（今浙江省杭州市萧山区）人。著有《幽思草》《可耕堂集》。

周玉章，字琡大，号药阑，浙江仁和（今杭州市）人。乾隆二年进士，官至侍讲学士。

约九月，赴扬州。舟过平望，有怀王藻。

《樊榭山房集》卷七《舟泊平望怀王载扬客都下》。

十月十六日，胤禛复设闽浙总督，以郝玉麟为闽浙总督，程元章以总督衔专管浙江巡抚及两浙盐政事。

《清史编年·雍正十二年》。郝玉麟（？—1745），字敬亭，汉军镶白旗人。官至闽浙总督。

十一月十六日，饮小玲珑山馆，听项生唱曲，甚恰，为作《书项生事》。

《樊榭山房文集》卷八《书项生事》。

十一月，马曰琯、曰璐兄弟招先生、余元甲、汪埙、金农、闵华、汪沆、陈皋集小玲珑山馆，限韵赋诗。先生旋回杭。

《樊榭山房集》卷七《冬日马秋玉佩兮招同葭白祓江寿门廉风西颢江皋集小玲珑山馆限韵时予西颢江皋将还武林》，附金农同作。

十二月初八日，与周京泛湖游览。

《樊榭山房集》卷七《腊日同周少穆泛湖》。

十二月廿一日，为陆时化《书画说铃》撰序。

陆时化《书画说铃》卷首存先生序："唐内府书画装潢匠则有张竹树、王行直、王思忠、李仙丹辈，雍正甲寅平月廿有一日樊榭厉鹗。"陆时化（1724—1779），字润之，号听松，江苏太仓（今江苏省太仓市）人。以岁贡生入国子监为太学生。家聚书万卷，尤嗜法书名画。著有《吴越所见书画录》《书画说铃》等。

是年，龚鉴授甘泉县令。

全祖望《鲒埼亭集》卷十九《前甘泉令明水龚君墓志铭》："时新析扬之江都为甘泉，以君任之。"

是年，词科征士尚未尽集，李绂以问全祖望，祖望为奏记四十余人，各列所长，李叹曰："使庙堂复前代通榜之列，君亦奚惭退之哉！"此四十余人，李公多辗转道地，登之启事。

全祖望《鲒埼亭集》卷十九《赵谷林诔》："时临川李公方退闲，谓予曰：'大江南北人才，大率君所熟知，试为我数之。'予因援笔奏记四十余人，各列所长，甲精于经，乙通于史，丙工于古文或诗或骈偶之学。临川喟然叹曰：'使庙堂复前代通榜之列，君亦奚惭退之哉！'"又卷十七《阁学临川李公神道碑铭》："词科之役，公方待罪书局，犹谆谆问予以天下才俊，各取其所长，登之簿录，是以丙辰复受荐举过多之罚。偶取放翁诗题楹曰'远闻佳士辄心许，老见异书犹眼明'，盖实录也。"

雍正十三年乙卯(1735)　　四十四岁

正月初七日，施安有诗怀先生。

施安《旧雨斋集》卷一《人日怀樊榭堇浦阮林》。

正月，程元章、帅念祖续试应博学鸿词征之浙江文士，试题为《景陵瑞芝赋》《春雪诗》《两浙通志序》《评二十一史》。

《樊榭山房集》附录四《轶事》："雍正甲寅、乙卯，浙江总督程元章三次省试，荐举博学鸿词十人……续试题为《景陵瑞芝赋》《春雪诗》《两浙通志序》《评二十一史》。"袁枚《随园诗话》卷十四："雍正乙卯春，余年二十，与周兰坡同试博学鸿词于杭州制府。其时主试者总督程元章、学使帅念祖，诗题是《春雪》十二韵，因试日下雪故也。"周长发《赐书堂诗钞》卷二《春雪诗》自注："乙卯浙江考试博学鸿词。"汪沆《槐塘诗稿》卷三《春雪七言排律十六韵》自注："制科省试题。"

正月，先生与浙省应举博学鸿词者会于汪沆宅，凡十一人，分别为先生、齐召南、沈炳谦、周琰、张懋建、严遂成、周长发、杭世骏、周玉章、陈兆仑。

齐召南《宝纶堂诗钞》卷三《答汪五槐堂(沆)津门见寄次韵兼怀诸友》其二自注："乙卯正月，会同举诸公于槐塘宅，共十一人。今则厉二樊榭、沈六幼牧、周大青瑶、张大介石俱还浙，严大崧占读礼未出，周五石帆得官后，即以艰归家，每与堇浦、星斋晤言，不胜今昔聚散之感。”

正月，余杭重修天曹庙，先生应从兄厉鹍之请，撰《重修钱唐西溪天曹庙碑》。

《樊榭山房文集》卷六《重修钱唐西溪天曹庙碑》。

二月初一日，庭梅始花，有诗纪之。

《樊榭山房诗集》卷七《庭梅二月朔始花》。

二月十五日，花朝，同沈廷芳、杭世骏、孙灏饮皋园梅花下，有诗。

沈廷芳《隐拙轩集》卷五《花朝同太鸿栟榈大宗载黄饮皋园梅花下》。

二月廿七日，陈兆仑离杭赴京，应博学鸿词征。

陈玉绳《陈句山先生年谱》。

二月，王藻游西湖，作《西湖杂诗十首》，语及《南宋杂事诗》和《湖船录》。

王藻《莺脰湖庄诗集》卷九《西湖杂诗十首》其十："西泠七子擅风骚，小录《湖船》韵致豪。最忆含香符主事，《春凫》酬唱遍农曹。"自注："钱唐吴焯、厉鹗、沈嘉辙、赵昱、符曾、陈芝光、赵信合撰《南宋杂事诗》七百首，流传远近。符近在郎署，复与纳兰峻德诸君倡和，又号'农部七子'。《春凫小稿》，符集名。《湖船录》，厉所著。"

三月十二日，寒食，归自西溪，过屠墟，撰《屠墟庙志》。

《樊榭山房文集》卷六《屠墟庙志》。

四月，与孙庭兰、孙庭槐往皋亭看桃花。

《樊榭山房集》卷七《皋亭看桃花舟中同孙瑶圃右阶作》。孙庭槐，字右阶，别字芥舟，浙江仁和（今杭州市）人。乾隆七年进士，改庶吉士，授编修，官至江西吉南赣宁道。从先生学诗。

闰四月十八日，客吴兴，于月河寓舍撰《松吹读书堂图记》。

杭棫《松吹读书堂题咏》。是年，杭世骏筑松吹读书堂，请先生与赵一清作记，并邀同人题咏，后杭棫辑成《松吹读书堂题咏》。杭棫《松吹读书堂题咏》载诗凡八十三家，分别为厉鹗、金农、吴斯洺、朱振祖、施安、周长发、徐秉如、吴修道、王霖、吴晨、陆奎勋、查祥、周大枢、沈德潜、诸锦、胡天游、沈甲、沈埁、杨知、周二学、朱樟、潘安礼、邓士锦、黄琛、符之恒、孙灏、沈树本、沈荣仁、闵华、王藻、秦勇均、商盘、万光泰、金虞、潘汝龙、徐以升、张栋、刘玉麟、薄海、胡期颐、金焜、胡期恒、陆培、张映斗、汪上墫、汪祚、符曾、王洛、翟灏、顾于观、张汉、申甫、符元嘉、金德瑛、沈廷芳、潘启贤、陈皋、赵大鲸、李重华、施念曾、陈章、张鹏翀、汪台、王太岳、潘汝诚、范志镇、德龄、程志钥、陈滋、万承苍、胡睿烈、胡国祯、姚范、金文淳、李龙官、马位、查学礼、赵青藜、蒋和宁、于振、曹学诗、王峻、程茂。

闰四月廿一日，与杭世骏、沈炳谦、沈炳震、沈炳巽集沈树本积照堂，联句赋诗。

《樊榭山房集》卷七《闰四月二十一日集竹墩积照堂联句用颜鲁公石尊联句韵》。《樊榭山房文集》卷五《盆山小隐图记》："乙卯夏闰，予偕杭大宗过其居，见绎旃方辑补《水经注》。"杭世骏《道古堂诗集》卷六《闰四月二十一日集竹墩积照堂联句用颜鲁公石尊联句韵》。杭世骏《词科掌录》卷六："后余与厉二太鸿扁舟过访，留止信宿。时前辈轮翁先生适里居，觞咏不间日，今所传《积照堂听雨联句》，其一也。"沈炳巽，字绎旃，浙江归安（今浙江省湖州市）人。著有《水经注集释订》《续全唐诗话》《全宋诗话》等。

因沈炳谦之介，与姬人朱氏定情。

《樊榭山房续集》卷二《悼亡诗十二首》序："雍正乙卯，予薄游吴兴，竹溪沈征士幼牧为予作缘。"

六月，程元章因海塘塌陷事交部严议，寻降一级，从宽留任，仍令督工赎罪。

《汉名臣传》卷十八。

七月廿五日，为杭世骏《石经考异》撰序。

杭世骏《石经考异》卷首先生序。

八月初一日，篆玉招先生及顾之珽、周京、金志章、朱樟、张湄、汪台、施安、杭世骏、丁敬集南屏看雨，分韵赋诗。

《樊榭山房续集》卷五《八月一日让山上人招集南屏山楼看雨分韵》。篆玉《话堕集》卷二《秋日南屏坐雨》，附载顾之珽、周京、金志章、朱樟、厉鹗、张湄、汪台、施安、杭世骏、丁敬同作各一首。

八月初四日，同沈炳巽、沈炳谦泛舟归安后庄漾，游上金寺。

《樊榭山房集集》卷七《八月四日同沈绎旃幼牧泛舟后庄漾游上金寺》。

八月十五日，迎姬人朱氏于吴兴碧浪湖，相待于城南鲍氏溪楼。程士械为作《碧湖双桨图》，同人杭世骏等相与为诗。朱姬生性明秀，凡侍先生七年，颇得垂爱。

《樊榭山房集集》卷七《中秋月夜吴兴城南鲍氏溪楼作》。又《樊榭山房续集》卷二《悼亡诗十二首》序："姬人朱氏，乌程人，姿性明秀，生十有七年矣。雍正乙卯，予薄游吴兴，竹溪沈征士幼牧为予作缘，以中秋之夕，舟迎于碧浪湖口，同载而归。予取净名居士女，字之曰月上。姬人针管之外，喜近笔砚，影拓书格，略有楷法。从予授唐人绝句二百余首，背诵皆上口，颇识其意。每当幽忧无俚，命姬人缓声循讽，未尝不如吹竹弹丝之悦耳也。余素善病，姬人事予甚谨。”杭世骏《道古堂诗集》卷六《碧湖双桨图为厉征君赋》，闵华《澄秋阁集》一集卷二《题樊榭碧湖双桨图》，汪沆《槐塘诗稿》卷二《碧湖双桨图樊榭先生命题》。

八月廿三日，胤禛卒。

《高宗实录》卷一。

八月，程元章、帅念祖三试浙省应博学鸿词者四十余人，于严遂成等十人外另选荐周大枢、万光泰、陈士璠、邵昂霄、程川、孙诒年、李宗潮、钱载八人。

杭世骏《词科掌录》卷首。张云锦《兰玉堂文集》卷十《小石林文外序》：“乙卯秋仲世宗宪皇帝诏举博学宏词，先生与余同属帅学台古学首拔，得膺盛典，汇考抚署。时同试四十余人，题为《秋水赋》《七月豳风说》《拟汉乐府练时日》《洪范五行连珠》各一首。时有同人以《练时日》题解为问，余未及答，先生则慨然指示不少隐，并以己所撰稿示之。其人默诵而去。既毕试，先生招余游西湖，乃各出所试草相证，余既叹先生文为不可及，而先生亦不以第二人目余。及榜发，俱无名，向之未明而就问者竟高掇焉。”叶之溶《小石林文外》卷二：“世宗时举博学鸿词，郡县谬以小石林之名上于制府。乙卯秋抚署面试，共四十余人，设席于受佑堂，二鼓文成，共相传诵。时黄中允（之隽）在署，极赏予卷，移会学宪，加有评语。及榜发，只取十人，小石林不与焉。友人于汤谷慰之以诗曰：‘老矣宏词将底用，时时感愤抑何痴。’”钱世锡《显考萚石府君行述》：“雍正乙卯夏，本县府申先生名于省总督程公讳元章，督学帅公讳念祖，合同考取以入奏。”

陈士璠（1690—1756），字鲁斋，号泉亭，浙江钱塘（今杭州市）人。乾隆元年举博学鸿词，廷试授庶吉士，历官户部河南司额外主事、瑞州知府。工书法。

邵昂霄，字丽寰、子政，号叒甫，浙江余姚（今浙江省余姚市）人。精于历算。著有《万青楼诗文残编》《万青楼图编》等。

程川，字郿渠，号春昙，籍本歙县（今安徽省歙县），寓钱塘（今杭州市）。拔贡生，官县丞。著有《朱子五经语类》《运木集》。

孙诒年，字谷仁，号寿门，浙江归安（今浙江省湖州市）人。诸生。

李宗潮，字坤四，号蕉窗，浙江秀水（今浙江省嘉兴市）人。乾隆元年顺天举人，选授广西灌阳知县。著有《二守斋诗钞》。

周大枢（1699—1770），字元木，一字元牧，号存吾，浙江山阴（今浙江省绍兴市）人。乾隆十七年举顺天乡试，官平湖教谕。著有《存吾春轩集》。

九月初三日，弘历嗣位，以明年为乾隆元年。

《高宗实录》卷二。

九月廿二日，弘历赐李绂侍郎衔，管理户部三库事，寻授户部侍郎。

《清史编年·雍正十三年》。

九月廿八日，弘历命方苞在南书房行走。

《清史编年·雍正十三年》。

十月十九日，弘历从尚书徐本所请，停止每月朔望宣讲《大义觉迷录》，所发原书，命各督抚汇送礼部候旨。

《清史编年·雍正十三年》。

十一月初十日，诏谕以所荐博学鸿词人数寥寥，切责内外臣工再予一年限，齐集京师候旨廷试。

《高宗实录》卷六。

十一月，御史曹一士上书痛陈雍正中期以来文字狱泛滥带来的弊端，弘历下旨命交部议。

《宫中档雍正朝奏折》第二十五辑载曹一士《奏陈请查比附妖言之狱并禁挟仇诬告之事折》："比年以来，闾巷细人不识两朝所以诛殛大憝（按：指戴名世、汪景祺、吕留良等）之故，往往挟睚眦之怨，借影响之词，攻讦私书，指摘字句。有司见事生风，多方穷鞫，或致波累师生，株连亲族，破家亡命，甚可悯也。"曹一士认为，如果述怀咏史、议论"井田封建"以及序跋偶遗纪年等文字微疵，"皆比附妖言，罪当不赦，将使天下告讦不休，士子以文为戒，殊非国家义以正法、仁以包蒙之至意也"。有鉴于此，他建议："嗣后凡有举首文字者，苟无的确踪迹，以所告本人之罪依律反坐，以为挟仇诬告者戒。"按：此折大略又见全祖望《鲒埼亭集》卷二十五《工科给事中前翰林院编修济寰曹公行状》。曹一士（1678—1736），字谔廷，江苏青浦（今上海市）人。雍正八年进士，官至云南道监察御史。

十二月廿一日，为周二学《赏延素心录》撰序。

周二学《赏延素心录》卷首存先生序。

冬，同汪台载酒游湖，过吴奂墓，酹酒而返，有词。

《樊榭山房集》卷十《浣溪纱·乙卯冬日同抱朴载酒过湖酹耕民殡宫作》。

冬，先生与杭世骏将应博学鸿词试，王曾祥为序相送，以士林宗主期之。

杭世骏《词科余话》卷一："仁和王麟征曾祥以古文雄于里中，与余及太鸿投分最密，乙卯冬，尝为序送余行。"序有云："国家旷世之典，未行于前数十年，怀珍抱异之士，早有修其事、储其道者，顾其事或迁，其道匪易至。贾时之念迫，则拔俗之韵艰。故宏奖小才，用招茂器，风厉之权也；下不愧名，上不失实，自然之理也。吾友厉鹗、杭世骏博览精核，于学无所不贯，所为文，辞高旨深，若观涛重溟，莫得畔岸。顾自壮盛，仅充秋赋，志用不达，连屈于春卿。世之人合二君之遇，观其所为功，几疑学广闻多，匪所以适用。盖古制不讲，于兹六十年矣！自圣祖仁皇帝御极之十七年，顿纮举纲，特辟大科，一时苞纯禀精之彦，应运麏至，扬辉宣烈，炳炳煌煌，炤灼敻古。迨其后，良遇弗再，决科发策，仅循常选，末师后进，靡所倾风。上者分文析字，合度稽程，自矜巧历；下者袭俳谐于旧牍，贡闪揄于陈言。骚雅之囿，纪载之薮，疲老幽冥，莫测原本。二君方屑去浅俗，容与翱翔，枕经葄书，含英发藻，独知而寡谐，供己而殚力，故学古之获，二君独深。疾驱方轮，人之疑二君滋甚。兹天子嗣晖隆绪，侧席幽潜，兴继旧典，如圣祖十七年故事。浙省郡邑博学鸿词荐者，前后合六十人，呈试大宪，掇什之二三，二君以瑰丽卓越，炳乎十八人之列。其在昔曰畴咨熙载，群士响臻，阐扬文令，春葩粲若。以旁求之殷，十一郡之广，旌简所及，仅止数人，衡厥无方，得无少隘？然而上严虚授，下显良具，拔尤升萃，乃获二君。合造作为程，考四海称隽，暐晔鸿藻，等竞畴曩，传诸遐年，慨想胜业，见少之意，其亦可以不作矣。二君奏赋宰庭，行操衡量，末学黯浅，毋为鄙夷，磨错后来，俾成闳达。异日招拔之路，所不可知，古制晦明，系乎宗主，是则二君宜急为图者。于其行，致其殷殷以此。”

除夕，与杭世骏辞家赴京，沈廷芳、金农有诗送之。时全祖望在京，梦及杭世骏与先生至，有诗纪之。

杭世骏《词科余话》卷一：“予自乙卯除夕辞家，以丙辰正月晦抵都。”沈廷芳《隐拙轩集》卷五《送杭大宗入都》：“送君向南浦，愿君侍枫宸。贤路一翱翔，雅怀得以申。矧我所执友，乙乙趋京尘。（时太鸿、霞山、以宁先后入都。）余岂愿栖息，长作蓬蒿人。”金农《冬心先生诗·堇浦先生以孝廉膺荐入都征予赋诗奉其教督不乏光宠也》：“川途乃微霰，相送及新年。”杭世骏《词科余话》卷一：“甲寅冬，余与太鸿既同被征……时鄞县全绍衣祖望尚留京师，除夕，梦余及太鸿两人抵京，欢然道故，有诗纪其事。”诗云：“故人连袂应征书，拟共春云赴石渠。旧雨几年萦客思，清宵一梦度吾庐。斯文精气原相召，天下膏粱定不虚。爆竹声中杯酒散，对床颜色尚蘧蘧。”“先正伊谁表大科，萧山秀水两嵯峨。军容别整新茶火，阵法还修旧鹳鹅。五十年来嘉话在，六千队里俊人多。平生此意相期久，梦里犹能共切磨。”“会稽自昔擅雄对，东冶章安我附庸。画野虽然分岭峤，借才依旧属吴侬。浙江秋浪争趋海，剑浦寒芒共化龙。目断南云劳寤寐，起呼沧酒试春醅。”“此夕惊心马齿增，新知培养亦何曾。索居兀自思同调，有庆终应在得朋。长柳书中频刻日，青枫林下几挑灯。贾胡更笑陈无已，三宿桑间懒尚仍。”

十二月，弘历诏程元章回京，明年二月迁漕运总督。

《汉名臣传》卷十八：“十二月谕曰：‘程元章身为巡抚，不能和衷共济，乃怀挟私心，贻误公事，不应留于浙省，着来京。’”

是年，全祖望为符曾撰《春凫集序》，论诗以柳子厚、梅尧臣、姜夔三人为宗。

全祖望《鲒埼亭集外编》卷二十六《春凫集序》。

是年，黄琛为杭世骏、汪沆、张熷、符曾、王曾祥绘《松里五子图》。

汪沆《槐塘文稿》卷二《静便斋集序》：“忆雍正乙卯，石交黄君西清为绘《松里五子图》，五子者杭君堇浦、张君南漪、符君南竹、茨檐及予也。”

乾隆元年丙辰(1736)　　四十五岁

正月，偕杭世骏应试过扬州，闵华有诗送之，盛赞二人足媲毛奇龄、朱彝尊二氏。先生忽遘疾，旋返。

杭世骏《词科余话》卷一：“余与太鸿应诏北上，濡滞邗沟，廉风有诗赠行。”闵华《澄秋阁集》卷二《冬日赋送樊榭杭堇浦赴大科入都》：“大科试鸿儒，厥初自唐代。韩柳方见收，玉溪犹弗逮。历两宋元明，中间几兴废。我朝右文学，所举一以再。忆昔岁己未，得人江浙最。西河与竹垞，矫矫众人内。尧峰藕渔俦，才力差可配。迄今五十年，名字天壤在。近者固多士，荐十仅一解。岂予蓬蒿人，闻见失之隘。独知二君子，当此始不愧。圣籍既穷源，词章乃余派。绳纠上下古，逸响振聋聩。平生手著书，捆载牛腰大。匪特继毛朱，兼过宋洪迈。二君吾故人，北道阻江介。是时天雨霜，落叶积门外。翩然入敝庐，共坐铛脚对。食以脱粟饭，佐之冬菹菜。索我录别诗，颇似搔痒疥。工拙那复论，俗吐且一快。此行如登仙，曷用感离会。惟伏在下风，嘉誉俟君辈。”

正月十五日，赵殿成《王右丞集笺注》撰毕成书，自序之。

赵殿成《王右丞集笺注》卷首赵自序。赵殿成(1683—1756)，字武韩，号松谷，浙江仁和(今杭州市)人。著有《古今年谱》《群书索隐》《临民金镜录》等。

正月十九日，入龙归坞至西溪探梅。

《樊榭山房集》卷七《正月十九日探梅入龙归坞晡至西溪》。

正月三十日，杭世骏至京城。全祖望闻先生、姚世钰、赵昱、赵信皆不欲应博学鸿词征，移书劝之。

杭世骏《词科余话》卷一:"予自乙卯除夕辞家,以丙辰正月晦抵都。"全祖望《鲒埼亭集外编》卷四十六《与厉樊榭劝应制科书》:"堇浦来京,始知樊榭之病已脱然,为之欣慰。愚自去年有妇之丧,方寸凄楚,春试不捷,意中固早知之。科名之得当与否,自是吾身外之事,唯是东西南北,不能不奔走于路,以谋高堂旦夕之养,可谓长喟者也。近奉明诏,特开制科,以求三馆著作之选。吾浙中人才之盛,天下之人交口推之无异辞;樊榭之姿诣,吾浙中人交口推之无异辞。乃闻樊榭有不欲应辟之意,愚窃以为不然。谷梁子曰:'心志既通,而名誉不闻,友之罪也。名誉既闻,而有司不举,有司之罪也。'今樊榭为有司所物色,非己有所求而得之也,而欲伏而不见以为高,非中庸矣!且自有是科以来,吾浙人不居天下之后。宋之制科,初犹累易其名。其复博学鸿词之旧,自绍兴三年乙卯始也,而吾浙人相山王公冠场。自绍兴以至咸淳,如说斋、东莱、深宁,皆一代儒林之圭臬。越四百年,为国朝康熙己未制科,而吾浙人美门彭公冠场,其同年者如竹垞、西河,皆一代文苑之圭臬,其余则尚未能累举而悉数之也。是吾浙人之于制科,如春秋之世主夏盟未有能先晋者。迄今先辈之典型尚整,二三兄弟皆足镞厉而进于古,可弗惧吴楚之争长,齐人之歌代兴也。嗣世继霸,吾愿樊榭与堇浦诸君勉之。夫是科固天下膏粱之望也。绍圣廷议,以为是学者之劝率,而世人窃呼为选定两制。以足下之才应之,亦未始非盛事也。愚之才,不足以为樊榭之役,同好诸公阿私而许之,亦欲使预于邾、滕之末。前望古人,退而上下于诸君之间,欿然不觉其自失也。是则由衷之语,而正非樊榭所可援以为例者也。谅浙中当道,必不容樊榭之请,荐章之出,指日可待,吾将求樊榭所业而观之。"又同卷《答姚薏田书》《与赵谷林兄弟书》。按:据全文可知,先生应征,中道而返,一是为病身所阻,二是对朝廷选士之诚尚存疑虑。姚世钰、赵昱、赵信亦有类似心理,故全祖望皆移书劝之。士林心态,于此可窥。

各地应博学鸿词试者纷至京城,群彦毕集,征歌选胜,极一时之盛。袁枚因胡天游之介,得识杭世骏、齐召南、商盘等。

杭世骏《词科余话》卷一:"予自乙卯除夕辞家,以丙辰正月晦抵都。时被征之士,麇集京师,故人吴江迮云龙,钱塘桑调元、符曾,皆有次韵诗。与予同荐者凡十一人,星斋亦自闽至,公燕于汪西灏小眠斋,征歌选胜,极一时之盛。"袁枚《小仓山房文集》卷十四《胡稚威哀词》:"吾与稚威同荐鸿词。初见,谓曰:'美才多,奇才少,子奇才也。年少修业而息之,他日为唐之文章者,吾子也!'呼车行,称余于前辈齐次风、商宝意、杭堇浦、王次山诸先生,而劝之来交。"

二月，全祖望辑旧文为三十六卷，邀杭世骏序之。

全祖望《鲒埼亭集外编》卷四十六《答姚薏田书》："日者捃摭陈作，定为三十二卷。"杭世骏《道古堂全集》卷九《全谢山鲒埼亭集序》。

二月十六日，赵昱得龚翔麟刻《山中白云词》版，刷印以行，先生作文序之。

《山中白云词》小山堂印本卷首厉鹗《山中白云词题辞》："元张炎叔夏《山中白云》八卷，吾乡龚侍御蘅圃得钞本于秀水朱检讨竹垞，因镂版以传。侍御晚节，家居食贫，物故后，琴书散落，是版几入庸贩手，吾友赵君谷林幸购得之。谷林好畜僻书，必留其真，力于校勘，复弗吝流布人间，可谓得所归矣。侍御序考叔夏生于宋理宗淳祐戊申，循王五子，叔夏未知出谁后，《宋史》不载，固无从考索。第袁伯长《送叔夏归杭疏》云：'古梅千槛，空怀玉照风流。'玉照，张镃功甫堂名。功甫是循王诸孙，叔夏出功甫后无疑也。叔夏父名枢，字斗南，号寄闲，邓牧心《伯牙琴》中有《张寄闲词序》云'子炎能世其学者'是也。功甫名偏旁从金，以五行相生之次推之，叔夏于功甫为三世，于循王为五世，与袁伯长赠诗注云'为循王五世孙'者相符矣。特功甫、斗南之父均未审耳。功甫生自朱门，儒雅好事，杨诚斋以'佳公子''穷诗客'目之，有《玉照堂词》一卷。斗南所作六首，见弁阳翁《绝妙好词》，陆辅之《词旨》'属对'又载其'金谷移春，玉壶贮暖''拥石池台，约花阑槛'之句，今逸其全。叔夏声律之学，师承有自盖如此。邓牧心又云：'叔夏《春水》一词，绝唱今古，人号之曰"张春水"。'孔行素《至正真记》云：'钱塘张叔夏尝赋《孤雁词》，有"写不成书，只记得相思一点"，人皆称之曰"张孤雁"。'二词今俱见集中，亦唐人'刘夜坐''郑鹧鸪'之比也。附识于首，俟后之读《山中白云》者考焉。乾隆元年中春花朝后一日钱塘厉鹗。"

二月十七日，弘历从曹一士所奏，严禁以文字罪人。在《大清律例》中增一新例："有举首诗文书札悖逆者，除显有逆迹，仍照律拟罪外，若只是字句失检，涉于疑似，并无确实悖逆形迹者，将举首之人即以所诬之罪，依律反坐。至死罪者，分别已决未决，照例办理。承审官不行详察辄波累株连者，该督抚科道察出题参，将承审官照故入人罪律交部议处。"

《清史编年·乾隆元年》。

二月廿日，弘历诏浙江巡抚、大学士嵇曾筠改为浙江总督，兼管两浙盐政。

《清史编年·乾隆元年》。嵇曾筠(1671—1739)，字松友，号礼斋，江苏无锡(今江苏省无锡市)人。康熙四十五年进士，曾任浙江海塘工程总理、浙江总督。著有《防河奏议》。

二月廿三日，诏自三月始发给赴博学鸿词试先至京师者每人每月银四两，并令未到之征士，俱于九月以前至京。

《高宗实录》卷十三。

三月初六日，高宗颁谕，宽赦汪景祺、查嗣庭二文字狱案牵连戚属，流放者皆着从宽赦回。

《高宗实录》卷十四。

春，沈廷芳请沈德潜为其父沈元沧编定诗集。

沈廷芳《隐拙轩集》卷六《上族叔归愚先生乞编定先集用戴石屏求先人墨迹呈黄季文韵》自注："先子在京时，尝读先生《竹啸轩诗》暨所选《唐诗别裁集》，叹曰：'垂白入都，喜得见风雅正宗，惜我将远役，不及与吾宗把臂论文耳。'"按：沈元沧睹《唐诗别裁集》当在雍正九年，时元沧由京师谪银州，故言"远役"。

四月初二日，弘历殿试天下贡士赵青藜等三百四十四人。

《高宗实录》卷十四。

四月初四日，取金德瑛等三百四十四人为进士，顾之麟、全祖望、郑燮在列。其中金德瑛、全祖望、曹秀先、秦蕙田四人俱列博学鸿词荐牍，不允与试。

《明清进士题名碑录索引》。

金德瑛(1701—1762)，字汝白，号桧门，浙江仁和(今杭州市)人。官至左都御史。著有《桧门诗存》等。

顾之麟(1701—?)，字大振，号寸田，浙江仁和(今杭州市)人。官至通州知州。著有《寸田遗稿》。

郑燮(1693—1766)，字克柔，号板桥，江苏兴化(今江苏省兴化市)人。曾任范县、潍县县令。"扬州八怪"之一，诗、书、画世称"三绝"。著有《板桥诗钞》等。

五月初七日，弘历谕责李绂保举新进士过多，又在朝班时将新进士派令九卿保举，着将李绂交部严议。

《清史编年·乾隆元年》。

五月十八日，弘历下谕宽免曾静案缘坐之亲属。

《清史编年·乾隆元年》。

五月，钱载、卢存心、张庚起程上京，应博学鸿词试。

钱载《萚石斋诗集》卷二《题王五秀才又曾石梁观瀑图》："元年五月应诏我北行。"卷十五《卢舍人(文弨)征为征君(存心)六十诗》："转忆同征时，同车行高风。"钱泰吉《清芬世守录》录张庚《钱载溆上读书图题识》："雍正十三年乙卯，余与坤一七兄同征。乾隆元年丙辰同入京师，寻同放还。"

卢存心(1690—1758),原名琨,字玉岩、敬甫,浙江钱塘(今杭州市)人。著有《白云诗集》等。

张庚(1685—1760),原名焘,字溥三、浦山,号瓜田逸史,秀水(今浙江省嘉兴市)人。雍正十三年应博学鸿词试,不利。善画山水。著有《国朝画征录》《强恕斋集》等。

夏,嵇曾筠复试多士于院署,选荐金文淳、沈树德、朱荃、申甫四人以应博学鸿词。

杭世骏《词科掌录》卷首。又《词科余话》卷二:"丙辰夏,大学士无锡嵇公署浙江总督,复试多士于院署,题有《春秋三传异同说》。"沈树德(1698—?),字申培,号畏堂,姚世钰为其外兄,浙江归安(今浙江省湖州市)人。乾隆九年举人。著有《慈寿堂文钞》。

六月,偕赵昱离杭赴京应博学鸿词试,途中二人频有唱和。

赵昱《爱日堂吟稿》卷六《秋芙蓉馆吟稿自题》:"余自丙辰秋入都,戊午秋南归。"卷十《晚泊三塔湾》自注:"余丙辰六月北上,过此有作。"卷六《次韵樊榭题淮阴旅壁》《次韵樊榭七夕清河道中遇雨》《白沟河同樊榭次壁间韵》。《樊榭山房集》卷七《白沟河怀古次壁间韵》。

七月初十日,在郯城,十七年前赴会试亦曾过此地,感而赋词一阕,题于旗亭壁上。

《樊榭山房集》卷十《蕙兰芳引》序:"乾隆丙辰秋七月十日,行郯城道上,残暑犹炽,夹道杨柳依依,暂有慰于倦旅。予自庚子冬经此,已十七年,尔时树犹未种也,江潭憔悴之感,在人更有甚于树者。赋此阕书旗亭壁。"

七月十五日,夜宿羊流店,望徂徕峰,有诗纪之。

《樊榭山房集》卷七《七月十五日夜宿羊流店望徂徕山同功千作》。

七月廿六日,与赵昱至京师。

赵昱《爱日堂文稿》卷八《送大兄登车再成一律》自注:"昔余丙辰七月廿六日,到都晤对。"

八月,金农至京师。刑部尚书张照、翰林院编修徐亮直赏金农诗。

金农《冬心先生续集》卷上《乾隆元年八月余游京师十月驱车出国门之曲阜县展谒孔庙庙中古柏皆旧时熟识者衰回久之作长歌一首》。又《冬心画梅花题记》:"乾隆元年,应举至都门,与徐亮直翰林过张司寇宅。司寇出观赵王孙墨梅小立幅,冷香清艳,展视撩人。"陈康祺《郎潜纪闻二笔》卷九引金农《冬心先生续集序》:"华亭张得天尚书,曾屏车骑访予樱桃斜街,云:'昨见君《风氏园古松歌》,病虎痴龙,造语险怪。君善八分,遐陬外域争购，极类建宁、光和笔法，曷不写《五经》，以继鸿都石刻，吾当言之曲阜上公。”《樊榭山房续集》卷三《题沈石田骞驴觅雪图》自注：“丙辰秋日，在长安观郭熙《寒风密雪图》于徐亮直太史席上。”可见，当时在京师，先生、金农与徐亮直、张照交往频繁。张照（1691—1745），字得天，号泾南、天瓶居士，江苏华亭（今上海市松江区）人。康熙四十八年进士，官至刑部尚书，谥文敏。擅书，为清代前期帖学代表人物。

九月廿六日，博学鸿词考试第一场在保和殿举行，与者凡一百七十六员，阅卷官为大学士鄂尔泰、张廷玉，吏部侍郎邵基。试题为《五六天地之中合赋》《山鸡舞镜诗》《黄钟为万事根本论》。先生误写论在诗前，卒因此报罢。

李富孙《鹤征后录》卷首。杭世骏《词科余话》卷五载先生《山鸡舞镜诗》：“菱铜挂壁光无翳，全距开笼貌不闲。顾影忽疑临月里，长鸣共讶出林间。分行宛转蹲蹲立，按节低昂拍拍还。大冶自陈金范铸，微禽如惜羽衣斑。九苞敢拟随丹凤，五色犹期胜白鹇。望去空明翻绣臆，窥来只似隔花关。态依仁寿铭文动，翅逐宜官宝带环。幸伴贡琛归上苑，冀同率舞仰天颜。几年啄粒栖香谷，今日传芭自远山。散彩缤纷过锦市，回风绰约俯银湾。玉虚作鉴中皆澈，小物呈材技未娴。愿荷恩波沐咸若，雉驯宁羡越裳蛮。”

鄂尔泰（1677—1745），字毅庵，满洲镶蓝旗人。雍正、乾隆二朝重臣，官至太保。著有《西林遗稿》。

张廷玉（1672—1755），字衡臣，号砚斋，安徽桐城（今安徽省桐城市）人。康熙三十九年进士，曾任检讨，官至大学士，入直军机，谥文和。著有《澄怀园全集》等。

邵基（1687—1737），字学址，号岳咫、思蓼，浙江鄞县（今浙江省宁波市鄞州区）人。康熙六十年进士，官至浙江巡抚。

九月廿八日，仍于保和殿试第二场，经学、史学、策问各一道。

沈德潜《沈归愚自订年谱》。陈玉绳《陈句山先生年谱》。

九月，与齐召南、周长发、沈炳谦、迮云龙、王孙同、汪沆集接叶亭。

齐召南《宝纶堂诗钞》卷三《石帆又赠诗再叠前韵》其二自注：“丙辰九月，石帆、厉樊榭、沈幼牧、迮耕石、王孙同、汪西颢集接叶亭，石帆酒后耳热，顿足起舞，一座冠缨索绝。”蒋天枢《全谢山先生年谱》：“《京师坊巷志》：‘接叶亭在烂面胡同中间。烂面亦作烂眠，在彰仪门大街。乾隆丙辰鸿博士来京，若杭堇浦、申笏山、周兰坡恒集于此。’又申甫诗自注：‘丙辰秋冬之间，厉樊榭、沈东甫、沈幼牧、迮耕石、汪槐堂诸君，同寓于接叶亭。’”

迮云龙（1691—1761），字赉若，号耕石、三江渔父，江苏吴江（今江苏省吴江市)人。雍正十年顺天副贡生。著有《汗漫吟》《池上草堂集》等。

十月初一日,汪惟宪撰《丁茜园先生传》。

丁文衡《牡丹诗》卷首存汪惟宪《丁茜园先生传》。

十月初三日,读卷大臣鄂尔泰、张廷玉、邵基拟取一等五名、二等十名进呈。

杭世骏《词科余话》卷五。

十月初五日,考取博学鸿词特科者引见授官,凡十五名,一等五人,刘纶、潘安礼、诸锦、于振、杭世骏,俱着授为翰林院编修;二等十名,陈兆仑、刘玉麟、夏之蓉、周长发、程恂,着授翰林院检讨,杨度汪、沈廷芳、汪士锽、陈士璠、齐召南,着授翰林院庶吉士。录者十不得一,士林为之失望。

沈廷芳《隐拙轩集》卷六《十月五日养心殿引见授翰林院庶吉士赐圣制日知荟说全帙恭纪二十韵》。杭世骏《词科掌录》卷二:"是科征士中,吾石友三人,皆据天下之最。太鸿之诗,稚威之古文,绍衣之考证穿穴,求之近代,罕有伦比。绍衣丙辰先成进士,改庶常,例不当试,后以散馆出外。稚威以疾,太鸿以违式,皆不得在词馆。岂非命哉!"陈康祺《郎潜纪闻二笔》卷尾郑崇敬跋:"康熙大科得人最盛,学问经济,照耀千古,继之者乾隆丙辰也……庶常之不与试,或谓张文和以其负气故龁之,然主事亦未取……当时二百余人,大半经桐城、临川两侍郎月旦,然后登诸荐牍,故其中博学笃行之士,几居什九。设令碧海遗珠,尽收珊网,岂非一朝盛事?张文和以旧臣当国,与方、李二公所学异趋,适奉命主试事,遂假慎重之名,苛绳隘取,以呈御览。两侍郎所举,一士不登,名流获隽者,仅齐召南、杭世骏辈数人。士林咸失所望,文和之咎大矣。"

先生未第,心颇怏怏。

赵信《秀砚斋吟稿·樊榭与余卅年金石交今忽奄逝不胜凄婉用东坡挽王仲甫诗韵哭之》:"一梦空猜六十人,皇家疏网惜遗鲲。"自注云:"樊榭应诏北上,夜梦试题,内有十六字,意必与名,乃发榜,榜止十五人,其梦始验。"

十月十三日,先生离京,同人饯之于接叶亭,与者有金志章、金农、符曾、全祖望、王藻、申甫、汪沆等。未售者亦先后出京。先生友人中,张庚不工律体,试日弃去,后往湖北就学使蒋蔚幕;袁枚报罢后馆京师嵇璜邸;万光泰、汪沆客津门查氏水西庄。

《樊榭山房集》卷七《十月十三日接叶亭留别金绘卣金寿门符幼鲁全绍衣王载扬申及甫汪西颢》:"醵饮非关醉,浩然吟复吟。客心如落叶,遥夜感羁禽。文史耕渔用,春秋保社寻。明朝驴券后,一幅写寒林。"全祖望《鲒埼亭集》卷二十《厉樊榭墓碣铭》:"及以词科荐,同人强之始出。穆堂阁学欲为道地，又报罢。”汪沆《樊榭山房文集序》：“乾隆丙辰，应制科之征，重入都门。及廷试，复被放，随翻然遄归。同征诸公，祖道国门外，赋诗争叹息。先生曰：‘吾本无宦情，今得遂幽慵之性，菽水以奉老亲，薄愿毕矣。’自此亦不复遏选人。”金农《冬心先生续集》卷上《乾隆元年八月余游京师十月驱车出国门之曲阜县展谒孔庙庙中古柏皆旧时熟识者褰回久之作长歌一首》：“十月坚冰返堠程，得行便行无阻行。”祝维诰《绿溪诗钞》卷一《厉樊榭迮晴江汪西颢寓斋小集即送南归次金寿门韵》，王藻《莺脰湖庄诗集》卷十《送厉孝廉（鹗）南归四首》，杭世骏《词科余话》卷三申甫《送厉太鸿归钱塘》、尚廷枫《送厉太鸿》、汪沆《送厉鹗迮云龙曹廷枢南归》。

过广陵，暂驻，时曹庭枢、迮云龙与先生同行，曹有诗志别。

曹庭枢《谦斋诗稿》卷上《大风晓发河间道中同厉二太鸿迮四耕石作》《广陵舟次留别厉二樊榭得南字同迮四耕石赋》，后者自注：“时樊榭有卜居西溪之意。”杭世骏《词科余话》卷四：“太鸿次其韵，有‘前辈风流空日下，故人憔悴满江南’句，传诵一时。”曹庭枢，字古谦，号六芗，浙江嘉善（今浙江省嘉善县）人。副贡生。著有《谦斋诗稿》。

十一月初五日，徐本由协办大学士迁大学士，寻授为东阁大学士。

《清史编年·乾隆元年》。

先生归里，王曾祥得闻博学鸿词试具况，移书杭世骏，以韩、欧拯溺济颓期之。

王曾祥《静便斋集》卷六《与杭堇浦书》：“堇浦二兄足下，堇浦学贯今古，炳焉述造，若鸾凤之音，雷霆之响，骇心倾听。一旦决发，备著作，储奏御，铺鸿藻，扬景铄，夫宁有所不足耶？然窃怪同堇浦上究者不人尽堇浦。及樊榭归，传诸公所为文，益复未厌人意。果尔，则堇浦为重是科，非是科能重堇浦。故不复为堇浦贺，抑更有陈于左右。凡今之为堇浦言者，谓近世陟清班，列侍从，循尚检押，偻身屏气，行步偶旅，少言重迟，不置白黑，群聚赞唱，则某也通籍，某也转官，某也留拜，止尔无殊异者，然且切切若有所甚秘。若乃缵圣述明，采经摭传，钻研往纪，隐括旧闻，固言所不及。即言之，亦无与听也。又其甚窘，人以不知，惧为所挤也。以堇浦踔厉风发，将必不能忍乎此，盍少傺默，更历华资易安尔。仆以谓大谬。夫磨定文章，主持风会，起悠邈之业，祛末俗之惑，百世之任也。流声于达官贵人，而向风于蓬门野贱，一人之力也。昔韩愈发迹，有唐元和、长庆之文熏然归正。欧阳高视，有宋庆历、皇祐之际，蔚为大观。曩令韩、欧二公或牵于拘忌，或挠于诋訾，胶口缚舌，不敢有所上下，坐令后进盛任其意，无可取质靡靡者，尚足彰示来世耶？今天下文学敝陋，有甚唐、宋，抗颜为师，言足卫道，更数百载已无韩、欧，其力能停激一世，而言论蓄积有以相副，独一董浦。董浦即大声疾呼，发蒙振滞，尚恐儒术相翳，远不逮昔，若复阿匼，莫为开设，将群理不张，而古制或几至于息，不大可惧哉！董浦宜自坚，益畅厥志。荣纳抑塞，自有定数，矧主上明圣，积习必反，买嫌于时，更不必为董浦虑。董浦平素所欲建白，仆恒志诸心弗忘，顾在此时，尚非职守，兹所云云，词臣之职，有心者之急望也。立朝风采，且于此见端焉。故自忘顽朴，一为陈之。"

十二月廿五日，清廷增补詹事府李绂为三礼馆副总裁。

《高宗实录》卷三十三。

岁暮，施安移居后洋街。

《樊榭山房集》卷七《施竹城移居》。王曾祥《静便斋集》卷一《施竹田移居》："卜宅城西路，来过逼岁除。"

是年，全祖望以翰林院庶吉士在京，与李绂共抄《永乐大典》。时官修《明史》刊刻将竣，全祖望六度致书史馆，提出商榷。

董秉纯《全谢山年谱》。全祖望《鲒埼亭集外编》卷十七《钞永乐大典记》。全祖望《鲒埼亭集外编》卷二十六《宋诗纪事序》："予于《永乐大典》中见宋人集为世无者，尚百数十家，樊榭闻之大喜，亟贻书令予钞录，以补其所不足。予既诺之，而左降出都矣。"

是年，高凤翰坐事系狱。

高凤翰(1683—1749)，字西园，号南阜，别号因地、因时等，晚病痹，以左手写书绘画，故又署南阜左手，山东胶州(今山东省胶州市)人。诸生，雍正五年举孝友端方，官绩溪知县。工书画，隶篆刻，亦列名"扬州八怪"。

是年，朱文藻生。

朱文藻(1736—1806)，字映漘，号朗斋，原籍福建建宁(今福建省建宁县)，随父迁居杭州。诸生，精校勘，馆汪氏振绮堂，后入四库馆佐编校之役，晚年助阮元辑《两浙𬨎轩录》，王昶辑《藏经辑要》《西湖志》《金石萃编》，订正之力亦多。曾撰《厉樊榭先生年谱》，另著有《碧溪草堂诗文集》等。

乾隆二年丁巳(1737)　　四十六岁

正月，沈心有诗赠先生，极力称赞先生诗才高致，亦慰先生落第之忧。

沈心《孤石山房诗集》卷三《赠厉太鸿征君》："先生诗笔尽超群，余子纷纷曷足云。不信南山仍隐雾，每逢东野愿为云。藏将椰子书千卷，看到琼花月二分。香土京华知不羡，恐教猿鹤动移文。"自注："年来时客扬州。"沈心（1689—？），原名廷机，字房仲，号松阜，一作松皋，浙江仁和（今杭州市）人。廷芳兄，与先生善。著有《孤石山房集》等。

二月初一日，泛舟西溪，有诗。

《樊榭山房集》卷八《二月一日泛舟西溪》《入河渚泊古梅花下》《新霁自安乐山至秦亭山道中作》。

二月，钱载、马维翰偕行离京南还，时马丁外艰。

钱载《萚石斋诗集》卷九《赵北口追忆丁巳春偕马副使（维翰）南归》："板桥官柳比江村，二月归鞍得共论。"

四月，游扬州，与陈章话吴兴旧游。

《樊榭山房集》卷八《同授衣话吴兴旧游》并附陈章同作。二诗亦见于陈章《孟晋斋诗集》卷四。陈章诗有云"四月桑阴门巷绿"。

四月初六日，抄录姜夔《白石道人歌曲》六卷毕，跋之。

浙江大学图书馆藏小玲珑山馆抄本《白石道人歌曲》六卷，别集一卷，卷尾有厉鹗跋云："《白石歌曲》世无足本，此册予友符君幼鲁得于松江楼君敬思家藏。积年怀慕，获睹忻慰无量，亟假手录。旁注音律谱，一时难解，故去之，玩其清妙秀远之词可矣。时乾隆二年四月立夏日，钱塘蒹葭里人厉鹗。"按：时符曾过扬州，携《白石道人歌曲》抄本一册，为先前从吴淞楼敬思处借录而得，源出元陶南村抄本。此册在扬州文人中引起不小的轰动，厉鹗、江炳炎皆亟录之，王曾祥又据厉鹗抄本转录。乾隆八年，陆钟辉更据之刊版成书。

四月十一日，马曰琯、曰璐兄弟招先生、陈章同游京口。

《樊榭山房集》卷八《四月十一日客广陵秋玉佩兮招予同为京口之游晚雨泊舟入高旻寺》《晓霁出江口望五州山》《重游焦山信宿石壁庵二首》《登甘露寺多景楼》《招隐寺》《重游鹤林寺》，皆记此游也。

四月十六日，得明刻《史记》，误以为宋刻，有跋。

国家图书馆藏明刻本《史记》，残存九十二卷至一百十七卷，《西南夷列传》有先生墨笔题识，云："南宋罗纹纸《史记》残本，得于扬州故家中，可宝也。乾隆二年四月望后一日，樊榭山民厉鹗识。"按：此本为明翻宋刻本，详参《文献》1992 年第 4 期李国庆《厉鹗题识匡谬一例》。

五月，因疾回杭休养，历秋方愈。其间，沈树德曾过访，沈炳谦有诗相问。

《樊榭山房集》卷八《拟冬堂赠辞序》："乾隆丁巳夏五，予抱嗽上气之疾，历秋乃瘳。"又《答沈申培见访之作》《夏秋之交卧疾南湖草堂辱竹溪沈六幼牧以佳句三首见寄如数》。

全祖望散馆，有当事者谮之，列下等，外补，愤而辞官。方苞欲荐入三礼馆，亦辞，转荐吴廷华。

蒋天枢《全谢山先生年谱》。全祖望《鲒埼亭集》卷十七《阁学临川李公神道碑铭》："予之罢官也，徐相国言于朝曰：'今日李詹事必大作恶。'或问之，张尚书从旁答曰：'此乃具体而微之李詹事也。'呜呼！予亦何足以望公，而辱诸君之推毂乎？"吴廷华（1682—1755），字中林，号东壁，浙江海盐（今浙江省海盐县）人，侨居钱塘（今杭州市）。雍正初以乙科官内阁中书，出为福州府海防同知。曾出使暹罗，入三礼馆。后归，主崇文书院。《国朝杭郡诗辑》卷九："东壁尝游津门，时查氏方以风雅号召海内，吾乡厉樊榭、汪槐堂、陈授衣、对鸥诸名士皆在焉。东壁刻烛联吟，咸共推服。其诗具同见《沽上题襟集》中。"

七月十六日，博学鸿词续考胡天游等博学鸿词征士二十六人，补录万松龄、朱荃、洪世泽、张汉四人，俱着授翰林之职。

李富孙《鹤征后录》卷十二。《高宗实录》卷四十七："大学士张廷玉、尚书孙嘉淦以考取博学鸿词优卷进呈，并带领引见。得旨：考取一等之万松龄着授为翰林院检讨，二等之朱荃、洪世泽，着授为翰林院庶吉士，张汉着授为翰林院检讨。"

万松龄，字星钟，号葆青，江苏宜兴（今江苏省宜兴市）人。雍正七年举人。有《思俭楼集》。

洪世泽，字叔时，号艮堂、艮圃，福建南安（今福建省南安市）人。著有《斐亭诗文集》《诗经订序》等。

张汉（1680—1759），字月槎、蛰存，云南石屏（今云南省石屏县）人，康熙五十二年进士，官至山东道御史。著有《留砚堂诗钞》等。

八月廿二日，沈世楷卒。

杭世骏《道古堂文集》卷四十五《沈先生墓表》。沈世楷（？—1737），字昆轮，浙江仁和（今杭州市）人。

八月廿五日，病初愈，吴城邀先生及沈廷瑞、符曾、施安、王曾祥、赵一清泛舟西湖。

《樊榭山房集》卷八《八月二十五日病起吴敦复邀同宣城沈樗崖符幼鲁施竹田王麐征赵诚夫泛湖》，施安《旧雨斋集》卷三《西湖秋泛同沈樗翁厉樊榭符药林王茨檐吴瓯亭赵诚夫分韵》。

八月，邵基卒。

《汉名臣传》卷十七《邵基列传》。

九月，至扬州，同高翔游铁佛寺。

《樊榭山房集》卷八《秋日同高西唐游铁佛寺》。高翔(1688—1753)，号西唐，又号樨堂，江苏扬州(今江苏省扬州市)人。善画山水花卉，晚年右手残疾，常以左手作画。著有《西唐诗钞》。

闰九月初九日，与金农、陈章、闵华、江昱集吴氏城东水槛。

《樊榭山房集》卷八《闰九日客广陵同金寿门陈授衣闵廉风江宾谷集吴氏城东水槛》。

十月，离扬归杭，时全祖望亦出都南返。

蒋天枢《全谢山先生年谱》。

十一月初二日，冬至，雪，符之恒招先生饮秋声馆。

《樊榭山房集》卷八《长至日雪次圣几韵》。

十一月，为赵殿成《王右丞集笺注》作序。

《樊榭山房文集》卷二《王右丞集笺注序》。亦见赵殿成《王右丞集笺注》卷首。

十二月十五日，高宗颁谕，令儒臣奏呈经史，无须避忌。

《高宗实录》卷五十八。

十二月十七日，先生与施安、王曾祥等集吴城瓶花斋。

《樊榭山房集》卷八《立春后一日集吴敦复瓶花斋次竹田韵》，附施安原作及王曾祥和作。王曾祥《静便斋集》卷一《立春后一日集瓶花斋和竹田韵》。

十二月廿四日，抄校张雨《贞居词》一卷，并校定张翥《蜕岩词》讹字。

"知不足斋丛书"《贞居词》存先生跋："外史词翰高绝，即作乐章，气韵亦自不凡。予爱书之，不计字画之工拙也。乾隆丁巳醉司命之夕，入春八日，风雨萧然，录毕记此。樊榭生厉鹗。""知不足斋丛书"《蜕岩词》卷尾存先生跋："近得张外史《贞居词》一卷，又校定《蜕岩词》讹字，消遣余春，殊不冷落。鹗。"

十二月廿七日，家人祷巫为先生祛疾。

《樊榭山房集》卷八《拟冬堂赠辞序》："乾隆丁巳夏五，予抱嗽上气之疾，历秋乃瘳。家人以为有妖沴焉，岁除前四日，命巫歌乐牲醴送之。"

十二月，沈炳震卒，卒前曾有诗寄先生。钱陈群亲往祭吊。

《樊榭山房集》卷八《答沈东甫病中见寄》。沈炳巽《权斋文稿》卷一《先兄东甫征君行略》："乾隆丁巳之冬，兄东甫先生捐馆舍。"又："时嘉禾钱少司寇香树先生丁艰在籍，闻之，过敝庐吊唁，见此书亦赞叹不置。"按："此书”谓沈炳震所撰《新旧唐书合钞》。

除夕，赵信送糟藏松江鲈鱼，有诗报之。

《樊榭山房集》卷八《除夕意林送糟藏松江鲈鱼戏报以二绝句》。

冬，为丁敬龙尾石松皮砚作铭。

《樊榭山房集外文·龙尾石松皮砚铭》。

冬，马曰琯、马曰璐兄弟开雕宋拓《五经文字》《九经字样》。全祖望雪阻扬州，应请为二书作序。

全祖望《鲒埼亭集外编》卷二十三《新雕五经文字九经字样题词》。

是年，孙志祖生。

孙志祖(1737—1801)，字贻谷，或作颐谷，号约斋，浙江仁和(今杭州市)人，孙庭兰子。乾隆三十一年进士，官至江南道监察御史。著有《颐谷吟稿》《读书脞录》等。按：孙志祖幼时读书，颇得先生点拨增益。阮元《揅经室二集》卷五《孙颐谷侍御史传》：“凡读经史，必求释其疑而后已。同时全谢山、杭堇浦、厉樊榭、张曦亮诸君子皆相与质难，以益所学。”

乾隆三年戊午(1738)　　四十七岁

正月初九日，与施安、张熷、张湄等集吴城绣谷亭，分韵赋诗。

《樊榭山房集》卷八《正月九日夜同人集饮绣谷亭限灯字》，施安《旧雨斋集》卷二《谷日集饮瓶花斋同樊榭南竹南漪瓯亭用灯字韵》。王曾祥《静便斋集》卷五《上元夜集藉豁古堂限灯字》：“酒阑忽忆松陵句。”自注：“樊榭戊午正月限灯字诗。”

正月，同吴颖芳泛舟西溪看梅。

《樊榭山房集》卷八《同吴西林泛舟西溪看梅》《寻泉源入西木坞》《晚过福清竹院》《放舟河渚至蒹葭里》《始游木桥是梅花最盛处》《拟游横山不果回舟有作》。

正月，有诗哭沈炳震。全祖望还浙，先生以挽诗示祖望，并请其为沈作传，全草而未就。

《樊榭山房集》卷八《哭沈东甫》。

二月，王豫、朱蔚先后而卒，次年，先生有诗哭王豫。

鲍钤《道腴堂诗编》卷二十四《挽王立夫二首》，自注云：“乾隆三年戊午春。”沈树德《慈寿堂文钞》卷五《朱太学西簃传》附姚世钰识语：“今年二月春，余方视立夫含敛于下若里，不数日旋哭西簃于桐乡。”《樊榭山房集》卷八《哭长城王立夫》:"酒杯曾记共秋堂,廿载流年抹电忙。敬礼小文谁可托?著明凶问转难详。圜扉梦噩犹回首,泉穴愁多也断肠。何日水花风叶路,艺香山下吊王郎。"自注:"君以事累逮系,得释归六年而卒。"

约二月间,离杭赴扬。过武进奔牛堰,有怀汪沆,并寄书告之《宋诗纪事》《东城杂记》已削稿。

《樊榭山房集》卷八《晚过奔牛堰闻杜宇有怀汪西颢在析津》。汪沆《槐塘诗稿》卷四《樊榭先生惠诗寄怀依韵和呈》:"天水搜诗话,东城辑旧闻。未能从卒业,霜雁羡归亭。"自注:"得来书,知所撰《宋诗纪事》《东城杂记》二书方削稿。"

三月十一日,同陈章、闵华、张增、杨大任等泛舟红桥。

《樊榭山房集》卷十《醉太平》:"戊午暮春,泛舟红桥,同授衣、廉风联句。"陈章《孟晋斋诗集》卷五《三月十一日同厉太鸿闵莲峰张南漪杨榆亭泛舟红桥》。杨大任,字萸亭,或作榆亭,江苏上元县(今南京市)人,侨居仪征(今江苏省仪征市)。性豪,工诗,亦善丹青。

五月初二日,张湄出都典试贵州。

张湄《柳渔诗钞》卷五《戊午五月二日奉使出都夜宿良乡作》。

六月廿一日,友张增父张韶闻卒。后先生为撰墓志铭。

《樊榭山房文集》卷七《张旷庵先生墓志铭》。张韶闻(1656—1738),字六英,号旷庵,浙江钱塘(今杭州市)人。诸生。

七月十五日,夜游南湖。

《樊榭山房集》卷八《南湖中元夜》。

八月初三日,清廷举仲秋经筵,弘历标榜政尚宽大。

《高宗实录》卷七十四:"直讲官三泰、任兰枝进讲《论语》'宽则得众,信则民任焉,敏则有功,功则说'。讲毕,上宣御论曰:'……宽信敏公,乃圣王治世之大本。而必以宽居首者,盖宽者仁之用,仁者元之德,元者善之长,故惟宽然后能兼容并育,而群生之众,有所托命焉。《左传》记夫子之言曰:"宽以济猛,猛以济宽,政是以和。"盖因一时而为郑而发,此补偏救弊之说。若夫圣王出治,舍宽其何以为敷政事人之本哉?'"

八月,与施安、施廷枢访吴颖芳郊居。

《樊榭山房集》卷八《秋日过吴西林郊居有作次韵二首》并附吴颖芳原作。施安《旧雨斋集》卷二《同樊榭茶山北亭过吴西林郊居》。施廷枢(1714—1758),字慎甫,号北亭,浙江钱塘(今杭州市)人。监生,以精研博览称,杭世骏、张增、全祖望皆慑服之,年四十五卒。著有《十驾斋集》。

九月初，赵昱离京南返。

丁丙《善本书藏书志》卷三十七引赵昱《秋芙蓉馆吟稿自题》："余自丙辰秋入都，戊午秋南归。"赵昱《爱日堂吟稿》卷七附《南归赠诗册子跋尾》："余惘惘出门，仍惘惘而归……戊午重九前三日谷林上人书。"杭世骏《道古堂文集》卷九《赵谷林爱日堂吟稿序》："谷林应词科北上，浮沉人海，淹乎三年。以批风抹月之胸怀，出障麓持筹之下计，风尘委顿，意不自聊，藉雕镌五七字以遣日。余与句甬全吉士谢山在词馆，吴通守东壁以与修《三礼》留京师，每会合必有诗，余三人又其杜集中之苏端、严武也。未几，伯兄司空以年至悬车，谷林折阅而归。"

九月十四日，弘历下谕调大学士、浙江总督嵇曾筠入阁办事，卢焯调任浙江巡抚。

《清史编年・乾隆三年》。卢焯（1693—1767），字光植，汉军镶黄旗人。历任福建、浙江、陕西、湖北巡抚等职。

九月廿六日，符之恒卒。

王曾祥《静便斋集》卷七《符南竹权厝志铭》。张熷《南漪先生遗集》卷四《符南竹哀辞》："以戊午秋九月卒，年三十有三。"

秋，张奕枢得《白石道人歌曲》抄本，有请先生重加点勘。

乾隆十四年刻本《白石道人歌曲》卷首张奕枢序："戊午秋，耕余以抄本见属，质之黄宫允唐堂、厉孝谦樊榭、陆大令恬浦，重加点勘，而与姚征士鲈香商定付梓。"按："陆大令恬浦"谓陆培。

黄之隽（1668—1748），字若木、石牧，号唐堂，江苏华亭（今上海市）人。康熙六十年进士，官至左中允，后遭罢官。曾与修《明史》，任《江南通志》总裁。著有《唐堂集》《香屑集》等。

姚培谦（1693—1766），字平山，号鲈香，江苏华亭（今上海市）人。诸生。著有《李义山诗集笺注》《松桂读书堂集》等。

十月十七日，与闵华、江昱、陈章、楼锜、杨大任、李绳游红桥，至夜方归，各赋《念奴娇》一阕，先生序之。

《樊榭山房集》卷十《湘月》序："扬州胜处，惟红桥为最，春秋佳日，苦为游氛所杂。俗以大舟载酒，穹篷而六柱，旁翼阑槛，如亭榭然。每数艘并集，或衔尾以进，则烟水之趣希矣。戊午十月十七日，风日清美，煦然如春。廉风、萸亭、宾谷、葑田招予与授衣、于湘，唤舟出镇淮门，历诸家园馆，小泊红桥，延缘至法海寺，极芦湾尽处而止。萧寥无人，谈饮间作，亦一时之乐也。悬灯归棹，吟兴各不能已，相约赋《念奴娇》鬲指声一阕，而属予序之。"按：先生此词一出，即被广为传唱，后人踪迹风雅，蔚然成风，扬州遂有"红桥秋禊"的传统。后汪沆曾追寻先生故踪,与闵华等人游红桥,写下《咏保障河》一诗:"垂柳不断接残芜,雁齿红桥俨画图。也是销金一锅子,故应唤作瘦西湖。""瘦西湖"遂因此得名。李绳(1712—1793),字绵伯,苏州(今江苏省苏州市)人。乾隆六年举人,官云南恩乐知县。师从沈德潜。著有《莳田吟稿》等。

十月,陈景钟承徐逢吉之嘱,成《清波小志补》一书。

陈景钟《清波小志补自跋》:"《小志补》作于乾隆著雍敦牂冬十月,盖承紫珊老人之嘱而为之也。"陈景钟,字几山,号墨樵,浙江仁和(今杭州市)人。乾隆六年举人,擅山水。

十月,赵昱南归,与先生相遇于扬州,复薄遽分手,先生赋词一阕寄之。

《樊榭山房集》卷十《角招》序:"予与赵谷林长安别三年矣。戊午初冬,谷林自北归,相见于邗城,尘衣风帽,同话旧游,凄然怅触予怀也。家山渐近,又复薄遽分手。予归杭当在冬杪,谷林家西池梅花下,谈宴之乐,计日可待。因用白石老仙自度曲所云黄钟清角调者,制一阕寄之。"

十一月,李卫卒,时在直隶总督任上。

《清史编年·乾隆三年》。

十二月十七日,嵇曾筠卒。

《清史编年·乾隆三年》。

岁暮,自扬归杭。

杭世骏作方镜诗十六首,和者甚多,一时称盛。

杭世骏《道古堂诗集》卷七有《咏方镜八首限方字》《叠韵八首》,并附周天度、张鹏翀、梁启心、申甫和诗各二首。又同卷有《方镜八首次桑水部(调元)韵》,可见桑调元后亦有和诗。翟灏《无不宜斋稿》卷一《方镜和杭堇浦编修韵》。

是年,余集、李怀民生。

余集(1739—1823),字蓉裳,号秋室,浙江仁和(今杭州市)人。乾隆三十一年进士,官至侍读学士。工画。著有《余秋室集》。

李怀民(1738—1793),名宪绳,以字行,号石桐,山东高密(今山东省高密市)人。著有《石桐诗钞》。

是年,钱载有诗咏吕留良文字狱事。

钱载《萚石斋诗集》卷二《志略》:"志略无它老一蟫,翛然乡里与浮沉。何来破甑生尘地,乃有重门击柝心。十月花开春自小,三竿日出睡方深。不论市近邯郸远,众口焉能必铄金。"钱仪吉识云:"此为吕氏之狱作。"

乾隆四年己未(1739)　　四十八岁

正月，与张世荦同游西溪，访太虚上人。

《樊榭山房集》卷八《同张妙峰探梅西溪留宿永兴寺》《新晴泛舟河渚过曲水庵》《法华山下诣太虚上人云栖别室》《回舟经深潭口至秦亭山下作》。

张世荦，字遇春，一作寓椿，号无夜，又号无垢、梦莲生、妙峰，浙江钱塘(今杭州市)人。乾隆九年解元。著有《妙峰遗稿》。

太虚，俗姓方，安徽桐城(今安徽省桐城市)人。居西溪夕照庵，后移居交芦庵，与先生、吴颖芳等多有倡酬。

二月廿五日，与施安、张熷等游湖。

《樊榭山房集》卷八《寒食前一日同竹田曦亮诸君泛湖》。

三月初一日，编定《樊榭山房集》，诗八卷，词二卷，序而刊之。

《樊榭山房集》卷首自序："昔唐杨绾为文，耻于自白，非知己不可得而见，而魏丁敬礼尝求人定其文。夫耻于自白者，自珍其文者也；求定其文者，自疑其文者也。仆少好篇咏，晚颇知难。三十年以来，所作随手弃斥，存箧中者仅十之二三。暇日编次古今体诗为八卷，长短句二卷。譬之山谣村笛，虽无当于钟吕之响，而向来所阅，闲居羁旅，怡愉忧悴，历历在目，每一开视，聊以省忆生平。窃亦自珍自疑，愿与审音者共定之。外有杂文若干卷，丛缀若干卷，将次第排缵焉。得毋蹈詅痴符之诮邪？乾隆四年三月朔，钱塘厉鹗自序。"

三月十八日，先生与王曾祥、孙庭兰、孙庭槐等游南屏山。

《樊榭山房集》卷八《三月十八日同麐征瑶圃右阶苏门游南屏山》并附孙庭兰同作。

三月，与孙庭槐游湖心寺，同咏柳花，孙诗大受先生赞叹，并言孙后必以诗名。

《樊榭山房集》卷八《湖心寺见柳花作》，并附孙庭槐同作："杨柳千条拂钓矶，苦将飘荡劝春归。水心寺里长廊外，不见花开只见飞。"陶元藻《全浙诗话》卷四十八："《孙芥舟行状》：计君幼即能诗，从学厉樊榭先生。尝同游湖上咏杨花，有句云：'水心寺里长廊外，不见花开只见飞。'樊榭先生赏其韵致绝佳，他日定以诗名。"

春，与赵昱集隐几山楼，谈及同人或徂谢，或宦游，有不胜寥落之感。

赵昱《爱日堂吟稿》卷八《登隐几山楼》自注："园梅初放，樊榭共坐，语及旧交，栾城、绣谷、石仓先后徂谢，药林、堇浦、西颢或宦或游，不胜寥落，故有'鹭鸥'之句。"

四月初三日，《钦定四书文》告成，方苞遵旨以"清真雅正"为标准，选录明清制义七百八十三篇。

《方望溪先生全集集外文》卷二《进四书文选表》。《清史列传》卷十九《方苞传》。

四月初四日，袁枚、裘曰修、沈德潜、梁启心、舒瞻、陆秩、金文淳第进士。

《明清进士题名碑录索引》。

舒瞻（？—1756），满洲正白旗人，姓他塔喇氏，字云亭。与修《八旗满洲氏通谱》。历官桐乡、平湖、海盐知县，署浙江乍浦同知，有贤名。工诗。著有《兰藻堂集》。

裘曰修（1712—1773），字叔度，一字漫士，江西新建（今江西省新建县）人。官至太子少傅，充四库全书馆总裁，谥文达。著有《裘文达公文集》等。

五月十三日，方苞以营私革职，留三礼馆修书。

《高宗实录》卷九十二。

五月廿八日，渡太湖，出游吴江。

《樊榭山房集》卷八《五月二十八日渡太湖至吴江作二首》。

六月初六日，为符之恒《秋声馆吟稿》撰序。

《樊榭山房文集》卷三《秋声馆吟稿序》

六月十七日，汪振甲卒。

汪振甲（1682—1739），字昆鲸，号紫峦、毅亭，浙江仁和（今杭州市）人，汪师韩父。雍正八年进士，官桐城县令。

夏，陈皋坐馆查为仁水西山庄。

冯金伯《词苑萃编》卷八引陈皋云："予己未夏北游，假馆于莲坡澹宜书屋。"

七月廿五日，有诗，时卧疾家中。

《樊榭山房集》卷八《七月二十五日作》："凉暑未平怜属疾。"

七月廿五日，《明史》刊刻告成。

《明史》附录张廷玉等《上明史表》。

七月廿六日，赵殿最致仕，离京南归。

赵昱《爱日堂吟稿》卷八《七月二十有六日夜起送大兄南归兼叙得请遂闲之致得五字诗四十四韵》。赵殿最（1668—1744），字奏功，号铁岩，浙江仁和（今杭州市）人。康熙四十二年进士，官至工部尚书。

八月初二日，御史张湄奏言诸大臣堵塞言路，凡奏旨交议事件总以“无庸议”三字驳倒为快。弘历特诏谕大学士、九卿，斥责张湄“熏染方苞造言生事、欺世盗名之恶习”，姑念张湄为言官，从宽免究。

《清史编年·乾隆四年》。

九月，谋移居瑞石山房，有诗邀吟社诸君共和，许大观、张昉、丁敬和之，并招先生卜居城南。

《樊榭山房集》卷八《予赁居南湖上八年矣其主将鬻他氏复谋栖止瑞石山下有屋数楹东扶导予相度颇爱其有林壑之趣以价贵未遂也因用癸卯赠东扶移居韵寄之并邀城南吟社诸君共和焉》，《樊榭山房续集》卷一《纶长敬身东扶次韵见和有招予卜居城南之意仍用前韵奉答》。张昉《武林志余》：“刘氏叠翠山房，在太庙巷，峭石陵空，清泉逸响，真巷中最胜地也。乾隆戊午，余偕厉樊榭游憩其中，樊榭有诗并引云：‘予赁居南湖上八年矣，其主将鬻他氏，复谋栖止。瑞石山下，有屋数楹，张君东扶导予相度，颇爱其林壑之趣，以价贵未遂也。因用癸卯赠张东扶移居韵寄之，并邀城南吟社诸君共和焉。’”

《樊榭山房续集》编诗始于是年九月。

按：《樊榭山房集》自序末署年月为三月朔，但所编诗乃尽于七月。《续集》开卷第二首为《三君招予九日六和塔登高风雨不果仍用前韵奉寄》，可知编诗始于九月。

九月初九日，戴廷熺、丁敬、张昉约先生登高，风雨不果，有诗寄之。

《樊榭山房续集》卷一《三君招予九日六和塔登高风雨不果仍用前韵奉寄》。戴廷熺，字纶掌，晚号珠渊，浙江钱塘(今杭州市)人。官盐场大使，旋罢，游幕为生，年七十六卒。工诗。著有《听鹂亭诗集》。杭世骏《道古堂文集》卷四十七《戴珠渊墓志铭》：“工诗，与王孙华、丁敬、金吰、张昉及汉阳张芸倡酬于城南，登六和塔，赋百韵，笔不停辍，名章秀句，冠压济偶。”

九月，至扬州，约十月间回杭。

《樊榭山房续集》卷一《题汪近人煎茶图》《赋诗牌和嶰谷》。

秋，杭郡教授余懋棅于庠所觅得苏轼所书《表忠观碑》，时人以为盛事，纷赋诗纪之。

余懋棅《杭郡庠得表忠观碑记事》载诗凡三十五家，分别为厉鹗、郑羽逵、傅王露、王杜、鲁曾煜、胡国楷、范咸、桑调元、张映斗、周京、鲍钤、陈士璠、沈昌宇、潘作梅、丁敬、邵祖节、王镠、张守约、毛桓、陈士珖、陈景钟、陈恒昌、顾维正、胡大衍、王维桓、王汝为、潘辉、徐梦元、程南溟、王堂、余懋棅、余懋櫄、余彪、余文仪、余蛟。按：苏轼《表忠观碑》的出土年月，钱大昕《金石文跋尾》云乾隆六年，翟灏《湖山便览》云乾隆五年，但据余懋棅记，实在乾隆四年秋。《樊榭山房续集》卷一载先生《杭郡庠掘地得苏文忠公表忠观碑宋刻二片》，系年于乾隆六年，知诗为先生后来所赋。

十月，汪台觞客于复园，王曾祥为撰《复园记》。

王曾祥《静便斋集》卷七《复园记》。

十一月初，汪沆自天津归，过访先生。

《樊榭山房续集》卷一《西颢归自津门过访小饮草堂有作》。

十一月初十日，有与陈皋书。

《小莽苍苍斋藏清代学者法书选集》载先生手书："春间准拟到邗相晤，孰意仙舟遄发，阙为面别，怅浪殊甚。继接手书，知已至津门，旅次安裕可喜。弟与三兄十年往还江淮间，情好靡间，一旦分手各天，每当还里时，孤篷听雨，剪烛怀人，念之不胜愤结也。近日师李南归，得悉近况，稍慰悬念。复承寄贶蒲桃，为北地珍品，谨当归献老母，以志故人雅谊，不但临风称谢已也。小集一部，附呈大教。近想贤主人唱和新作必夥，便羽望示我一读，以当面谈，草草不尽。此上江皋三兄先生良友，小弟厉鹗顿首。十一月十日。闻有所赐老母寿诗，未得接读。又及：希亮、麟征诸君俱平安，圣几遗稿已刻矣，明春续寄。"

十二月十七日，有诗。

《樊榭山房续集》卷一《十二月十七日夜坐》。

十二月，同汪沆、孙庭兰、王曾祥游孤山。

《樊榭山房续集》卷一《同麐征西颢瑶圃放舟孤山探梅分得低字》。

除夕，有诗。

《樊榭山房续集》卷一《除夕南湖草堂作》。

乾隆五年庚申(1740)　　四十九岁

是年秋冬间，先生杜门养疾。

《樊榭山房续集》卷一《七月十七日病起小园作》。又《晓望》："病身仍健在，一饱颂丰年。"

正月初三日，大雪，绕南湖而行，有诗纪之。

《樊榭山房续集》卷一《正月三日南湖大雪用东坡先生清虚堂雪韵》。

正月初七日，立春，有诗。

《樊榭山房续集》卷一《人日立春用壬寅年人日雪韵》。

春，与王曾祥、吴城、汪沆、张熷、施廷枢泛舟西溪，信宿方归。

《樊榭山房续集》卷一《同麐征敦复西颢曦亮北亭游西溪进舟西堰桥望秦亭法华诸山晴雪》《暮至西溪写望》《夜宿溪上巢玩月》《晓入石人坞至粟山下看泉》《游张氏溪庄是邹孝直河渚草堂旧址》《晚过秋雪庵》《信宿溪上巢夜复大雪晓望有作》《雪中西溪归舟》。

二月，离杭赴扬。

三月初三日，祝应瑞招先生、高翔、陈章宴集，赋《红桥春游曲》。

《樊榭山房续集》卷一《红桥春游曲祝荔亭席上西唐授衣同作》："风花上巳连清明，有约更赋丽人行。"祝应瑞，字荔亭，江苏丹徒（今江苏省镇江市）人。为茫稻河闸官，工诗。有《见山楼集》。

三月初，闵华有浙江之行。

闵华《澄秋阁集》卷三《京口四首》其二有"鲥鱼登网荐残春"之语，可知是游在三月。

三月初九日，闵华初至杭州，有西湖之游。

闵华《澄秋阁集》卷三《乾隆庚申冷节后二日初至西湖泛舟过段家桥小憩苏堤复由陆历飞来峰登韬光绝顶归宿湖干旅舍得诗四首》。

春，杭世骏以越香寄先生。

《樊榭山房续集》卷一《杭堇浦编修以诗寄越香次韵奉谢》。杭世骏《道古堂诗集》卷八《以越香贻厉二征君鹗》。

三四月间，先生返杭。

四月十九日，汪药山招先生、丁敬、吴颖芳泛舟西湖，赏药山所携书画，分韵赋诗。

《樊榭山房续集》卷一《四月十九日药山招同敬身西林集湖舫分得人字》《贯秋壑玉枕兰亭》《韩晋公五牛图》，自注："药山携示书画二种。"

四月，移居城东縻公古社，作《移居》四首，和者甚众。

《樊榭山房续集》卷一《移居四首》。

五月，复至扬，过吴江，为吴可驯《赏雨茅屋图》题诗。

《樊榭山房续集》卷一《烂溪舟中为吴南涧题赏雨茅屋图》。吴可驯（？—1749），字骥调，浙江海盐（今浙江省海盐县）人，吴廷华长子。仁和副贡生。著有《南涧诗钞》。

五月，与王藻重会于扬州僧舍。

《樊榭山房续集》卷一《甲寅秋杪有过平望怀王载扬诗丙辰同被征相见于都下今年夏五重会于邗城僧舍载扬用前韵见赠再次奉答》，王藻《莺脰湖庄诗集》卷十一《赠厉征君(鹗)用甲寅岁舟过平望见怀原韵》。

夏，倪国琏于京师作《城东访友图》，附以二绝，以纪康熙五十五年与金志章访先生未遇事。时金志章在太谷，倪寄诗求和。

《樊榭山房续集》卷四《倪穟畴给谏庚申夏日在京师曾作城东访友图并系以二绝句寄金江声副使于上谷盖追写丙申春同访余不值事也江声亦题二绝句装潢成册穟畴癸亥奉使江南殁于太和今春江声归里始得见之感叹不足如数题后》。

七月初，返杭。

《樊榭山房续集》卷一《秋江行》。

七月十七日，有诗，时病肺卧疾。

《樊榭山房续集》卷一《七月十七日病起小园作》："销除肺病无暑。"

七月，徐逢吉卒于杭州，汪湮卒于无锡，余元甲卒于湖北。

华岩《离垢集》卷二《挽徐逢吉》自注："庚申岁仆客邗江，披雪樵丈书，知斯文之有限，曷胜惨戚！而挽之以诗。"陈景钟《清波小志补》："(徐逢吉)乾隆庚申，寿八十有五，以疾卒于山房。"又："明年夏六月守庐卒，甫一月而紫珊先生亦卒。"施安《旧雨斋集》卷三《青渠挽诗》。《樊榭山房续集》卷二《二哀诗·汪青渠》："竟傍要离冢，难归范蠡船。"《余葭白》："闻归襄汉艇，老病失心朋。"

秋，桑调元过访先生，和《移居》诗，先生有诗答之。

《樊榭山房续集》卷一《南邻桑弢甫见访兼和移居诗辄赋五言用酬雅贶》。

秋，吴颖芳招先生暨同人燕集赏菊，分韵赋诗。

《樊榭山房续集》卷一《西林招看菊小饮分得开字》。

九月，郑江归里。

张湄《柳渔诗钞》卷六《送郑筠谷前辈归里》："杪秋木叶黄，寒雁尽南度。"

九月初九日，跋查学《半缘词》。

查学《半缘词》卷尾厉鹗跋："长短句权舆于唐，盛于北宋，至南渡而极工。当日江湖诸人自刘后村梅花公案后改业为之，盖并五七言之精力专攻于此，宜其空前绝后为不可及也。向来作者以秦、黄为法，自竹垞翁标举南渡，为此中别开户牖。或剽拟太过，尚雕缋而乏自然，遂成涩体。东海查君七伦《半缘词》以澹雅为宗，稍加粉泽，弥觉韵格之胜，可谓善学南渡者。使竹垞翁复起，必曰浙西六家一派，近又在横泖桥边矣。乾隆庚申九日钱唐同学弟厉鹗。"查学(1712—1785)，字七伦，浙江海宁(今浙江省海宁市)人。监生，嗣璪子，候选知县。著有《砚北诗草》《半缘词》。

九月十三日，有诗。

《樊榭山房续集》卷一《九月十三夜月》。

秋，姚世钰有诗怀先生。

《樊榭山房续集》卷二《答姚玉裁庚申秋日入黄鹤山见怀》，并附姚世钰原作。

秋，李绂《穆堂初稿》五十卷在广东刊行。

李绂《穆堂初稿》卷首王恕跋语。

十一月廿七日，新修《大清一统志》书成。

《清史编年·乾隆五年》。

十二月初三日，张湄出都，往台湾。

张湄《柳渔诗钞》卷七《庚申十二月三日出广宁门作》。

十二月，赵昱招先生等同人集小山堂食熊掌，各有诗。

《樊榭山房续集》卷一《集小山堂食熊掌作呈谷林》。

冬，查礼取历年水西庄酬唱之作，成《沽上题襟集》。

查礼《沽上题襟集序》："庚申冬，同志八人，取津门酬唱之作，每年简择数章，各成一卷，名曰《沽上题襟集》……乾隆六年夏四月，茶坨查学礼自序。"

是年，汪师韩丁忧回杭。

汪师韩《上湖文编》："乾隆五年，师韩居忧旋里。"

是年，钱载始馆于德清徐氏，徐以震、以泰、以坤兄弟先后执贽受业。

钱世锡《显考萚石府君行述》："庚申、辛酉间，馆于清溪徐氏。"又："清溪徐氏昆季，南墅、陶尊、谷庵皆受业于府君。"

徐以震(1715—1761)，字省若，号南墅，浙江德清(今浙江省德清县)人。乾隆十二年顺天举人，选授刑部山东司郎中。著有《南墅小稿》。

徐以泰(1716—?)，字陶尊，号柳樊。乾隆间官山西绛县知县，二十二年调任阳曲知县。著有《绿杉野屋集》等。

徐以坤(1722—1792)，字含章，号谷庵。乾隆二十三年举人，官国子监博士，四库馆书成，议叙以主事用。

是年，张四科、陆钟辉于马氏行庵旁购园筑让圃，此后广陵雅集多在行庵、让圃二园，诗事称盛。

张四科《宝闲堂集》卷二《让圃八咏》附《让圃记》："郡北郭天宁寺侧，隙地百余亩，竹木森蔚，距城不数武，而窅然深邃，若山林间，盖昔谢文靖公别墅也。以多银杏，故俗有杏园称。乾隆庚辛间，马嶰谷昆季构行庵于其中。傍有某氏废圃，因从容余以二百千买之，而陆南圻亦助成其事。取陆、张共宅意，颜之曰‘让圃’……落成之日，置酒高会，自都御史胡公而下，凡十六人，诗社之集，于斯为盛。自是二十年来，春秋佳日，选胜探幽，多在于此。四方文人学士，知有韩江雅集者，未尝不从游于行庵、让圃间，赏其地之胜而庆余辈之获结邻也。乃未几而同人凋丧殆半，前年夏，嶰谷亦归道山，近南圻复移家金陵。惟余与半查及二三知旧，消声匿影于荒林老屋之中，友朋文酒之乐，非复曩日矣……乾隆二十一年岁次丙子闰九月朔日，临潼张四科识。”

乾隆六年辛酉(1741)　五十岁

正月初四日，高宗颁谕，命各省督抚学政采访遗编。

《高宗实录》卷一百三十四。

正月初五日，将赴皋亭探梅，有诗志喜。

《樊榭山房续集》卷一《新正五日将赴西林皋亭探梅之约晚晴志喜》。

正月初六日，与吴颖芳赴皋亭探梅，游金家堰、崇先寺、伏虎禅院、桃花坞、龙潭、中塔院、桐坞，暮宿遍福寺楚木禅师房。

《樊榭山房续集》卷一《沈家塘舟中望皋亭作》《由金家堰入皋亭西麓至崇先寺为宋显仁韦太后功德院》《过横山饭伏虎禅院》《入桃花坞至山半观龙潭中有蜥蜴数头咸淳临安志所云水瓮也》《中塔院礼真歇禅师塔》《访桐坞安庐为明慧文法师隐处》《暮投遍福寺宿楚木禅师方丈》。

正月七日，泛舟至龙居湾，游永庆禅院。

《樊榭山房续集》卷一《人日泛舟至龙居湾遵山径入永庆禅院用韦苏州蓝岭精舍韵》。

正月，与郑江同游西溪探梅，访郑羽逵、太虚。

《樊榭山房续集》卷一《同郑筠谷河渚看梅宿郑雪崖北渚草堂》《同筠谷太虚上人游花坞诸精舍十首》。郑羽逵，号雪崖，浙江慈溪(今浙江省慈溪市)人，侨居钱塘(今杭州市)。官至安县知县，后掌教敷文书院。著有《怀远堂集》。

正月廿四日，万经卒。

全祖望《鲒埼亭集》卷十六《提督贵州学政翰林院编修九沙万公墓碑铭》。

二月十三日，雨，有诗。

《樊榭山房续集》卷一《二月十三日雨中书事》。

二月十八日，携家人奉老母小饮。

《樊榭山房续集》卷一《同家人辈奉老母小饮桃花下作》。

二月，与吴可驯、何熊、于瑶庚泛舟西湖，为诗效铁崖体。

《樊榭山房续集》卷一《湖上效嬉春体次南涧韵二首》，《两浙輶轩录》卷十九何熊《同樊榭先生吴南涧姊丈于瑶庚表兄湖上嬉春仿铁崖体》。何熊，字叔熊，又字太占，号一斋，浙江钱塘（今杭州市）人。雍正三年举人，曾官祁阳知县。著有《世经堂集》。

三月初五日，有诗。

《樊榭山房续集》卷一《三月五日小园偶成》。

三月，符曾于昭阳作怀人绝句二十首，有及先生。

符曾《于役河干稿》卷七《昭阳舟中雨窗岑寂为赋怀人二十绝句诸君皆旧雨时在扬州多聚散之感故记及之》其二怀先生云："寂寞宁甘托冥鸿，闲疏香草注鱼虫。何时有约溪山住，寻到梅花雪海中。"

四月，张宏运莅临甘泉，掌县令之职。

乾隆八年《甘泉县志》卷首存张宏运序："辛酉四月，宏运始莅甘泉。"张宏运，湖北江夏县（今武汉市）人。以监生保举，历任甘泉县令、铜沛同知。

春夏间，先生有至扬州，旋以肺疾回杭休养。

《樊榭山房续集》卷一《夏日卧疾诚夫惠杏酪一器作此谢之》有云："肺气兼旬顿觉苏。"

六月十五日，热甚，有诗。

《樊榭山房续集》卷一《六月十五夜纳凉作》。

六月廿六日，立秋，苦热，有诗。

《樊榭山房续集》卷一《立秋日苦热》。

七月，姬人朱氏忽遘危疾。

《樊榭山房续集》卷二《悼亡姬十二首》序："辛酉初秋，忽婴危疾。"

秋，全祖望至杭。

全祖望《鲒埼亭集》卷十八《郑侍读筼谷先生墓碑铭》："辛酉之秋，余至杭。"

十一月，甘泉知县张宏运开始修订《甘泉县志》。

乾隆八年《甘泉县志》卷首张宏运序："十阅月而蒇厥事焉……乾隆七年岁次壬戌八月望日。"乾隆七年八月上溯十月，当即六年十一月。

十二月廿日，以常安为浙江巡抚。

《清史编年·乾隆六年》。常安（1684—1747），字履坦，满洲镶红旗人。以诸生授笔帖式，官至江西巡抚，在浙多有惠政。

冬，杭世馨北上燕京，有诗送之，兼寄杭世骏。

《樊榭山房续集》卷一《送奕闻北上兼简令兄堇浦》。杭世馨，杭世骏弟。乾隆六年举人，曾官麻城知县。

岁暮，作《岁暮二咏》，言及月上病危，生资蹇涩，被迫典衣度日，但仍时从赵氏小山堂借书，笔耕不辍。《辽史拾遗》蒇事。

《樊榭山房续集》卷一《岁暮二咏》，中《典衣》云："青镜流年始觉衰，今年避债更无台。可知子敬家中物，新付长生库里来。半为闺人偿药券，不愁老子乏诗材。敝裘无恙还留在，好待春温腊底回。"自注云："时朱姬病甚危。"《借书》："岁阑百事不挂眼，惟有借书聊自怡。灯灺风宵亲勘处，篝香霜晓手抄时。里中今得小万卷，贫甚我惭无一瓻。旧史临潢新注就，不知谁肯比松之。"自注云："时注《辽史》成。"

是年，沈廷芳寄和《移居》诗四首，先生依韵奉答，称沈为查慎行诗传人。

《樊榭山房续集》卷一《沈椒园侍御寄和移居诗用韵奉答四首》，其三有云："应是本师查长老，令严壁垒寂无哗。"自注："谓初白先生。"

是年，翟灏寓居京师，惓惓故土，嘱王任湖为画《郊居风景图》，郭准复为写圆光戴笠小像，联装成帙，同人并有题句，分别为金虞、郑江、周长发、陈兆仑、齐召南、金甡、戴廷熺、沈廷芳、姚大吕、万光泰、邵隽、金文淳、陈皋、孙宗溥、毛元存、吴颖芳、周大枢、翟涛、胡天游、金焜，皆为浙人。

翟灏《艮山杂志》卷一。

翟灏（？—1788），字大川，号晴江，浙江仁和（今杭州市）人。乾隆十九年进士，官金华府学教授。著有《湖山便览》《无不宜斋集》等。

孙宗溥（？—1768），字守愚，号牧堂，浙江仁和（今杭州市）人。乾隆一年进士，官礼科给事中，以子效曾赠翰林院侍读。

姚大吕，浙江钱塘（今杭州市）人。雍正十二年举人，历官云和教谕、连江知县。

邵隽，字开先，浙江仁和（今杭州市）人。乾隆元年副榜。著有《邵晴牧集》。

毛元存，字睿中，浙江钱塘（今杭州市）人。雍正十三年举人。善倚声。著有《声律元始》《毛睿中诗集》等。

是年，曹庭栋选刊《宋百家诗存》成。

曹庭栋《宋百家诗存序》。曹庭栋（1700—1785），字楷仁、六圃，号慈山居士，浙江嘉善（今浙江省嘉善县）人。乾隆初举孝廉方正。著有《产鹤亭诗稿》。

乾隆七年壬戌(1742)　五十一岁

正月初三日，姬人朱氏得疾半载，为庸医所误，卒殁，为权厝湖上。作《悼亡姬十二首》，以寄哀思。

《樊榭山房续集》卷二《悼亡姬十二首》序："至壬戌正月三日，泊然而化，年仅二十有四。"按：《两浙輶轩续录》卷五十二存月上《题自画红梅》一诗："一枝红绽傍墙阴，疑是绛衣仙子临。莫说桃花偏命薄，多缘霜雪未能禁。"

正月初十日，与赵昱、丁敬集南华堂，观薛素素兰竹卷。

赵昱《爱日堂吟稿》卷十一《十日樊榭敬身集南华堂观薛素素兰竹卷分韵得春字》，丁敬《砚林诗集》卷二《正月十日集南华堂观薛素素兰竹卷》。

春，小园杏树有花无叶，感月上之亡，悲而赋之。

《樊榭山房续集》卷二《小园杏花一株去年颇盛今年春月上亡后叶发而绝无一花因用旧韵志感》。

三月初一日，清明，过月上权厝，有诗纪恨。

《樊榭山房续集》卷二《清明日过朱姬湖上权厝》。

三月初八日，高宗诏令大学士、九卿、地方督抚保荐言官。

《高宗实录》卷一百六十三。

三月廿一日，方苞以老病离京。

《高宗实录》卷一百六十三。

三月，篆玉厘正《大昭庆律寺志》，付梓。

篆玉《大昭庆律寺志序》。

四月初四日，金甡、孙庭槐、郑虎文第进士。

《明清进士题名碑录索引》。郑虎文(1714—1784)，字炳也，号诚斋，浙江秀水(今浙江省嘉兴市)人。官至左赞善，以经济自负，先后主紫阳、崇文书院。有《吞松阁集》。

四月廿八日，原浙江巡抚卢焯以营私受贿，拟绞监候，秋后处决。

《清史编年·乾隆七年》。

五月初五日，贫甚，桑调元冒雨以白银十两相借，感而赋诗奉谢。

《樊榭山房续集》卷二《午节贫甚弢甫冒雨以白金十两假我赋此奉谢》。

夏，有长兴之游，访鲍钤。

《樊榭山房续集》卷二《题姜学在画松为鲍西冈运判作》《题西冈小芦蕻园

图十二首》,后者题注:“在长兴县署。”

夏,游灵隐,访义果、沈廷瑞。

《樊榭山房续集》卷二《灵隐寺访巨涛禅师次沈丈樗崖韵二首》《寻呼猿洞》《新庵》《借秋阁》《松霱山房》。义果,字巨涛,俗姓章,江苏润州(今江苏省镇江市)人。住持云林寺。有《薅草行人集》。

七月十六日,桑调元辑景星杓诗为《拗堂诗集》八卷,为作序。时先生过访阅之,眷慕风节,以不识景为恨。

桑调元《拗堂诗集序》:“先生之诗,绝空依傍,直吐性灵。潜居蜗庐,独吟自豪,绝不与人竞名,抱知希我贵之意。殁后二十三年,厉樊榭过调元所,洛诵之,目其五言出屈翁山上,睠慕风节,以平生不识景丈为恨。呜呼!先生殁不多年,已得一扬子云矣,后世之扬子云岂少哉!然先生俯仰寄意,吾写吾真,今后世之子云有无,固弗之计矣。原稿分《菊公》《拗堂》《醉翁》三集,今统标曰《拗堂》,嗟先生之志也。集故富,先略为撰次如此。乾隆七年七月既望,钱唐后学桑调元。”

七月,月上于去年斯时遘疾,有诗哀之。

《樊榭山房续集》卷二《初秋有感》《次前韵》。

八月十五日,有诗怀月上。

《樊榭山房续集》卷二《中秋夜有感》。

八月,《甘泉县志》蒇事。

乾隆八年《甘泉县志》卷首张宏运序,末署年月云“乾隆七年岁次壬戌八月望日”。

八月,吴城游京师,于报国寺得见宋刻《许丁卯集》,为父吴焯旧藏,出丰价购之。先生与诸同人,皆有诗咏其事。

《樊榭山房续集》卷二《和吴敦复题重得先人旧藏宋刻丁卯集后》,全祖望《鲒埼亭诗集》卷三《吴敦复之京师得其尊公绣谷手校宋椠许郢州集以归同樊榭谷林作》,《两浙輶轩录》卷二十一吴城《行君子旧藏许浑丁卯集失去二十余年余于京师重得之以归先子图章宛然简端抚今悼昔因得长律三首》,汪沆《槐塘诗稿》卷三《吴绣谷先生有宋雕许丁卯集逸去多年先生既没哲嗣瓯亭游京师得于书肆以丰价购归重为装潢邀余赋诗以纪其事》,张湄《柳渔诗钞》卷十二《吴瓯亭从京师重得先人所藏宋刻许丁卯集人奇其事诗以纪之并和瓯亭》(按:张湄诗为乾隆十二年补赋),梁启心《南香草堂诗集》卷三《绣谷先生旧藏宋雕丁卯集失去垂二十年先生既没令子瓯亭于长安市上得之私印宛然真吴氏故物也集同人分体纪其事得七言律》,舒瞻《兰藻堂集》卷二《题吴瓯亭重得先人所藏许丁卯集后》,全志章《江声草堂诗集》卷七《绣谷先生有所藏宋椠丁卯集亡去二十年令嗣瓯亭游京师重购得之以归同人赋诗为记其事》，赵昱《爱日堂吟稿》卷十二《吴大敦复游京师重得先公所藏宋刻丁卯集题诗索和赋正》，陈章《孟晋斋诗集》卷七《和吴敦复题重得先人旧藏宋刊丁卯集后》。

九月初三日，晓行西马塍，有诗纪游。

《樊榭山房续集》卷二《九月三日晓行西马塍作》。

九月，重过南湖旧居，忆及月上，赋诗甚哀。

《樊榭山房续集》卷二《重过南湖有感》。

十月，以《菽乳诗》与许大纶、赵昱、赵一清、丁敬等往复唱和，时肺疾复作，不耐肉食。

《樊榭山房续集》卷二《菽乳和许初观》《谷林和予菽乳诗令子诚夫亦继作两篇并示词义兼妙用前韵为答二首》《意林更出新语和予菽乳诗伴黄梅花见遗仍迭前韵为报》《冒寒肺疾复作偶误食肉委顿数日意不如菽乳之佳也四迭前韵寄敬身高士索和》。赵昱《爱日堂吟稿》卷十一《菽乳次樊榭韵》。

十月，四明"真率社"收辑四月以来倡和之诗为《句余土音》，全祖望作序。

全祖望《句余土音序》："数年以来，前辈凋落，珠槃之役，将以歇绝。予自京师归，连遭荼苦，未能为诗，除服而后，稍理旧业，与诸人有'真率'之约，杯盘随意，浃月数举。而有感于乡先辈之遗事，多标其节目以为题，虽未能该备，然颇有补志乘所未及者。其敢谓得与于斯文，亦聊以志枌榆之掌故尔。会予有索食之行，未能久预此会，同社诸公，因裒集四月以来之作，令予弁首。予为述旧闻以贻之，而题曰《土音》，以志其为里社之言也。乾隆壬戌冬十月，谢山全祖望书。"按：《鲒埼亭集外编》卷二十五亦存是序，文字稍异。

十二月十五日，雪，同丁敬集赵昱南华堂观蜀广政石经残本、宋廖莹中世彩堂刻《韩昌黎集》，各有诗纪之。

《樊榭山房续集》卷二《十二月十五日雪中同敬身集谷林南华堂观蜀广政石经残本宋廖莹中世彩堂刻韩集作》，赵昱《爱日堂吟稿》卷十一《腊月望日南华堂赏雪樊榭敬身二君索蜀石经毛诗残本廖莹中刻梓韩集同观各赋一章以作消寒之会》，丁敬《砚林诗集》卷一《雪中集南华堂赵谷林兄弟出观蜀广政石经毛诗残本宋寥莹中世彩堂刻韩集作》，赵信《秀砚斋吟稿·又雪中樊榭敬身集南华堂观蜀石经毛诗残本廖莹中世彩堂韩集同观》。

冬，丁敬得研山一枚，先生名之曰"抱云峰"，并赠以诗，赵昱和之。

《樊榭山房续集》卷二《抱云峰》。赵昱《爱日堂吟稿》卷十二《敬身得研山一枚樊榭名以抱云峰用元遗山云岩韵赋之属和》。

杭世骏著《续礼记集说》，约于是年蒇事。

杭世骏《道古堂集》卷四《续礼记集说序》。

是年，为朱彝爵《鹤洲残稿》撰序。

《樊榭山房文集》卷二《鹤洲残稿序》。朱彝爵(1668—1708)，字宁臣，浙江秀水(今浙江省嘉兴市)人。诸生，以贡谒选杭州司训。

是年，顾之珽倡立诗社，每月必五六会。时诸同人或致仕归田，或倦游归里，一时应者甚众，坛坫称盛。

杭世骏《道古堂文集》卷十二《远村吟稿序》："忆岁壬戌、癸亥间，顾丈月田以词场宿老，号召同里诗人为社于西湖，月必五六会，蒸然发动，转相招引，振采腾华，于时最盛。迨月田下世，西湖坛墠，稍就衰歇矣。"陶元藻《泊鸥山房集》卷二十五《湖上杂兴六首》其二："湖南诗社木兰船，犹记招寻葛岭边。"自注："癸亥岁厉君樊榭招余入诗社，因病未赴。"全祖望《鲒埼亭集》卷十八《郑侍读筤谷先生墓碑铭》："(郑江)时扶杖出与诸故人为诗社，倡酬极盛。"又卷十九《周穆门墓志铭》："杭之诗人为社集，群雅所萃，奉穆门为职志。诗成，穆门以长笺写之，醉墨淋漓，姿趣颓放，或弁数语于其端，得者以为鸿宝。湖社风流，百年以来，于斯为盛，皆穆门之所鼓动也。"《两浙輶轩录》卷十九引梁同书《梁启心行述略》："吾乡诗社，自癸亥以后，称最盛者十年。每一会率二三十人，缁袍朱履、布衣韦带之流，靡不毕集。"梁绍壬《两般秋雨庵随笔》卷六《问宅诗》自注："余家书屋，颜曰两般秋雨庵，先高伯祖蕺林编修尝偕陈太仆句山、厉征君樊榭、吴尺凫焯、丁龙泓敬、金寿门农诸先生，月课诗社。不则集瓶花斋或紫竹山房。瓶花斋，尺凫先生斋名；紫竹山房，句山先生斋名也。"梁同书《砚林诗集序》："越三年，金冬心先生自扬州归，时乡耆宿或致仕归田，或倦游返里，如顾月田、沈峙公、郑玑尺、金江声、吴东壁、周穆门、鲁秋塍、厉樊榭、杭堇浦、施竹田诸先生，一时并集，而方外则有烎虚、让山，高人则先生与金先生两人，则诗社为最盛焉。"

陶元藻(1717—1801)，字龙溪，号篁村，晚号凫亭，浙江山阴(今浙江省绍兴市)人。诸生。著有《泊鸥山房集》《全浙诗话》等。

沈埁，字峙公，浙江钱塘(今杭州市)人。监生。著有《沈峙公诗集》。

乾隆八年癸亥(1743)　　五十二岁

元日,有诗。

《樊榭山房续集》卷三《新正试笔次许初观韵二首》。许大纶,字初观,浙江仁和(今杭州市)人。康熙五十九年举人,官云和教谕。著有《茶毗剩稿》。

正月初五日,为查为仁《蔗塘未定稿》作序。

查为仁《蔗塘未定稿》卷首厉鹗序:"诗不可以无体,而不当有派。诗之有体,成于时代,关乎性情,真气之所存,非可以剽拟似,可以陶冶得也。是故去卑而就高,避缛而趋洁,远流俗而向雅正,少陵所云'多师为师',荆公所谓'博观约取',皆于体是辨。众制既明,炉鞴自我,吸揽前修,独造意匠,又辅以积卷之富,而清能灵解,即具其中。盖合群作者之体而自有其体,然后诗之体可得而言也……乾隆八年春正月五日。"此序亦见于《樊榭山房文集》卷三。

正月初八日,与吴城等集施廷枢斋。

《樊榭山房续集》卷三《八日集施北亭斋中》。

正月初十日,携侄志黼登湖山西爽阁望湖上霁雪。

《樊榭山房续集》卷三《携侄黼登吴山西爽阁望湖上霁雪》。

正月十五日,有词悼月上。

《樊榭山房续集》卷九《清平乐·元夕悼亡姬》云:"谁问春寒浅,依旧去年正月半。"

正月廿七日,作《辽史拾遗序》。

《辽史拾遗》卷首自序:"宋、辽、金三史,同修于元至正间,秉笔者多一时名儒硕彦,而宋史失于繁,辽史失之简,惟金史繁简适度为善。明代云间王圻作《续文献通考》,中所列辽事,条分件系,不出正史,尝病其陋,而叹辽之掌故沦亡也。盖其开基朔漠,抚有燕云,制度职官,兼采汉制。自圣宗与宋盟好后,文物渐开,科举日盛,意当日必有记注典章可裨国史者。求之簿录家,不少概见,即家集野乘,亦散佚无传。岂以书有厉禁,不得入中朝乎?抑金源初年尚武,虽灭辽,未遑收及图籍乎?间尝取而核之,辽之有国二百余年,清泰开运,灭两大国,则用兵宜详;澶渊、关南,和议再修,则信誓宜详;星轺往来,俱极华选,则聘游宜详。至如负义侯黄龙安置之年,天祚帝海上夹攻之事,高丽臣事,西夏跳梁,非摭他书,何以知其颠末邪？暇日辄为甄录，自本纪外，志、表、列传、外纪、国语，凡有援引，随事补缀。犹以方域幽遐，风尚寥邈，采篇咏于山川，述碑碣于塔庙，短书小说，过而存之，亦得失之林，读史者所宜考也。敢曰索隐，聊以拾遗，编次为如干卷，以待博雅君子之删补焉。乾隆八年岁在昭阳大渊献陬月二十有七日，钱塘厉鹗书。”

正月下浣，赵一清为《辽史拾遗》作序。

《辽史拾遗》卷首全祖望序：“或有问于余曰：《辽史》何为而作也？政教不通，言语嗜欲不与华同，其得列于历代正史，良有金承辽、元承金，职是故与？余应之曰：子不见夫楚之《梼杌》与晋之《乘》、鲁之《春秋》同述乎？辽人乘五季之乱，中原乏主，奄有东夏二百余年。其初灰牛氏之部落始广，枯骨化形，戴猪服豕，怪诞之辞，君子不道。迨阿保机兼八部之雄，君臣创造，相与畴咨，峻烈渊谋，巍乎赫矣。乃后王凉德，勿克负荷，兴替之感，取鉴来兹，昭垂史册，奚为不可？元世祖立国史院，命王鹗修辽、金二史。宋亡，又命词臣通修三史。至正间，总裁脱脱等修成《辽史》，《本纪》三十，《志》三十一，《表》八，《列传》四十六。举例、论、赞、表、奏多欧阳玄手笔，文献勿征，简率勿称，识者病之。同里厉征君博学好古，学者称为樊榭先生。先生长于诗、古文词，手不停披六籍之言，以《辽史》缺略太甚，毕终身之业，详注而辨证之，曰《辽史拾遗》。正史自《史记》《前后汉书》《三国志》而下，注者鲜矣。草茅之论议，未准于朝家；晚近之传闻，惧违于古训。无开局辟官之诏，则廪饩不给；乏甲乙缥帙之藏，则识见勿周。其有称引淹贯、训释明当，若裴松之、颜师古之属，因文见义，为史氏功臣，指不多屈。矧耶律氏发迹边陲，经纶草昧，方诸前哲，我任其难。虽然，余尝微窥作者之用心，非特订缪补亡已也，盖别有旨趣存焉。今日车书混一，八荒在宥，大同国之屏翰，关东国之根本，幽蓟涿易，实畿甸洪基，万年永赖，辽之旧疆，视汉扶风、冯翊为尤重。前事之不忘，后事之师也，注史之意，其在斯乎！其在斯乎！乾隆八年岁次癸亥春王正月下浣，同学愚弟全祖望书。”按：此序署名全祖望，但作者实为赵一清。《鲒埼亭集》未见此序，朱铸禹《全祖望集汇校集注》亦无收录。《鲒埼亭集》卷二十《厉樊榭墓碣铭》：“樊榭属予序其《宋诗》《辽史》二种，忽忽十年，息壤在彼，而今陨涕而表其墓，悲夫！”可见，在先生生前，全祖望并未曾为《辽史拾遗》作序，而此序云作于“乾隆八年”，若年份无误，序言显非全氏手笔。赵一清《东潜文稿》卷上有《辽史拾遗序》一文，内容与全序基本相同，只是全序删去了赵序中一些与全氏身份不符的话。如赵序有云：“余于先生通家年少，不以余之固陋属序于余。《诗》曰‘采葑采菲，无以下体'，先生有焉。"但亦有删而未净者，如二序皆称"同里厉征君"，此显为赵氏口气。盖赵与先生同居钱塘，而全氏为鄞人，不应称先生为"同里"。至于此序作者为何会由赵一清变成全祖望，则已不得而知。

二月初八日，李绂致仕归里。

《清史编年·乾隆八年》。

二月初九日，杭世骏被荐参加御史选拔考试，上《时务策》，批评朝廷内满外汉、抑制江南士子的用人政策，卒以"妄论"被交部严议，革职归里。

《高宗实录》卷一百八十四："癸巳，谕大学士等：'昨因考选御史，试以时务策。杭世骏策称："意见不可先设，轸域不可太分。""满洲才贤虽多，较之汉人，仅什之三四，天下巡抚，尚满汉参半，总督则汉人无一焉，何内满而外汉也！""三江两浙，天下人才渊薮，边隅之士，间出者无几，今则果于用边省之人，不计其才，不计其操履，不计其资俸，而十年不调者，皆江浙之人，岂非意见轸域？"等语……杭世骏着交部严察议奏。'寻议杭世骏怀私妄奏，依溺职例革职。从之。"

二月十六日，顾之珽招饮先生、金淳、周京等同人，属和其《早春卧病》之作，并遗先生罗浮丹灶泥。

《樊榭山房续集》卷三《顾丈月田遗罗浮丹灶泥》《次韵顾丈首春卧病遣怀四首》，周京《无悔斋集》卷十一《和月田首春遣怀四首》，《国朝杭郡诗辑》卷二十金淳《癸亥花朝后一日月田先生招饮属和早春卧病之作即事感怀》。金淳（？—1752），字曲农、厚余，浙江仁和（今杭州市）人。与王曾祥、金顾裴并称"北墅三老"。著有《曲农遗稿》《芦中人诗余》。

二月，作《和沈房仲论印十二首》。

《樊榭山房续集》卷三《和沈房仲论印十二首》。沈心《孤石山房诗集》卷三《论印绝句十二首》。按：沈心诗作于乾隆七年冬。

二月，王藻辑《广陵倡和录》成，自题诗于后。

王藻《莺脰湖庄诗集》卷十二《自题广陵倡和录后》："献赋明光迹已陈，江湖赢得自由身。再来烟月芜城路，交遍云山汐社人。十载吟诗多乐事，异时展卷若前尘。薄游三度奚囊富，不羡扬州杜子春。"

三月初三日，与许大纶、顾之珽、周京等游兴福寺，访鲁曾煜于敷文书院。

《樊榭山房续集》卷三《同许初观游城北兴福寺》《三月三日同许初观访鲁秋塍山长于敷文书院即事有作二首》。

三月初，与周京、施安、吴城、张熷饮吴山酒偻，薄暮方归。

《樊榭山房续集》卷三《同少穆竹田敦复南漪饮吴山酒楼时桃始花薄暮泛月归诸君送予至西桥别去》，施安《旧雨斋集》卷六《同穆门樊榭瓯亭南漪西颢饮吴山酒楼》。

三月初十日，同周京、许大纶出城南看花，念及同人或幽明互隔，或飘零他乡，感而赋诗纪之。

《樊榭山房续集》卷三《寒食同少穆初观城南看花用东坡上巳日携酒出游韵》云："一十六年追昔游，存殁关心首为俯。吴（尺凫）袁（舒雯）沈（栾城）子已泉下，泉下伤春寂无语。杭子（大宗）上书方待罪，丁（敬身）赵（功千、意林）栖迟掩衡宇。荒祠依旧祈蚕官，漠漠轻阴咽箫鼓。重来白发映花红，只有尊前周与许。平生不数蔡克儿，送抱推襟两无阻。凭君妙句发天悭，岁既晏兮孰华予。"

三月十二日，鲁曾煜邀先生、顾之珽、许大纶赏花南城。

《樊榭山房续集》卷三《清明后一日鲁秋塍招同顾丈月田许初观看花山中分韵》。

三月十三日，顾之珽邀先生、周京、许大纶就饮鲁曾煜斋。

《樊榭山房续集》卷三《次日顾丈载酒邀同少穆初观就饮秋塍于山中同用昌黎山石韵》《诸公诗来兼咏山石予诗似有未尽再用前韵赋一首》。周京《无悔斋集》卷十一《春日集敷文书院用退之山石诗韵》自注："同游顾月田、许初观、厉樊榭，山长为鲁秋塍。"

三月十四日，过周京斋，共赏马和之小幅。

《樊榭山房续集》卷三《题周少穆所藏马和之小景二首》。《南宋院画录》卷三："乾隆八年三月十四日，过吾友周少穆欣托书斋，出观马和之小幅，上有杨妹子题，即'雨洗东坡'一诗也。字画秀逸，款云'杨妹子'，下有双龙小圆印，'和之'二小字在下方，即四景之一也。少穆云得于淞江。厉鹗记。"马和之，钱塘（今杭州市）人。宋绍兴中进士，善画，官至工部侍郎。

三月十六日，为汪沆撰《盘西纪游集序》，时汪沆归自天津，数日后即有闽峤之行。

《樊榭山房文集》卷三《盘西纪游集序》，末署年月云"乾隆八年三月十六日"。《樊榭山房续集》卷三《西颢自都下归里数日即有闽中之行诗以送之》自注："时客将军幕府。"

三月廿五日，先生与顾之珽、周京、金农、施安、张熷、吴城游湖，登宝石山，分韵赋诗。

《樊榭山房续集》卷三《谷雨前一日同顾丈月田周少穆金寿门丁敬身施竹田吴敦复张南漪泛湖二首》并附吴城同作、《同寿门敬身登宝石山天然图画阁予不游此已十四年矣用前韵题壁》，周京《无悔斋集》卷十一《谷雨前一日湖上同月田寿门樊榭竹田希亮敦复分得歌字》。

三月廿六日，过郑江斋，时江以足疾卧床已阅一春。

《樊榭山房续集》卷三《讯筠谷足疾》，并附郑江和诗《足疾卧床已阅一春谷雨日蒙樊榭枉存并慰以佳什次韵率和》。

春，桑调元购得顾嗣立《元诗选》一部，内附有故家女陈坤维小诗一首，先生与同人以为异事，纷纷和诗赋之。

《樊榭山续集》卷三《桑弢甫水部买得元人百家诗后有小笺黏陈氏坤维诗盖故家才妇以贫鬻书者惜不知其里居颠末尔读之有感次韵一首并征好事者和焉》，周京《无悔斋集》卷十一《和女史陈氏坤维卖书诗》。按：汪远孙《借闲生诗》卷一《次闺秀陈坤维手题元人百家诗韵》注："纸尾识时丁巳又九月九日。"可知陈坤维此诗写于乾隆二年。

春，全祖望闻杭世骏以言获罪，作诗声援，对朝廷内满外汉、抑制南人的用人政策亦深表不满。

全祖望《鲒埼亭诗集》卷二《杭堇浦编修以言获谴诗以讯之》。

春，鲍钤再罢长兴令，寓居杭州。

鲍钤《道腴堂诗续》卷二《再罢长兴令杂述四首》："来时丛桂吐，新黄去日疏。"

四月初，方士庶自新安归扬州。

闵华《澄秋阁集》卷四《四月二日登康山喜环山归自新安各赋五言古诗十二韵得鳞字》。方士庶(1692—1751)，字洵远，号环山、小师道人，安徽歙县(今安徽省歙县)人，侨居扬州。善画山水。著有《环山诗钞》。

四月初六日，汪台招先生、金农、周京、施安饮于家竹西旧地，分韵赋诗。

周京《无悔斋集》卷十一《四月六日同寿门樊榭竹田饮抱朴竹西旧地分得六言律体限青字》。

四月，先生至扬州。

《樊榭山房续集》卷三《广陵同人招集花畦看芍药四首》其一有云："留人四月赏芳丛。"

闰四月中旬，全祖望将四十岁之前文字结集，得八十卷。

《全祖望集汇校集注》卷末辑全氏《自叙》。

闰四月，马曰璐得汉铜雁足镫，招同人赋咏此事，并与书赵信等杭城友人，请共赋之。

《樊榭山房续集》卷三《汉铜雁足镫歌为半槎赋》。又同卷《汉铜龙虎鹿卢镫歌为敬身作》："今年曾咏雁足镫，新诗传唱满广陵。"《韩江雅集》卷七赵信《汉首山宫铜雁足镫歌为嶰谷半查赋》："吾友半槎宝鼎彝，获此尤爱形模奇。广陵雅事酬歌诗，招邀亦采葑菲辞。”赵一清同题诗：“有客有客广陵至，春去秋来雁臣似。千里书传风雅编，我一见之发欣喜。”《韩江雅集》列诗凡十六家，即郑江、程梦星、马曰琯、张世进、赵昱、丁敬、方士庶、马曰璐、杭世骏、陈章、闵华、全祖望、赵信、张四科、赵一清、戴文灯。戴文灯，字先林、绎农，号匏斋，浙江归安（今浙江省湖州市）人。乾隆二十二年进士，官礼部员外郎。著有《进退斋诗文集》。

五月初二日，与同人集小玲珑山馆观李遵道《古木幽篁图》。

《樊榭山房续集》卷三《五月二日集小玲珑山馆观李遵道古木幽篁图》。

五月初三日，为王藻作《广陵倡和录序》。

王藻《广陵倡和录》卷首厉鹗序：“《广陵倡和录》者，吴江王君梅沜年来游广陵友朋往还之作也。梅沜生东南菰芦中，自少即以声诗有闻于时。客游日下，不屑屑挟绫纹刺，而名字倾动公卿。会有以词学荐者，梅沜试不偶，留滞久之，乃南归。予夙知有梅沜，甲寅秋过平望，适梅沜在北，曾有诗怀之。及来广陵，见梅沜行卷，有题予《秋林琴雅》诗，两人盖心相慕也。丙辰予亦被荐入都，始与梅沜相见，而所遇与梅沜同。既意气销落，忽忽不暇以为诗。庚申夏重见于广陵，梅沜始和予奉怀诗韵，自是酒茗间稍稍有倡和，未几又各散去。盖六七年中两人会合之难如此。迩来予益坎懔憔悴，息影里居者二年。里中故人多衣食奔走四方，予亦疏弃笔墨，邑邑不自得，无复少壮时长吟疾书之乐。今年重来广陵，适梅沜亦在此，则遍交广陵之贤士大夫及寓公，劘垒致师，长篇大句，往往用剧韵相角逐，豪宕激发，如丰山钟，如蕤宾铁，以气相感，而未有已。予亦因梅沜以自释且自壮，而戛触笔砚间，且不免为空杠之束与退舍之避。会梅沜编此录成，予既以梅沜会合之难，知友朋文字游从为可乐，又以见广陵人士之盛，园林琴酒之适，有非他方可及者，亦太平胜事也，遂不辞而为之序。乾隆癸亥重五前二日钱唐厉鹗。”

与同人集张四科斋，试饮惠山泉茗，先生因病以煎莲子代之。

《樊榭山房续集》卷三《同人携茗集张渔川斋中试惠山泉用涪翁韵》并附张四科同作。

六月，先生归杭，扬州同人集晚晴轩，作诗怀之。

程梦星《今有堂诗后集·五贶集·怀樊榭渡江三用山谷韵》，马曰璐《南斋集》卷一《小集晚晴轩有怀厉樊榭今日渡江仍叠前韵》。

六月十四日，跋诸锦《郡廨梅花诗》。

《樊榭山房集外文·郡廨梅花诗跋》。

六月，于丁敬处得睹汉铜虎鹿卢镫，孙庭兰寄示唐北岳庙李克用题名碑拓本，皆有诗。施安有同作。

《樊榭山房续集》卷三《汉铜龙虎鹿卢镫歌为敬身作》《曲阳孙晴崖明府寄唐北岳庙李克用题名碑拓本》。施安《旧雨斋集》卷六《李克用北岳庙题名碑拓同樊榭作》。

七月初五日，汪日焕过满月禅院访先生，坐雨茶话。时先生读书寺中，施安、吴颖芳皆有相过。

《樊榭山房续集》卷三《七月五日满月精舍同汪旭瞻坐雨用东坡韵二首》《西林过满月精舍》。施安《旧雨斋集》卷五《过满月精舍与樊榭旭瞻茶话》。汪日焕，字旭瞻，歙县（今安徽省歙县）人，寓居仁和，先生弟子。董兆熊注引陈燧《过满月庵寻樊榭先生旧游处》："忆昔厉征君，读书曾憩此。文采映前后，风流被闾里。杖履未及从，吾生悲后起。只余壁上诗，一一劳僧指。"

七月初十日，郑性卒。

全祖望《鲒埼亭集》卷二十一《五岳游人穿中柱文》。

七月，杭世骏自京归杭，招先生暨同人共游报国寺。

《樊榭山房续集》卷三《堇浦归里同诸君过报国禅院池上分得时字》。

八月，《甘泉县志》付梓。

乾隆八年《甘泉县志》卷首高士鑰、王熙泰序。此书编撰，经历吴鹗峙、张宏运、王熙泰三任县令。《修志职名》云：鉴定高士钥，总辑吴鹗峙、张宏运、王熙泰、叶长扬、吴涛，同辑朱星渚、厉鹗、施安、张熷、陈章、吴可驯、马荣祖、王元衡。诸人泰半为先生友。

朱星渚（1658—?），字汉源，浙江德清（今浙江省德清县）人。善诗，游学王士禛、朱彝尊门。著有《长梧子集》。

马荣祖（1686—1761），字力甫，或作力木、力本，号石莲，江苏江都（今江苏省扬州市）人。雍正十年举人，历官阌乡、鹿邑知县。著有《亭云堂稿》《石莲堂稿》等。

秋，与汪日焕渡湖，游灵隐寺，访义果。

《重修云林寺志》卷六载先生《癸亥秋游云林访巨公于面壁轩》。《樊榭山房续集》卷三《秋晓同旭瞻涌金门外渡湖至金沙港》《行春桥道中》《游灵隐寺巨公饭予于面壁轩》《巨公重建春淙亭于清绕桥诗以落之》《下天竺寺后寻三生石》。

秋，为张云锦《红兰阁词》作序。

《樊榭山房续集》卷三《书柘湖张龙威长短句后二首》。《樊榭山房文集》卷四《红兰阁词序》。

九月初，离杭赴扬，过苏州与戴廷熺同游虎丘。

《樊榭山房续集》卷三《夕次石门》《过嘉兴》《晚登虎丘别戴纶长》《晚过梁溪有感》。

至扬州，以山栗遗闵华，方士庬以艾绫半臂贻樊榭。

闵华《澄秋阁集》卷四《樊榭以山栗见遗用报一章》《西畴以艾绫半臂贻樊榭并系以诗因和一律》。方士庬，字右将，号蜀象、西畴，安徽歙县（今安徽省歙县）人，侨居扬州业盐。著有《白华楼诗钞》《新安竹枝词》等。

九月初九日，马曰琯、曰璐兄弟招集韩江诗社十四人共祀陶公，各赋一诗，先生与焉，另十一人分别为胡期恒、唐建中、陈章、王藻、程梦星等。

《樊榭山房续集》卷三《九日半槎招集行庵以仇英画渊明像为供分得归字》，马曰琯《沙河逸老小稿》卷二《癸亥九日仝人集行庵出仇十洲画五柳先生像作供以人世难逢开口笑菊花须插满头归分韵得须字》，马曰璐《南斋集》卷一《癸亥九日同人集行庵出仇十洲画五柳先生像作供以人世难逢开口笑菊花须插满头归分韵得笑字》，程梦星《今有堂诗后集·五觋集·九日集行庵供仇实父画五柳先生像用杜樊川人世难逢开口笑菊花须插满头归句分韵得世字》，闵华《澄秋阁集》卷四《九日行庵以仇实父画五柳先生像作供用人世难逢开口笑菊花须插满头归十四字为韵得难字》，王藻《莺脰湖庄诗集》卷十二《九日集行庵以仇实父画五柳先生像作供用人世难逢开口笑菊花须插满头归分韵得人字》。

胡期恒（1671—1748），字元方，号复斋，湖南武陵（今湖南省常德市）人。康熙四十四年举人，官至甘肃巡抚。与年羹尧善，卒以此下狱，后得释，侨居扬州以终。

唐建中，字赤子，号南轩，湖北竟陵（今湖北省天门市）人。康熙五十二年进士，官翰林。

九月十六日，与王藻、方士庬、闵华、陆钟辉、张四科游摄山，三宿而返。

《樊榭山房集外文·摄山题名》："乾隆癸亥九月十有六日，钱唐厉鹗、吴江王藻、江都方士庬、闵华、陆钟辉、张四科来游摄山。时秋景澄霁，山空月明，酌泉赋诗，三宿乃返。"《樊榭山房续集》卷四《同方西畴闵玉井陆渟川自纱帽洲江行至青山作》《泊龙潭联句》《宿摄山渡》《游摄山栖霞寺留止三宿得诗三首》《摄山杂咏十二首》《留别栖霞寺久林禅师》并附释界清《次韵樊榭居士山中留别》。

至金陵，游清凉寺、秦淮河、长干寺、朝天宫等处。

《樊榭山房续集》卷四《自栖霞至金陵道中有梁始兴王憺安成王秀吴平忠侯景墓石麒麟墓碑犹存蒋王庙在钟山之麓太平门外城下即后湖也得四

绝句》《登清凉寺》《秦淮怀古四首》《宿长干寺僧房》《归舟江行望燕子矶作》,卷十《柳营曲·越调·寻秦淮旧院遗址》《折桂令·金陵朝天宫秋寓》。

九月十九日,因全祖望至,马曰琯、曰璐再招诗社同人聚会,共祀陶渊明,并绘图记之,全祖望为作序。

全祖望《鲒埼亭集外编》卷二十五《九日行庵文燕图序》:"乾隆八年九日,嶰谷兄弟招集同社一十四人祀陶公,出所藏仇实父白描像,悬于阁上,各赋一诗。予方留滞西泠,未得预也。又踰旬而予至,诸君方拟绘图记之,嶰谷曰:'此中不可无君。'乃以展日更举,令予得陪卷轴之末。而洪君曲溪两度皆以病失约,然故吟社中人也,亦补入焉……图之详,已见于厉君樊榭记中,一十四人者,胡都御史复斋、唐翰林南轩,皆楚产,厉征君樊榭、陈隐君竹町与予,皆浙产,王征君梅沜则吴产,余皆居于扬者。"

九月,与同人游建隆寺,分韵赋诗,与者程梦星、马曰琯、马曰璐、陈章、闵华、全祖望、张四科。

《樊榭山房续集》卷三《同授衣廉风游建隆寺用沈傅师游道林岳麓寺韵》,《韩江雅集》卷一《同游建隆寺用沈傅师游道林岳麓寺韵》。

秋,鲍鉁补嘉兴令。

鲍鉁《道腴堂诗续》卷四《闻补嘉兴令之信作》。

十月初九日,程从龙从市场中购得一批古钱,人皆以为汉物,先生则认为是先秦货布。从龙嘱先生为《先秦货布记》,并有自序。

《樊榭山房文集》卷五《程振华藏先秦货布记》。葛金烺《爱日吟庐书画录》卷四亦载其文,且文末较《文集》多出数语:"程君属予次第其语,因书以为《先秦货布记》。乾隆癸亥孟冬小雪后二日,钱唐厉鹗撰。"倪模《古今钱略》卷三十二:"程氏振华,甘泉人。《樊榭山房文集》有《程振华藏先秦货布记》。甲寅七月,宋芝山入都,出樊榭手书此记墨迹册见赠,云得自扬州书摊者。前有'樊榭'二字红文长印,末云'乾隆癸亥孟冬小雪后二日钱塘厉鹗撰'。下有'厉鹗'二字白文方印,'太阳'二字红文方印。"程从龙,字振华,又字荔江,江苏甘泉(今江苏省扬州市)人。好藏金石泉布,曾于乾隆三年编就《秦汉印谱》六册。

韩江雅集,共赋方士庶所藏明宁王画,与者胡期恒、唐建中、程梦星、马曰琯、厉鹗、方士庶、王藻、马曰璐、陈章、闵华、张四科等。

《樊榭山房续集》卷四《集方环山斋题明宁献王画》,《韩江雅集》卷六《题方环山所藏明宁王画》。

十月十六日,扬州同人集七峰草亭,赋诗咏梅。梅为马氏伯仲自金陵所移。

与者有胡期恒、唐建中、程梦星、马曰琯、汪玉枢、厉鹗、方士庶、王藻、方士庱、马曰璐、陈章、闵华、陆钟辉、全祖望、张四科等。

《樊榭山房续集》卷四《金陵移梅歌为嶰谷半查赋》。《韩江雅集》卷一全祖望《金陵移梅歌序》："广陵近有唱和之集，胡都御史复翁与其里之诗人相与过从之作，而寓公如厉征君樊榭辈皆豫焉，已选定数卷，行于世。今年秋杪，予至广陵，诸君半游摄山未返，已而毕至。马君嶰谷、半查方自白下移古梅一十三本，植于七峰草亭之阳，即予所假馆地。方君西畴挈盏就予，同席者皆唱和中人也。予拈'移梅'为题，在席各赋七言古诗一章，裒成一卷，同人即令开雕。惟花之名贵者，皆自爱，故不得贤地主以为依归，或蕉萃而不荣，而不得学士大夫之赏玩，亦无以振发其神魄。今兼而有之，吾将为梅庆所遭也。乾隆癸亥十月望后一日，双韭山民全祖望。"汪玉枢，字辰远，号恬斋，安徽歙县（今安徽省歙县）人，业盐于扬。著有《恬斋遗诗》。

十月中浣，与同人集畲经堂，分咏冬日节物，与者程梦星、马曰琯、厉鹗、王藻、马曰璐、陈章、闵华、全祖望、张四科、史肇鹏等，先生得剪橘。

《韩江雅集》卷一《冬日集畲经堂分咏》。

十月廿二日，微雪初集，与同人集小玲珑山馆，分题、分韵赋诗各一首，与者有厉鹗、胡期恒、唐建中、程梦星、马曰琯、汪玉枢、方士庱、马曰璐、陈章、王藻、闵华、陆钟辉、全祖望、张四科、叶震初等，叶为绘图，以纪其盛。

《韩江雅集》卷一《微雪初晴集小玲珑山馆》，其中《胡期恒得咸韵》自注："是日为大雪。"《唐建中得青韵》自注："叶君震初为会中诸君写照。"

十月下浣，诗社雅集，分韵咏松声。与者马曰琯、厉鹗、方士庶、王藻、方士庱、马曰璐、陈章、闵华、陆钟辉、全祖望。

《韩江雅集》卷一《松声以王子安日落山水静为君起松声分韵》。

十月，张湄奉使出都，视漕山左，途中闻父讣，遂还里。

张湄《柳渔诗钞》卷九《癸亥十月奉使视漕山左宿良乡二首》。

十一月初四日，与同人集蟫书楼，以雪中故事分题赋诗。与者厉鹗、马曰琯、方士庶、王藻、方士庱、马曰璐、陈章、闵华、陆钟辉、全祖望、张四科。

《韩江雅集》卷一《长至前三日同人集蟫书楼下时风日晴美雪意未作因分赋雪中故事各成五言四韵以为宿麦之先兆云》。

十一月，与同人游浮山，观壁间《山海经》塑像，各为排律一章。与者胡期恒、唐建中、程梦星、马曰琯、汪玉枢、厉鹗、王藻、方士庱、马曰璐、陈章、闵华、杨述曾、陆钟辉、全祖望、张四科。马曰琯、先生又各作曲一阕。

《樊榭山房续集》卷四《浮山禹庙观山海经塑像三十韵》。《韩江雅集》卷二全祖望《浮山禹庙观壁间山海经塑像排律三十韵序》:"江都城南厢有浮山,盖亦石纽之流也,旁为大禹庙,其门首塑《山海经》诸相。乾隆癸亥仲冬同人共往观之,因相订赋排句,以补志乘之缺,属而和者如干首。"《樊榭山房续集》卷十《一半儿·仙吕宫·浮山禹庙和嶰谷》。

十一月十三日,得友人相助,先生纳姬人刘氏于扬州。

《樊榭山房续集》卷四《十一月十三日广陵纪事戏答诸同人作二首》,其一:"名士肯分闲馆贮",自注"谓嶰谷、半查",即马氏昆仲;"词流许借聘钱来",自注"谓恬斋、西畴、南圻、渔川",即汪玉枢、方士庭、陆钟辉、张四科。陈章《孟晋斋诗集》卷八《太鸿广陵纳姬二首》。马曰琯《沙河逸老小稿》卷二《厉樊榭纳姬》:"尽取双眉当远岚,隔墙诗老漫相探。"自注"谓谢山"。程梦星《今有堂诗后集·樊榭新纳姬人二绝句》。按:朱谱系此事于乾隆七年,误。

十一月十四日,与同人集陆钟辉晚晴轩,为消寒之会,分韵赋诗。与者胡期恒、唐建中、马曰琯、汪玉枢、厉鹗、方士庶、王藻、方士庭、马曰璐、陈章、闵华、陆钟辉、全祖望、张四科。全祖望诗以先生纳姬事相谑。

《韩江雅集》卷三《消寒初集晚晴轩分韵》。按:《汪玉枢得侵韵》有云"阳气已回刚八日",知为立春后第八日。《全祖望得盐韵》:"曝背还过酒力甜,圆月正中初应女。"自注云:"《京房卦》:'候冬至第二侯入须女度。'时樊榭新纳姬人,因以戏之。"

十一月三十日,与同人集小玲珑山馆,分咏寒事,得"寒林"。此会与者胡期恒、唐建中、程梦星、高翔、马曰琯、汪玉枢、厉鹗、方士庶、王藻、方士庭、马曰璐、陈章、闵华、陆钟辉、全祖望、张四科。

《韩江雅集》卷三《十一月三十日集小玲珑山馆分咏》。

冬,马曰琯、马曰璐兄弟编藏书书目成,全祖望应约撰序。

全祖望《鲒埼亭集》卷三十二《丛书楼书目序》。

冬,陆钟辉刻印姜夔《白石道人诗集》《白石道人歌曲》,凡四卷。

姜夔《白石道人诗集》《白石道人歌曲》乾隆八年刻本卷首陆钟辉序。全祖望《鲒埼亭诗集》卷三《姜白石诗词全集刻成即效白石体落之》自注:"是本出陶南村手钞。"闵华《澄秋阁集》卷四《南圻合刻姜白石诗词成赋以识之》,王藻《莺脰湖庄诗集》卷十二《陆比部合刊姜白石诗词成诗以落之》。

岁暮,叶震初将返吴,自作渔隐小照,请同人题诗。

《韩江雅集》卷三《洞庭叶震初为同人写行庵文燕图岁晏濒行自作渔隐小照索题》。题诗者凡十四人,即胡期恒、唐建中、程梦星、马曰琯、汪玉枢、厉鹗、方士庶、王藻、方士庭、马曰璐、陈章、闵华、陆钟辉、张四科。

因河阻留滞扬州度岁，全祖望、赵昱以流连闺情相嘲。

赵昱《爱日堂吟稿》卷十二《谢山从广陵来讯知樊榭以河堰未开风雪小住有诗戏之同赋》《樊榭竟以河阻不归留广陵度岁再赋一绝句》。

是年，汪应庚、义果重修云林寺成，先生为撰三记。

《樊榭山房文集》卷五《五百罗汉殿记》《云林寺重建轮藏殿记》《清绕桥新建春淙亭记》。汪应庚，字上章，安徽歙县（今安徽省歙县）人。业鹾于扬，以好义称。以子起贵封中宪大夫刑部湖广司郎中。

是年，蒋仁生。

蒋仁（1743—1795），初名泰，字阶平，号山堂，别号吉罗居士、女床山民，浙江仁和（今杭州市）人。工书，擅篆刻，为"西泠八家"之一。

乾隆九年甲子(1744)　　五十三岁

正月初，自扬归杭。

正月，杭世骏作《甲子书怀》，多生世之感，先生、丁敬、许大纶皆有和。

杭世骏《道古堂诗集》卷十一《甲子书怀》，附许大纶次韵诗。《樊榭山房续集》卷四《次韵堇浦春日书怀四首》，丁敬《砚林诗集》卷二《甲子春日书怀次堇浦韵》。

正月十二日，先生与同人集赵昱小山堂，观琉球国官工松元泰新刻《墨谱》，有诗。

《樊榭山房续集》卷四《试灯前一日同人集赵谷林小山堂观流求国官工松元泰新刻墨谱用山谷松扇韵》，赵昱《爱日堂吟稿》卷十二《试灯前一日介眉樊榭堇浦敬身曦亮敦复集南华堂观流求官工墨谱用山谷韵同赋》，丁敬《砚林诗集》卷二《试灯前一日集小山堂观流求墨谱同用山谷松扇韵》，张熷《南漪先生遗集》卷一《试灯前一日集南华堂观流求官工墨谱用山谷松扇韵》。

正月十五日，雨，夜集瓶花斋，分韵赋诗。

《樊榭山房续集》卷四《元夕雨中集吴敦复瓶花斋分得何字》，周京《无悔斋集》卷十一《元夜饮瓶花斋得来字》。

正月廿二日，游云林寺访义果，为作《清绕桥新建春淙亭记》。

《樊榭山房续集》卷四《春夜访巨公于云林宿面壁轩》。《增修云林寺志》卷五《艺文》录先生《清绕桥新建春淙亭记》，末署年月云"乾隆甲子春正月二十二日”。

正月，借阅赵信新购宋椠智圆《闲居编》。

《樊榭山房续集》卷四《首春连雨兼旬借阅谷林新购宋椠智圆闲居编用前韵》，赵昱《爱日堂吟稿》卷十二《购得宋椠西湖僧智圆闲居编樊榭借观仍用涪翁韵见示同赋》。

正月，扬州同人雅集行庵，分咏梅事，与者胡期恒、唐建中、程梦星、马曰琯、汪玉枢、方士庶、王藻、方士庭、马曰璐、陈章、闵华、陆钟辉、张四科等。

《韩江雅集》卷四《首春行庵小集分咏梅花事》。

二月初三日，与周京、施安集湖上。

《樊榭山房续集》卷四《二月三日同少穆竹田诸君集湖上题酒楼壁》，周京《无悔斋集》卷十一《二月三日集湖上分韵得浓字》，施安《旧雨斋集》卷四《酒楼小饮漫成》。

二月初五日，扬州同人集筱园，以白居易诗为起句分韵赋诗，与者胡期恒、唐建中、程梦星、马曰琯、汪玉枢、方士庶、王藻、方士庭、马曰璐、陈章、闵华、陆钟辉、张四科。

《韩江雅集》卷四《二月五日集筱园梅花下用香山诗为起句》。

二月十四夜，与周京、胡欥、施安、吴城、汪日焕、施廷枢泛舟西湖，共赋四绝句。

《樊榭山房续集》卷四《二月十四夜同周少穆胡又乾施竹田吴敦复汪旭瞻施北亭西湖泛月共赋四绝句》，周京《无悔斋集》卷十一《春湖月泛诗四首》，施安《旧雨斋集》卷六《二月十四夜同周穆门胡又乾厉樊榭吴瓯亭汪旭瞻家北亭西湖泛月赋断句四首》。

二月十五日，吴城招先生、周京早起游苏堤。

《樊榭山房续集》卷四《晓行苏堤作二首》。周京《无悔斋集》卷十一《次日早起行苏堤上》自注：“是游敦复主之。”

二月十六日，游云林寺，访智果。时《增修云林寺志》成，自序之。

《增修云林寺志序》：“灵隐为吾浙首刹。前此之有志也，始自昌黎白珩子佩氏，近则仁和孙治宇台氏、吴门徐增子能氏相继重修。圣祖仁皇帝省方南幸，驻跸山中，御书‘云林’二字为额，则在徐氏癸卯辍简之后。天文焕烂，佛日重光，曷可无纪？前志虽三属草，脱漏尚多，曷可无述？兹幸巨涛和尚为主席，苦行宏愿，信于檀施，举七十余年之土湮木腐者，一旦聿新。既落成，从事于志，请于予。予，郡人也，素耽林壑，留意西山之胜也久，何敢辞？又得同学张君曦亮为佽助，谨撰次前志所未备者，勒成八卷，门类则仍旧焉。书成，题曰《增修云林寺志》。其有缺略，以俟后之君子。乾隆九年春二月既望，樊榭居士厉鹗书于云林之面壁轩。”按：《增修云林寺志》为先生与张熷同辑。

三月初三日，明中画《春湖夜泛图》成，周京为作题后。

周京《无悔斋集》卷十一《题春湖夜泛图后》。

三月十四日，先生与周京、金农、汪台、金志章、杭世骏泛舟西湖，分韵赋诗。

周京《无悔斋集》卷十一《三月十四日寿门樊榭抱朴同酌江声于湖上分韵》，金志章《江声草堂诗集》卷七《塞北初归穆门寿门复园樊榭堇浦招游湖上分韵》。

春，与丁敬集赵信春及园观苏轼《雪浪石盆铭》拓本，有诗纪之。

《樊榭山房续集》卷四《苏文忠公雪浪石盆铭拓本向见于马君嶰谷斋中曾和公雪浪石诗韵今年春曲阳孙明府以一通远寄复用前韵赋一篇》，赵昱《爱日堂吟稿》卷十三《题东坡先生雪浪石盆铭拓本用雪浪石诗韵》，赵信《秀砚斋吟稿·又孙瑶圃遗坡公雪浪石盆铭拓本粘于三十六鸥亭壁樊榭敬身过赏同用公韵》，施安《旧雨斋集》卷五《观坡公雪浪石刻本即用原韵同樊榭授衣作》。

春，金志章归杭里居，厉鹗得见倪国琏《城东访友图》并倪、金二人所附诗，感而和之。

《樊榭山房续集》卷四《倪穟畴给谏庚申夏日在京师曾作城东访友图并系以二绝句寄金江声副使于上谷盖追写丙申春同访余不值事也江声亦题二绝句装潢成册穟畴癸亥奉使江南殁于太和今春江声归里始得见之感叹不足如数题后》。

三月廿二日，小园木香蔷薇盛开，有诗，旋离杭赴扬。

《樊榭山房续集》卷四《春尽日小园木香蔷薇盛开时予将有广陵之行》。

四月，韩江诗社雅集，作《打麦词》，与者胡期恒、唐建中、程梦星、方士庬、马曰璐、陈章、闵华、洪振珂、陆钟辉、张四科，先生未与。

《韩江雅集》卷四《打麦词》。按：由黄建中诗“四月不爱黄鹂鸣”，可知雅集时间。洪振珂，号曲溪，安徽歙县（今安徽省歙县）人，寓扬州。著有《因树楼集》。

四月，韩江诗社小集，作《养蚕词》。与者胡期恒、唐建中、程梦星、汪玉枢、方士庶、方士庬、马曰璐、陈章、闵华、洪振珂、陆钟辉、张四科。

《韩江雅集》卷四《养蚕词》。按：由马曰璐诗“江南四月桑阴薄”，张四科诗“吴乡四月门巷闭”，可推知雅集时间。

四月，诗社雅集，分题拟唐人，先生得《纳凉拟王右丞维》。此集与者胡期恒、唐建中、程梦星、马曰琯、汪玉枢、厉鹗、方士庶、王藻、方士庬、马曰璐、陈章、闵华、洪振珂、陆钟辉、张四科等。

《韩江雅集》卷四《分拟唐人五言古体》。

四月，马曰琯、王藻、马曰璐、闵华、陆钟辉、张四科等同游南庄，有诗。

《韩江雅集》卷四《南庄野眺用东坡书王定国所藏烟江叠嶂图韵》。

四月，陆钟辉招同人集行庵，分咏扬州古迹，先生得"秋声馆"。此会与者胡期恒、唐建中、程梦星、马曰琯、厉鹗、王藻、方士庱、马曰璐、陈章、闵华、陆钟辉、张四科。

《樊榭山房续集》卷四《陆南圻招同人集行庵分咏广陵古迹得秋声馆》，《韩江雅集》卷五《分咏扬州古迹》。

五月初二日，马曰琯、曰璐伯仲招先生、胡期恒、唐建中、程梦星、方士庶、王藻、陈章、闵华、陆钟辉、张四科集小玲珑山馆，题《五毒图》。

《樊榭山房续集》卷四《五月二日嶰谷半槎招同人集小玲珑山馆题五毒图》，《韩江雅集》卷五《五月二日集小玲珑山馆题五毒图》。

五月十二日，赵殿最卒。

赵一清《东潜文稿》卷上《光禄大夫经筵讲官工部尚书铁岩公行状》。

五月十四日，与闵华、王藻、陆钟辉集红桥王氏园，赏月赋诗。

《樊榭山房续集》卷四《五月十四夜红桥王氏园看月同玉井梅洪南圻作》。

五月底，先生归杭。扬州同人有集饯行，分咏杭州古迹。与者胡期恒、唐建中、程梦星、马曰琯、王藻、方士庱、马曰璐、陈章、闵华、陆钟辉、张四科等。

《樊榭山房集外诗·将归武林同人分咏西湖古迹得九里松》，《韩江雅集》卷六《分咏西湖古迹送樊榭归钱唐》。按：由马曰琯诗云"五月清阴带早蝉"，先生诗云"我来六月卖松风"，胡期恒诗云"君今两月扬州住"，先生来扬在三月底，可知此次归杭当在五月底。

六月初三日，大学士徐本因病解任。

《清史编年·乾隆九年》。

六月，顾之珽招同人集南屏明中上人房，避暑分韵赋诗。

《樊榭山房续集》卷四《顾丈月田招同人南屏让师房避暑分得叶字》，周京《无悔斋集》卷十一《顾月田招同人集让公南屏精舍避暑分得戒字》，丁敬《砚林诗集》卷一《南屏精舍避暑分得林字》，杭世骏《道古堂诗集》卷十一《让公招集南屏山房避暑分得尚字》。

夏，施念曾官余姚知县，先生、杭世骏、金志章、周京、施安宴集送之。

《樊榭山房续集》卷四《送施檗斋之官余姚二首》，杭世骏《道古堂诗集》卷十一《送施(念曾)之官余姚》，金志章《江声草堂诗集》卷七《题春江话别图送施蘖斋之官余姚二首》。周京《无悔斋集》卷十二《寄余姚施大令蘖斋》，自注："时堇浦、竹田在座。"施念曾，字得仍，号蘖斋，安徽宣城（今安徽省宣城市）人，施闰章曾孙。拔贡生，官至禹州知州。著有《蘖斋诗文遗稿》，辑有《宛雅三编》。

夏，周京招先生暨同人游玛瑙寺，访后仆夫泉。

《樊榭山房续集》卷四《周少穆招同人游玛瑙寺访后仆夫泉分得无字》，周京《无悔斋集》卷十一《夏日过玛瑙寺访后仆夫泉得色字》，梁启心《南香草堂诗集》卷一《周穆门招同人游玛瑙寺访元僧芳洲后仆夫泉》，丁敬《砚林诗集》卷二《周穆门招同人游玛瑙寺访元僧芳洲后仆夫泉分得石字》，杭世骏《道古堂诗集》卷十一《夏日过玛瑙寺访元僧芳洲所凿后仆夫泉》，金志章《江声草堂诗集》卷七《夏日过玛瑙寺访后仆夫泉》，篆玉《话堕集》卷二《夏日同周上舍（京）胡进士（铣）金副使（志章）厉孝廉（鹗）梁太史（启心）金处士（农）杭编修（世骏）过玛瑙寺访后仆夫泉》，明中《烎虚大师遗集》卷上《夏日玛瑙寺访元僧芳洲后仆夫泉》。

六月廿九日，顾之珽招诗社同人雨中泛西湖，周京因病未与。

《樊榭山房续集》卷四《初秋雨中泛湖》，周京《无悔斋集》卷十一《立秋后三日西湖雨泛予小病不出月田顾丈寄诗遂以口号补之》，金志章《江声草堂诗集》卷七《秋日泛舟至湖心寺》，杭世骏《道古堂诗集》卷十一《新秋雨中泛湖》，篆玉《话堕集》卷二《立秋后三日同人雨泛》。

七月初三日，游青溪。

《樊榭山房续集》卷四《青溪叹》："七月三日天沉沉。"

七月十二日，汪台筑小板桥成，召先生与同人会于复园，分韵各赋七律一首。与者凡二十人，其余十八人分别为周京、顾之珽、金志章、许承祖、郑江、丁敬、梁启心、金农、吴城、杭世骏、鲁曾煜、明中、篆玉、崧亭、祝维诰、钱载、许大纶、汪仲鈖，大恒为之补图。后汪台辑诸人诗为《复园红板桥诗》。

《复园红板桥诗》。

汪钟鈖（1722—1753），字丰玉，号桐石，浙江桐乡（今浙江省桐乡市）人。家富藏书。有《桐石斋诗集》。

许承祖，字绳武，号复斋、雪庄居士，浙江海宁（今浙江省海宁市）人。副贡生，授职州判。著有《雪庄西湖渔唱》。

七月廿六日，杭世骏伯兄卒。

杭世骏《道古堂文集》卷四十八《志伯兄殡》。

八月十五日，陆腾招同人游南屏，观米芾摩崖琴台字。与者先生、周京、金农、顾之珽、金志章、汪台、梁启心、杭世骏、丁敬、施安、顾之麟、吴城、明中、篆玉等。

《樊榭山房续集》卷四《中秋日陆芸轩招同人游南屏观米南宫摩崖琴台字分韵》,周京《无悔斋集》卷十一《秋日平湖云轩陆君招游南屏观米海岳摩崖琴台二字分韵》《中秋湖上晚归见月》,金农《冬心先生续集》下卷《南屏山中观米外史琴台石刻二大字同少穆月田江声抱朴樊榭葭林堇浦敬身竹田寸田瓯亭诸君大恒让山二上人作》,梁启心《南香草堂诗集》卷一《秋日登南屏观米南宫摩厓琴台二字》,金志章《江声草堂诗集》卷七《中秋日同人登南屏山观米海岳摩厓琴台二字》,杭世骏《道古堂诗集》卷十二《南屏山观米海岳摩崖琴台字》,篆玉《话堕集》卷二《中秋日登南屏观米南宫摩厓琴台二字分韵得六月同顾明府(之珽)周上舍(京)郑侍读(江)金处士(农)汪征士(台)杭编修(世骏)丁处士(敬)许孝廉(大纶)梁太史(启心)施上舍(安)厉孝廉(鹗)吴上舍(城)陆贡士(腾)》。

八月,访茅应奎于昭庆寺。

《樊榭山房续集》卷四《赠茅湘客七十时寓湖上昭庆寺》。

秋,韩江诗社雅集,分咏唐诗人。与者胡期恒、唐建中、程梦星、马曰琯、王藻、方士庶、马曰璐、陈章、闵华、陆钟辉、张四科。

《韩江雅集》卷六《书唐人诗集后》。

秋,韩江诗社行庵雅集,分咏秋花。与者程梦星、马曰琯、陆锡畴、方士庶、马曰璐、闵华、张四科。

《韩江雅集》卷六《分咏行庵秋花》。马曰琯《分得杜少陵》:"寂历秋堂悲。"

九月上浣,离杭赴扬。

《樊榭山房续集》卷四《秋晚自皋亭至临平二首》《过硖石登西山广福院三首》《月夜渡石湖》。

九月初九日,过吕城,有诗赋怀扬州同人。

《韩江雅集》卷六张四科《重九后二日樊榭至自武林同人适有看菊之集分韵共赋得寒韵》自注:"樊榭九日过吕城,有《怀广陵同社》之作。"

九月十一日,与同人宴集赏菊,分韵赋诗。与者程梦星、马曰琯、厉鹗、王藻、方士庶、马曰璐、黄裕、陈章、闵华、张四科等。

《韩江雅集》卷六《重九后二日樊榭至自武林同人适有看菊之集分韵共赋》。黄裕(1695—1769),字北垞,安徽歙县(今安徽省歙县)人,寓扬州,后移居仪征。工诗。著有《金竹居诗存》。

九月十九日,梁文濂、顾之珽、金志章、汪台、杭世骏等游吴山,为登高之会。

周京《无悔斋集》卷十一《九月十九日梁溪父宋绎劬顾月田金江声吴架雪汪抱朴杭堇浦诸公复上吴山为登高之会予不及从分韵得江字》,梁启心

《南香草堂诗集》卷一《九月十九日侍家大人兼陪诸公登吴山作展重阳之会》，梁文濂《桐乳斋诗集》卷十二《九月十九日偕诸同好展重阳于吴山》。梁文濂(1672—1758)，字次周、溪父，号莲峰，浙江钱塘(今杭州市)人，以贡生授浙江诸暨训导。著有《桐乳斋诗集》等。

九月廿七日，杭世骏、许大纶、金志章同过丁敬斋看菊。

丁敬《砚林诗集》卷二《甲子九月二十七日喜诸先生仝过小园看菊分韵》，杭世骏《道古堂诗集》卷十一《金观察(志章)许孝廉(大纶)同过丁处士龙泓山馆看菊不值却赋》《同人重过龙泓山馆看菊》。

秋，周京赋《采菱词》二首，后先生及金志章、杭世骏皆有和诗。

周京《无悔斋集》卷十二《采菱词》，《樊榭山房续集》卷五《采菱词二首》，金志章《江声草堂诗集》卷七《采菱词》，杭世骏《道古堂诗集》卷十二《采菱曲》。

十月十一日，顾之珽六十七岁生日，杭州同人集十研斋，分韵赋诗。

周京《无悔斋集》卷十一《十月十一日月田先生六十七生日诗分得六鱼(集十研斋作)》，梁文濂《桐乳斋诗集》卷十二《茶园生辰同人燕集分韵》，梁启心《南香草堂诗集》卷一《十月十一日集十研斋分韵为月田丈寿》。

十月，程梦星《重订笺注李义山诗》刻成。

程梦星《今有堂诗后集·山心集·重订笺注李义山诗刻成题后》。

十一月廿四日，赵执信卒。

钱仪吉《碑传集》卷四十五汪由敦《文林郎前右春坊右赞善兼翰林院检讨赵先生执信墓志铭》。

冬，小集行庵。与者胡期恒、唐建中、马曰琯、汪玉枢、厉鹗、方士庶、王藻、方士庚、马曰璐、陈章、闵华、陆钟辉、张四科。

《韩江雅集》卷六《冬日小集行庵分咏》。

冬，韩江雅集，各赋《田园杂兴》四首。与者程梦星、马曰琯、厉鹗、王藻、方士庚、马曰璐、陈章、闵华、陆钟辉。

《韩江雅集》卷六《冬日田园杂兴》。

十二月，先生归自扬州，周京、陈兆仑亦归里。

梁启心《南香草堂诗集》卷一《元夕集瓶花斋》自注："坐中穆门、樊榭、句山皆岁底归里。"

十二月，弘历赐梁文濂御书"清勤堂"匾额，梁作诗纪恩，并邀先生、金志章、丁敬贺之。

梁文濂《桐乳斋诗集》卷十二《接奉御赐清勤堂匾额追维畴昔感恩纪事》，附金志章、厉鹗、丁敬和诗。按：厉诗不载《樊榭山房集》，其文云："度支倚藉巩神畿，帝眷夔龙众所稀。永矢难挠存晚节，独持匪懈佐宵衣。尚书履彻星辰动，奎画香分日月辉。盛事应须宣史馆，群工共砥寸心微。”

十二月，朱樟招同人游宝奎寺，分韵赋诗。与者先生、郑江、顾之珽、周京、金志章、戴廷熺、梁启心、丁敬、杭世骏、陈章、陈兆仑、施安、吴城、杨知、朱山芷等。

《樊榭山房续集》卷四《朱泽州鹿田招同人游宝奎寺分韵》，周京《无悔斋集》卷十一《冬日游宝奎寺》，杭世骏《道古堂文集》卷十一《冬日游宝奎寺》，施安《旧雨斋集》卷五《朱鹿田太守招集宝奎寺分韵》，梁启心《南香草堂诗集》卷一《朱太守鹿田招同人游宝奎寺分韵》，陈章《孟晋斋诗集》卷八《朱鹿田太守邀同人游宝奎寺分得七虞》，杨知《审是斋诗抄·冬日同郑筠谷先生顾丈月田周丈穆门朱丈鹿田金丈江声厉太鸿戴鹂亭梁莈林丁敬身杭堇浦陈竹町陈句山施竹田吴瓯亭朱山芷游宝奎寺分韵得泰字》。杨知(1695—?)，字诲仲，浙江钱塘(今杭州市)人。诸生，受业于何焯，好李光地说经书。著有《审是斋诗钞》。

十二月，傅王露归自济南，同人集瓶花斋，分韵赋诗。

梁文濂《桐乳斋诗集》卷十二《傅玉笥编修岁晚归自济南同人集瓶花斋分韵》，张湄《柳渔诗钞》卷九《岁暮傅玉笥前辈自济南归集瓶花斋分韵》，施安《旧雨斋集》卷七《玉笥先生岁暮自济南归里同集瓶花斋分韵得九佳》。

除夕，雪中读《唐摭言》，赋七绝四首。

《樊榭山房续集》卷四《除夕雪中读唐摭言四首》。

是年，为吴龙光《澶州吟稿》撰序。

吴龙光《澶州吟稿》卷首厉鹗序：“里中吴子雨亭少随其尊甫宦游荆楚黔滇间，汉江沅水之壮，炉山蒙顶之奇，无不恣心悦目。辟灵奥以归，闭门读书，晓夜不辍，所以名擅文场，早驰声誉，远近皆一愿见之。及赘赵氏家，为谷林、意林堂兄之女夫。二林南华草堂藏书甲天下，复集海内名士文燕其中，而雨亭蕴酿曲蘖者五六年。同余学为诗，时余居东郭，晴则脱帽露顶而来，雨则着屐戴笠以至，寒暑勿倦，有如一日。昨岁宁亲之大名，大名为古澶渊地，其山川之遒壮，事迹之奇迈，更可知也。归来出《澶州吟稿》二卷，问序于余。余谓少陵昔年十九，省其尊人于齐鲁，《登兖州城楼》诗，即具上下古今、俯冲宇宙之概，而雨亭澶渊感秋之作，悲凉苍莽，激越凄清，不将与少陵相后先乎？盖人特患自悠忽耳！如雨亭者，资力高峻，见闻敦笃，充斯气也，以往其造就，真不可限量。异日名家，则《澶州》一编，余知其未有不为鲁稿者也。樊榭厉鹗题。”按：吴龙光《蕙櫋小稿·三十生辰杂感》：“去岁走京洛，前年客澶州。”此诗作于乾隆十年，可知龙光客澶在乾隆八年，先生序作于九年。吴龙光(1716—?)，字飞池，号蕙櫋，浙江钱塘(今杭州市)人。诸生，先生弟子。

是年，全祖望始续选《甬上耆旧诗集》。

蒋天枢《全谢山先生年谱》。

是年，黄易生。

黄易(1744—1802)，字小松，号秋庵，浙江钱塘(今杭州市)人。黄树谷子，监生，官济宁同知。擅铁书，与丁敬并称"丁黄"，为"西泠八家"之一。著有《小蓬莱阁诗钞》《小蓬莱阁金石文字》。

乾隆十年乙丑(1745)　　五十四岁

正月初四日，游天竺寺，访义果，观宋天圣四年免赐田税牒。

《樊榭山房续集》卷五《正月四日雪霁游天竺寺归访巨公于灵隐寺出观宋天圣四年免赐田税牒至晡并湖而还得诗三首》。

正月十五日，夜与同人集吴城瓶花斋，分韵赋诗。

《樊榭山房续集》卷五《元夕吴敦复招同人集瓶花斋分韵》，梁启心《南香草堂诗集》卷一《元夕集瓶花斋》。

正月十六日，汪沆招饮湖上。

《樊榭山房续集》卷五《汪西颢招集湖舫分赋》，王曾祥《静便斋集》卷二《正月十六日西颢招饮湖上》，施安《旧雨斋集》卷四《正月十六日汪西颢招集湖舫》。

正月十七日，赵昱招先生、杭世骏、丁敬、王曾祥、汪沆集南华堂。

赵昱《爱日堂吟稿》卷十三《正月十七日招集樊榭堇浦敬身茨檐西颢南华堂小饮时西颢即别去闽中分得园字》。

正月，同张熷、许松、汪还仁、汪日焕出游西溪。

《樊榭山房续集》卷五《河渚探梅同南漪旭瞻莳庭笠人作五首》，并附许松、汪还仁、汪日焕同作。汪还仁，字笠人，安徽歙县(今安徽省歙县)人，寓杭。乾隆二十一年顺天举人。

二月，全祖望至慈溪，陪祭黄宗羲。应郑性子临之嘱，续修《宋元学案》。取郑家所藏宗羲遗稿，芟择审订，辑为《黄子大全集》四十卷。

全祖望《鲒埼亭诗集》卷四《仲春仲丁之半浦陪祭梨洲先生》，《鲒埼亭集外编》卷二十五《南雷黄子大全集序》。

二月廿九日，郑江卒。先生有诗挽之。

杭世骏《道古堂文集》卷三十八《侍读郑公行状》。《樊榭山房续集》卷六《郑筠谷太史挽诗二首》。

三月初六日，顾之珽招同人往包家山看桃花。

《樊榭山房续集》卷七《堇浦招同诸公凤凰山看桃花作》自注云："乙丑三月六日顾丈月田招看花于此，觞咏乌龙古庙中。"周京《无悔斋集》卷十一《三月六日顾月田招同人游包家山看桃花分得八庚五歌》，杭世骏《道古堂诗集》卷十一《顾行人(之珽)招集包家山看桃花分得微齐二韵》，张湄《柳渔诗钞》卷九《顾月田招集包家山看桃花分得十蒸一先韵二首》，梁文濂《桐乳斋诗集》卷十二《凤雏山看桃花》，施安《旧雨斋集》卷四《三月六日月田先生招游包家山看桃花分得盐江二韵》，金志章《江声草堂诗集》卷七《三月六日顾月田先生招同人游包家山看桃花》。

春，程梦星有诗忆及先生。

程梦星《今有堂诗后集·琴语集·春日怀人六绝句》，其中《厉鹗樊榭》云："携笈年年续旧游，小山何事漫淹留。悬知掩阁摊书夜，红粉青灯泥白头。"

春，汪启淑因张湄之介，得入诗社。

汪启淑《飞鸿堂印人传》卷三《丁敬传》："乙丑春，予因柳渔夫子阑入西湖吟社，得订交于先生。"卷八《释明中传》："乙丑岁与予暨月田、江声、穆门、樊榭、堇浦诸宗工结吟社相酬唱。"同卷《释篆玉传》："岁乙丑月田顾明府之珽结西湖吟社，诸耆宿外，北山则恒公，南屏则让师也，时予亦参末座，联吟刻划湖山之胜，极一时风雅。"汪启淑(1728—1799)，字慎仪，号秀峰、讱庵，自称印癖先生，安徽歙县(今安徽省歙县)人，侨寓杭州。官至兵部职方司郎中。著有《讱庵诗存》《水曹清暇录》等。

春，赴扬州，过常州，与吴震生同游青山庄。

《樊榭山房续集》卷五《舟泊毗陵同吴长公游青山庄四首》附吴震生同作。吴震生《笠阁丛书》卷四《陪太鸿重游青山庄次太鸿韵》。

春，与友人集张四科咏诗南轩，共和韩偓诗。

王藻《莺脰湖庄诗集》卷十三《春日同厉(鹗)陈(章)闵(华)陆(钟辉)集张(四科)咏诗南轩同和韩致尧香奁韵》。

四月初四日，立夏，与同人集行庵，食笋，并以笋韵赋诗。与者胡期恒、唐建中、程梦星、厉鹗、方士庶、方士庬、马曰璐、陈章、闵华、洪振珂、陆钟辉、张四科。

《樊榭山房续集》卷五《马嶰谷半槎招集行庵食笋限笋字》，《韩江雅集》卷四《行庵食笋限笋字》。按：洪振珂诗云"江乡四月间"，食笋为立夏风俗，可知此会必在四月四日。

同日，梁文濂在杭州招周京等集南香草堂观樱花、食笋，分韵赋诗。

周京《无悔斋集》卷十一《四月四日南香草堂樱笋之会限五古得夏字》，梁文濂《桐乳斋诗集》卷十二《立夏日同人过舍为樱笋之会即拈夏字为韵》。

四月，与马曰琯、厉鹗、王藻、马曰璐、陈章、闵华、陆钟辉、张四科、闵华联句赋鲥鱼。

《韩江雅集》卷五《食鲥鱼联句》。陈章诗有云："海鲜来四月。"

四月廿九日，汪宪第进士。

《明清进士题名碑录索引》。汪宪（1721—1771），字千陂，号鱼亭，浙江钱塘（今杭州市）人。官刑部主事，迁员外郎。有振绮堂，藏书冠绝天下。著有《说文系传考异》《易说存悔》《振绮堂稿》等，另辑有《振绮堂书目》。

五月十二日，程梦星招同人集筱园，分韵赋诗。与者胡期恒、唐建中、程梦星、马曰琯、汪玉枢、厉鹗、王藻、方士庹、马曰璐、陈章、闵华、陆钟辉。

《樊榭山房续集》卷五《程洴江编修招集筱园水亭分韵》，《韩江雅集》卷七《五月十二日集筱园》。

同日，与王藻、陈章、闵华泛舟红桥。

陈章《孟晋斋诗集》卷九《五月十二日泛舟红桥联句》。

五月廿二日，韩江诗社雅集行庵，分韵咏时雨。与者陈祖范、查祥、胡期恒、唐建中、程梦星、马曰琯、马曰璐。

《韩江雅集》卷七《夏至后一日小集行庵时雨适至以高青邱满林烟雨听啼鴂分韵》。

陈祖范（1675—1753），字亦韩，号见复，江苏常熟（今江苏省常熟市）人。雍正元年进士，乾隆十五年以经明行修荐授国子监司业。著有《见复诗草》。

查祥（1677—1757），字星南，号谷斋，浙江海宁（今浙江省海宁市）人。康熙五十七年进士，官编修。著有《云在诗钞》。

五月底，先生归杭，集十研斋。自去年至今，先生往返扬杭三遭，以词倡和。

梁启心《南香草堂诗集》卷二《五月晦日喜厉樊榭自广陵归集十研斋分韵》。王昶《春融堂集》卷四十一《江宾谷梅鹤词序》："自乾隆甲子、乙丑间，厉孝廉鹗为邗江寓公，以倚声倡，从而和者数家，然气韵标格，未有如君之工。"

六月，与诸同人为汪钦俞作《碧山草堂椽笔歌》。

《樊榭山房续集》卷五《碧山草堂椽笔歌》，张湄《柳渔诗钞》卷九《碧山堂椽笔歌为汪钦俞作》，梁文濂《桐乳斋诗集》卷十二《碧山草堂椽笔歌》，周京《无悔斋集》卷十二《碧山堂椽笔歌》，梁启心《南香草堂诗集》卷二《碧山草堂椽笔歌》，舒瞻《兰藻堂集》卷五《碧山草堂椽笔歌》。汪于高，字昭武，号睡庵，浙江钱塘（今杭州市）人。工书，善书大字。汪钦俞为其孙。

七月，与许松、汪日涣、金沣游西山。

《樊榭山房续集》卷五《初秋同旭瞻莳庭有兰游西山四首》，并附许松同作一首。

金沣，字有兰，浙江钱塘（今杭州市）人。诸生。有《华萼堂遗稿》。

许松，字莳庭，浙江仁和（今杭州市）人。从先生游。

七月，与周京、施安、吴城、汪启淑过报国院。

《樊榭山房续集》卷五《秋日同少穆竹田敦复过报国院》，周京《无悔斋集》卷十二《早秋坐报国院池上得山字同樊榭竹田秀峰》。

八月初一日，篆玉召先生与同人集南屏山楼，看雨赋诗。

《樊榭山房续集》卷五《八月一日让山上人招集南屏山楼看雨分韵》，张湄《柳渔诗钞》卷九《秋日集南屏万峰山房分韵》，杭世骏《道古堂诗集》卷十二《新秋南屏山房坐雨》。

八月，集汪台城北水房，分韵赋诗。

《樊榭山房续集》卷五《秋阴集汪抱朴城北水房分韵》，张湄《柳渔诗钞》卷九《秋阴集复园分韵得五微》。

八月，与吴震生、丁敬出游越中，倡和诗朝传夕遍，一时纸贵。

《樊榭山房续集》卷五《题北岭将军庙二首》序："予以乾隆乙丑秋八月同新安吴长公、同里丁敬身为越中之游。"杭世骏《道古堂文集》卷四十五《朝议大夫刑部贵州司主事吴君墓表》："尝与厉征士、丁隐君买舟同游山阴，尽览越中之胜而还，倡和诗朝传夕遍，一时纸贵。"《樊榭山房续集》卷五《题北岭将军庙》《舟过觉苑寺》《舟出偏门至禹陵遇雨》《雨宿卧龙山僧舍分韵》《雨后游蕺山戒珠寺遂至怪山宝林寺》《晓霁入若邪溪中逢暴涨不得至云门而返》《次日再泛若邪溪至平水肩舆游云门寺二首》《游兰亭》《泛舟鉴湖四首》，皆作于此时。吴震生《笠阁丛书》卷五《和樊榭北干山谒武佑将军庙》《和泛舟出偏门至禹陵遇雨》《和雨宿卧龙山僧楼》《和江寺》《和晓霁入若耶溪中路逢暴涨不得游云门而返》《和次日再泛若耶溪至平水肩舆游云门寺》《和雨后游蕺山戒珠寺遂至怪石山宝林寺》《和游云门寺》《和兰亭》《和泛舟鉴湖四首》，附丁敬评语："余于越州山水及终古人物之迹，欲一二镌绘于编，辄迟之数日或数十日始定。亲见可堂与樊榭对坐一几，执管齐下，厉得四句，吴亦随和，唱者脱稿，而和者亦挥就矣。亦复峥泓魁杰，诚一时快事也。"丁敬《砚林诗集》卷二《渡浙江》《武佑将军庙》《江寺》《梦笔桥》《卧龙僧楼听雨》《雨中谒禹陵》《禹陵窆石歌》《游兰亭》《游戒珠寺》《游宝林寺》《鹅经洞》《泛若耶溪至云门寺以暴涨回舟作》《显圣寺》《次日再泛若耶溪至平水肩舆入云门广孝二寺》《游云门广孝二寺》《平水道中》《过天章寺内有右军画像额乃宋仁宗御书又有高宗书兰亭石刻元代悉毁于火》《镜湖四绝句》《柳姑庙》《祁忠敏公寓山庄》《归舟出迎恩门道中怀古二首》。

九月初八日，宋绎劬卒。

梁文濂《桐乳斋诗集》卷十二《哭宋绎劬二首》其二注："先生以重阳前一日仙游。"

九月十五日，序张湄《柳渔诗钞》。

张湄《柳渔诗钞》卷首存先生序："《书》云：'诗言志。'《说文》云：'诗者，志也。'《诗纬含神雾》云：'诗者，持也。'孔疏以为持人之行，使不失坠。古人论诗之最初者，莫过于此二言矣。迨骚、赋、五七言递降，缘情体物，浮声切响，有加无已，而总以合此二言者为得。不然，即剽拟前哲，优孟之似，于风雅奚当焉？近赵秋谷前辈语云：'诗中须有我在。'吾乡张先生柳渔之诗，可谓以我法行之，而能自言其志者也。柳渔为人冲澹渊默，夷险一致，生平惟往籍是耽，渟蓄宏深，而不自矜其才。其中耿然不可磨灭者，故自有在。今读其诗，华润而不窘于物象，春容而不伤于促迫，应变无穷，而无旬锻月炼、雕肝奎肾之苦，洵乎和其声以鸣国家之盛者。若夫岩居野处，则鸡鸣风雨之思也；回翔木天，则孔硕肆好之什也；鹄立台端，则仲山补衮之忱也；奉使蛮徼，则皇华靡及之旨也。以是为持，亦可谓能持其行者矣。故标举古人论诗之最初者，以为之序。乾隆乙丑秋九月十五日，同里学弟厉鹗。"

九月，东湖吟社张云锦等赋斗蟋蟀，先生有诗寄和之。

《樊榭山房续集》卷五《寄和东湖吟社斗蟋蟀用韩孟斗鸡联句韵》，并附张云锦原倡及鲍询、陆铭一同作。张云锦《兰玉堂诗集》卷六《斗蟋蟀用韩孟斗鸡联句韵》，梁启心《南香草堂诗集》卷一《斗蟋蟀用韩孟斗鸡联句韵》。

鲍询，字咸吉，安徽歙县（今安徽省歙县）人。钱塘籍诸生，议叙主簿。著有《吟息轩诗集》。

陆铭一，号纡斋，浙江平湖（今浙江省平湖市）人。雍正十三年举人，官寿昌教谕。

九月晦日，许承祖招集雪庄。

《樊榭山房续集》卷五《九月晦日许绳武招集雪庄二首》，张湄《柳渔诗钞》

卷九《同人集许绳武雪庄题三绝句》。

秋，阎若璩遗著《尚书古文疏证》刊刻蒇事。

《尚书古文疏证》卷首阎学林跋。

十月十四日，立冬，陆腾召先生、张湄等集释明中南屏山房看红叶，分韵赋诗。

《樊榭山房续集》卷五《立冬日陆云轩招集南屏让公房看红叶分韵》，张湄《柳渔诗钞》卷九《南屏山房看红叶分韵得峰字》，金志章《江声草堂诗集》卷七《立冬日同陆云轩招集南屏让师山房看红叶》，篆玉《话堕集》卷二《立冬日陆贡士招同南屏山看红叶》附许大纶、鲁曾煜、梁启心、金农、吴城、范肇新、许承祖、江源、陆腾诸人同作。范肇新，字履元，号容安，浙江钱塘（今杭州市）人。著有《燕山》《江左》《江右》《滇粤》诸游草。

十月，顾之珽卒，有诗挽之。

《樊榭山房续集》卷五《顾丈月田挽诗二首》："如此湖山要主盟，才从晚岁识先生。为官落魄人皆笑，好客风流世尽倾。小别何堪成永诀，长留应是有诗名。一杯酹向帷堂影，伤逝悲秋无限情。""几年吟赏得追陪，谁道风霜两鬓催。出郭看花无一老，寻山冒雨岂重来。室中灵照悲犹小，门外羊昙恸不回。闻道弥留有佳句，可知地下乏仙才。"自注："顾丈殁之前三日，尚作《秋阴小集》诗，有句云：'菰蒲水气地塘外，只恋君家十亩园。'"按：梁启心《南香草堂诗集》卷二《挽月田丈二首》后有诗《十月菊》，可知顾卒在十月间。

十月，离杭至扬，过八赤，有怀施谦。

《樊榭山房续集》卷五《冬夜泊八赤怀施自勖》。

十月，金农自扬州归，招同人宴集。

梁启心《南香草堂诗集》卷二《喜寿门归自广陵》，梁文濂《桐乳斋诗集》卷十二《寿门自盐官归里出酒致客各赋五律二首》，杭世骏《道古堂诗集》卷十二《金（农）自盐官归出酒招客适周（京）亦至坐呈溪父先生》。

十月，杭州重修名宦、乡贤二祠落成。

丁丙《武林坊巷志》载纳兰常安《重建杭郡名宦乡贤祠记》："经始于乙丑七月，落成于本年十月。"

十一月十一日，与陈章、姚世钰、张熷、马曰琯集小玲珑山馆联句赋诗。

《樊榭山房续集》卷五《小玲珑山馆对雪联句》《看山楼雪月联句》，《韩江雅集》卷七《小玲珑山馆对雪联句》《看山楼雪月联句》。

十一月，行庵雅集，分咏寒事。

《樊榭山房续集》卷五《行庵雅集分咏寒事得宋子京修唐书》。

十一月，与马曰琯集刘师恕寓斋，咏庭中老桂。

《樊榭山房集外诗·集补斋先生寓斋咏庭中老桂》，马曰琯《沙河逸老小稿》卷三《集补斋先生寓斋咏庭中老桂》。刘师恕（1678—1756），字秘书，一字补斋，号艾堂，江苏宝应（今江苏省宝应县）人。康熙三十九年进士，官至内阁学士。乾隆七年，罢官回里。

十二月，归杭。

十二月廿四日，与金志章、杭世骏、吴城、施安、顾之麟登吴山探梅，访金星洞、直指庵，寻韩侂胄阅古泉遗迹。

《樊榭山房续集》卷五《雪后同金江声过直指庵寻韩平原阅古泉遗迹》，金志章《江声草堂诗集》卷七《十二月二十四日樊榭堇浦瓯亭竹田寸田登吴山探梅因观金星洞宋人摩崖题名》。

除夕，与金志章、金农、杭世骏、吴城登吴山，饮酒赋诗。

《樊榭山房续集》卷五《除夕同江声寿门堇浦瓯亭诸君登吴山饮酒楼分韵》。

乾隆十一年丙寅(1746)　　五十五岁

正月初三日，与吴城、汪日焕、王曾祥泛舟西湖，过圣因寺访明中不值。

《樊榭山房续集》卷五《正月三日同敦复旭瞻泛湖至圣因寺访恒公不值》，王曾祥《静便斋集》卷二《正月三日与樊榭瓯亭旭瞻泛舟湖上至圣因寺访恒上人不遇》。

正月初四日，立春，赵一清自松江回，过访先生。

《樊榭山房续集》卷五《立春日雨中赵诚夫松江归过访》。

正月初五日，与金志章、梁启心、丁敬等泛湖至圣因寺。

梁启心《南香草堂诗集》卷二《正月五日金丈江声许丈初观厉樊榭丁龙泓江敬斋王茨檐见过午后同泛湖至圣因寺即事分韵》。

正月初十日，梁文濂等集吴城瓶花斋。

梁文濂《桐乳斋诗集》卷十二《新正十日同人过瓶花斋主人留饮至夕》。

正月，有集。与会者先生、陈兆仑、施谦、全祖望、顾之麟、丁敬、吴城、杭世骏、张湄、戴廷熺、释篆玉。

释篆玉《话堕集》卷二《春寒效吴体同厉孝廉（鹗）陈检讨（兆仑）施秀才（谦）全吉士（祖望）顾明府（之麟）丁处士（敬）吴上舍（城）杭编修（世骏）

张侍御(湄)戴上舍(廷熺)》。

正月,与金农、周京、梁启心、施安过顾之麟斋。

金农《冬心先生续集》卷下《上春同少穆樊榭蕿林竹田过寸田斋中试著小咏四首》。

春,与释篆玉、顾之麟、施安、释明中、舒瞻有西山之游。

《樊榭山房续集》卷五《同竹田大恒让山二上人由九里松入西山坐冷泉亭作》《白云山房看梅》,释篆玉《话堕集》卷三《同顾明府(之麟)厉孝廉(鹗)施上舍(安)释(明中)从九里松至冷泉亭》《白云山房看梅》,附顾之麟、厉鹗、舒瞻、施安、释明中同作各一首,舒瞻《兰藻堂集》卷二《白云山房看梅》,释明中《烎虚大师遗集》卷上《自九里松入西山坐冷泉亭同厉樊榭顾寸田施竹田让山上人》《同人白云山房看梅》。

二月十五日,与同人集江源河干草堂,分韵赋诗。时周京以生日故,避迹湖上。

《樊榭山房续集》卷五《花朝河干草堂小集分韵》,杭世骏《道古堂诗集》卷十二《花朝风雨集河干草堂》,张湄《柳渔诗钞》卷九《花朝风雨集江岷山河干草堂分韵》。

二月十八日,同人集湖上送施念曾移署德清。

梁启心《南香草堂诗集》卷二《二月十八日湖上送檗斋明府自余姚量移德清》。

三月,许松、金沣招先生、赵一清、汪还仁泛舟北郭看花。

《樊榭山房续集》卷五《雨中许蒔庭春岩招同诚夫笠人泛舟北郭看花二首》,附汪还仁、许松同作各一首,张熷《南漪先生遗集》卷一《许蒔亭招同樊榭诚夫北郭看桃分赋》。

三月三十日,谷雨,张湄、陈兆仑将北上,同人集瓶花斋为二人饯行。

杭世骏《道古堂诗集》卷十二《谷雨日瓶花斋送张侍御湄陈检讨兆仑还朝》,张湄《柳渔诗钞》卷九《谷雨集瓶花斋留别同社诸公得肴字》,梁启心《南香草堂诗集》卷二《谷雨集瓶花斋送张柳渔侍御陈句山检讨还朝》,周京《无悔斋集》卷十三《谷雨日集瓶花斋送柳渔侍御句山检讨服阕还朝分韵》。

三月,全祖望至杭州,于小山堂访得郑清之《安晚堂集》,喜而抄之。又约客为衡岳之游,先生拟先做临平之游,然卒以足疾罢之。

董秉纯《全谢山年谱》:"春杪至湖上。"全祖望《鲒埼亭诗集》卷四《安晚郑忠定王集世不可得仁和赵氏近购其诗七卷陈解元坊本也喜而抄之》。赵昱《爱日堂吟稿》卷十三《谢山约客为衡岳之游先各以诗坚之谢山诗中有归告诸妇之谑予亦和韵》《樊榭示和约游衡岳诗复订先作临平之游再用前韵报之》《樊榭以足疾不得游临平用前韵赋示三叠酬之》，施安《旧雨斋集》卷五《谢山偕家兰坨将为衡岳之游赋七言长句樊榭和其诗且订其先游临平予亦次韵》。

闰三月初三日，杭州知府鄂敏修禊事于西湖。与会者凡六十一人，先生与焉。事后鄂敏汇刊诸人诗为《西湖修禊诗》，明中为之图，周京为之序。

《西湖修禊诗》载诗凡八十二家，分别为钱塘梁文濂、周京、金志章、金农、厉鹗、丁敬、张湄、陈兆仑、陈兆嵋、吕伊、吴城、施安、陆秩、吴玉增、施庭枢、周宸望、丁健、吴璠增、施学濂、吴玉墀、厉志鼱，仁和许大纶、孙陈典、胡秕、汪台、梁启心、顾正谦、杭世骏、江源、王曾祥、顾之麟、张熷、皇浦鲲、孙庭兰、杭世瑞、赵一清、吴中麟，归安茅应奎、孙林，慈溪郑羽逵，会稽鲁曾煜，平湖陆培、张云锦、叶鎏、陆腾，海宁施谦、许承祖，鄞全祖望，秀水钱载，德清徐以震、徐以泰、徐以坤，衲子烎虚明中、让山篆玉，非浙人者南陵刘琦，歙汪启淑，宣城施念曾，满洲鄂敏、舒瞻，长沙周宣猷，闽林绪光。未赴会而追和奉简者又有二十一人，凡奉天王纬，巴县罗守仁，华亭赵骏烈，德清徐志震、徐志严，钱塘章继咏、金吰、江衡、凌世钧，仁和周逢吉、许振、吴亨、陈鸿宝、皇甫鼎，乌程王大枨，平湖陆铭一、陆铭三、鲍询、戈守智，海宁杨景涟，蒋山释明源。鄂敏，字钝夫，号筠亭，满洲镶蓝旗人。雍正八年进士，官至山东巡抚。

闰三月，与张云锦过杭世骏寄巢坐雨。

张云锦《兰玉堂诗集》卷七《杭堇浦编修寄巢坐雨同樊榭征君赋》有云："春归犹剩一分寒，好雨留人坐曲阑。"

闰三月，与杭世骏、吴城、施安同游德清，张云锦有诗怀之。

《樊榭山房续集》卷五《晚出东新关同堇浦瓯亭作》《题清溪寓楼》《谒余不亭侯庙辞》《游慈相寺半月泉》《登吴羌山谒织帘先生祠》《自乾元寺至金莲涧》《施檗斋明府招集德清县斋》，皆作于此游途中。施安《旧雨斋集》卷五《宿清溪寓楼》《饮蘖斋清溪县署》《谒织帘先生祠》《半月泉》。张云锦《兰玉堂诗集》卷七《怀樊榭游清溪》。

四月初，与杭世骏、施安游临平，过吴焯墓，访安隐寺、广严寺、景星观、明因尼寺、骠骑将军庙，各有诗。杭世骏途中先归。

《樊榭山房续集》卷五《晓行皋亭道中》《亡友吴绣谷墓下做》《坐安隐寺泉上》《留题广严寺次鲜于伯机韵》《景星观寻唐丘员外丹故居》《游明因尼寺》《题骠骑将军庙》《泊桐扣二首》。《景星观寻唐丘员外丹故居》序云："今年四月三日，因安隐僧心月之导，始得至所谓景星观者。"济南博物馆藏先生与汪沆书札："四月中仅与荃浦、敦复、竹田近游清溪，一至临平。"施安《旧雨斋集》卷五《晓行皋亭道中和樊榭韵》《坐安隐寺泉上》《景星观访丘真人遗迹》《题广陵寺壁次困学老人韵》《明因尼寺》《绣谷先生墓下次樊榭韵》，其中《晓行皋亭道中和樊榭韵》有云"四月牵船趁晓凉"，又自注："时堇浦先归。"

四月十四日，与同人集吴城瓶花斋，送舒瞻还桐乡。

杭世骏《道古堂诗集》卷十二《四月十四日集瓶花斋送舒明府还桐溪》，舒瞻《兰藻堂集》卷二《留别瓶花斋诸君》，周京《无悔斋集》卷十三《送桐乡令舒云亭》，梁启心《南香草堂诗集》卷二《送同年舒云亭明府回桐乡署》。

四月，与张云锦、叶銮、陆铭一、陆铭三游南山，宿定光庵。

张云锦《兰玉堂诗集》卷七《初夏同樊榭迎坡纡斋耐士游南山定光庵宿颖秀山房得铣韵》。

叶銮，字筠客，号迎坡，浙江平湖（今浙江省平湖市）人。叶之溶长子，雍正十三年贡生，官於潜教谕。

陆铭三，字耐士，陆铭一弟。

五月初五日，与杭世骏、施安、吴城等观西湖竞渡，有诗，并索张云锦相和。

《樊榭山房续集》卷六《西湖竞渡曲四首》，杭世骏《道古堂诗集》卷十二《西湖竞渡四首》，施安《旧雨斋集》卷七《西湖竞渡曲》，张云锦《兰玉堂诗集》卷七《樊榭索和西湖竞度曲即次原韵》，篆玉《话堕集》卷三《西湖竞渡曲》。

五月十一日，为张遂辰作赞。

南京图书馆藏《张遂辰集》抱经堂钞本卷首存沈德潜、彭启丰、杭世骏、周京、梁诗正、厉鹗、丁敬、翟灏、梁启心、柳溥、胡敬、黄士珣、钱师曾、吴振棫诸人题咏。厉鹗赞云："猗嗟先生，渊机研理。早游上庠，文辞清绮。厨顾名逃，桑海时徙。含萼隐曜，期山期水。晚托于术，探丸起死。真冷犹存，彭殇一视。我读遗诗，松风入齿。百世之下，孰传高士。乾隆丙寅夏五十一日，同里后学厉鹗顿首拜赞。"

五月，全祖望至扬州，馆马氏畬经堂，编撰《宋元学案》，有《韩江唱和第二集》。

董秉纯《全谢山年谱》。全祖望《鲒埼亭集》卷三十二《宝甈集序》："予每客扬州，馆于马嶰谷斋中，则与竹町晨夕。竹町居东头，予居西头。予方修《宋儒学案》，而竹町终日苦吟，时各互呈其所得。因念世之操论者，每言学人不入诗派，诗人不入学派，吾友杭堇浦亦力主之。余独以为是言也，盖为宋人而发也，而殊不然。"

夏，扬州同人宴集以迎全祖望，各有诗志喜，忆及先生、杭世骏、姚世钰，时先生疲于宋诗之刻。与者胡期恒、程梦星、马曰琯、马曰璐、程章、闵华、全祖望、陆钟辉、张四科。

《韩江雅集》卷九《喜谢山至因忆樊榭堇浦薏田诸游好》。程梦星诗："侧闻展上巳，修禊称盛举。文宴五十人，更越兰亭数。视兹谢公宅，落落仍旧雨。譬彼葵邱会，陋矣笑邹鲁。"陈章诗："疲精编纂间，欲与梨枣寿。"自注："樊榭方开雕《宋诗纪事》。"

七月十二日，入秋始凉，有诗。

《樊榭山房续集》卷六《入秋酷暑七月十二日晚风月甚清遂有凉意》。

七月十五日，舒瞻招先生、施安、吴城、梁启心泛舟西湖，并订九日登高之约。

《樊榭山房续集》卷六《中元夜同舒云亭明府竹田瓯亭诸君泛湖》，梁启心《南香草堂诗集》卷二《七月十五夜泛湖》，舒瞻《兰藻堂集》卷二《七月十五夜泛湖分韵》，又《寄樊榭》云："九日登高约，黄花恐后期。"

七月，汪沆有书与先生，并赠罗布。先生复函，回赠缎袜一双。

济南博物馆藏先生与汪沆书札："初秋令弟至舍，获接芳函。审旅候安吉，且载笔戎旃，巡历海疆，足以开拓心胸，增长闻见，宜近诗之伉壮，足为闽中生色也。不佞今年以开雕《宋诗纪事》，在家校雠。四月中仅与堇浦、敦复、竹田近游清溪，一至临平。而止得小诗数篇，无可观，写去三五首，聊以代面谈耳。承惠罗布，绝佳。愧无以为答，定做缎袜一双，物微，聊以将意，幸哂存之。汪旭老有《诗伦》二册，附寄，亦望检入。闻岁杪当归，晤言非远，余不宣。西颢老贤友史席。友生厉鹗顿首。"又："《福州驻防志》领到，叙事有体，本朝武备粲然在目，诚有用之书也。旭占不及另札，托致候。"按："汪旭老""旭占"当为"旭瞻"之误，汪日焕是也。

八月十八日，与丁敬观钱塘潮，有诗。

《樊榭山房续集》卷六《八月十八日同敬身观潮》。

八月，沈廷芳在任城建杜少陵祠，征诗于先生，有诗报之。

《樊榭山房续集》卷六《沈侍御椒园于任城南池创建杜少陵祠征诗纪事》。

九月初一日，张湄出都南返，盖父服方除，又丁母艰。

张湄《柳渔诗钞》卷十《九月一日出广渠门外口占二绝》。

九月初九日，朱樟招集吴山登高，先生因病不克赴，时吴城有馈药资。

《樊榭山房续集》卷六《病中以满城风雨近重阳为首句得诗三首》《谢瓯亭送药资》。

九月，为舒瞻《栖桐草》作序。

舒瞻《兰藻堂集》卷首存厉鹗序："春秋旧地，犹传槜李城边；吴会新吟，近数梧桐乡里。则有五陵鼎族，四姓才人。策名上第，少于陆士龙入洛之年；出宰南天，早似荀中郎作镇之日。风生判牍，讼不曾留；向答诗筒，才应无碍。画帘写罢，居然夸五字之城；秋卷装成，岂仅博一升之饭？涤笔在冰瓯雪椀，寄情非错采镂金。念贾岛佛，我方李洞之服膺；唤太白仙，世不乏贺公之赏鉴。乾隆丙寅秋日，钱唐同学弟厉鹗。"

十月十五日，《宋诗纪事》刊成，先生自序之，并请全祖望撰序。全序作于先生卒后，故未附书以行。

《宋诗纪事》自序："时乾隆十一年，岁在柔兆摄提格阳月望。"按：全祖望《鲒埼亭集外编》卷二十六存《宋诗纪事序》一篇，当作于先生卒后。《鲒埼亭集》卷二十《厉樊榭墓碣铭》："樊榭属予序其《宋诗》《辽史》二种，忽忽十年，息壤在彼，而今損涕而表其墓，悲夫！"

《宋诗纪事》刊成，全祖望多次与书先生，探讨书中舛漏。

全祖望《鲒埼亭集》卷三十四《答樊榭》："《宋诗纪事》中讹舛，前已约略呈上数十条，昨又偶考及王亘始末。"又同卷《辨吾家启东墓志世系与厉樊榭》："厉征君樊榭方葺宋诗，已录泉翁于《遗民》矣。及读《怡庵集》而深疑之，贻书于予。爰序次大略以答之。"

十月廿二日，小雪，有诗。

《樊榭山房续集》卷六《小雪日偶成》。

十月，有《炭墼诗》寄张云锦，张和之。

张云锦《兰玉堂诗集》卷八《炭墼二十二韵和寄樊榭》云："十月将开炉，伐薪预为计。"

十月，杭世骏召同人集寄巢，联句赋诗，为消寒第一会。

《樊榭山房续集》卷六《杭堇浦招集寄巢戏赋冬闺用鱼玄机和光威裒联句韵》，杭世骏《道古堂诗集》卷十二《寒闺用唐女冠鱼玄机和光威裒联句韵》。

十一月初九日，与金农、周京、金志章、梁启心、杭世骏、汪台、丁敬、施安集吴城高斋，待雪赋诗。

金农《冬心先生续集》下卷《十一月九日同少穆江声抱朴樊榭蔎林堇浦敬身竹田集瓯亭高斋待雪有作》。

十一月廿三日，为徐以泰《绿杉野屋集》作序。

徐以泰《绿杉野屋集》卷首存先生序。

十一月，汪启淑自松江购书而归，招先生暨同人小集，为消寒第二会。

厉鹗《樊榭山房续集》卷六《汪秀峰自松江载书归招同人小集分韵》。

十二月初八日，吴城招同人集瓶花斋，为消寒第三会，食腊八粥，联句赋诗。与者先生、金志章、周京、梁启心、丁敬、杭世骏、全祖望、顾之麟、吴城、丁健、汪启淑等。时全祖望自扬州归。

《樊榭山房续集》卷六《十二月八日敦复招集瓶花斋食腊八粥联句》，杭世骏《道古堂诗集》卷十五《十二月八日集瓶花斋主人以腊八粥供客联句》。丁健，字诚叔，浙江钱塘（今杭州市）人，丁敬子。增广生。著有《丁诚叔遗集》《小曲江诗话》等。

十二月十五日，过平湖，访张云锦，赠以新刻《宋诗纪事》，时明中亦在座。

张云锦《兰玉堂诗集》卷七《腊月望日喜樊榭过访》，其二云："搜讨丛残二十年，编成两宋世争传。不须重话苕溪隐，今代诗家属厉玄。"自注云："时惠新刻《宋诗纪事》。"篆玉《话堕集》卷三《自西泠至东湖夜集张征士（云锦）艺舫》，明中《烎虚大师遗集》卷上《东湖寓斋喜让山自南屏至同集张铁珊艺舫》。

同日，与湖州友人集德藏寺妙严山房，分韵赋诗。

《樊榭山房续集》卷六《叶东宿招同人集德藏寺僧房以食随鸣磬巢乌下行踏空林落叶声为韵分得磬字》，张云锦《兰玉堂诗集》卷七《叶东宿招同樊榭集德藏寺妙严山房以食随鸣磬巢乌下行踏空林落叶声为韵得林字》。

十二月十六日，张云锦招先生及同人集弄珠楼，分韵赋诗。

《樊榭山房续集》卷六《张龙威招同陆南香纡斋耐士诸君集弄珠楼》《东湖月出回船中流有作寄舒明府》，张云锦《兰玉堂诗集》卷七《望后一日集弄珠楼分韵》，舒瞻《兰藻堂集》卷三《集弄珠楼》。

十二月十七日，与张云锦、鲍询南皋探梅。

《樊榭山房续集》卷六《叶迎坡陆纡斋鲍咸吉诸君招集南庄探梅》，附张云锦同作。张云锦《兰玉堂诗集》卷七《同樊榭竹田南皋探梅》。

十二月十九日，舒瞻招友人集兰藻堂送先生归杭。

张云锦《兰玉堂诗集》卷七《集兰藻堂送樊榭归钱塘》，舒瞻《兰藻堂集》卷三《集兰藻堂送厉樊榭归钱塘》。

十二月廿日，归杭。

篆玉《话堕集》卷三《十二月廿日自桐乡还南屏次日雨雪交作》。

十二月，陈兆仑北上燕京，吴城召先生暨同人集于瓶花斋，为陈饯行。

陈兆仑《紫竹山房诗集》卷三《吴瓯亭城邀同金丈江声志章周穆门京厉樊榭鹗金冬心农梁蘐林启心杭堇浦施竹田安全谢山汪复园释明中集瓶花斋见饯得十一真》。

约是年，杭世骏著《订讹类编》成稿。

杭世骏《订讹类编》卷首自序。

是年，舒瞻调平湖令，邀施安为幕宾。

张云锦《兰玉堂诗续集》卷一《题闵蕴斋松阴听泉图》自注："蕴斋与施君竹田、计君卜亭俱系云亭平湖幕友，余因订交。"同卷《哭海盐大令舒云亭先生四首》其一自注："乾隆丙寅从桐乡调繁我邑。"

是年，吴锡麒、洪亮吉、奚冈生。

吴锡麒(1746—1818)，字圣征，号谷人，浙江钱塘(今杭州市)人。乾隆四十年进士，官至国子监祭酒。为浙派诗继厉鹗后又一巨擘，亦善骈体。著有《有正味斋集》等。

洪亮吉(1746—1809)，字稚存，号北江，晚号更生居士，江苏阳湖(今江苏省常州市)人。乾隆五十五年榜眼，授编修。著有《卷施阁诗文集》《北江诗话》等。

奚冈(1746—1803)，原名钢，字铁生、纯章，号梦龛、蝶野子，安徽新安(今安徽省歙县)人，移寓杭州。工书擅绘，长于篆刻，为"西泠八家"之一。著有《冬花庵烬余稿》。

乾隆十二年丁卯(1747)　　五十六岁

正月，与周京、杭世骏、梁启心、丁敬、吴城、汪启淑泛舟出东新关，至皋亭看梅。晚由金家堰步至崇先寺，宿皋亭山下田家。复游中塔院、上塔院、桐坞、月明庵、撒沙夫人庙。

《樊榭山房续集》卷六《泛舟出东新关至皋亭看梅同周穆门杭堇浦梁蕺林丁龙泓吴瓯亭汪秀峰作》《晚由金家堰步至崇先寺》《宿皋亭山下田家》《游中塔院遂历上塔院》《桐坞》《月明庵》《撒沙夫人庙》，杭世骏《道古堂诗集》卷十二《出东新关至皋亭探梅》《晚由金家堰步至崇先寺》《宿皋亭上下田家》《游中塔院遂历上塔院》《桐坞》《月明庵》《撒沙夫人庙》，周京《无悔斋集》卷十二《泛舟出东新关至皋亭看梅》《晚由金家堰步至崇先寺》《宿皋田山下田家》《游中塔院遂历上塔院》《月明庵》《撒沙夫人庙》，施安《旧雨斋集》卷七《泛舟出东新关至皋亭看梅》《晚由金家堰步至崇先寺》《宿皋亭山下田家》《游中塔院遂历上塔院》《桐坞》《月明庵》《撒沙夫人庙》，梁启心《南香草堂诗集》卷三《泛舟出东新关至皋亭山看梅同穆门江声龙泓堇浦瓯亭作》《由金家堰步至崇先寺》《宿皋亭山下田家》《游中塔院遂历上塔院》《月明庵》《撒沙夫人庙》。

正月，赵昱卒，先生有诗挽之。

《樊榭山房续集》卷六《哭赵谷林四绝句》，其一有云："才入新年哭故人。"《樊榭山房文集》卷三《赵谷林爱日堂诗集序》："今年春，年未六十，以疾卒。"

正月廿二日，题马和之小景。

《樊榭山房集外文·马和之小景跋》。

二月初，与周京、杭世骏、吴城、施安往游平湖。

《樊榭山房续集》卷六《皋亭雨泊同穆门堇浦瓯亭》《槜李舟中春寒》。

二月初五日，访张云锦，同宿艺舫。

《樊榭山房续集》卷六《宿张龙威艺舫》《东湖嬉春曲张龙威席上作》，卷九《台城路·留宿张龙威艺舫同话丁卯旧游有感用前韵》。张云锦《兰玉堂诗集》卷八《二月五日钱塘周穆门厉樊榭杭堇浦施竹田吴瓯城诸君见过留宿艺舫》，周京《无悔斋集》卷十四《当湖春夜集张龙威艺舫》《东湖嬉春曲和张龙威韵》，杭世骏《道古堂诗集》卷十三《夜集张（云锦）艺舫》，施安《旧雨斋集》卷六《春夜宿艺舫同穆门樊榭堇浦瓯亭分韵》，篆玉《话墮集》卷三《東湖嬉春曲》。

二月初七日，应陆铭一、陆铭三、叶銮、叶谏之邀，同周京、杭世骏、施安、吴城、释篆玉、张云锦、陆载纪泛舟东湖，分韵赋诗。

《樊榭山房续集》卷六《叶迎坡信臣陆纡斋耐士招泛东湖分韵》，释篆玉《话堕集》卷三《二月七日陆孝廉（铭一）叶贡士（銮）招同周上舍（京）厉孝廉（鹗）杭太史（世骏）施上舍（安）吴上舍（城）泛舟东湖》，周京《无悔斋集》卷十四《丁卯春日龙威招同陆抱青纡斋耐士叶迎坡松窗鲍咸吉冯容大觞樊榭堇浦竹田敦复暨让公于东湖泛舟历游有作》《陆纡斋耐士叶迎坡松窗复招集诸君子于东湖上》，张云锦《兰玉堂诗集》卷八《东湖春泛同穆门堇浦樊榭竹田瓯亭敦南纡斋耐士迎坡松窗芝轩让山上人分韵》，施安《旧雨斋集》卷六《叶迎坡松窗陆纡斋耐士鲍咸吉招泛东湖》。

陆载纪（1687—?），字抱青，号敦南，浙江平湖（今浙江省平湖市）人，陆奎勋子。与修《浙江通志》《广西通志》。

冯溥，字容大，一字绩囦，平湖（今浙江省平湖市）人。诸生。著有《绩囦诗草》《小耘庐唱和集》。

叶谏，字信臣，銮弟，号松窗。监生。著有《漱润斋诗钞》等。

二月十五日，鲍询招集吟息斋。

篆玉《话堕集》卷三《花朝日鲍秀才（询）招集吟息斋》。

二月十六日，自平湖回，舟过临平，遇雪。

《樊榭山房续集》卷六《晓次临平风雪大作晡至皋亭始晴三十里中桃花正盛亦一奇也》，周京《无悔斋集》卷十四《丁卯二月清明前十一日舟过临平……》。

二月廿四日，同周京、全祖望、朱樟、金志章、戴廷熺、丁敬泛舟湖上，各赋诗纪游。

《樊榭山房续集》卷六《小寒食日同穆门鹿田江声鹂亭诸君泛舟湖上用杨铁崖花游曲》，全祖望《鲒埼亭诗集》卷六《小寒食日仝人泛舟湖上和杨东维花游曲》，张湄《柳渔诗钞》卷十二《小寒食日湖上赋春水船分得过字》《寒食再集湖上用杨铁崖花游曲韵》，梁启心《南香草堂诗集》卷三《小寒食日同人泛舟湖上用杨铁崖花游曲韵》，周京《无悔斋集》卷十四《小寒食日湖上用杨铁崖花游篇韵》，丁敬《砚林诗集》卷二《小寒食湖上泛舟用杨铁崖花游曲韵》，篆玉《话堕集》卷三《小寒食集湖舫赋春水船》。

二月下浣，与舒瞻、周京、梁启心、张湄、杭世骏、吴城往城北看菜花。

《樊榭山房续集》卷六《城北泛舟看菜花同人分韵》。《樊榭山房续集集外文·菜花诗卷跋》："犹忆丁卯春暮，与云亭泛舟杭北郭，曾有俚句云：'连畦金粉雌雄蝶，十里斜阳子母牛。'"张湄《柳渔诗钞》卷十二《城北舟中看菜花限韵》，舒瞻《兰藻堂集》卷四《城北舟中看菜花同周穆门厉樊榭梁薐林张柳渔杭堇浦吴瓯亭施竹田分韵》，全祖望《鲒埼亭诗集》卷六《和樊榭城北菜花诗》。

三月初三日，与同人携酒酹顾之斑墓，并修禊湖上。

《樊榭山房续集》卷六《上巳日同人携酒酹顾月田墓兼修禊事于湖上仍用杨铁崖花游曲韵》，周京《无悔斋集》卷十四《丁卯上巳复修禊湖上即酹月田翁墓重用铁崖韵》，张湄《柳渔诗钞》卷十二《上巳日同人携尊湖上酹顾丈月田墓兼修禊事仍用花游曲韵》，梁启心《南香草堂诗集》卷三《上巳日同人携酒酹月田先生墓兼修禊》，金志章《江声草堂诗集》卷七《上巳日同人携酒湖上酹月田先生墓兼修禊事用杨铁厓花游曲韵》，施安《旧雨斋集》卷六《上巳日同人携酒湖上展月田先生墓兼修禊事用杨铁崖花游曲韵》，篆玉《话堕集》卷三《上巳日同人携酒湖上酹顾月田先生墓兼修禊事用杨铁崖花游曲韵》。

同日，金农编定《冬心先生续集》，自序之。

金农《冬心先生续集序》。

三月初，吴城招同人集绣谷亭咏藤花。

《樊榭山房续集》卷六《吴瓯亭招同人集绣谷亭看藤花分韵》，全祖望《鲒埼亭诗集》卷六《绣谷山房藤花下小集分韵》,金志章《江声草堂诗集》卷七《绣谷亭藤花歌》,周京《无悔斋集》卷十一《咏绣谷朱藤花》,丁敬《砚林诗集》卷二《绣谷亭藤花歌》,篆玉《话堕集》卷三《绣谷亭看藤花》,施安《旧雨斋集》卷七《绣谷亭藤花歌》:"乞花偿酒过三月。"梁启心《南香草堂诗集》卷三《绣谷亭藤花歌》:"从兹酹花须及早,三月开头二月杪。"

三月十三日,韩江诗社集环溪草堂,作流觞燕会,各有诗。与者胡期恒、程梦星、马曰琯、汪玉枢、张世进、方士庶、马曰璐、陈章、闵华、洪振珂、陆钟辉、张四科。

《韩江雅集》卷十一《展上巳集环溪草堂流觞燕会》。张世进(1691—?),字轶青,号啸斋,陕西临潼(今陕西省临潼市)人,张四科叔。著有《著老书堂集》。

三月廿六日,舒瞻丁内艰,北归还京,先生与同人泛湖以别。

《樊榭山房续集》卷六《送舒云亭明府还京二首》:"送春兼送客,湖上夕阳船。"杭世骏《道古堂诗集》卷十三《送舒明府(瞻)母丧归里》,周京《无悔斋集》卷十四《湖上送云亭明府北归》,梁文濂《桐乳堂诗集》卷十二《送云亭明府居忧入都》,张湄《柳渔诗钞》卷十二《立夏前一日送舒云亭明府读礼北归即次留别韵二首》,舒瞻《兰藻堂集》卷四《留别武林同社诸君》,施安《旧雨斋集》卷六《送云亭北归》。张云锦《兰玉堂诗续集》卷一《题闵蕴斋松阴听泉图》,自注:"丁卯春云亭丁内艰返里,遂各别去。"

三月末,与同人集汪台复园,分韵赋诗。舒瞻于是日解维归里。

《樊榭山房续集》卷六《同人集汪抱朴复园送春分韵》。舒瞻《兰藻堂集》卷四《城北水房送春得侵韵》,自注:"予于是日解维归里。"

春,陈章为程梦星《五贶集》作序,称扬州诗人悉出江左十五子。

程梦星《今有堂诗后集·五贶集》卷首存陈章序:"曩余初游广陵,得交郡之诗人,如程香溪、唐饭山、汪木瓶、程蒿亭、余葭白、谢前羲诸先生,其派皆出于江左十五子之余,而雕肝玺肾,绨章绘句,各造其极。"

四月,赴扬州。

四月十一日,厉鹗、陈章、王藻、闵华集张四科斋,各有诗。

《韩江雅集》卷十一《四月十一日集渔川斋中时久旱小雨》。

五月初五日,与马曰琯、汪玉枢、马曰璐、陈章、姚世钰、张四科席间联句咏嘉靖雕漆盘。

《韩江雅集》卷十一《五日席间咏嘉靖雕漆盘联句》。

五月十五日,马曰璐招先生暨同人会小玲珑山馆,出诸家钟馗画,邀诸人题诗其上。与者胡期恒、程梦星、马曰琯、汪玉枢、厉鹗、张世进、方士庶、方士庭、马曰璐、陈章、闵华、陆钟辉、张四科。

《樊榭山房续集》卷六《五月十五日客广陵马半槎招集小玲珑山馆为展重午之会出诸家钟馗画索题予得出猎图》。《韩江雅集》卷十一《展重五集小玲珑山馆分赋钟馗画序》:"岁丁卯五月十五日,马君半查招同人为展重午之会于小玲珑山馆。维时梅候未除,绿阴满庭,遍悬旧人钟馗画于壁。钟馗之说不一,如宗悫母妹之名,于劲之字,皆在南北朝,而今人则传终南进士事。又古者岁除画钟馗辟邪,故张说有《谢赐历日钟馗表》。而今人则用于五月五日,是日适为夏至阴阳交争,防诸沴戾,禳而却之,亦《荆楚岁时》所不废也。遂人占一画,各就画中物色赋七言古诗一篇,钱唐厉鹗为之序。"董兆熊《樊榭山房集》注引阮元《广陵诗事》:"小玲珑山馆展重午,分赋钟馗画,《听琴图》《踏雪图》《嫁妹图》《策蹇图》《出猎图》《观傀儡图》《九夕出游图》《戏婴图》《秤鬼图》《夜游图》《执笏图》《品茶图》《缘竿图》。元闻扬州诗老云,马氏不但藏书极富,其藏画亦极佳。每逢午日,堂斋轩室皆悬钟馗,无一同者,其画手亦皆明以前人,无本朝手笔,可称巨观。"按:《广陵诗事》无此则,不知董氏何据。

六月,方辅以《后周西岳华山碑》拓本相示,为赋诗。

《樊榭山房续集》卷六《方君任见示后周西岳华山碑且索赋诗》:"为君赋此已夏杪。"方辅,字君任、密庵,安徽歙县(今安徽省歙县)人。工书,兼工制墨。著有《隶八分辨》。

七月初七日,与同人燕集,分赋效唐人试帖体。与者胡期恒、程梦星、马曰琯、汪玉枢、厉鹗、张世进、方士庭、马曰璐、陈章、姚世钰、张四科。

《韩江雅集》卷十一《七夕分赋效唐人试帖体》。

八月初,将归杭,马曰琯、曰璐招同人集平山堂,为先生饯行。与者尚有程梦星、张世进、陈章、闵华、陆钟辉、张四科。

《樊榭山房续集》卷六《秋日嶰谷半槎饯予平山堂分韵》,《韩江雅集》卷十一《平山堂秋望》。

八月十三日,西湖吟社同人集瓶花斋,分韵赋诗,送张云锦还平湖。

张云锦《兰玉堂诗集》卷八《中秋前二日西湖吟社诸君招集瓶花斋分韵》云:"惭愧裁诗追八社,离情无奈促归舠。"王曾祥《静便斋集》卷二《集瓶花斋送张铁珊还平湖》,《国朝杭郡诗辑》卷二十一吴城《集瓶花斋送张铁珊还当湖》,梁启心《南香草堂诗集》卷三《送张铁珊归当湖》。

八月十四夜,全祖望闻先生有谒选之意,作诗规之。

全祖望《鲒埼亭诗集》卷六《中秋前一夕莜林招登吴山不果移尊篁庵》其二:"淮南丛桂下,招隐是吾心。有客咏远志,愁闻夜鹤吟。"自注曰:"谓樊榭。”

八月十七夜，吴城招先生暨同人集吴山同看月，分韵赋诗。

《樊榭山房续集》卷六《八月十七夜吴瓯亭招同人集吴山看月分得风字》，全祖望《鲒埼亭诗集》卷六《同人登吴山延庆道院看月分韵得天字》，金志章《江声草堂诗集》卷七《八月十七夜集吴山元庆道院看月以大地山河微有影九天风露寂无声为韵分得地字》，张湄《柳渔诗钞》卷十二《八月十七夜集吴山延庆道院看月分得有字》，梁启心《南香草堂诗集》卷三《八月十七夜集吴山元庆道院看月以大地山河微有影九天风露寂无声为韵得山字》，施安《旧雨斋集》卷六《八月十七夜吴山看月得声字》。

八月，赵一清编定其父赵昱《爱日堂诗集》，请先生、杭世骏、全祖望序之。

《樊榭山房文集》卷三《赵谷林爱日堂诗集序》，杭世骏《道古堂文集》卷九《赵谷林爱日堂吟稿序》。《春草园小记》有全祖望《爱日堂吟稿序》，末署年月云“乾隆十二年岁次丁卯中秋”，先生序或亦作于此时前后。

八月，与周京、金志章、梁启心、施安、吴城、释明中、释篆玉泛舟游湖，至湖心寺。

《樊榭山房续集》卷六《秋日同穆门江声葭林竹田瓯亭泛舟至湖心寺》，周京《无悔斋集》卷十四《秋日游湖心寺同江声樊榭葭林竹田敦复及烎虚让山两上人》，释篆玉《话堕集》卷三《秋日同周上舍（京）金副使（志章）厉孝廉（鹗）梁太史（启心）施上舍（安）吴上舍（城）泛舟至湖心寺》，释明中《烎虚大师遗集》卷上《同穆门樊榭葭林竹田瓯亭泛舟至湖心寺》，梁启心《南香草堂诗集》卷三《秋日泛舟至湖心寺分韵》。

九月初九日，同全祖望、吴城、杭世骏等游东城报国院，忆及符之恒，黯然神伤。

《樊榭山房续集》卷六《九日同全谢山吴瓯亭诸君游东城报国院》自注：“昔符生圣几尝同游此，今下世已十年矣。”杭世骏《道古堂诗集》卷十三《九日游报国院池上用林艾轩九日韵》，张湄《柳渔诗钞》卷十二《九日同人游城东报国院分得朱子登天湖山韵》，梁启心《南香草堂诗集》卷三《重九日同樊榭堇浦谢山柳渔瓯亭竹田游东城报国院分得杜少陵蓝田崔氏庄诗韵》，施安《旧雨斋集》卷七《九日同游城东报国院用萨雁门九日诗韵》。

九月晦，同张湄、丁敬、施安、吴城游湖赏荷。

《樊榭山房集外诗·九月晦日柳渔招仝龙泓竹田瓯亭湖上看芙蓉分韵得山字》，张湄《柳渔诗钞》卷十二《九月晦日同厉樊榭丁龙泓施竹田吴瓯亭湖上看芙蓉分得红字》。

十月，偕全祖望往扬州，至苏州疾作，遽还。

《樊榭山房续集》卷六《月夜唐栖舟中同谢山作》《溪行》《与谢山偕往广陵予至吴门疾作遽归谢山有诗惜别次韵》。全祖望《鲒埼亭诗集》卷七《月夜唐栖舟中和樊榭韵》自注："时樊榭将谒选，予力止之，未得。"同卷《溪行欲与樊榭游乌镇东西二寺不果》《吴江过接待寺和樊榭》。

过乌镇，力疾游密印、普静、寿圣三寺。

《樊榭山房续集》卷六《归舟力疾游乌戍三寺各得绝句三首》。

十一月廿一日，冬至，吴城招同人集瓶花斋，出古瓷酒器一百八件以觞客，并请诸人为赋诗。

《樊榭山房续集》卷六《瓶花斋百八瓷酒器歌》附张云锦同作，杭世骏《道古堂诗集》卷十三《瓶花斋百八酒器歌》。汪沆《槐塘诗稿》卷二《饮绣谷亭题一百八件酒瓷录后同樊榭先生龙泓赵匆药作》有云"饮到清明刚百六"，可知此日为冬至。

十一月廿六日，徐本卒。

杭世骏《道古堂文集》卷四十二《资政大夫内阁学士兼礼部侍郎徐公墓志铭》。

十二月，与梁启心、施安泛舟东郊，游殊胜寺。

梁启心《南香草堂诗集》卷三《冬日同樊榭竹田东郊闲泛》《过殊胜寺》。

十二月，符曾在京师作《岁晚怀人诗》，有及先生。

符曾《春凫小稿》丁卯卷《岁晚怀人诗十五首》："闲身息影自超辽，云鹤无心手可招。交数童年成皓首，眼从老境析秋毫。名居北郭诗人列，家近南屏学士桥。为问残年何所事，拥炉高唱继清宵。"

李绂著《穆堂别稿》，自乾隆九年春始刊，迄于是年蒇事。

李绂《穆堂别稿》卷首鲁曾煜序、常安序。

是年，金农移家城南。

金农《画竹题记》："予自丁卯岁从江上迁居南城隅，种竹无算。"

乾隆十三年戊辰（1748）　五十七岁

正月十五日，与同人集吴城斋，赋武林踏灯词。

《樊榭山房续集》卷六《元夕集吴瓯亭斋中赋武林踏灯词四首》，张湄《柳渔诗钞》卷十二《元夜集瓶花斋赋武林踏灯词四首》，施安《旧雨斋集》卷七《元夕瓯亭招集瓶花斋赋武林踏灯词四首》，梁启心《南香草堂诗集》卷三《元夕集瓶花斋赋武林踏灯词四首》。

正月廿二日，梁启心招同人往西溪探梅。与者除先生外，尚有朱樟、金志章、丁敬、张湄、吴城、施安、汪启淑等，杭世骏未至。

周京《无悔斋集》卷十四《河渚探梅杂咏序》："戊辰正月廿二日，莈林招往西溪看梅，同朱鹿田、金江声、厉樊榭、丁敬身、张柳渔、吴敦复、施竹田、汪秀峰，约堇浦不至。"《樊榭山房续集》卷六《舟行余杭道中入西溪同穆门鹿田江声莈林龙泓柳渔竹田瓯亭作》《西溪山庄晓起看梅》《西溪山庄有感》《泛舟河渚过曲水秋雪诸庵二首》《永兴寺观绿萼梅》《自木桥至宋辇道中作》，梁启心《南香草堂诗集》卷三《正月二十二日招穆门鹿田江声龙泓柳渔竹田瓯亭西溪看梅道中口占六首》《西溪山庄晓起》《泛舟河渚过曲水秋雪诸庵》《永兴寺访冯具区手种绿萼梅二本》《还自木桥经宋辇道中作》《同人西溪看梅还集小斋分韵》，张湄《柳渔诗钞》卷十二《舟行余杭道中入西溪同周穆门朱鹿田金江声厉樊榭丁龙泓梁莈林施竹田吴瓯亭汪秀峰分赋》，金志章《江声草堂诗集》卷八《舟行余杭道中入西溪同穆门鹿田樊榭莈林龙泓柳渔瓯亭竹田作》《西溪山庄晓起看梅》《泛舟河渚过曲水秋雪诸庵》《永兴寺访冯具区先生手种绿萼梅》《自木桥至宋辇道中作》，施安《旧雨斋集》卷七《舟行余杭道中入西溪》《西溪山庄晓起看梅》《泛舟西溪过曲水秋雪诸庵》《永兴寺访冯具区先生手植绿萼梅》。

二月十五日，与同人泛湖，分韵赋诗。薄暮出湖至篆玉房，为其《话堕集》作序。

《樊榭山房续集》卷六《花朝雨中同人泛湖分韵》《薄暮出湖上至恒公方丈同人分韵》《春湖夜泛歌》《四照亭晓望》，张湄《柳渔诗钞》卷十二《花朝雨中泛湖分韵》《薄暮至湖上宿恒公方丈分韵》，梁启心《南香草堂诗集》卷三《花朝雨中泛湖》《春日湖上北山道中作》《薄暮泛舟至恒公方丈》《春湖夜泛歌》《四照亭晓望》，丁敬《砚林诗集》卷二《花朝雨中泛湖》。

释篆玉《话堕集》卷首载先生序："南屏诗僧自宋北涧而后，有椿大年与杨廉夫游，句云：'扬雄宅外好修竹，黄妃塔前多翠微。'其标致可想见也。寥寥四百年，乃得万峰让师。师道韵洒落，戒行高峻，每爱以韵语为佛事，与白衣居士相提唱，空灵圆秀，无一字不从七个蒲团上来，却无一字有折脚铛边蔬笋气。无论远追雪昼、越彻，即此《话堕》一编，不可与北涧、大年嗣音耶？乾隆戊辰二月花朝，钱唐厉鹗拜题。"

二月末，张湄招先生、周京、梁启心、施安往甘墩村看桃花，以杜甫《江畔独步寻花》为韵赋诗。

《樊榭山房续集》卷六《雨中柳渔招同诸公泛舟北郭看桃花用少陵江畔独

步寻花韵七首》,周京《无悔斋集》卷十四《甘墩村看桃花用杜少陵江畔独寻花七绝句韵》,张湄《柳渔诗钞》卷十二《雨中甘墩村看桃花用少陵江畔寻花七绝句韵》,梁启心《南香草堂诗集》卷三《雨中柳渔招同人泛舟甘墩看桃花同用少陵江畔独步寻花韵七首》:"年年二月为春忙。"施安《旧雨斋集》卷七《雨中柳渔招同诸公泛舟北郭看桃花用少陵江畔独步寻花韵七首》:"屈指东风上巳来。"

三月初三日,先生与同人展顾之斑墓,并修禊。与者周京、梁启心、施安、释明中等。

《樊榭山房续集》卷六《三月三日同穆门葭林竹田恒公酹顾丈月田墓兼修禊湖上分得之字》,周京《无悔斋集》卷十四《上巳展月田十八丈墓兼修禊事同樊榭葭林竹田栟榈烎虚上人得春字》,施安《旧雨斋集》卷七《上巳日修禊湖上兼展月田先生墓》,梁启心《南香草堂诗集》卷三《上巳日同穆门樊榭柳渔竹田栟榈修禊湖上兼展月田先生墓》。

三月初六日,寒食,汪沆自闽归,先生招之宴于湖上。与者尚有周京、施安、吴可驯、明中等人。全祖望亦于是日至杭。

《樊榭山房续集》卷六《寒食日同穆门西颢集湖上时西颢自闽中归》,施安《旧雨斋集》卷七《寒食樊榭招集湖舫时西颢自闽中归》,全祖望《鲒埼亭诗集》卷七《寒食日至行省过葭林为予盛言甘墩看桃之乐而惜予至之晚因读其纪游诗》,周京《无悔斋集》卷十四《寒食西颢归自闽樊榭酌于湖上竹田骥调烎虚同作》:"闽海归来二月春,乍同湖上趁芳辰。"

三月廿三日,浙江巡抚爱必达调贵州巡抚,直隶布政使方观承升任浙江巡抚。

《清史编年·乾隆十三年》。方观承(1698—1768),字遐谷,安徽桐城(今安徽省桐城市)人,方孝标曾孙。官至直隶总督,谥恪敏。著有《述本堂诗集》《问亭集》等。

三月,先生与同人集篆玉南屏山房,看湖上新绿。与者朱樟、金志章、金农、汪台、梁启心、丁敬、吴城、杭世骏、施安、全祖望、明中等。

《樊榭山房续集》卷六《晚春初霁大恒让山二上人招同诸公集南屏山房看湖上新绿分韵》,篆玉《话堕集》卷三《暮春初霁招诸公集山房看湖上新绿》,周京《无悔斋集》卷十四《暮春初霁鹿田江声寿门抱朴樊榭葭林敬身瓯亭堇浦竹田谢山烎虚让山集南屏山房看湖上新绿》,全祖望《鲒埼亭诗集》卷七《樊榭有南屏烧笋之约曰虽雨无阻诘旦竟雨予弗能赴也》《雨霁同人集南屏补烧笋之约分韵赋湖中新绿》,梁启心《南香草堂诗集》卷三《春暮集南屏山房看湖上新绿》,施安《旧雨斋集》卷七《莫春集南屏山房看湖上新绿分得先韵》。

三月，先生北上谒选，施安有诗送之，全祖望为诗沮之，未听。时鄂敏亦劝祖望出仕，祖望坚拒。

施安《旧雨斋集》卷七《送樊榭谒选入都》。全祖望《鲒埼亭诗集》卷七《樊榭北行》："尔才岂百里，何事爱弹冠。鱼釜良非易，茧丝亦大难。瘦腰甘屈节，薄禄望承欢。倘有清吟兴，休从簿牍阑。"另《鲒埼亭集》卷二十《厉樊榭墓碣铭》："乃忽有宦情，会选部之期近，遂赴之。同人皆谓：'君非有簿书之才，何孟浪思一掷？'樊榭曰：'吾思以薄禄养母也。'"王藻《文献征存录》卷五《全祖望传》："十三年，游武林，鄂太守曰：'先生不仕之意何其决！'不答，遂渡江主蕺山讲席。"

过苏州，访水木明瑟园、灵岩山、狮子林寺。

《樊榭山房续集》卷七《月夜泊吴江》《游水木明瑟园简陆茶坞二首》《由上沙登灵岩山寺》《元僧惟则师子林今为齐门某氏园泛舟往访阍者以闺人居此辞焉怅然有作》。陆锡畴（1690—1753），字我田，号茶坞，江苏吴县（今江苏省苏州市）人。

过扬州，陈章有诗赠先生。

陈章《孟晋斋诗集》卷十一《送太鸿谒选都门二首》。

五月初五日，于淮阴城北观竞渡。

《樊榭山房续集》卷七《午日淮阴城北观竞渡四首》。

六月初六日，因水少滞阻济北，有诗寄查为仁。

《樊榭山房续集》卷七《六月六日舟中寄查莲坡》。

六月，至天津。北行途中，吟诗不辍。

《樊榭山房续集》卷七《召伯埭》《淮城写望》《午日淮阴城北望观竞渡四首》《晚渡黄河》《峄县待闸呈沈侍御椒园》《过微山湖》《鱼台道中》《南池拜杜少陵祠》《避暑河干佛阁时守牐任城六日矣》《嘉祥书所见》《六月六日舟中寄查莲坡》《题查七伦镊白图》《汶涨》《月夜谒分水庙作》《东平》《晚泊张秋镇》《东昌阻风》《南皮》《沧州》。

七月初七日，查为仁招先生、冯英廉、吴廷华、陈皋集南崎草堂，分韵赋诗。

《樊榭山房续集》卷七《七夕查莲坡招同英廉司马梦堂吴东壁陈对鸥集南崎草堂以荷净纳凉时分韵得荷字》。冯英廉，字计六，号梦堂，汉军人。雍正十年举人，官至保和殿大学士，善山水及墨竹，诗学东坡。著有《梦堂诗稿》。

七月，冯英廉访先生于古春别墅，互有赠答。

《樊榭山房续集》卷七《酬英梦堂晚过寓斋元韵》，并附英廉原作。英廉

《梦堂诗稿》卷八亦载此诗。

闰七月初四日，与查为仁笺注《绝妙好词》，书成，有序。

《绝妙好词笺》卷首存厉鹗序："《绝妙好词》七卷，南宋弁阳老人周密公谨所辑。宋人选本朝词，如曾端伯《乐府雅词》、黄叔旸《花庵词选》，皆让其精粹，盖词家之准的也。所采多绍兴迄德祐间人，自二三巨公外，姓字多不著。夫士生隐约，不得树立功业，炳焕天壤，仅以词章垂称后世，而姓字犹在若灭若没间，无人为从故纸堆中抉剔出之，岂非一大恨事耶？津门查君莲坡，研精风雅，耽玩倚声，披阅之暇，随笔札记，辑有《诗余纪事》如干卷。于是编尤所留意，特为之笺，不独诸人里居出处，十得八九，而词中之本事，词外之佚事，以及名篇秀句，零珠碎金，攟拾无遗，俾读者展卷时，怳然如聆其笑语而共其游历也。予与莲坡有同好，向尝掇拾一二，每自矜创获，会以衣食奔走，不克卒业。及来津门，见莲坡所辑，颇有望洋之叹，并举以付之，次第增入焉。譬诸掇遗材以裨建章，投片琼以厕悬圃，其为用不已微乎？莲坡通怀，集益犹不忘所自，必欲附贱名于简端，辞不得已，因述其颠末如此云。乾隆戊辰闰七夕前三日，钱塘厉鹗书于津门之古春小茨。"按：《绝妙好词笺》凡七卷，每卷末皆署云"钱塘汪沆、陈皋同校勘"，知汪沆、陈皋于是书亦有力焉。

闰七月初，杭世骏招周京、丁健等举秋禊于寄巢。

杭世骏《道古堂诗集》卷十三《寄巢秋禊》，附周京、丁健诗。周京《无悔斋集》卷十五《寄巢秋禊得序字韵》。杭世骏《道古堂文集》卷四十八《女夫丁秀才停棺志》："修秋禊于吾寄巢，老成宿学如朱太守樟、周征士京、金副使志章、厉孝廉鹗皆在，出技角力，而秀才以末座少年，诗独擅场。"按：厉鹗时在天津，实未与此会。

闰七夕，汪沆自京来津，查为仁招先生集于水琴山画堂，分韵赋诗。

《樊榭山房续集》卷七《闰七夕汪西颢自京来津门莲坡招集水琴山画堂分赋》，汪沆《槐塘诗稿》卷五《闰七夕重至天津饮莲坡水琴山画堂分赋》。

同日，周京等杭州同人秋禊湖上。

周京《无悔斋集》卷十五《闰七夕湖上同朱鹿田金江声施兰垞张无夜梁莈林张柳渔丁敬身杭堇浦吴敦复施竹田汪秀峰》，金志章《江声草堂诗集》卷七《闰七夕湖上分赋》，杭世骏《道古堂诗集》卷十三《闰七夕湖上》，梁启心《南香草堂诗集》卷三《闰七夕泛湖》。

闰七月，将归，汪颢亦有武昌之行，查为仁招吴廷华、吴可驯饯之于竹间楼。

《樊榭山房续集》卷七《莲坡饯予竹间楼张灯看月得三绝句》。汪沆《槐塘诗稿》卷一《竹间楼张灯观月二绝句》，附查为仁《西颢将行夜集竹间楼诗以送之》及吴廷华、厉鹗、吴可驯同作。

舒瞻在京闻先生罢选将归，怅焉寄诗。

舒瞻《兰藻堂集》卷四《寄樊榭》："骚雅唯君是我师，白头每惜一官迟。如何宣室求贤日，恰值山阴返棹时。秋水蒹葭牵旧梦，春风杨柳入新诗。归帆不及重携手，冷落天涯别酒卮。"

闰七月十九日，鲍钤卒，卒前，自请全祖望为作墓志铭。

全祖望《鲒埼亭集》卷十九《杭州海防草塘通判辛浦鲍君墓志铭》。

八月初，至扬州，访吴凤华，同登大观楼，为赋《十三银凿落歌》。旋返杭。

《樊榭山房续集》卷七《淮城使风暮抵扬州》《吴氏家藏十三银凿落歌为蔚洲作》《雨后同蔚洲登大观楼望隔江山色作二首》。吴凤华(1692—?)，字蔚洲，号苇村，安徽歙县(今安徽省歙县)人。业盐于扬。

八月上浣，归杭。同人集瓶花斋，全祖望赠诗称赞先生高节。

施安《旧雨斋集》卷七《樊榭自津门归同集瓶花斋》，梁启心《南香草堂诗集》卷三《喜樊榭自津门归》。全祖望《鲒埼亭诗集》卷八《樊榭至津门而归》："慈亲年八十，捧檄已非时。大有陟陔乐，长吟投芾诗。悲秋笠泽鲙，招隐小山枝。兴尽翩然返，从今保素丝。"另《鲒埼亭集》卷二十《厉樊榭墓碣铭》："然樊榭竟至津门，兴尽而返。予谐之曰：'是不上竿之鱼也。'"

八月十三日，约篆玉月夜泛湖。

篆玉《话堕二集》卷一《中秋前二日厉孝廉(鹗)杭编修(世骏)施上舍(安)期月夜泛湖作诗代简》。

八月，周宣猷远谪塞外，同人集复园饯之，先生未及与会。

梁启心《南香草堂诗集》卷三《送周雪舫同年谪戍塞外》，施安《旧雨斋集》卷七《集复园送雪舫出塞分韵》。

九月廿五日，与同人集瓶花斋，食哈密瓜，分韵赋诗。

《樊榭山房续集》卷七《吴瓯亭席上食哈密瓜分韵》，梁启心《南香草堂诗集》卷三《立冬后八日集瓶花斋食哈密瓜》，施安《旧雨斋集》卷七《哈密瓜分得十药》。

九月，绍守杜甲请全祖望主讲席，先生与同人宴集，饯之于南香草堂。

《樊榭山房续集》卷七《送全谢山赴蕺山书院长》，梁启心《南香草堂诗集》卷三《送谢山同年赴蕺山书院山长》，杭世骏《道古堂诗集》卷十三《送全吉士祖望赴蕺山书院》，施安《旧雨斋集》卷七《送谢山赴蕺山书院山长》。杜甲(1695—?)，字补堂，号晚晴，江苏江都(今江苏省扬州市)人。历河间、通州、宁波、杭州知府，晚归里，诗酒自娱。

十月初六日，汪启淑招集飞鸿堂观潞琴。

梁启心《南香草堂诗集》卷三《十月六日秀峰招集飞鸿堂观潞琴同江声樊榭瓯亭赋》，施安《旧雨斋集》卷七《秋雨集飞鸿堂分韵》。

十月十二日，先生、周京、杭世骏、朱樟、金志章、戴廷熺、全祖望、梁启心、丁敬、汪台、吴城、施安、张湄、江汝鼍集瓶花斋，对菊食蟹，联句作诗。

杭世骏《道古堂诗集》卷十五《十月十二日集瓶花斋对菊食蟹联句》。

十月，游余杭洞霄宫、凌将军庙。

《樊榭山房续集》卷七《冬日重游大涤洞天得诗三首》《步余杭溪上谒凌将军庙》。厉鹗《洞霄诗集书后》："予辛丑、甲辰两游洞霄，皆有诗，至今戊辰重游，已二十四年矣。"《冬日重游大涤洞天得诗三首》其二有云"十月探奇喜未冰"，可知是游时在十月。

十一月十五日，与马曰琯、方士庶、马曰璐、闵华、楼锜、陈章、陆钟辉、杭世骏等同游焦山。

《焦山纪游集》存先生序："京口金、焦二山，为天下绝景。金山去瓜洲咫尺，南北帆樯所经；焦山相去稍远，岩亭幽夐，孤峙盘涡巨浪间，游人迹罕至。东坡云：'同游尽返决独往，赋命穷薄轻江潭。'自非耽奇好事者，未易津逮也。予平生三游皆马君嶰谷、半查为之主，一在庚戌冬，一在丁巳夏。今年戊辰冬仲之望，复因江月发兴。同游者凡九人，往返两宿南庄，留山中凡三日夕，人各赋诗七首，联句一首，次第为一集，属予序之，以见兹游之不易，而江山倡酬之为可乐云。樊榭老民厉鹗。"

冬，与扬州同人宴集，赏赵孟坚墨兰，各有题诗。与者马曰琯、汪玉枢、厉鹗、杭世骏、方士庬、马曰璐、陈章、姚世钰、闵华、陆钟辉、张四科等。

《韩江雅集》卷十二《题赵子固画兰》。

冬，杜钧访先生于扬州。

《两浙輶轩录补遗》卷六"杜钧"："厉鹗诗序曰：'禹和工诗文，为老友章善山高弟。戊辰访予于邗江马氏斋，辨论古今星史、经传、兵法、地志，如钟之遇莛。既读其诗，笺疏泉石，吐纳烟霞，丽不靡而简有则，骎骎乎望剑南以为趋。'"杜钧，字禹和，浙江山阴（今浙江省绍兴市）人。著有《霞坪诗存》。

冬，洪振珂延清斋雅集。与者马曰琯、汪玉枢、张世进、厉鹗、杭世骏、方士庶、方士庬、马曰璐、陈章、姚世钰、闵华、洪振珂、陆钟辉、张四科，分题赋诗，先生得"炙砚炉"。

《樊榭山房续集》卷七《洪曲溪延清斋雅集分题得炙砚炉》，《韩江雅集》卷十二《冬日集延清斋分咏》。

十二月初，张四科邀春草堂雅集，分题赋诗。是夕，先生归杭。

《樊榭山房续集》卷七《张渔川春草堂雅集同赋盆梅》，自注云："是夕，予归杭。"

过苏州，王昶与先生偶遇于赵虹小吴船，遂为忘年之交。

王昶《湖海诗传》卷二："予于戊辰岁在长洲赵君饮谷小吴船遇之，辱为亡年交。嗣后征君过吴，必访余于朱氏苹花水阁，凡三年而征君下世矣。"《春融堂集》卷二《厉征君太鸿鹗将归西湖过访不值以诗送之》《题赵丈饮谷虹小吴船》，后者题注："时太鸿未行，适遇于此。"按：是年先生自北而归过苏州凡有二次，一在八月，一在十二月。王昶《题赵丈饮谷虹小吴船》其二云："二老风流古，三冬日景偏。到家春信蚤，梅放草堂前。"可知王昶遇先生必在十二月。

十二月初，吴凤华有诗寄怀先生，次韵奉答。

《樊榭山房续集》卷七《次韵答吴苇村见赠》，附吴《奉怀樊榭先生》。

十二月十五日，有诗。

《樊榭山房续集》卷七《立春前一日作》。

十二月廿五日，与周京、吴城、梁启心、施安泛舟至圣因寺，访明中上人。

《樊榭山房续集》卷七《十二月二十五日同穆门瓯亭泛舟至圣因寺访大恒上人用东坡腊月游孤山访惠勤惠思二僧韵》《孤山探梅用东坡松风亭下梅花盛开韵》，周京《无悔斋集》卷十五《孤山看梅用东坡松风亭下梅花盛开韵》，梁启心《南香草堂诗集》卷三《十二月二十五日同穆门樊榭瓯亭竹田泛舟至圣因寺访恒上人用东坡腊日游孤山访惠勤惠思二僧韵》《探梅孤山半就零落用东坡松风亭下梅花盛开韵》。

除日，同金志章、吴廷华、吴城游紫阳庵。

《樊榭山房续集》卷七《岁除日同江声东壁瓯亭游紫阳庵》。

冬，全祖望开始董理《水经注》。

蒋天枢《全谢山先生年谱》。

乾隆十四年己巳（1749）　　五十八岁

元日，有诗。

《樊榭山房续集》卷七《元日试笔》。

正月十一日，徐汾西邀先生、周京、金志章、丁敬、杭世骏出游北郭复园赏梅。

《樊榭山房续集》卷七《北郭归舟即事二首同江声作》，周京《无悔斋集》卷十五《正月十一日徐汾西招看复园梅花再叠前韵》《北郭归舟以东坡水生挑菜渚烟湿落梅村分韵同江声樊榭敬身堇浦作》。

正月十五，夜大雪，与同人集汪启淑真砚斋看灯，分韵赋诗。

《樊榭山房续集》卷七《元夕大雪集汪秀峰真砚斋看灯分韵》，梁启心《南香草堂诗集》卷四《己巳元夕集飞鸿堂为烧灯之会即席分韵》。

正月十六日，春雪初霁，与周京、梁启心、明中泛舟西湖，分韵赋诗。

《樊榭山房续集》卷七《春雪初霁同穆门蔆林恒公泛湖得岫字》《口占待得诗成雪已消足成一律》，周京《无悔斋集》卷十五《口占待得诗成雪已消足成一律》《正月十六日雪后泛湖同樊榭蔆林烎上人以林岫皓然分韵》。

正月三十日，忆及去冬游洞霄宫，赋七律三首，书于孟宗宝《洞霄诗集》后。

"知不足斋丛书"《洞霄诗集》卷尾存先生跋及《冬日重游大涤洞天得诗三首》。跋云："予辛丑、甲辰两游洞霄，皆有诗，至今戊辰重游已二十四年矣。山中无尘殿供玉皇像，犹旧时构，今渐颓圮。殿中有洪武十一年洞霄新规记碑，徐一夔文，俞和书，张昱篆额。古刻存者，惟此而已。宋理宗书'洞天福地'扁犹存。篝火入洞，仙境宛然，而予颜鬓已衰，殊可叹也。因成三律，附书于《洞霄诗集》之后。乾隆己巳春正月晦日雨中，钱唐樊榭老民厉鹗太鸿。"

二月初六日，应雪轩之招，同周京、施谦、杭世骏泛舟西湖，分韵赋诗。

《樊榭山房续集》卷七《春分后三日初晴雪轩招同穆门兰垞堇浦泛湖分韵》，周京《无悔斋集》卷十五《春分后三日初晴泛湖分得腰字》。

二月十五日，周京招先生及诸公泛舟游甘村，夜复泛西湖三潭，宿圣因寺。次日，张湄归去，吴城来，诸人入西山，流连三日而返。

《樊榭山房续集》卷七《穆门招同诸公泛舟甘村看花分韵二首》其二自注云："时柳渔将入都。"同卷《二月十五夜泛月三潭同穆门柳渔竹田恒公作》《晚入灵隐寺》《坐月冷泉亭赠巨公》《寒食湖上冶春绝句七首》，杭世骏《道古堂诗集》卷十三《北郭泛舟至皋亭时桃花方盛二首》，施安《旧雨斋集》卷五《花朝穆门招游北郭至皋亭看桃花即送柳渔入都分韵二律》《二月十五夜泛湖》《夜泛三潭同穆门樊榭柳渔恒上人分韵》，卷七《晚入灵隐》《冷泉亭坐月》，周京《无悔斋集》卷十五《花朝皋亭看桃花分韵》《己巳二月十五泛月三潭作》《晚入灵隐寺》《冷泉亭上坐月兼示巨涛禅老》《游弢光庵》《坐春淙亭》《寒食湖上冶春七绝句》。《花朝皋亭看桃花分韵》题注："同人为余十四日生辰，又为柳渔饯别，会者樊榭、江声、鹿田、抱朴、堇浦、柳渔、敬身、句山、蔆林、兰垞、敦复、竹田共十三人，期而不至者吴东壁。”《己巳二月十五泛月三潭记》：“前年二月望，敦复招同夜游，冒雨出城，到西泠桥，忽霁，夜久月出穿篷窗，乐甚。起行堤上，满身花影，渺绝人世矣。今年，樊榭欲往扬州，柳渔将入都，竹田病起，芡公与余皆闲。以花时春月，不可放过，因续前游。泛舟三潭，转登湖心亭上，山月映空，春湖静涵，花柳压堤，楼台浸水，三五诗人，相与扣舷而歌。夜阑酒醒，宿圣因寺。明日，柳渔以事去，敦复来，忽思冷泉坐月之兴，遂步入山中，留连三日，成诗数章，索吴公画而传之。”先生《晚入灵隐寺》自注：“次日吴君瓯亭来，遂同穆门、竹田入山，柳渔归去。”

二月，杭世骏招先生与同人游凤凰山赏桃花。

《樊榭山房续集》卷七《堇浦招同诸公凤凰山看桃花作》，周京《无悔斋集》卷十五《凤凰山看桃花》，梁启心《南香草堂诗集》卷四《凤凰山看桃花》。

三月，客扬州，施安同行，至冶坊浜始别。

《樊榭山房续集》卷七《舟过横里怀平松雨先生故居》《雨中过莺脰湖》《冶坊浜与竹田别》，施安《旧雨斋集》卷七《舟过横里怀平松雨先生故居》《胥江舟中与樊榭别》，后者云：“烟波旧路过垂虹，三月诗情二老同。”

四月，黄叔琳重刊王士禛《渔洋诗话》，又刻《五代诗话》。

顾镇《黄侍郎公年谱》。

六月，符曾自京归杭。

符曾《春凫小稿》己巳卷有诗《自二月下舟越六月始至吴地其为羁旅之情备见矣》，可知归杭当在六月。

六月十七日，周京卒于云间客舍，享年七十有三，先生有诗哭之。

周京《无悔斋集》附录全祖望《征士穆门周先生墓志铭》。《樊榭山房续集》卷七《哭周穆门》：“如君行谊友兼师，一恸秋风草木衰。征士东冈有周燮，称兄南国只袁丝。莼鲈不返松江棹，山水空留汐社期。偻指交情三十载，九原无路说相思。”

六月十八日，赵一清召同人集于南华堂，饯别查礼，各有诗。

符曾《春凫小稿》己巳卷《六月十八日赵诚夫招同金江声梁薮林陈句山杭堇浦陈东麓吴东壁王麐征赵立民施竹田吴敦复饯别查俭堂赋得南华堂听雨》，梁启心《南香草堂诗集》卷四《立秋前五日湖亭饯送查俭堂郡丞之官桂林》，王曾祥《静便斋集》卷三《同人集南华堂坐雨》。

六月廿一日，梁启心招符曾、杭世骏、吴城、施安、袁枚陪裘曰修游弢光、灵隐二寺，分韵赋诗。

符曾《春凫小稿》己巳卷《六月二十一日梁薮林招同杭堇浦吴瓯亭施竹田袁子才陪裘宫詹游弢光分得寒字》《是日继游灵隐分得先字》。

六月廿五日，立秋，有诗和陈章。

《樊榭山房续集》卷七《立秋日作和陈授衣》。陈章《孟晋斋诗集》卷十二《立秋日》。

秋，查为仁卒，先生有诗哭之。

《樊榭山房续集》卷七《哭查莲坡》："燕南耆旧久相推，会面俄成万古哀。漫浪虚充选人去，淹留直为访君来。（序去年事。）乾坤刘尹谁知我，湖海陈登未易才。老泪临风何处寄，手书犹在忍重开。（莲坡于殁之前八日，犹以手书远寄，未几而凶问随至矣，哀哉！）"

八月中浣，归杭，张世进、方士庶同行。

《樊榭山房续集》卷七《秋怀》《次韵张啸斋同舟渡江之作》《同啸斋西畴暮游惠山至泉上》，张世进《著老书堂集》卷三《与樊榭同舟之西湖渡江作》。按：《秋怀》有云"犹及中秋可到家"，张诗同卷有《八月十四夜湖边独酌》，可知先生归杭在八月十四日前。

归途过德清，访徐以泰，徐以大理石屏、《绿杉野屋图》索赋。

《樊榭山房续集》卷七《大理石屏歌徐陶尊索赋》《题陶尊绿杉野屋图》。

八月十五日，张奕枢刻《白石道人歌曲》六卷成，自序之。

《白石道人歌曲》乾隆十四年松桂读书堂本卷首张奕枢自序。

八月十八日，方苞卒。

苏惇元《方望溪年谱》。

九月初一日，母八十寿，杭世骏为撰序。

杭世骏《道古堂文集》卷十七《厉母何孺人寿序》。

九月初九日，同人集瓶花斋，送汪沆之武昌入唐英幕，各有诗。

《樊榭山房续集》卷七《九日送汪西颢之武昌》，杭世骏《道古堂诗集》卷十五《重九日瓶花斋席上送汪五（沆）往参湖广制府新尚书军事》，金志章《江声草堂诗集》卷七《重九前二日集瓶花斋送汪西颢之武昌》，梁启心《南香草堂诗集》卷四《重九日送西颢征士之武昌参两湖总制军事》。

九月，马曰琯、曰璐于扬州有怀先生与张世进，赋《忆故人》词。

马曰琯《嶰谷词·忆故人》序："樊榭归里，啸斋买舟偕往，作西湖之游。相隔弥月，怅然有怀。"马曰璐《南斋词·忆故人》。

秋，舒瞻除服，补山阴令。

张云锦《兰玉堂诗续集》卷一《题闵蕴斋松阴听泉图》自注："己巳秋云亭补任山阴令。"

十月，全祖望至杭，先生有诗嘲其嗜饮苦酒。

《樊榭山房续集》卷七《全谢山喜饮苦酒诗以嘲之》。

十月，与全祖望、杭世骏出游北郭。

《樊榭山房续集》卷七《同堇浦谢山北郭闲泛》。

十一月十一日，接沈廷芳莱州书并礼物，有诗答之。

《樊榭山房续集》卷七《长至前一日得沈椒园莱州书并惠茸毛段阿胶即次去年峄县舟次见赠韵奉答二首》。

十二月初，同王藻有平湖之游，与张云锦、陆培、陆锡周、陆震光、冯溥多有酬唱。

《樊榭山房续集》卷七《雨中过安隐寺寄吴瓯亭》《同张龙威访陆南香北墅》《集南香斋观窗上树影联句》《题冯绩囦无波艇》《奉答当湖吟社诸君折梅赠行之作》，附鲍询《送樊榭先生载梅归杭》。张云锦《兰玉堂诗集》卷八《同樊榭过访恬浦北墅》《冬日集恬浦斋观窗上树影联句》《题绩囦无波艇》《送樊榭载梅归钱塘》，茅应奎《絜吴羹诗选》乙集丁编冯溥《无波艇》《送厉樊榭先生载梅归钱塘》。茅应奎《絜吴羹诗选》乙集巳编陆震光《题冯绩囦无波艇》《送厉樊榭先生载梅归钱塘》，后者云："爱读君诗梅比洁，更识君颜冷如雪。乍从艺舫听谈诗，雪与梅花两清绝。"按：鲍询《送樊榭先生载梅归杭》有云"春风未转交三九"，"三九"在本年为十二月初一至初九，可知先生游平湖当在十二月初。

陆震光，字景升，号芳谷，浙江平湖（今浙江省平湖市）人。著有《投瓢集吟稿》。

陆锡周，字鲁东，平湖（今浙江省平湖市）人，陆培子。乾隆二十一年举人。

十二月廿八日，与丁敬游潮鸣寺，访大圜上人，得观戴进画。

《樊榭山房续集》卷七《同丁龙泓过潮鸣寺访大圜上人观戴进画功德诸像立轴残本》，丁敬《砚林诗集》卷二《己巳腊月二十八日同樊榭过潮鸣寺访大圜上人请观戴进所画功德残本一十三轴》。

岁暮，与舒瞻、金志章、吴城、施安集吴山延庆道院，分韵赋诗。

《樊榭山房续集》卷七《冬日同云亭江声瓯亭竹田集吴山延庆道院分韵》。

十二月，严遂成以《明史杂咏》寄予汪沆。

汪沆《槐塘诗稿》卷八《寄严海珊明府时调长垣》自注："己巳十二月，海珊以新著《明史乐府》见寄。"

十二月，沈心辑《怪石录》一卷，自序之。

沈心《怪石录自序》。

除夕，读杨循吉诗，有感，赋《沁园春》词二阕。

《樊榭山房续集》卷九《沁园春》序："己巳除夕，偶读杨南峰循吉诗云：'买饧迎灶帝，酌水祀床公。'吴，盖同杭俗也。予老懒无事，所须者饱食安眠而已，因赋《沁园春》二阕，以当乐神之词。"

是年，王曾祥订诸同人为真率之会，凡月必再会，会必有诗。

王曾祥《静便斋集》卷三《订诸同学为真率会》。

是年，陆文谟购得寒山旧庐，石壁有张英题诗，遍请时贤和之，先生亦有诗与焉。

陆森《寒山旧庐诗》存先生诗，云："十笏天围山半邱，丹青满目卧中游。雨余云气全归树，夜静潮声争入楼。鹿洞品泉寻异趣，凤冈拂石认名流。城南旧社今无恙，好共先生咏四愁。"

陆文谟(1692—?)，字典三，号艺洲，浙江仁和(今杭州市)人。著有《二闲堂诗抄》。

张英(1638—1708)，字敦复，号乐圃，安徽桐城(今安徽省桐城市)人。康熙六年进士，官至文华殿大学士。

是年，姚世钰卒。

陈章《孟晋斋诗集》卷十二《哭玉裁》，马曰琯《沙河逸老小稿》卷四《哭姚薏田》。

是年，方士庬刻《新安竹枝詞》，先生作序。

许承尧《歙事闲谭》卷七："吾乡名画家方士庶之弟士庬……作《竹枝词》三十六首，刻于乾隆己巳。厉樊榭为序之。言新安为江左名都，俗朴民淳，昔人比之邹鲁。西畴此作，使人如游其地，而见士女之勤俭，闾阎之仁让，无他处侈汰嬉游之习，庶几不乖六义风人之旨。"

乾隆十五年庚午(1750)　　五十九岁

正月初三日，同吴廷华、吴城、施安集吴山延庆道院，分韵赋诗。

《樊榭山房续集》卷八《新正三日同东壁瓯亭竹田集吴山延庆道院分韵》。

正月十三日，招张云锦、吴城、施谦集无尽意斋，分韵赋诗。

张云锦《兰玉堂诗集》卷九《同吴瓯亭施兰垞集樊榭无尽意斋以春星带草堂为韵得春字》有云："何况试灯时，箫鼓喧城闉。"可知此会当在十三或十四日。诗中又赞先生云："故人明湖秀，才华推绝伦。襟袖握珪璧，胸次罗星辰。轩冕了不问，板舆甘奉亲。著书作东团，渌水照比邻。"

正月，同金志章、丁敬集释篆玉南屏山房，分韵赋诗，并往南屏山中探梅，亦各有诗。

《樊榭山房续集》卷八《早春同人集让公南屏山房分韵》《新晴探梅南屏山中同江声龙泓让公作》。释篆玉《话堕二集》卷二《新晴南屏山中看梅》，并附金志章、厉鹗、丁敬、戈守智同作各一首。金志章《江声草堂诗集》卷七《新晴同社中诸君南屏探梅》，卷八《过南屏访让公契原草堂用樊榭元韵》。戈守智（1720—1786），字达夫，号汉溪，浙江平湖（今浙江省平湖市）人。善书画。著有《汉溪偕存集》等。

正月，戈守智撰成《汉溪书法通解》，先生为作序。

戈守智《汉溪书法通解》卷首存金志章、厉鹗、梁启心、梁诗正、戈守智序。金志章序末署年月云“庚午正月”，先生序推测亦应作于此时前后。

正月，金志章《吴山志》撰成，先生有诗祝之。

《樊榭山房续集》卷八《金江声吴山志成诗以落之》。

正月，杭世骏妾病卒，先生有诗悼之。

《樊榭山房续集》卷八《为堇浦悼亡姬》。

二月十五日，与同人展周京墓于青芝坞。

《樊榭山房续集》卷八《二月十五日同人展周兄穆门墓于湖上之青芝坞用皮袭美过张承吉处士丹阳故居韵》。周京《无悔斋集》附录《岁庚午春仲同人至湖上扫穆门先生墓用皮袭美吊张处士韵》，存朱樟、吴廷华、金志章、厉鹗、戴廷熺、梁启心、丁敬、杭世骏、陈兆仑、施安、舒瞻、吴城诸人诗。

二月，王曾祥移家北墅，画《北郭移居图》，先生作二曲题其上。

王曾祥《静便斋集》卷三《移居和沈晴山韵四首》序：“庚午春仲，属有不得已之役，移家北墅。”《樊榭山房续集》卷十《满庭芳·中吕宫·题王茨檐北郭移居图二曲》。

二月，沈德潜游黄山、禹陵，归途过杭，访金志章。

沈德潜《归愚自订年谱》：“十五年庚寅年七十八。正月同周子迂村为黄山之游……二月入歙县界……归途渡钱塘江，上越王台，谒禹陵、南镇，游吼山、兰亭，访贺监故居而返。”金志章《江声草堂诗集》卷八《沈归愚先生游黄山禹陵归道次武林夜过草堂相访翌辰即送还吴门》。

三月上旬，查为仁子善长、善和刻《绝妙好词笺》。

澹宜书屋《绝妙好词笺》卷尾附查善长、查善和跋，末载年月云“乾隆庚午春三月上浣”。

三月十五日，华岩为王钧画《浴鹅图》《耕读图》，王遍请同好题诗，先生与焉。

《樊榭山房续集》卷八《题华秋岳浴鹅图》《题友人北墅耕读图》。王钧《养素园诗·浴鹅图》录华岩序并诸人诗,凡二十八家,分别为厉鹗、梁文濂、施谦、吴城、丁敬、金志章、郑羽逵、金顾裴、金淳、全祖望、汪沆、王曾祥、姚钤、陈章、范肇新、施安、明中、舒瞻、陈皋、陆飞、高绳武、丁健、曹芝、徐堂、丁传、许大纶、江立、梁同书;《耕读图》录题诗二十四家,即厉鹗、吴城、金志章、施谦、丁敬、王曾永、王曾祥、金淳、汪沆、金顾裴、陈章、范肇新、施安、陈皋、舒瞻、高绳武、陆飞、丁健、明中、徐堂、曹芝、丁传、江立、许大纶。

三月,同金志章、吴廷华、吴城登吴山西爽阁,听施道士弹琴,分韵赋诗。

《樊榭山房续集》卷八《同江声东壁瓯亭登吴山西爽阁》《西爽阁听施炼师弹石上流泉》,金志章《江声草堂诗集》卷八《登西爽阁同东壁樊榭瓯亭用霾字韵》《雪后登西爽阁眺望听徐炼师弹石上流泉》。按:"徐"当作"施"。施锡昌,字旅岩,吴山道士。

三月,吴震生移家杭州,先生有诗柬之。

《樊榭山房续集》卷八《吴长公自梁溪移家来杭用沈陶庵题石田有竹庄韵奉简》。吴震生《和人喜予移家来杭用沈陶庵题石田有竹庄韵》:"他年补入城东记,谁说浮名颇似烟。"自注:"樊榭适辑此录,未全。"

三月,全祖望至杭,寓篁庵,与金志章、杭世骏多有宴集。

蒋天枢《全谢山先生年谱》。金志章《江声草堂诗集》卷八《雨中集全谢山篁庵寓斋》,杭世骏《道古堂诗集》卷十五《雨集篁庵》。

三月,离杭赴扬。

《樊榭山房续集》卷八《题新市映碧亭》《琏市》《晚次陵口》。

四月初一日,同张世进等泛舟红桥。

张世进《著老书堂集》卷三《四月一日泛舟红桥四首》自注:"杭有'背驮红日进钱唐'之谚,樊榭杭人,故及之。"马曰璐《南斋集》卷三《邀樊榭竹町于湘看牡丹酒半移醉绣球花下作》《柬樊榭竹町红桥之游》。

四月初二日,与同人集晚晴轩补做送春之会,各有词。

《樊榭山房续集》卷九《一剪梅·立夏后一日同人集晚晴轩补作送春之会》。

五月,王藻自京师归里,过扬州,先生有诗、曲送之。

《樊榭山房续集》卷八《赋得满天梅雨是苏州送梅沜自京师归里》:"五月抽帆返旧吴。"

五月,汪埙卒,先生有诗哭之。

《樊榭山房续集》卷八《哭汪祓江》:"自失芜城友,于君计已三。(谓余葭白、程松门先殁。)论交存重诺,经世付空谈。衰白公荣酒,悲黄成式函。寂寥那可见,挥泪满江潭。”

五月下浣,将归,有词留别扬州同人。

《樊榭山房续集》卷九《齐天乐·庚午夏五将归湖上留别韩江吟社诸公》,附马曰琯、马曰璐《送樊榭归西湖》。

五月廿六日,返杭过京口,闻蝉,有诗。

《樊榭山房续集》卷八《京口闻蝉》。

六月廿二日,舒瞻招先生、朱樟、金志章集汪台复园,分韵赋诗。

《樊榭山房续集》卷八《六月二十二日云亭明府招同鹿田江声诸君集复园分韵》,梁启心《南香草堂诗集》卷四《夏日云亭明府自山阴至招集复园分韵》。

七月,因牵涉朱荃案,张廷玉遭令追缴恩赐物件,梁诗正、汪由敦受革职留任、在侍郎任内效力赎罪的处分。

《清史编年·乾隆十五年》。

八月初三日,同陆铭一、张云锦、陆如金、孙枝英、叶鋆、叶凿集释篆玉南屏山房,分韵赋诗。

《樊榭山房续集》卷八《秋暑同陆纡斋张龙威叶迎坡孙㓗否集让公南屏山房分韵》,释篆玉《话堕二集》卷二《八月三日厉孝廉(鹗)陆广文(铭一)张征士(云锦)陆秀才(如金)孙秀才(枝英)叶广文(鋆)叶秀才(凿)吴秀才(应□)集山房分韵得六鱼》,张云锦《兰玉堂诗集》卷九《秋暑同樊榭纡斋迎坡集南屏山房分韵》。

陆如金,字其相,浙江平湖(今浙江省平湖市)人。庠生,工诗书,尤擅八法。

叶凿,平湖(今浙江省平湖市)人,叶之溶子。著有《竹栖诗草》。

八月,万光泰卒。

翟灏《无不宜斋稿》卷四《哀旧六章·万孝廉》自注:“庚午八月卒。”

九月初九日,与篆玉同赴扬州,过望亭驿,各有诗。

《樊榭山房续集》卷八《九日望亭舟中》,释篆玉《话堕二集》卷二《九日望亭舟中》。

九月初九日,金农《冬心题画记》六卷编成,自序之。

金农《冬心题画记》卷首自序。

九月,赴扬途中接吴均怀人诗,次韵奉答。

《樊榭山房续集》卷八《次韵答吴梅查见寄》,附吴均《奉怀樊榭先生》。吴均,字梅查,江苏甘泉县(今江苏省扬州市)人。监生,工诗。著有《青棠馆诗集》。

九月廿五日，张熷卒。

张熷《读史举正》卷首载全祖望《张南漪墓志铭》。翟灏《无不宜斋稿》卷四《哀旧六章·张征君》自注：“庚午七月卒。”

十月，沈德潜游天台归，过钱塘，访先生。

沈德潜《归愚自订年谱》。《樊榭山房续集》卷十《四块玉·沈归愚侍郎天台归过访》：“霜鞾，尘侵马，白首诸公恋东华。相逢爱说天台话。蹑峤霞，饭涧麻，吟瀑花。”按：沈德潜《归愚文续》为先生评点，集中所收之文最晚有及于乾隆十三年者。雍正九年以后，沈与先生会面可考者仅此一次，沈或即在此时请求先生评点己文。

十二月十一日，与同人集杭世骏桂堂为明中四十寿。

《樊榭山房续集》卷八《腊月十一日同人集堇浦桂堂为恒公四十寿》，张云锦《兰玉堂诗集》卷九《腊月十一日同人集堇浦桂堂为恒公四十寿》，金志章《江声草堂诗集》卷八《腊月十一日同人集桂堂为天竺恒公四十寿分韵》，施安《旧雨斋集》卷七《腊月十一日集桂堂为恒上人四十寿》，舒瞻《兰藻堂集》卷五《集桂堂为恒上人四十寿得真韵》。

除夕，有诗。

《樊榭山房续集》卷八《庚午除夕》。

是年，李绂病逝于江西临川。

全祖望《鲒埼亭集》卷十七《阁学临川李公神道碑铭》。

乾隆十六年辛未(1751)　六十岁

元日，雪，有诗。

《樊榭山房续集》卷八《元日对雪》。

正月十六日，与金志章、吴震生、丁敬同游吴山，分韵赋诗。

《樊榭山房续集》卷八《同江声可堂龙泓游吴山分得开字》，卷十《红绣鞋·中吕宫·正月十六日同江声可堂龙泓游吴山分得开字》。吴震生《笠阁丛书》卷五《辛未正月十六日与金江声厉太鸿丁敬身登吴山晚归》《又和太鸿红绣鞋》，并附金志章作。

正月十七日，袁枚招张云锦、施谦、梁启心、杭世骏、吴城、施安赏梅，分韵赋诗。

张云锦《兰玉堂诗集》卷八《上元后二日南湖主人袁子才招同施兰垞梁蕺

林杭堇浦吴瓯亭施竹田雨中观梅分韵》。

正月，雪晴，有诗寄吴震生、丁敬。

《樊榭山房续集》卷八《雪晴寄可堂龙泓》。吴震生《笠阁丛书》卷五《和樊榭雪晴见柬》云："飞来秀句逼前宋，未见梅花思已兼。"

正月，与吴震生有西溪之游。

《樊榭山房续集》卷八《同吴可堂河渚探梅》《西溪山庄重有感》《夜宿云溪庵》《雨中肩舆至永兴寺看绿萼而返》，吴震生《笠阁丛书》卷五《和泛舟河渚探梅》《和雨中泛舟》《夜宿云溪庵分韵》《张庄有感分韵》《和肩舆至永兴寺雨中看绿萼而返》。

二月初一日，弘历南巡，颁谕增加江苏、浙江、安徽三省当年生童录取名额。

《高宗实录》卷三百八十二。

二月，与张云锦、陆铭一登宝石山。

《樊榭山房续集》卷八《同纡斋龙威登宝石山麓望湖复集昭庆寺僧房分赋》有云："年光会计春将半，笑语留连迹偶同。"张云锦《兰玉堂诗集》卷九《同樊榭纡斋宝石山麓望湖》。

二月廿七日，弘历颁谕，令江浙进献诗赋士子，分别集中考试。

《高宗实录》卷三百八十三。

三月，弘历奉太后南巡，浙中士夫俱赴吴迎驾，多有蒙录用及赏赉者，独全祖望与杭世骏寂然，说者谓瓯臣未尝上达也。

杭棫《松吹书堂题咏》卷首丁丙序："既而太史以言事罢归，奉母闲居，四方羔雁，恒满堂外。后恭遇南巡，迎驾湖上，赐复原官。圣上且询其作何生涯。太史谨对曰：'买卖破铜烂铁。'上即书六字以赐之。盖大方伯里半市破旧器物，太史以实对，圣上鉴其诚而恕其戆。其非常遭际，岂他人所能幸比哉！"董秉纯《全谢山先生年谱》："《皇雅》成，天子始巡幸江浙。浙中士大夫俱赴吴门迎驾，多有录用及赏赉者，独先生与堇浦先生寂然。说者谓瓯臣未尝上达也。先生《柬芗林少师诗四首》，其次章曰：'木雁遭逢岂可班，羞居材与不材间。故人为我关情处，莫学琼山强定山。'盖少师欲荐先生，而先生辞之也。"王藻《文献征存录》卷五《全祖望》："十六年，高宗南巡，少师梁诗正将荐之，因柬少师诗云：'故人为我关情处，莫学琼山强定山。'少师叹息而已。"

弘历驻跸西湖，先生与吴城献《迎銮新曲》，并有诗以纪其盛况。

《樊榭山房续集》卷八《圣驾驻跸西湖恭纪一律以当衢歌》："化日嬉游鬓已斑，野臣何幸仰天颜。因遵祖训巡方举，为奉慈闱赐粟颁。羽卫参差依弱柳，箫韶和协绕春山。君王要与民同乐，特许三门夜不关。（三门，钱塘、涌金、清波也。)”按:《迎銮新曲》凡两套,首套曰《群仙祝寿》,吴城撰,次套曰《百灵效瑞》,先生撰。杭世骏、全祖望为作序,金志章、吴廷华、丁敬、汪沆、马曰璐、陈章、舒瞻、张云锦、张湄、周宣猷皆有题词。

三月初三日,弘历过敷文书院,制七律一首,命诸生和之。

张云锦《兰玉堂诗集》卷十《乾隆辛未年三月初三日皇上驾幸敷文书院御制七律一首诏令诸生共和敬次元韵》。

三月初五日,弘历召试浙江士人。赐取谢墉、陈鸿宝、王又曾三人为举人,授内阁中书,余赏给内纻荷包。

《高宗实录》卷三百八十四。张云锦《兰玉堂诗集》卷十《初五日召试行在赋得披沙拣金》《钦赐内纻荷包纪恩二首》。张云锦《兰玉堂文集》卷十《兰玉堂诗集自序》:“辛未三月,恭遇皇上南巡,前学使耐圃于公及翠庭雷公俱以能诗荐。初五日召试行在,午后成诗、赋、论三篇。是日,皇上渡江谒禹陵,命大臣阅卷。初八日,得旨钦取者三人,赐举人,余赏给内纻荷包。作《纪恩诗》二首,盖深感锡予之无私,而窃叹遭逢之匪易耳。”

谢墉(1719—1795),字昆城,号金圃、东墅,浙江嘉善(今浙江省嘉善县)人。乾隆十七年进士,官至吏部侍郎。著有《安雅堂诗钞》。

陈鸿宝,字卫叔,号宝所,浙江仁和(今杭州市)人。官至刑科给事中。工书画。

三月初十日,清明,过昭庆寺,访张云锦。

张云锦《兰玉堂诗集》卷十《清明日樊榭过宿昭庆寓楼分韵》《樊榭重过昭庆寓楼用前韵》。

三月廿五日,应陆培之请,撰《烟草唱和诗序》。

《樊榭山房文集》卷二《烟草唱和诗序》。

四月初,有招张云锦、吴震生、丁敬集两无尘庵,共赋绯桃。

张云锦《兰玉堂诗集》卷十《过樊榭两无尘庵绯桃小集同吴可堂丁龙泓周畅鹤作》。按:下第二首《归舟杂作》其二云“四月烧香船尽夥”,下第三首为《立夏集小耘庐》,此年立夏为四月十一,推测此集为四月初。吴震生《笠阁丛书》卷五《集两无尘庵看绯桃次张铁珊韵》自注:“樊榭逝而其刘姬归广陵,见此增感。”

四月初六日,方士庶卒,先生有诗哭之。

方士庶《天慵庵笔记》卷首存闵华所撰本传云:“疾五日没矣,时乾隆十六年四月六日也,得年六十。”《樊榭山房续集》卷八《挽方环山》。

四月,与吴震生、丁敬游北郭。旋往扬州。

吴震生《笠阁丛书》卷五《偕樊榭诸君北郭看花仝用王右丞桃源行韵》附

丁敬同作。

四月，扬州遇张庚，时庚欲往开封，有诗送之，并慰桑调元。

《樊榭山房续集》卷八《邗上逢张浦山即送其重游大梁兼寄桑弢甫》。

四月，周宣猷赦归杭州，同人集瓶花斋贺之。

梁启心《南香草堂诗集》卷四《喜雪舫同年免戍归道过武林即席奉简》，施安《旧雨斋集》卷八《雪舫自塞上蒙恩免归棹过武林同集瓶花斋》，杭世骏《道古堂诗集》卷十五《周运判蒙恩免归道过武林志喜》。

五月初二日，吴凤华赠诗贺先生寿，先生有诗答之。

《樊榭山房续集》卷八《六十生日答吴苇村见贻之作》并附吴凤华《寿樊榭先生六十》。先生诗有云："我如炳烛微，余光过衰草。"

五月初五日，马曰琯、曰璐招先生及同人雅集行庵，分韵赋曲。

《樊榭山房续集》卷十《满庭芳·中吕宫·辛未重午嶰谷半查招集行庵分韵》。

六月十七日，杭世骏、张云锦、金志章、吴廷华、丁敬、梁启心、施安、吴震生、明中游湖迎秋，分韵赋诗。

张云锦《兰玉堂诗集》卷十《湖上迎秋同金江声吴东壁丁敬身梁蕸林杭堇浦施竹田家鸿勋诸君烎虚上人分韵》，吴震生《笠阁丛书》卷五《立秋节迎秋湖上次人韵》。施安《旧雨斋集》卷八《六月十七日同人迎秋湖上分韵》自注："时铁珊将归当湖。"

七月初七日，与汪士慎、陈撰、楼锜、马曰璐集天宁寺具公方丈。

《樊榭山房续集》卷八《早秋同近人授衣于湘集天宁寺具公方丈同用东坡祸中游祖塔院韵》，马曰璐《南斋集》卷三《七月七日具公招同人集天宁寺方丈》，楼锜《于湘遗稿》卷一《七月七日集天宁方丈》。汪士慎(1686—1759)，字近人，号巢林，别号溪东外史。安徽休宁(今安徽省休宁县)人，寓扬州。"扬州八怪"之一。著有《巢林诗集》等。

七月，与同人集易谐半石书屋，送蒋德还秀水。先生旋亦返杭。

《樊榭山房续集》卷八《集易松滋半厂书屋送蒋秋泾还槜李》。

蒋德(1713—1766)，字敬持，号秋泾，浙江秀水(今浙江省嘉兴市)人。雍正十三年举人，工诗。著有《秋泾诗钞》等。生平见《国朝耆献类征初编》卷四百三十六邵齐焘所撰《哀辞》。按：《哀辞》云："岁壬申余始因炳也识先生……春秋五十有四……予识先生才十五年。"壬申为乾隆十七年(1752)，由此可推知蒋德约生于康熙五十二年(1713)，卒于乾隆三十一年(1766)。

易谐，字松滋，安徽歙县(今安徽省歙县)人，居扬州。筑抱山堂以延四方名士。著有《抱山堂诗选》。

七月，与同人社集湖上。

吴震生《笠阁丛书》卷五《同释大恒金江声梁蕺林厉樊榭杭堇浦周雪舫范履园施竹田丁龙泓家瓯亭社集湖上由下天竺寻翻经台三生石诸胜》《冷泉亭待月》《留宿三生庵》。

八月初四日，同人集杭世骏桂堂赏花，并祝吴城五十之寿，分韵赋诗。

杭世骏《道古堂诗集》卷十五《同人醵酒桂堂为吴（城）祝五十初度用东坡八月十七日天竺僧送桂花分赠元素韵》，吴震生《笠阁丛书》卷五《八月四日堇浦桂堂丛桂盛开用东坡天竺山送桂花分贻元素韵为瓯亭五十寿集者凡十六人》，施安《旧雨斋集》卷八《八月四日集桂堂为瓯亭五十寿用坡公集中天竺送桂花分赠元素韵》，梁启心《南香草堂诗集》卷四《八月六日瓯亭五十初度同人集桂堂赋诗为寿用东坡天竺送桂花分赠元素诗韵》。

八月初五日，伪撰工部尚书孙嘉淦奏稿案发，清廷下令"密加缉访"。

《高宗实录》卷三百九十六。

八月十九日，王肇基献诗案发。弘历颁谕，令山西巡抚"严密讯鞫"。

《高宗实录》卷三百九十七。

八月三十日，弘历下令，将王肇基"立毙杖下"。

《高宗实录》卷三百九十七。

八月，查礼召汪沆、万光泰、吴文锡游田盘、西山，凡二十余日，各有诗，后合辑成《盘西纪游集》。

汪沆《槐塘诗稿》卷六《盘西纪游集序》："乾隆辛酉八月查君俭堂发兴为田盘之游，脂车盘山，游经旬日。回都复作西山之游，又复旬日。前后得五古诗四十二首。两山之游，冠绝平生，梦寐犹时忆之。同游者秀水万循初、山阴吴文锡、予及俭堂也。"

九月初六日，同人集吴山送周宣猷北上京师。

梁启心《南香草堂诗集》卷四《重九前三日风雨寒甚集吴山送雪舫同年北上得登字》，施安《旧雨斋集》卷八《重九前三日集吴山赋送雪舫北游同玉笥鹿田江声东壁蕺林堇浦砚林瓯亭容安兰坨分韵》。

九月廿七日，黄树谷卒。

李桓《国朝耆献类征初编》卷三百八十八钱大昕撰《黄树谷墓志铭》。

九月，舒瞻序周京《无悔斋集》。

周京《无悔斋集》卷首存舒瞻序，末署年月云"乾隆辛未九秋"。按：《无悔斋集》为舒瞻捐资付锓。全祖望《鲒埼亭集》卷十九《周穆门墓志铭》："穆门之卒也，吾友杭堇浦为之传序，其事甚悉。厉樊榭、施竹田论定其诗，山阴令舒堃亩为之开雕。”张云锦《兰玉堂诗续集》卷一《哭海盐大令舒云亭先生四首》其二自注：“钱塘周少穆《无悔斋集》、施竹田《旧雨斋诗》、秀水家瓜田《强恕斋诗钞》及余《兰玉堂诗集》，俱先生捐俸付梓。”

十月初一日，许承祖编定《雪庄西湖渔唱》，自序之。

许承祖《雪庄西湖渔唱》卷首自序，末署年月云“乾隆十有六年岁次辛未冬十月朔”。

冬，与同人饯别陆钟辉于桂堂，分韵赋诗。

吴震生《笠阁丛书》卷五《冬日桂堂席上同舒云亭金江声杭堇浦全谢山厉太鸿施竹田饯别南圻分得先字》。

十一月，与全祖望同至扬州。

马曰璐《南斋集》卷四《辛未仲冬樊榭至自钱湖谢山至自甬上雨中招集山馆有怀家兄嶰谷暨于湘北上》。

岁暮，先生、杭世骏、全祖望先后南旋。是年，先生二至扬州，其间有为卢见曾校订《感旧集》。

王士禛《感旧集》凡例：“是集辗转抄写，讹误颇多。宋编修蒙泉尝订正之，复委榆村之孙寀余、子谦以校雠之役。再三过，尚有阙疑。玲珑山馆藏书充栋，所与稽者，厉樊榭鹗、陈授衣章，皆博雅君子，幸重检阅而后授梓，毋致有鲁鱼亥豕之讹。”按：《感旧集》成书于乾隆十六年、十七年间，十七年先生未至扬州，可知校书之役当在此年。

除夕，先生购得玉版十三行，杭世骏买书数十种，赋诗嘱同人和之。

王曾祥《静便斋集》卷四《辛未除夕堇浦买得书数十种樊榭购得玉版十三行有诗属和》。王德溥《宝日轩诗集》卷三《辛未除夕闻厉樊榭先生得玉版十三行杭堇浦先生得书数百种有作》。王德溥(1720—1768)，字容大、澹和，浙江钱塘(今杭州市)人。

是年，编辑乾隆四年至今年之作为续集，凡诗八卷，词一卷，曲一卷，自序之。

《樊榭山房续集》卷首自序：“仆诗前集自甲午至己未凡二十六年，仅编成八卷，词二卷附焉。已未至今辛未十二年来，复次第成续集如前之数。岂中年以往之作工于少时邪？自念齿发已衰，日力可惜，不忍割弃，辄恕而存之。幸生盛际，懒迂多疾，无所托以自见，惟此区区有韵之语，曾缪役心脾。世有不以格调派别绳我者，或位置仆于诗人之末，不识仆为桓谭者谁乎？后缀词一卷，北乐府小令一卷，则年来因词而及之，虽乏酸甜风味，或不至贻笑伧父面目也。樊榭老民厉鹗。”

乾隆十七年壬申(1752)　　六十一岁

元日，厉志黼得一子。

朱文藻《厉樊榭先生年谱》。

正月廿日，湖北杨烟昭卦图案发，高宗下令将杨氏杖毙。

《高宗实录》卷四百七。

正月，与汪沆、施廷枢游皋园。

汪沆《槐塘诗稿》卷九《重过皋园同樊榭先生令贻北亭作》。

二月十九日，为许承祖《雪庄西湖渔唱》撰序。

许承祖《雪庄西湖渔唱》卷首存先生序："海昌许君复斋抱才隽上，一洗裙屐之习。性复耽闲静，筑雪庄于西湖之巾子峰下。暇日游憩所至，抉剔幽隐，作为绝句三百六十五篇，诗各有题，题各有注。西湖天下景，斯编亦西湖杰构也。昔人标目胜境，着语不多，每矜擅场，此诗以少为贵者。至如杨备之《姑苏百题》，曹组、李质之《艮岳百咏》，阮阅之《郴阳百咏》，许尚之《华亭百咏》，张尧同之《嘉禾百咏》，马之纯、曾极之《金陵百咏》，诸人或土著，或宦游，或羁旅，或奉敕撰，兴会所至，每足流传不朽。此诗以多为贵者。独西湖自唐宋至今，诗且无万数，而《百咏》惟董静传七律。静传生宋季，所述多荒宫陊殿，断础颓垣之悲，读之徒增人凄恨。继是，未有为西湖开生面者。复斋生圣明之世，目睹夫金碧之光，仙佛之庐，翔涌璀璨于烟云变灭间。而复斋又自有敞楼幽轩，俯临清漪，与鱼鸟为宾主，襟灵莹发，才思玲珑，又与地相副。故其为诗也，雕绘不存，天然俊妙。以视静传所作，见闻殆一新焉。复斋方盛年，名誉日起，将践著作之庭，歌斋房，颂朱鹭。斯时一编，或付之校衬笭箵之侣，与苹风蓼雨相应和，回首雪庄，当有软红香土不如之叹矣。乾隆壬申寒食日，钱唐同学弟厉鹗。"

二月廿一日，吴城招先生与同人看花，分韵赋诗。

吴震生《笠阁丛书》卷五《二月二十一日瓯亭招同江声鹿田东壁复园樊榭龙泓堇浦竹田复斋静夫皋亭看花以舟行着色屏风里人在回文锦字中为韵各赋七言古诗分得行字》："岁偶歉收流莩满，我辈幸续花间盟。为言三雅亦已足，世间万事忌满盈。"自注："道故者述月田、筠谷、穆门诸先生主社事。"附先生作："芙蓉仙人好游戏，石壁种花高不坠。何似皋亭山下村，锦障移将在平地。花中爱桃兼爱李，映雪烝霞皆有致。水口如缘武陵入，门外疑寻韦曲至。曩遭女妭雨难得，今逢屏翳晴非易。吾侪讵免忧米价，闲情也复关春思。未填沟壑且颠狂，若较流亡更惭愧。坐中白发生满梳，有心漫祝苍华字。痴儿黄金高至斗，无力莫回青帝辔。任他墓上署征西，那及花前酣从事。旧盟尚在仍往复，近局招邀或三四。将衰正盛恋斜日，已落犹开惜东吹。鸭头波荡句初圆，燕尾招摇人尽醉。清明过后上巳来，一春佳处君须记。”按：此后先生不复作诗，是为绝笔之作。施安《旧雨斋集》卷八《二月二十八日皋亭舟中看桃花以舟行着色屏风里人在回文锦字中为韵分得屏字》。

二月廿二日，与施安编定周京《无悔斋集》，序之。

周京《无悔斋集》卷首存先生序，末署年月云“乾隆壬申清明后二日”。

三月初三日，为茅应奎《絜吴羹诗选》作序。

茅应奎《絜吴羹诗选》卷首存先生序。

三月，粤抚邀全祖望主讲天章书院，邀杭世骏主讲粤秀书院，二人遂同南下岭南。

舒瞻《兰藻堂集》卷五《堇浦谢山同膺粤东掌教之聘不及握饯诗以送之》。

春，金志章家被火，著作皆付一炬。

杭世骏《道古堂诗集》卷十六《金观察志章家人不戒于火所著皆付焚如远闻搤揽吊之以诗》。

春，舒瞻调任海盐，后转署嘉善、桐乡、秀水三县令。

张云锦《兰玉堂诗续集》卷一《题闵蕴斋松阴听泉图》自注：“壬申春云亭从山阴调海盐，中间以病乞假，后署嘉善、桐乡、秀水三县。”

春，马曰琯、曰璐、陈章、闵华、楼锜一起自扬入吴，遍游林屋诸胜，酬唱之诗后汇刻成《林屋唱酬录》。

马曰琯编《林屋唱酬录》。

夏，金淳卒。

王曾祥《静便斋集》卷四《挽金丈曲农》。

九月，吴城有意集杭城内外诗社为西湖大会。

王曾祥《静便斋集》卷四《瓯亭欲合城内外诗社大会湖上诗以请期》。

九月初七日，梁启心招饮周宣猷、汪沆于桐乳轩。

梁启心《南香草堂诗集》卷四《雪舫西颢集小园桐乳斋听雨因忆堇浦谢山先后之广州》自注：“时西颢自闽中归。”

九月初八日，同人集瓶花斋送舒瞻回海盐，先生未与。

梁启心《南香草堂诗集》卷四《重九前一日集瓶花斋送云亭同年回海盐官署》。

九月十一日辰时,先生卒。

汪沆《樊榭山房文集序》:"先生殁于乾隆壬申九月。易箦前一日,诏沆而语之曰:'予生平不谐于俗,所为诗文亦不谐于俗,故不欲向不知我者而索序。诗词二集,已自序授之梓,尚留小文二册藏敝箧。子知我者也,他日曷为我序而存之!'沆泣而受命。"张云锦《兰玉堂文集》卷十四《荐举博学鸿词庚子科举人樊榭厉君墓表》:"近岁复以马氏故,挈眷至扬州,而竟于扬州遘疾,归卒。"

九月廿一日,马曰琯、曰璐闻先生凶问,招扬州同人于行庵为位哭奠,各赋一律。

振绮堂刊本《樊榭山房集·挽辞》,载诗十二首,为十一人所作,即程梦星、马曰琯、汪玉枢、张世进、方士庬、马曰璐、陈章、闵华、陆钟辉、张四科、楼锜。

先生凶问出,师友后学,识与不识,纷有挽词。

振绮堂刊本《樊榭山房集》附龚胡鉴所辑挽词,除上述十二首外,尚有杭世骏、陈章、丁敬、赵信、赵一清、程梦星、胡应瑞、易谐、张世进、闵华、方士庬、张四科、吴廷华、楼锜、沈心、桑调元、陆钟辉、许大纶等所撰者四十八首,文繁不录。兹录不见于龚所辑者。

王曾祥《静便斋集》卷四《挽厉樊榭》:"朋辈凋疏剧可哀,廿年良会忆追陪。大科竟失文章伯,当代空传著作才。素袖几回搴总帐,春晖长此隔泉台。西湖旧是行吟地,化鹤何时更一来。"

释篆玉《话堕二集》卷三《挽厉樊榭先生》:"社中又少一先生,偻指年光只自惊。邗上故人空有梦,湖头旧雨不胜情。欲寻当日看山约,无复扁舟向寺横。独树影疏诗意远,尚留遗照领秋声。"

张云锦《兰玉堂诗集》卷十《哭厉樊榭孝廉》:"湖上相逢始识君,白头然烛数论文。才名独揽怀中锦,身世都归梦里云。从此重阳尊罢举,(君没于重阳后一日。)那堪八社句谁闻?而今忍过东园路,衰草西风黯夕曛。"

吴震生《笠阁丛书》卷五《悼樊榭十二绝句》:"此生端只为名来,卷轴粗成便可回。文苑岂无恩幸传,千秋终合让天才。""名场利薮足交亲,送入斑狸恰二人。风马如侬浑意外,从知此事属前因。(二人谓敬身与余。)""绝笔投予绝妙辞,桃花岂料永分离。一春佳处嗟成谶,记忆徒增旅客悲。(君自皋亭分韵后,杭州不复有诗,盖绝笔也!一春岂非不再春,人记岂非君不记耶!)""初意湖山且寄情,骤逢逝者倍心惊。灾梨谁更匡余谬,归就禛贻便合行。(予为生圹已久,至是殊觉浪游,又曾刻诗数卷,先生许于倦游之日,痛为删改,重镂善板,俾可问世。今则已矣!永不敢示人矣！)""太上忘情岂我俦，须知事过即浮沤。恩缠十九生仇对，泉路何妨作独游？(君向有'倒泻天河作平地，人间终不罢相怜'之句，陈君授衣挽诗亦有'诗外温柔别有乡'句。)""伏枕犹飞一札前，告言休矣剧相怜。徘徊俛仰今宵月，愈觉婵娟愈孑然。""百缗聊尔佐开雕，两宋全诗得准标。更向玲珑问辽史，杀青何异些词招。(余辈既为刻《宋诗纪事》，而先生云：'尚有《辽史补》一书，已就竹西马氏玲珑山馆手录成帙矣。')""买山钱已载还山，禅智何须重往还。自古扬州宜入梦，琼花自好莫轻攀。""我将旧曲变新文，戏绝非关斗齿芬。君颇相然题品在，故知夙世本同群。(少作乐府甚多，今以君序而坊人板行之。)""一束生刍尚未将，会须执绋洒千行。枌榆旧社非全散，别有诗肠与酒肠。""为位行庵一哭休，扬州友谊轶杭州。寒花老木深情句，独荐哀梨复几秋。(韩江诗社闻君讣，同人为位而哭。龙泓与余谋一奠，尚未行也。'只此平生意，寒花如见君'，及'雪荐哀梨霜荐柑'，皆马君挽诗中语。)""往事凄凉不可思，倚楼人在亦低眉。朱弦三叹遗音远，实恐从今乏好诗。(赵氏十三园，惟亲家意林先生园有层楼，见君诗集。又尝邀君仝赴大科，其挽诗有'低眉自觉衰迟甚，旧事凄凉不可听'句，盖兼忆难兄谷林也。广文张君则有'朱弦疏越雅音遥'句，陈君则有'此后料应无好诗'句。)"

吴𤏡文《朴庭诗稿》卷八《挽厉樊榭》："风月梦西湖，忽传丧樊榭。礼失叔孙通，冠亡杜子夏。维君性高旷，万卷耽枕藉。张邴少宦情，何周爱禅舍。常以妙明心，理厥清净课。(君斋联：'种花清净课，读画妙明心。')余事号诗人，幽微超元化。亦复事倚声，古乐府之亚。却笑柳屯田，仅堪会手帕。著述富等身，丹黄戾盈座。客馆小玲珑，一枝闲可借。闻钗忽破戒，白友悲花谢。不学豹养内，漫遭鹏视夜。海山兜率天，茫茫孰税驾？"

后　　谱

乾隆十八年癸酉(1753)

二月,汪师韩在京师闻先生讣,有跋书于《樊榭山房集》后。

上海图书馆藏《樊榭山房集》汪师韩、吴骞跋本。汪跋:"先生集刊成,丁敬身先得之,余往索之观,即举是编相赠,书页所题五字,敬身笔也。先生康熙庚子举贤书,与先子同年。为人孤子峭独,自一应丁丑会试,甲申再入都。乾隆丙辰举博学鸿词科,以误录诗于论、赋之前,违式不取。及后铨部截取,再以谒选北上,已极津门,遽返棹。客于维扬马氏最久。其自南而北,总计一生往返者三而已。自少即负诗名,乡里推为宗匠,从游之彦,棋布星罗。今年其门人何孝廉太占寄书都下,知先生已登玉清,岁在壬申年,盖六十有一云。乾隆癸酉二月淀东桥侨佃师韩记。"

八月,陈章、马曰琯、马曰璐作《五君咏》,忆及先生、方士庶、姚世钰、胡期恒、唐建中。

陈章《孟晋斋诗集》卷十六《五君咏伤社中亡友也·厉孝廉太鸿》:"呼吸西湖光,唾作清瘦诗。高名自然有,众务何必知。丝纆应辟召,白发终茅茨。平生苦情累,到死为春悲。"马曰琯《沙河逸老小稿》卷五《五君咏·厉樊榭》:"荟粹邱索精,抉搜水石妙。南湖樊榭生,文笔穷幼眇。谋禄养衰亲,空赴大科召。不碍赋闲情,时流匆相诮。"马曰璐《南斋集》卷五《五君咏·厉孝廉樊榭》:"樊榭具慧业,秀骨夺湖霁。耽书自弱龄,幽讨非外契。一梦扬州春,终绌词科第。瘦鹤唳秋风,寥寥在天际。"

乾隆十九年甲戌(1754)

春,姚世钰、厉志黼过扬州,张四科有诗送之。

张四科《宝闲堂集》卷一《送姚世钰厉志黼》。

五月,沈德潜始评选《国朝诗别裁集》。

沈德潜《归愚自订年谱》。

乾隆二十年乙亥(1755)

九月初九日,蒋德序陈章《孟晋斋诗集》,论及先生诗。

陈章《孟晋斋诗集》卷首蒋德序:"吾于浙之西能诗者二人,一曰陈授衣,一曰厉太鸿。太鸿之论诗曰:'辞必未经人道而适得情景之真,斯为难耳。'授衣曰:'不然。人所无者,吾不必不无,人所有者,吾不必不有,意取其是而弗戾于古,如是焉已矣。'二人者,生同地,长同学也,而其持论不同如此。夫浙西自朱太史竹垞后,寥寥将百年,风雅不绝如线。其庸下之士既无足道,即一二自负为高才生者,大率多缪戾驳杂之辞,泛滥而究无所当。二人者,虽持论不同,而皆能发愤,各自树立,可不谓特出之士欤?盖太鸿之诗,多清疏窈眇之思,其博奥足以副之,自诸子百家杂出于神林鬼冢金石可喜可异之事,能令读者荡心震目。而授衣格律严整,原本大历十才子,至其古朴恬雅,或出入于储太祝、韦左司之间。余尝论之曰:'太鸿之诗,李广之随水草结营,不拘成法,所谓"运用之妙,存乎一心"也。授衣之诗,程不识之刁斗森严,不可动之军也。'二人皆余所心折,而后生小子所宜法则,尤莫若授衣。太鸿以老孝廉终其身,授衣则落落一布衣,家窭甚,今年且六十,白发毵毵,然犹漂寓江淮间。余又怪二人持论不同,而所遇又不甚相远,是可叹也。太鸿诗集行世已久,今年秋授衣出其集属予序之,故述二人平昔之论之异,而明其能自树立则同,以风世之学为诗者。至遇与不遇,则天也,非人之所能为也,何足计哉!秀水同砚弟蒋德书于抱山堂乙亥重九日。"

乾隆二十二年丁丑(1757)

十一月,沈德潜批选《国朝诗别裁集》毕。

沈德潜《归愚自订年谱》。《国朝诗别裁集》卷二十四选先生诗八首,评语云:"樊榭学问淹洽,尤熟精两宋典实,人无敢难者。而诗品清高,五言在刘昚虚、常建之间。今浙西谈艺家,专以饤饾挦扯为樊榭流派,失樊榭之真矣。"

乾隆二十四年己卯(1759)

夏,杭世骏以《岭南集》寄袁枚,袁枚推赏不已。

袁枚《小仓山房诗集》卷十五《杭太史堇浦寄示岭南集奉酬三十六韵》。又《随园诗话》卷十四第五七则:"近时杭堇浦太史《悼亡妾》诗远不如樊榭先生……堇浦先生诗,以《岭南集》为生平极盛之作……悲凉雄壮,恐又非樊榭、宝意所能矣。"

九月,沈德潜《国朝诗别裁集》刻成。

沈德潜《归愚自订年谱》。

乾隆二十六年辛巳(1761)

二月,鲍廷博据厉志黼所藏稿本,刻《樊榭先生游仙集》三卷。

厉志黼《游仙集跋》:"游仙诗三百首,盖先君子少作也。以偶尔托兴,未尝实版集中。小子黼熏袭箧衍,每一敬展,手泽如新,泫然何已!同学鲍君以文绩学嗜古,亟请开雕,不特敏求之足当,实尔诗人不匮之遗矣。黼其能无兴感哉!谨书末方,以识鲍君用意之厚云。乾隆辛巳中春,志黼识于樊榭山房。"

二月,袁枚不满沈德潜诗贵温柔、尊唐抑宋之说,与书沈氏,并论及先生诗。

袁枚《小仓山房文集》卷十七《答沈大宗伯论诗书》:"先生诮浙诗,谓沿宋习败唐风者,自樊榭为厉阶。枚,浙人也,亦雅憎浙诗。樊榭短于七古,凡集中此体,数典而已,索索然寡真气。先生非之,甚当。然其近体清妙，于近今少偶。先生诗论粹然，尚复何说？然鄙意有未尽同者，敢质之左右……先生不喜樊榭诗，而选则存之，所见过牧斋远矣。”

是年，施谦与书袁枚，意在共倡宋诗，与沈德潜分庭抗礼。袁答书却之，认为诗贵性情，不当分唐界宋，并诮浙诗僻涩。

袁枚《小仓山房文集》卷十七《答施兰垞论诗书》：“足下见仆《答沈宗伯书》，不甚宗唐，以为大是。蒙辱谠言，欲相与昌宋诗以立教。嘻！子之惑，更甚于宗伯。仆安得无言？夫诗，无所谓唐、宋也。唐、宋者，一代之国号耳，与诗无与也。诗者，各人之性情耳，与唐、宋无与也。若拘拘焉持唐、宋以相敌，是子之胸中有已亡之国号，而无自得之性情，于诗之本旨已失矣。子与人歌而善，必使反之而后和之。其歌者为齐人欤？为鲁人欤？孔子不知也。其所歌者为夏声欤？为商声欤？孔子又不知也。但曰善则爱之而和之。圣人之和人歌，圣人之教人学诗也。虽然，物必取其极盛者而称之，诗之称唐，犹曰宋之斤、鲁之削云尔。仆之不甚宗唐，不欲逼天下之人尽迁于宋、于鲁而后为斤、削也。然宋斤鲁削之善，不可诬也。子之不欲尊唐，是欲逼居宋居鲁之人远适异国，而后许其为斤削也，则好恶拂人之性矣。是奚可哉！来书云：‘唐诗旧，宋诗新。’更不然也。夫新旧可以年代计乎？一人之诗，有某首新、某首旧者；一诗之中，有某句新、某句旧者，新旧存乎其诗，不存乎唐、宋。且子之所谓新旧，仆亦知之。前有人焉，明堂奥房，襘襘焉盛服而居；后又有人焉，明堂奥房，襘襘焉盛服而居。子虑其雷同而旧也，将变而新之，则宜更华其居，更盛其服，以相压胜矣。乃计不出此，而忽洼居窟处，衣昌披而服蓝缕，曰吾以为新云尔。其果新乎？抑虽新而不如其不新乎？五尺之童，皆能辨之。扬子曰：‘斫木为棋，梡木为鞠，皆有法焉。’唐人之法，本乎汉、晋，宋人之法，本乎三唐。终宋之世，无斥唐人者。子忽欲尊宋而斥唐，是率其子弟而攻其父兄也。恐诗未作，而教先败也已！”又同卷《答兰垞第二书》：“来书极言唐诗之弊，故以学宋为解。所陈诸弊，仆不以病唐人，乃以病吾子。何也？子亦知孔子之道，历万世而无弊者乎？然乡之氓，有学孔子者，终日食不厌精，脍不厌细，人但呼为饮食之人，不呼为孔子也。是岂孔子之弊哉？子之弊唐，毋乃类是！且弊有多寡，学者当择其寡者而趋之。程、朱讲学，陆、王亦讲学，其于圣道，互有是非，然天下士多遵程、朱，少遵陆、王，其故何也？程、朱流弊不过迂拘，陆、王之弊，一再传而奸猾窜焉，其弊大，故其教不昌。唐诗之弊，子既知之矣；宋诗之弊，而子亦知之乎？不依永，故律亡；不润色，故采晦。又往往叠韵如虾蟆繁声，无理取闹；或使事太僻，如生客阑入，举座寡欢。其他禅障理障，庋词替语，皆日远夫性情。病此者，近今吾浙为尤。虽瑜瑕不掩，有可传者存，然西施之颦，伯牛之癞，固不如其勿颦勿癞也。况非西施与伯牛乎？说者曰：'黄河之水，泥沙俱下，才大者无訾焉。'不知所以然者，正黄河之才小耳。独不见夫江海乎？清澜浮天，纤尘不飞，所有者万怪百灵，珊瑚木难，黄金白银为宫阙而已。焉睹所谓泥沙者哉？善学诗者，当学江海，勿学黄河。然其要总在识。作史者才、学、识缺一不可，而识为尤。其道如射然：弓矢，学也；运弓矢者，才也；有以领之，使至乎当中之鹄，而不病于旁穿侧出者，识也。作诗有识，则不狗人，不矜己，不受古欺，不为习囿。杜称'多师为师'，《书》称'主善为师'。自唐虞以来，百千名家，皆同源而异流，一以贯之者也，何暇取唐、宋国号，而扰扰焉分界于胸中哉！吾子亦先澄其识而已矣，毋轻论诗！"按：施谦为先生弟子。袁诮浙人土木宋诗，主要即指先生及其追随者而言。

乾隆二十八年癸未(1763)

秋，鲍廷博从先生原稿整理抄录得《南宋院画录》八卷。

"武林掌故丛编"《南宋院画录》卷末载鲍廷博跋语："乾隆癸未秋从樊榭山房稿本清出。樊榭先生钞撮古书，往往以意删削，如此书中所引《六研斋笔记》《宝绘录》之类，是已重钞清本必须觅原书对过，不可草。知不足斋记。"

冬，汪师韩再跋《樊榭山房集》，论先生诗甚恰。

上海图书馆藏《樊榭山房集》汪师韩、吴骞跋本。汪跋："先生之诗，搜讨精博，蹊径幽微。取材新，则有独得之奇；使事切，则无寡情之采。自成情理之高，不关身世之感。至若典僻而意或晦，藻密而气为伤。一邱一壑之胜，登临少助于江山；一觞一咏之情，怀抱勿观于今古。以云返汉、魏而近《风》《骚》，岂其薄而不为？夫亦所谓幽人之贞，独及其巅者邪！然先生全集，无一字一句不自读书创获，所以雄视一时。后人效者不效其读书，而惟是割剥缀诗词内新异之字，以为临文攒凑，望之眩目，按之枵腹。人云所作不可尽难，难便不知所出，是又不得以学者之不根而并咎作者之非也。癸未冬日韩门又记。"按：此跋吴骞采入《拜经堂诗话》卷四。

乾隆三十年乙酉(1765)

闰二月初二日,丁敬览先生诗集,感龙兴寺被焚,有诗纪之。

蒋光煦《东湖丛记》卷六《丁隐君佚诗》:"余收得《樊榭山房诗》,为万近蓬(福)藏本,有丁敬身隐君(敬)手书诗迹。卷五《游龙兴寺诗》,其眉上有云:'甲申腊月,寺为邻火所烧,寸椽不留,独胡季良所书陀罗尼经幢巍然无恙。"城中易黑灰,此独未摧拉",竟成诗谶!为怃然者久之。敬身七十一岁记于万秀才近蓬藏本,时己乙酉闰二月二日也。''此幢予曾作长歌,稿已失去。去腊龙兴寺被灾后,予过之,市井凋残,寺已尽毁,维此幢无恙。叹佛力之弥坚,喜古缘之不损,因赋一律记之:"一火俄教扫百椽,地中三日尚浮烟。树空真叹人灾烈,幢在方知佛力坚。俗驾何曾谙击扫(韦苏州《石鼓诗》:既击既扫黑白分。),贞材枉自极雕镌。几时客有如欧者,下马能来此布毡。"'"万福,字近蓬,号玉仓,鄞县(今浙江省宁波市鄞州区)人。诸生。著有《玉仓诗选》。

乾隆三十四年己丑(1769)

四月,鄂敏以先生诗质于翁方纲,方纲有诗答鄂敏,对先生有轻贱之意。

翁方纲《复初斋诗集》卷六《钝夫久不作诗阳山舟中值其病起讽诗数夕却讯》:"病起可耐樊榭民,卢橘杨梅酸未熟。"自注:"近闻颇览厉征君集也。"同卷《钝夫以樊榭诗来问叠韵答之》:"羼提无色声香触,且莫徒寻竹垞竹。近时家家王与朱,但傅丹铅眩红绿。法书不合从门入,见过于巅乃臻麓。虞山之派画亦然,耕南老人学石谷。齐音吴音岂一律,远矣谁从叩耆宿。君看临清共王李,唐十二家坐熟读。精华声调竟何在,温伯雪子徒击目。即离虚实了不关,自瀹山泉候茗熟。"

乾隆三十七年壬辰(1772)

六月初一日,鲍廷博据先生手抄本刻成元郭畀《客杭日记》,有跋。

"知不足斋丛书"《客杭日记》卷尾鲍廷博《客杭日记刻成小诗代跋》其三:

"樊榭风流媲往贤，云山墨妙手亲传。锦囊湘箧同珍重，记取从今五百年。"自注："予传樊榭先生手钞本开雕。"又魏之琇同作其四："征君（樊榭）毕世事搜罗，帐箧如斯苦不多。未许清言独珍秘，郭髯其奈鲍髯何。"魏之琇（1722—1772），字玉璜，号柳洲，浙江钱塘（今杭州市）人。以医名世。著有《续名医类案》《柳洲医话》等。

乾隆四十二年丁酉（1777）

是年，卢文弨得先生《东城杂记》，有跋纪之。

卢文弨《抱经堂文集》卷九《城东杂录跋》："吾杭人也，既冠即客游，不能久居于杭，亲炙乡前辈之余论，又无暇网罗遗文坠事，以备一乡之典故。今忽忽老矣，意殊慊焉。此《城东杂录》二卷，乃厉樊榭征君之所辑也。征君居东园，在杭城之东，故所录亦因以为断。吾祖居在东里坊，其北则艮山门，其东南则庆春门，于东园最相近，桑弢甫先生之居在焉。先君子从幼往来，里人有双先生之称。后之人有续录者，亦可以为东城重矣。吾祖居即所谓'数间草堂'者也，今吾弟居之。而吾终年旅羁，宅犹未卜。忆曩从弢甫先生客中读杜诗，至'过客径须愁出入，居人不自解东西'之句，怳然即东园风景也。故乡殊可念，倘有惠我买山赀者，吾其就东园以终老乎！"

乾隆四十三年戊戌（1778）

七月，先生嗣子厉志黼刻《樊榭山房文集》成，汪沆序之。

《樊榭山房文集》卷首载汪沆《樊榭山房文集序》，末署云："乾隆四十三年岁次戊戌秋七月，受业汪沆拜序。"按：上海图书馆藏《樊榭山房文集》乾隆四十三年刻本，其汪序内容与通行本序文多有不同，惜残缺不全，姑附于此："先生绪论谓士子读书敦行，本也，文学，末也。即以文学论，贵精不贵多，当为有体有用之学，不近名躁进，不为浮华无根之文。行修而学赡，遇不遇，安之于命可矣。呜呼！先生归道山有年，而沆景迫崦嵫，发秃齿落，学业一无成就，有负师训，愧可言耶！先生殁于乾隆壬申九月，易箦前一日，诏沆而语之曰：'予生平不谐于俗，所为诗文亦不谐于俗，故不欲向不知我者而索序。诗词二集，业已自序授梓，尚留小文二册藏敝箧，子知我者也，他日可为我序而存之。'沆泣而受命。乃日月不居，人事乖违，逋诺未偿，实疚于怀。今年春，从先生嗣君绣周茂才索得原稿，付诸剞劂氏工竣，问序于沆。夫先生之文原本经术，体洁而辞雅，卓然自成一家，当世自有子云，沆则何敢以序吾师之文。惟感念知我一言，遗命諈诿，用忘谫劣，谨述先生一生淡于荣利，难进易退，而著述流传，宏通淹雅之誉，播于海寓，及沆从游承训之本末，次第以纪其梗概，附诸简末，以报先生于九原云。乾隆四十三年，岁次戊戌秋七月，受业汪沆拜序。"此为金兆蕃藏书，序后附其亲笔识语云："序前缺，从葛氏借钞序，亦汪氏作，年月并同，而文字迥异，多所删削，不能与存页相衔接，乃别录于前，而留一空页。当更求与此本同者，以补其缺。癸酉七月七日装订毕，兆蕃书。"汪沆《槐塘文稿》卷二《樊榭山房文集序》文字与通行本大致相同，唯个别地方后者有删节，如："乾隆丙辰，应制科之征，重入都门，名公卿及魁儒硕彦莫不拟先生当膺首选，乃廷试日，以书写论、赋题先后错误被放。"通行本唯作："乾隆丙辰应制科之征，重入都门，及廷试，复被放。"又"今吴君鹤亭敦群纪之谊，从先生嗣君绣周茂才索得原稿"，通行本作"今年己亥，从先生嗣君绣周茂才索得原稿。"盖汪氏为文慎重，屡易其稿，故致此序有数本也。

乾隆四十四年己亥(1779)

三月，四库馆臣校毕《宋诗纪事》一百卷。

"文渊阁四库全书"《宋诗纪事》提要。

十一月，四库馆臣校毕《樊榭山房集》二十卷。

"文渊阁四库全书"《樊榭山房集》提要。

乾隆四十五年庚子(1780)

十月，严长明翻检笥箧，得先生手录《精选名儒草堂诗余》，感慨跋之。

"享帚精舍词学丛书"《精选名儒草堂诗余》卷末载严长明跋："元凤林书院《草堂诗余》三卷，樊榭先生所手录也。乾隆乙亥，薄游邗上，先生持以见赠。并告以词家选本自弁阳老人《绝妙好词》而外，即推此种，采撷精妙，无一语凡近。平生爱玩，未尝离手，每当会意，辄作碧落空歌、清湘瑶瑟之想。今先生下世几卅载矣，偶检巾箱得之，风窗展诵，不觉泫然。后数行及故友陈江皋书夹签卷内，并为黏缀于后，以见同时之嗜学如此。时庚子十月，道甫严长明书于冬读书斋之南荣。”按：乙亥为乾隆二十年，厉鹗卒于乾隆十七年，年份当是严氏记忆有误。严长明(1731—1787)，字东有，又字道甫，号用晦，江宁(今江苏省南京市)人。乾隆二十七年高宗南巡，赐举人，官至内阁侍读。著有《归求草堂诗文集》《毛诗地理疏证》等。

乾隆四十六年辛丑(1781)

四月，四库馆臣校毕《绝妙好词笺》七卷、《辽史拾遗》二十四卷。

“文渊阁四库全书”《绝妙好词笺》《辽史拾遗》提要。

十月，四库馆臣校毕《南宋院画录》八卷、《东城杂记》二卷。

“文渊阁四库全书”《南宋院画录》《东城杂记》提要。

乾隆四十八年癸卯(1783)

七月初五日，翁方纲得先生手书摘选宋诗识语三纸，因录《征刻宋诗纪事启》，赋诗并书于《宋诗纪事》卷首。

上海图书馆藏翁方纲点批本《宋诗纪事》夹有翁手书《征刻宋诗纪事启》，附识语并诗：“此三纸是钱唐厉太鸿手书，在扬州马氏所藏《白石樵唱集》内。”“州泉内乡后，生面赖重开。一百签排次，三千部翦裁。藏非次道比，义已敏夫该。想见湖窗启，潮声挟海来。”“南湖花隐处，不独感循王。抱玉家何限，销金话最长。酒酣余涕泪，画苑即文章。(樊榭撰《南宋院画录》八卷。)邗上玲珑馆，翻书意未忘。(癸卯七月五日北平翁方纲)”按：此诗亦见翁方纲《复初斋诗集》卷二十六，题作《友人于扬州马氏得厉樊榭摘选宋诗识语数纸见贻因录樊榭征刻宋诗纪事启稿于前附装此迹题二诗》。

乾隆五十一年丙午(1786)

四月十五日，杨复吉辑《玉台书史》入“昭代丛书”。

世楷堂“昭代丛书”戊集《玉台书史》卷尾杨复吉跋。

乾隆五十五年庚戌(1790)

十二月廿二日，翁方纲展读《樊榭山房集》，叹其精细。

上海图书馆藏一《樊榭山房集》乾隆间刻本，过录翁方纲圈点批语，其中有识云：“多年不看此老诗矣，今夜灯下偶然展卷，实是精细。庚戌腊月廿二日。”按：翁方纲点评《樊榭山房集》，当亦在此时前后。

乾隆五十八年癸丑(1793)

五月，吴嵩梁从翁方纲处借读《宋诗纪事》。

上海图书馆藏翁方纲点批本《宋诗纪事》卷首吴嵩梁识：“癸丑仲夏，苏斋弟子吴嵩梁借读于泰安使院之七柏一松轩。”吴嵩梁(1766—1834)，字子山，号兰雪，江西东乡(今江西省东乡县)人。嘉庆五年举人，曾官贵州黔西知州、长寨厅同知等。工诗词，擅书画，为翁方纲高弟。著有《香苏山馆全集》等。

乾隆五十九年甲寅(1794)

七月，宋葆淳赠先生手书《先秦货布记册》予翁树培。

葛金烺《爱日吟庐书画录》卷四《厉鹗自书先秦货布记册》载翁树培题词：“乾隆甲寅七月宋芝山入都，出樊榭墨迹见赠，培因检所收古币拓本黏于后。今见程梦星《布泉歌》，其序有云：‘乾隆壬戌冬杪，山左掘土，出布泉千余，检视得六十四种，购得之。’午桥，江都人。振华居扬州，壬戌、癸亥相去一年耳，恐即同时所出之物。而午桥所得，信之。嘉庆十年九月十五日翁树培记。"又宋葆淳题:"厉樊榭手书《先秦货布记》,余得自扬州,以贻宜泉太史。太史拓其文,附于册后,览者得以有所考焉。嘉庆四年八月十二日,隆陬宋葆淳识。"

翁树培(1765—1811),又名申锡,字宜泉、申之,大兴(今北京市)人,翁方纲次子。乾隆五十二年进士,官至刑部郎中。擅钟鼎文字,尤悉诸家泉志。著有《古泉汇考》《两汉金石记》《汉石经残字考》等。

宋葆淳(1748—?),字帅初,号芝山,晚号隆陬,山西安邑(今山西省夏县)人。乾隆五十一年举人,官隰州学正。擅金石,工山水,亦长于篆刻。

八月,杨复吉辑《辽史拾遗补》五卷成,自序之。

杨复吉《辽史拾遗补序》:"《辽史》文笔简严,而事多疏略,钱塘厉征君鹗特为《拾遗》二十四卷,博采旁搜,粲然大备矣。第当是时,《旧五代史》尚沈晦于《永乐大典》中,未经寓目,而《契丹国志》《宋元通鉴》所载,弃置孔多,不免语焉弗详之憾。余因更为之补,以三书为纲,而以散见他书者附益之,得四百余条,分为五卷。非敢云苴欧、揭之罅漏,亦聊步樊榭之后尘云尔。乾隆五十九年秋八月,震泽杨复吉书。"杨复吉(1747—1820),字列欧,一字列侯,号梦兰,江苏吴江(今江苏省吴江市)人。乾隆三十七年进士,归班需次,年未及仕。著有《乡学楼学古文》《梦兰琐笔》等,编有《元文选》《昭代丛书续集》《虞初新志》《元稗类钞》等。

嘉庆元年丙辰(1796)

七月,黄易于翁树培处得观先生手书《先秦货布记册》。

葛金烺《爱日吟庐书画录》卷四《厉鹗自书先秦货布记册》载黄易识:"程君振华居扬州旧城李官人巷,余生也晚,未见其人,与其侄立光论古订交。昔年过其家,得程君所藏汪巢林、陈玉几书画数种,巢林梅花长卷有樊榭征君题识。乾隆乙卯过扬,问立光家藏古钱,云为汪容甫选取数百,归于秋帆毕制府,余平阳等币百枚,质于某处,今存蚁鼻百余而已。叩其质处,亦不甚确。解维北行,不复细问。今宜泉太史收得樊榭手跋,又补诸泉拓本,使程君有知,真可无恨矣。嘉庆元年七月,黄易识。"

嘉庆五年庚申(1800)

夏,洪亮吉作诗称先生与浙派诗的社会影响巨大,效者纷纷有之。

洪亮吉《洪北江诗文集》卷二《道中无事偶作论诗截句二十首》其十二:"近来浙派入人深,樊榭家家欲铸金。何似耕余老居士,百篇犹有古遗音。"

嘉庆六年辛酉(1801)

四月初六日,王昶、何琪、朱彭率同人奉先生暨月上木主于黄文节公祠,王昶有诗纪之。

朱文藻《厉樊榭先生年谱》:"嘉庆六年辛酉岁,得先生及侧室朱孺人栗主。时何春渚(淇)方倡率同人葺新武林门外衖湾吴家桥苏家庙,以祀宋黄文节公,遂于祠右建清风阁,以祀先生。栗主为丁龙泓(敬)手题,其内陷云:'樊榭先生行二,生康熙壬申年五月初二辰时,卒乾隆壬申九月十一日辰时。'副室朱氏孺人栗主,乃先生所自题,云:'名曰满娘,字曰月上,乌程人。生康熙己亥年八月二十四日辰时,殁乾隆壬戌年正月初三日戌时。'"王昶《春融堂集》卷二十四《厉征君太鸿及苕姬月上殁葬于西溪王家坞木主遗失久矣今春何布衣春渚(琪)得于田舍送至武林门外衖湾黄文节公祠清风阁中以供香火因纪以诗》。按:木主系童铨从桑调元后人家中窃出。振绮堂《樊榭山房集》附录《轶事》:"蔡朗馀先生《剩稿》云……厉征君子绣周有女适桑弢甫先生之孙近仁。绣周亡后,其妻丁氏,龙泓先生女,无所归,奉厉氏先代栗主依于桑。桑家车桥,先与其甥倪米楼稻孙同居,而北郭之童佛庵铨又故与米楼善,性好奇。一日访米楼,值无人,遂于厉氏家庙中检征君暨月上柱怀归。月姬主为樊榭手书,樊榭主为龙泓手书。童以告何春渚淇,诡言得之西溪田舍草堆中。春渚转告王述庵司寇昶,因率同人度置湖墅宋黄文节公祠,各醵百钱致祭。时为嘉庆六年辛酉四月六日也。"《清尊集》卷五李堂《正月二十一日同人移奉厉樊榭征君及姬人月上木主于交芦庵纪事》:"嘉庆辛酉年,四月初六日,附诸文节祠,骚雅庶其匹。"

何琪,字东甫,号春渚、南湾渔叟、二介居士、湘砚生,浙江钱塘(今杭州市)人。著有《小山居稿》。

童铨,字佛庵,浙江仁和(今杭州市)人。诸生。

倪稻孙,字谷民,号米楼,浙江仁和(今杭州市)人。贡生,工填词,精篆隶,擅丹青。著有《梦隐庵诗词钞》。

嘉庆七年壬戌(1802)

正月廿五日,张廷济于翁树培处得观先生手书《先秦货布记册》。

葛金烺《爱日吟庐书画录》卷四《厉鹗自书先秦货布记册》载张廷济题词:"嘉庆壬戌正月二十五日,宜泉老先生尽出古钱见示,并出此册,披读一过。携归,再读于虎坊桥寓斋,因识。二月六日,嘉兴张廷济书。"张廷济(1768—1848),字叔未,嘉兴(今浙江省嘉兴市)人。嘉庆三年解元,工诗词,擅书画,尤精于金石考据之学。著有《金石文字》《眉寿堂集》《桂馨堂集》等。

二月初,陈鳣于翁树培处观《先秦货布记册》,有跋题于上。

葛金烺《爱日吟庐书画录》卷四《厉鹗自书先秦货布记册》载陈鳣题词:"吾郡樊榭先生手书古货布记,文笔古茂,今藏石峰草堂,并拓其文于册。嘉庆七年二月初吉与家云伯同观,因跋其后。海宁陈鳣记。"陈鳣(1753—1817),字仲鱼,号简庄、河庄,海宁(今浙江省海宁市)人。嘉庆三年举人。喜藏书,邺架甚富,精于校勘,著有《简庄缀文》《河庄诗钞》等。

嘉庆八年癸亥(1803)

夏,王昶作《长夏怀人绝句》五十首,有及先生。

王昶《春融堂集》卷二十四《长夏怀人绝句·钱塘厉征君》:"分襟最忆小湖船,归买梅林作墓田。更有苕溪明月衬,好将秋菊荐寒泉。"

嘉庆十年乙丑(1805)

七月,吴骞从鲍廷博处借得汪师韩所藏《樊榭山房集》,录汪跋二通,并自跋于集后。

上海图书馆藏《樊榭山房集》汪师韩、吴骞跋本。吴跋："乾隆甲寅武林汪韩门先生家藏书悉散出，《樊榭山房诗集》为鲍君以文所得，末有韩门手跋二通，爰假录于第一册之前、第三册之后。韩门遇诗，多加评点，独樊榭集不下笔，盖其意以为樊榭之诗非读书破万卷者，要未易窥测。三复跋语，而后知韩门之服赝前辈至矣。乙卯七月吴骞。"

九月，严可均于翁树培处得观先生手书《先秦货布记册》，有题词。

葛金烺《爱日吟庐书画录》卷四《厉鹗自书先秦货布记册》载严可均题词："右樊榭先生手书《先秦货布记》，宋芝山得之扬州，以遗宜泉太史者。所列北屈等二十七事，皆古地名，其为春秋战国，未易确指，而樊榭定为先秦，殆不然也。樊榭工诗，熟辽宋事，读此记，又考及吉金，足见前辈之好事如此。嘉庆乙丑秋九月，严可均识。"严可均(1762—1843)，字景文，号铁桥，乌程(今浙江省湖州市)人。嘉庆五年举人，官建德教谕。精考据。辑有《全上古三代秦汉三国六朝文》，另著有《铁桥漫稿》《说文长编》等。

嘉庆十四年己巳(1809)

是年，杭人葺先生墓，并置墓田，付交芦庵寺僧管理。吴锡麒为撰记，梁同书为书丹，阮元为题墓碑，王昶、阮元皆有诗纪之。

王昶《湖海诗传》卷二："樊榭下世，葬于杭州西溪王家坞，因无子嗣，不久化为榛莽。后四十余年，何君春渚琪游西溪田舍，见草堆中樊榭及姬人月上栗主在焉，取归，偕同人送武林门外牙湾黄山谷祠，扫洒一室以供之。予为撰'丈室花同天女散，摩围诗共老人参'句，以题其楹。李光甫方湛、蒋蒋村炯、陶凫香梁诸子，皆有诗词记之……并属蒋村及项金门墉、许周生宗彦，各于忌日奉酒脯荐焉。"阮元《揅经室诗集》卷八《蒋蒋村学博(炯)请书厉樊榭征君墓碑且与里中诸君子共置祭田报官立案归西溪交芦庵管理诗以纪事》。吴庆坻《蕉廊脞录》卷三："樊榭征君墓在西溪法华山下王家坞。嘉庆十四年，里中诸老葺之，为置墓田，付交芦庵僧常源，为纳粮供祭之用，岁以春秋酹酒浇墓。家祭酒谷人先生撰记，山舟学士书之，蒋村请阮文达公书墓碑，文达有诗纪事。征君无嗣，其栗主不知何时供奉于湖墅黄文节祠。"丁丙《国朝杭郡诗三辑》卷二十黄士珣《正月二十一日同人移奉厉樊榭征君及姬人月上木主于交芦庵纪事》注："先生墓在西溪，嘉庆间余慈柏诸君鸠置墓田，属交芦庵僧春秋设祭。"

吴锡麒《有正味斋骈体文续集》卷五《公置厉樊榭征君墓田碑记》："在昔修谪仙之祀，剔壤青山；荐处士之馨，割租近县。此皆眷怀往哲，崇想芳徽。瓣香之诚，不关孙子；私淑之义，讵假渊源。而沃衍相资，苾芬用告，盖所以明后人之公好，树先士之清则焉。若吾杭樊榭先生，忍贫于身，蓄富在学。事赅其旧，扇南宋之风；言饫其清，得西湖之味。一时推为祭酒，末学仰其津逮。始举孝廉之科，旋膺征辟之诏。似宜仰邀田秩，早受圭腴，而乃两屐苔枯，一棺蓬掩。几至前和之齿，竟无后嗣之延。今西溪法华山所谓王家坞者，其墓在焉。樵歌牧笛之往来，马磨牛医之杂袭。觞闻柏下，祭少墦间。则有顾涑园太守，过墟墓而生哀，遇春秋而展祀，会合同志，各致慕思。亡何，旧雨不来，故人已逝。徐稚之鸡莫设，刘伶之土常干。是非少划膏腴，俾资牲醴；安望馨香无缺，俎豆常绵？爰有诸贤，更谋义举，遂鸠金于冢旁，置祀田若干亩，付交芦庵僧常源收息，以为纳粮供祭之用。裘乃成于众腋，绵亦出自同功。由是霜露示期，粢盛有备，藉免馁而之憾，庶慰逝者之心。虽或凌跨太虚，翱翔八极，岂复恋松楸之美，计体魄之安？然而湘累渺然，椒浆莫辍；水仙近在，鞠荐无愆。冀神灵之式凭，振风雅于勿替。秋风十亩，幸不远于芦中；寒食一盂，愿无忘乎绵上。因贞诸石，以志厥功，敢告后来，永念勿懈。"

阮元(1764—1849)，字伯元，江苏仪征(今江苏省仪征市)人。官至体仁阁大学士。此年，阮元在浙江巡抚任上。

蒋炯，字葆存，浙江钱塘(今杭州市)人。以廪贡为慈溪训导、广济知县。著有《蒋村草堂稿》。

余锷，字慈柏，浙江仁和(今杭州市)人。诸生，署平湖教谕。擅丹青，尤工画梅。

项墉，字金门，号秋子，浙江钱塘(今杭州市)人。贡生，候选同知。工诗。著有《春及草堂诗集》。

许宗彦(1768—1818)，字积卿，号周生，浙江德清(今浙江省德清县)人。嘉庆四年进士，官至兵部车驾司主事。著有《鉴止水斋集》。

嘉庆十六年辛未(1811)

闰三月，秦恩复以读画斋刊本、严长明手抄厉鹗校本合校，勘定《精选名儒草堂诗余》。

"享帚精舍词学丛书"《精选名儒草堂诗余》卷首载秦氏识："上中下三卷，

计六十三人，共词二百三首。以读画斋刊本、冬读书斋严氏手钞厉樊榭本合校，重加勘定。嘉庆辛未春闰三月，秦伯敦父识。”秦恩复（1760—1834），字近光，号敦父，江都（今江苏省扬州市）人。乾隆五十二年进士，官翰林院编修。阮元抚浙，主诂经精舍。著有《享帚词》《石研斋集》等。

夏，吴骞再跋先生诗集。

上海图书馆藏《樊榭山房集》汪师韩、吴骞跋本。吴跋："樊榭先生诗涩，西泠十子后，虽不尽皆唐音，亦不至纯乎宋调。此吾浙之诗所谓有云间派也。嘉庆辛未夏又记。"

八月十六日，秦恩复校《名儒草堂诗余》，有跋。

"享帚精舍词学丛书"《名儒草堂诗余》卷尾载秦氏跋："晚唐五季，柔曼绮靡之音，化为侧艳。一时文人学士，竞撰新声，别开生面。专集创自《金荃》《阳春》，虽《金荃》佚而《阳春》尚存；选录始于《家宴》《花间》，迨《家宴》亡而《花间》为冠。自兹以后，如《梅苑》《乐府雅词》《阳春白雪》《花庵词选》《绝妙好词》《草堂诗余》等书，并皆规模卫尉，搜采靡遗。唐宋以来，词人亦云大备，至若《尊前集》《花草粹编》，更无论矣。曩于"读画斋丛书"中见凤林书院《名儒草堂诗余》三卷，虽录于元代，犹是南宋遗民，寄托遥深，而音节激楚。故厉太鸿比诸清湘瑶瑟，与弁阳所选并称不朽，信乎！标放言之致，则怆怏而难怀；寄独往之思，又郁伊而易感也。刻本鱼鲁颇多，暇日以樊榭手校本更加厘正，匪云纠谬，藉资讽咏焉尔。嘉庆辛未秋八月寒露后三日，江都秦恩复跋。"

嘉庆十七年壬申（1812）

八月，孙均于京城购得《厉鹗自书先秦货布记册》，方廷瑚为之题词。

葛金烺《爱日吟庐书画录》卷四《厉鹗自书先秦货布记册》载方廷瑚题词："国朝诸名流以著作传者，皆能原本经术，条贯六书，以及古今金石源流，灼然各有援据论说，以昭示后世，此则汉唐宋元以来名儒所不逮也。樊榭先生以博疋之才，偶纂钱币证考一首，手自写录传世。始归芝山、宜泉二君，嘉庆壬申季秋，古云尊兄复于都门购得之。物聚所好，良非虚语，吾为此册庆所遭矣。铁珊方廷瑚并识。"

孙均（1777—1826），字诒孙，号古云，浙江仁和（今杭州市）人，隶汉军正白旗，士毅孙。袭三等爵，官散秩大臣，多病不能供职，裁爵并出旗档。工篆隶，擅绘花卉，富收藏。

方廷瑚，字铁珊，号幼樗，石门（今浙江省桐乡市）人，方兰士子。嘉庆十三年举人，官平谷知县。著有《幼樗吟稿》。

嘉庆二十一年丙子(1816)

十二月，李彦章从翁方纲处借阅《宋诗纪事》。

上海图书馆藏《宋诗纪事》翁方纲点批本卷首李彦章识："丙子十二月李彦章从苏斋借读一过。"李彦章(1794—1836)，字则文，号兰卿、榕园，福建侯官（今福建省闽侯县）人，翁方纲弟子。嘉庆十六年进士，官至山东盐运使。著有《榕园文钞》。

嘉庆二十五年庚辰(1820)

五月，汪远孙整理校刻先生《东城杂记》二卷。

汪远孙《东城杂记跋》："《东城杂记》二卷，钱塘厉征君鹗撰。征君与先本生曾大父鱼亭公友善，每一书成，辄就商可否，是以著述手稿多藏余家。是书为未定之本，其中涂乙添注，较外间传钞者颇有增益。所载东里文献，足补志乘所未备。爰略加诠次，付之剞劂。末学谫陋，恐校勘未能尽善，尚望博雅君子匡其不逮焉。嘉庆庚辰夏五，里后学汪远孙识。"汪远孙(1794—1836)，字久也，号小米，浙江钱塘（今杭州市）人，汪宪曾孙。嘉庆二十一年举人，官至内阁中书。精于校勘。著有《借闲生诗词》《国语发正》《国语考异》等。

五月初一日，彭兆荪、毛岳生于孙均处同观先生手书《先秦货布记册》，有跋。

葛金烺《爱日吟庐书画录》卷四《厉鹗自书先秦货布记册》："嘉庆庚辰仲夏朔日，镇洋彭兆荪、宝山毛岳生同观。"

彭兆荪(1768—1821)，字湘涵，又字甘亭，晚号忏摩居士，江苏镇洋（今江苏省太仓市）人。著有《文选考异》《小谟觞馆全集》等。

毛岳生(1791—1841)，字申甫，一字生甫、兰生，江苏宝山（今上海市）人。诸生，世袭云骑尉。尝从姚鼐游，工诗古文辞。著有《休复居诗文集》等。《清史稿》卷四百八十六有传。

道光二年壬午(1822)

七月,汪氏振绮堂刻《辽史拾遗》二十四卷,汪远孙为补辑《纪年表》一卷。

杨文杰《东城记余》卷下:"后道光壬午,汪氏振绮堂寿诸梓,小米右史为补辑《纪年表》一卷,书始大显于世。"汪远孙《辽史拾遗跋》:"元修宋、辽、金三史,辽史最略,厉征君仿裴松之注《三国志》例,辑《辽史拾遗》二十四卷。博采旁搜,有注有补,征引书籍三百余种,耶律氏遗闻坠典,粲然大备。余家旧藏写本,为朱郎斋先生手录。辛巳长夏,与同年友王君学增检阅群书,详加参校,字句脱误,悉为增订,付之剞劂,阅十五月而毕。杭堇浦太史《道古堂诗》注称征君是书期与太史《金史补阙》并刊,今《金史补阙》罕有传本,傥藏书家不靳见示,俾得合刊并传,庶几以成两先生未竟之志乎!道光壬午秋七月,里后学汪远孙谨识。"

杨文杰,字枌园,浙江仁和(今杭州市)人。光绪元年举孝廉方正。著有《东城记余》《说文考》等。

王学增,浙江钱塘(今杭州市)人。嘉庆二十一年举人。

道光七年丁亥(1827)

五月,吴应和、马洵选刻《浙西六家诗钞》,首取先生。

《浙西六家诗钞》录厉鹗、严遂成、王又曾、钱载、袁枚、吴锡麒六家诗。吴应和序云:"昌黎非三代两汉之书不敢观,北地、信阳不读唐以后书,立论之严如此,故其制作不懈而及于古。然而文章风气随时代而变迁,志乎古而遗乎今,则源流升降之故不明,何由拟议以神其变化?此少陵所以爱古人而不薄今人也。昔渔洋山人欲选古今二十五家诗,未成。予窃取其意而更定之,陈思王、陶靖节、谢康乐、鲍参军、谢宣城、庾开府、李供奉、杜工部、王右丞、韦苏州、白太傅、韩文公、李义山、苏长公、黄涪翁、陆放翁、元遗山、虞道园、高青邱、李空同、何大复、吴梅村、王渔洋、朱竹垞、查初白为《古今二十五家诗选》。又有《汉魏诗选》《盛唐诗选》。少年用力于汉魏六朝三唐两宋元明之诗,多縻岁月,今老矣,懒于纂述。偶然兴之所发,编刻《浙西六家诗钞》,将必有诮予喜新厌旧,不免为习俗所移。而孰知予近日言诗,不复以时代为界限。上下千百年,穷极变态,而不失乎性情之正，则皆可以感人而兴起于善，虽今人之诗，作三百篇读，有何不可？六家诗各自成家，樊榭征君之清峭，海珊刺史之豪迈，谷原比部之沉静，萚石宗伯之博大，随园太史之奇诡，谷人司成之工炼，皆足继朱、查，为世取法。独怪随园专尚才情，而不师古，放浪亵狎，自命风流，数十年来学诗者争相揣摩，不得不严汰之，以求不悖于无邪之旨，斯可矣！是则辅翼诗教之微意也。至于吾郡钱、王两先达，有古人之性情，而得古人诗之精诣，非浅识浮慕者所能窥测。表而出之，以见不侔乎同时诸家，直与古作者并有千古。若谓古今人不相及，而沾沾于千百年之上，执轨迹以为步趋，何异专己守残之说经者哉！道光七年岁次丁亥夏四月既望，海盐吴应和书于硖石紫微山馆。"另评先生诗云："归愚、兰泉两先生评樊榭山房诗，固已确当，独赏五古，而不及七律，殆以七律不近唐音耳。参用性灵书卷，自辟蹊径，诸体皆工，七律更耐寻绎。如《秦淮怀古》《悼亡姬》《答筠谷移居》等作，皆通体浑成，非独有句可摘而已。其余美不胜数，遥情逸致，诵之口角生香，近时擅厥体者，初白翁后一大宗。"

吴应和(1759—?)，原名宁，字子安，号榕园，浙江海盐(今浙江省海盐县)人。著有《榕园吟稿》《榕园词韵》等。

马洵，字伯泉，号小眉，浙江海宁(今浙江省海宁市)人，官候选道。著有《五千卷室诗集》《瓶隐词》等。

道光八年戊子(1828)

正月廿一日，赵钺、蔡焜、李堂等移先生木主于交芦庵，月上附祀。

汪远孙《借闲生词》卷一《法曲献仙音》序："樊榭先生木主旧祔武林门外黄文节公祠，戊子正月二十一日，同人移奉西溪交芦庵，先生墓故在西溪也。"吴庆坻《蕉廊脞录》卷三："道光九年，赵雩门钺、蔡木龛焜、李西斋堂与同里诸老，以征君墓在西溪，主宜近祔，乃移奉交芦庵，以姬人朱氏月上祔祀其侧。月上主，盖征君手书也。时胡书农学士有文记之。今诸文诗碑石尚存，而栗主经乱烬失。"按：移奉先生木主，汪远孙言在道光八年，吴庆坻言为九年。《清尊集》卷十五汪秉健《五月二日同人悬樊榭征君像于水北楼设祀即用集中生日有感诗韵纪事分题于帧付交芦庵永为瓣香之奉》注云："先生及姬人朱氏木主附祀黄文节公祠，戊子春，乡人移奉交芦庵。"振绮堂《樊榭山房集》附录汪曾唯《轶事》亦言："道光戊子，世父小米公集邑人移奉近墓之交芦庵。"汪远孙为移祀亲历者，不应有误，当是吴庆坻误记。

《清尊集》卷五胡敬《厉樊榭征君栗主移奉交芦庵记》:"古贤者没而祭社,设有监祠,以奉粢盛,以司宗祐,魂魄恋此,枌榆俨然。矧夫笠泽游多,辋川图在,碧云青嶂,遗垅非遥,白露苍葭,伊人所契者乎?征君樊榭,有子承祀,无孙绍宗。嫠妇靡依,小姑相迓。栖神何所?载主而行。偕令威以来归,效浮屠而寄宿。分索郎之酿味,叨清閟之桐阴。凭是婿乡,比乎友殡。而乃窗窥朱鸟,刻认丁兰,捏佛奇生,通灵化去。岂真委莽,未免传伪。于是名流谱以清词,硕彦广其新语,为位置马塍里畔,山谷祠旁。荐少寒泉,度从高阁。萦鼠迹蛛丝而几遍,与牛衣龙具以相参。饱尝墙角之酸风,冷照屋梁之明月。可慨也已!今春,赵雩门刺史与蔡木龛、李西斋诸君商,以先生墓在西溪,主宜近祔,乃择交芦庵之塔院,诹日祀奉焉。中为先生,其右则先生侧室朱氏也。同龛弥勒,成换骨之神仙;相伴维摩,有散花之天女。阅春秋而两祀,蔽风雨于三楹。想曩时选石开尊,叩舷度曲。一笻拄雪,双屐拖云。路宋辇以苔封,山秦亭而翠滴。新诗几许,旧梦难寻。賸秋水之弯环,对林梅之萧瑟。莫不流连光景,仿佛生平;从兹勿务增华,以期垂远。守斗酒只鸡之约,胜事可常;共掎裳联襼而来,扁舟径渡。相与整齐肴蔌,拂拭壶觞。芦中人!芦中人!庶其灵爽式凭,苾芬求享也夫!"

赵钺(1778—?),原名春沂,字雩门,浙江仁和(今杭州市)人,赵大鲸曾孙。嘉庆十六年进士,官泰州知州。

李堂(1772—1831),字允升,号西斋,浙江仁和(今杭州市)人。工词。著有《蓬窗剪烛集》《梅边笛谱》等。

胡敬(1769—1845),字以庄,号书农,浙江仁和(今杭州市)人。嘉庆十年进士,官翰林院编修。著有《邹园读书志》等。

夏,徐楙重刻《绝妙好词笺》。

徐楙《绝妙好词续钞跋》:"戊子夏予有重锓《词笺》之举。"徐楙(1779—?),字仲繇,号问渠,别署问蘧、问年道人,浙江钱塘(今杭州市)人。嗜书画、金石,擅篆刻。

道光十年庚寅(1830)

五月初二日,奚疑始招同人集榆荫楼置酒题诗,祭祀先生,并请费丹旭为绘《溪楼延月图》。

《清尊集》卷十三戴铭金《费君晓楼摹厉征君遗像以赠奚君子复盖子复所居榆荫楼即昔年鲍氏溪楼也胜地因缘余风未沫亦翰墨中一段佳话晓楼属塍以诗同征君溪楼作元韵》注："征君五月二日生朝，子复于庚寅年起招同人集榆荫楼，置酒为寿。"《清尊集》卷十五费丹旭《五月二日同人悬樊榭征君像于水北楼设祀即用集中生日有感诗韵纪事分题于帧付交芦庵永为瓣香之奉》注："吾乡奚子复曾属余写《溪楼延月图》，每于五月二日同人属祀之，盖楼即鲍氏溪楼迎月上处。"江铭忠《清代画史补录》："归安奚虚白（疑）所居为雍正年间鲍氏宅，樊榭山人纳姬人朱月上于此。虚白复得樊榭小像，因属晓楼别摹一幅，并绘月上小影，遍征题咏 ，一时传为韵事。"

戴铭金（1783—1850），字师韩，号铜士，浙江德清（今浙江省德清县）人。诸生。著有《妙吉祥庵诗集》等。

费丹旭（1802—1850），字子苕，号晓楼，浙江乌程（今浙江省湖州市）人。善丹青。著有《依旧草堂遗稿》等。

奚疑（1771—1854），字子复，号虚白，乌程（今浙江省湖州市）人。著有《榆荫楼诗稿》。

同日，戴熙、汪远孙至交芦庵祭祀先生，归而为写长卷。

俞樾《春在堂随笔》卷五："厉樊榭征君墓，在西溪法华山之王家坞，因即奉栗主于西溪交芦庵，事详吴谷人祭酒《樊榭征君墓田碑记》。道光庚寅，戴文节偕徐、汪两君至庵祀征君，归而写为长卷，山水萦纡，萝茑幽蔚，樊榭诗所谓'一曲溪流一曲烟'者，尽尺幅中矣。"戴熙（1801—1860），字醇士，号松庵、松屏，别号鹿床居士，浙江钱塘（今杭州市）人。道光十一年进士，官至兵部侍郎。工诗，善绘事。著有《习苦斋画絮》等。

是年，顾沅开雕"赐砚堂丛书新编"，中有《玉台书史》。

"赐砚堂丛书新编"《玉台书史》。顾沅（1799—1851），字澧兰，号湘舟，江苏长洲（今江苏省苏州市）人。官教谕。著有《然松书屋诗钞》等。

道光十一年辛卯(1831)

五月初二日，汪远孙、夏之盛与同人至交芦庵祭拜先生。

夏之盛《留余堂诗钞》卷四《交芦庵展祀樊榭征君及月上夫人栗主》。《清尊集》卷十五夏之盛《五月二日同人悬樊榭征君像于水北楼设祀即用集中生日有感诗韵纪事分题于帧付交芦庵永为瓣香之奉》注："前年曾与小米诸君祭征君于庵。”夏之盛(1792—1842),字松如,浙江钱塘(今杭州市)人。诸生,工诗。著有《留余堂诗钞》等。

道光十二年壬辰(1832)

五月初二日,费丹旭绘先生遗像以赠奚疑,后请东轩吟社同人赋诗咏之。

《清尊集》卷十五费丹旭《五月二日同人悬樊榭征君像于水北楼设祀即用集中生日有感诗韵纪事分题于帧付交芦庵永为瓣香之奉》注:“余于去年摹征君像有二,其一以赠子复,此其第二帧也。”卷十三《费君晓楼摹厉征君遗像以赠奚君子复盖子复所居榆荫楼即昔年鲍氏溪楼也胜地因缘余风未沫亦翰墨中一段佳话晓楼属賸以诗同用征君溪楼作元韵》,存胡敬、黄士珣、钱师曾、戴铭金、吴振棫、汪钺、汪远孙、汪适孙、汪迈孙、费丹旭、奚疑等人同题之作。

黄士珣((1771—?),字芗泉,浙江钱塘(今杭州市)人,黄模子。岁贡生,精考订。著有《北隅掌录》。

钱师曾(1772—?),字唯传,号蕙窗,浙江钱塘(今杭州市)人。乾隆五十七年举人。著有《静存斋诗集》。

吴振棫(1790—1870),字仲云,号再翁,浙江钱塘(今杭州市)人。嘉庆十九年进士,官至云贵总督。辑有《国朝杭郡诗续辑》,著有《花宜馆诗钞》等。

汪钺(1794—1856),字式金,号剑秋,浙江钱塘(今杭州市)人。诸生。著有《诗余残稿》《二如居赠答诗词》等,曾笺注《樊榭山房集》,惜遗佚。

汪适孙(1804—1843),字亚虞,号又村、甲子生,远孙弟。官候选州同知。著有《甲子生梦余词》。

汪迈孙(1806—1853),字少洪,号我斯,适孙弟。著有《道盥斋诗》。

道光十三年癸巳(1833)

五月初二日,汪远孙与东轩吟社同人集水北楼展拜费丹旭所绘先生画像,题诗于上,并付交芦庵,永为瓣香之奉。与者汪皋、胡敬、黄士珣、邬鹤征、范玉琨、王兰、夏之盛、汪钺、汪远孙、汪秉健、费丹旭、屠秉、汪迈孙等。

《清尊集》卷十五《五月二日同人悬樊榭征君像于水北楼设祀即用集中生

日有感诗韵纪事分题于帧付交芦庵永为瓣香之奉》。

汪阜(1769—?),字至山,号觉所,浙江钱塘(今杭州市)人,汝瑮子。乾隆五十七年举人,官广东儋州知州。有《寿补轩诗稿》。

邬鹤征(1774—?),号雪舫,浙江山阴(今浙江省绍兴市)人。

范玉琨(1783—?),字吾山,浙江秀水(今浙江省嘉兴市)人。官淮海道。著有《安东改河议》。

王兰(1790—?),字羲亭,浙江钱塘(今杭州市)人。擅山水。

屠秉(1802—?),字修伯,浙江钱塘(今杭州市)人,屠倬子。诸生,官至两淮盐课司大使。著有《盟山堂集》。

汪秉健(1795—?),字小逸,浙江钱塘(今杭州市)人。官长宁知县。著有《课水山房诗钞》《织烟楼词》。

是年前后,吴江沈楙德世楷堂刻《玉台书史》《东城杂记》《湖船录》于"昭代丛书"。

"昭代丛书"戊集《玉台书史》《东城杂记》,别集《湖船录》。沈楙德,字虞扬,号翠岭,江苏吴江(今江苏省吴江市)人。国学生,官候选布政司经历。

道光十七年丁酉(1837)

是年,振绮堂刊汤漱玉辑《玉台画史》五卷。

《玉台画史》道光十七年刻本。按:此书为汤漱玉仿厉鹗《玉台书史》,仍其义例而成。汤漱玉,字德媛,汪远孙妻。

道光二十四年甲辰(1844)

是年,章黼奉先生神位于永兴寺,与冯梦祯同祀。

张应昌《彝寿轩诗钞》卷五《次白奉厉征君神位于永兴寺陪祀冯具区先生酹以诗即用前韵余亦继声》。

章黼(1780—1858),字次白,号息翁,浙江仁和(今杭州市)人。嘉庆五年优贡,官松阳教谕。著有《梅竹山房诗钞》。

张应昌(1790—1874),字仲甫,号寄庵,归安(今浙江省湖州市)人。嘉庆十五年举人,官内阁中书。著有《彝寿轩诗钞》,编有《国朝诗铎》《国朝正气集》等。

道光二十七年丁未(1847)

是年,振绮堂重刻《湖船录》。

《湖船录》振绮堂刻本。

道光二十八年戊申(1848)

三月初三日,蒋坦《樊榭山房游仙三百首诗注》刻成,自为作序。

蒋坦《樊榭山房游仙三百首诗注序》:"谷神不死,大开玄牝之门;至道之精,密授金雌之记。桂父昌容之辈,山图赤斧之流,云装整乎幽遐,仙步轶乎埃壒。红羊换劫,麻姑亦慨桑田;赤鲤长游,琴高又辞涿水。自来文人闺彦,烟客仙才,无不远慕帝台,遐瞩玄俗也。吾乡先辈,樊榭先生,纵碧鸡之雄辩,持白马以度关。逸藻结言,壮思蜚肩。紫台秘典,绿帙奇文,靡不眦嫓其芜音,覼缕其缛旨。抱一是式,成功之退不居;吹万不同,有欲之徼乃妙。所作《游仙诗》三百首,鹭涛凤彩,见之者奇;龟文龙鳞,识之者寡。先生非过为瑶毡怪牒,碧篆秘文。神仙偶出,必排金银之台;人民已非,谁考城郭之旧?予乃照籍以搜坟素,怀铅而诵宝思。小酉大酉之中,获得龙威秘卷;先庚后庚之日,拜来豕亥讹传。于焉三山,七明九转;八公鸿宝,双印龙泥。割玉版之文,拂翠氛之气。芦刀竹节,采摘丹经;桃核枣花,搜寻黄箓。砚滴明河之水,七夕桥通;书题新宫之碑,五云阁近。凡在鸾情凤想,皆袭玉笈金箱矣。原夫郭璞有《游仙》之诗,曹唐有大小《游仙》之咏。继此者弃如刍狗,和之者充若汗牛。先生以绝妙之文心,别开生面。入蕊珠之殿,仙气一凝;坐檀金之车,光芒四射。花宫仙梵,全收豁落之名;瑞鸟祥芝,半是玄洲之产。甘辞兰省,拟为碧落侍郎;不就蒲轮,且作沧州傲吏。饮逡巡之酒,开顷刻之花。编黄庭内景之书,抽紫府外丹之要。推敲音韵,付鲜于拊节而歌;咀嚼宫商,协飞琼步虚之唱。惟是明堂八字,谁知铁鹫金龟;印篆一文,莫解凤芝龙术。蝌蚪悉上清之秘,虎龙隐胎息之经。至今诵之者,如游瑠璃宫,但见光明一片;如入玛瑙枕,无非金碧十洲。以予窥牖有心,还丹无术。李謩年少,犹知天宝霓裳;沈约名轻,偏解永明宫体。访西池三鸟,消息潜通;索东华五篇，仙凡不隔。鲁鱼帝虎，何人传信传疑？鹏翼鲲鳞，不管知大知小。不无小补，敢曰大还；但近洞天，即名福地。自愧红蚕丝少，难续冰弦；请看白兔力微，亦持玉杵。用敢驽骀步武，上追玉轶金镳；骛鹤关心，寻遍璧门珠殿也已。道光二十八年岁在戊申上巳日，同里后学蒋坦识。"蒋坦(1824—1861)，字平伯，号蔼卿，浙江钱塘(今杭州市)人。卒于太平天国乱中。著有《息影庵初存诗》《集外诗》《微波集》等。

道光三十年庚戌(1850)

二月廿二日，伍崇曜刻《东城杂记》入"粤雅堂丛书"，跋之。

伍崇曜《东城杂记跋》。

七月下浣，罗以智校勘《南宋院画录》。

"武林掌故丛编"《南宋院画录》卷尾罗以智跋："道光庚戌七月二十日，以原本及他本对校，越五日校毕。罗以智镜泉甫识。"

咸丰三年癸丑(1853)

是年，伍崇曜刻《名儒草堂诗余》《焦山纪游集》入"粤雅堂丛书"。

"粤雅堂丛书"《名儒草堂诗余》《焦山纪游集》。

咸丰十年庚申(1860)

二月，太平军进攻湖州，奚疑榆荫楼毁于兵火。

缪荃孙《续碑集传》卷七十八施补华《奚疑传》："奚疑，字子复，乌程布衣。家世业酒，居湖州城南知稼桥桥西。有楼临水，南窗见道场、金盖诸山，列若屏障，碧湖千顷在其左。乾隆初，钱塘厉太鸿征士于此楼纳妾朱氏字月上，樊榭集中所谓鲍氏溪楼也。子复居之，署曰'月上楼'。后于楼外种榆十余树，数年与楼齐，改署曰'榆荫楼'……咸丰庚申二月，楼毁于兵火。"

春，丁丙与高望曾往西溪展拜先生墓。

丁丙《松梦寮诗稿》卷二《展厉太鸿征君墓用阮文达韵》。又卷五《子用补绘樊榭征君溪楼延月图并录清尊吟社诸公旧题于册藏之交芦庵用樊榭原韵》注："庚申春，复与高茶庵夜宿芦庵。"

高望曾(1831—1882)，字稚颜，号茶庵，浙江仁和(今杭州市)人。以赀官福建将乐知县。著有《茶梦庵劫后诗稿》《茶梦庵词钞》。

丁丙(1832—1899)，字松生，号八千卷楼主人，浙江钱塘(今杭州市)人。诸生，授同知衔。近代著名藏书家、刻书家，也是厉鹗文献最主要的保存者和传播者之一。辑有《武林掌故丛编》《武林往哲遗著》《国朝杭郡诗三辑》等，著有《松梦寮诗稿》《庚辛泣杭录》等。

五月，贝信三抄录《樊榭山房文集》二十六篇，并作《樊榭山房年谱》一卷。

上海图书馆藏贝信三钞本《樊榭山房文集》《樊榭先生年谱》，末署曰："咸丰庚申午月写于语溪寓之晚翠轩。"贝信三(1811—1875)，字润荪，号桐桥渔隐，苏州(今江苏省苏州市)人。道光二十年举人。

咸丰十一年辛酉(1861)

太平军破杭州，交芦庵毁于战火。先生书板亦尽遭焚毁。

振绮堂《樊榭山房集》附录《轶事》引诸可宝《溪楼延月补图题记》："庚、辛之难，庵毁于贼。"又同卷汪曾唯序："《辽史拾遗》《东城杂记》《湖船录》先后雕于振绮堂，《宋诗纪事》、《南宋院画录》、《玉台书史》、《南宋杂事诗》、《绝妙好词笺》、诗文词曲诸集，或先生自刊，或后进续刊。咸丰庚申、辛酉，板毁于兵燹。"

同治二年癸亥(1863)

三月上浣，贝信三选辑《宋诗纪事钞》四卷。

上海图书馆藏贝信三《宋诗纪事钞》稿本。

十二月，丁丙于上海避难途中校读《东城杂记》。

丁丙《松梦寮文集·东城杂记》："《东城杂记》，自汪氏振绮堂付雕后，世传钞本都不甚贵。此册周汇西从劫后收出，抄本精好，后补录抱经堂跋语，尤无遗憾。末缀补记若干条，更可宝也。惟较汪本缺'游东园启''庾园''半山园''机神庙碑'诸条，'子朵那传'名有异同，'兰芳轩'未录全文，暇当钞补。'题如此江山亭卷'较汪本多一条，'盐义仓''预备仓'汪本不载，足资参阅。癸亥残腊，客沪上，于书肆中假得海昌陈仲鱼校抄本，小有证误，因摹录跋语于首。余家住东青门之南向，亦缗辑旧籍为《东城续记》一卷。如显真道院之仙迹，马台石壁上水墨，葡萄柴打鼓过仙事，于忠肃公之舍神玉带，周忠介公之小云楼匾额，赵诚夫之《楮堂闾史》，南华堂、春草园之小景，近时横河许氏七子登科，皆东城掌故之大者。未知何日如陶泉明赋还旧居，而重于劫灰一采遗迹，再掇前闻耳。杭东城里人丁丙志。”

同治三年甲子(1864)

是年，丁丙于武林街市购得龚胡鉴辑《厉先生文录》残卷一册。

上海图书馆藏龚胡鉴《厉先生文录》抄本卷首丁丙识。

同治五年丙寅(1866)

春，丁丙修葺西溪王家坞先生墓园祠屋。

丁丙《松梦寮诗稿》卷五《子用补绘樊榭征君溪楼延月图并录清尊吟社诸公旧题于册藏之交芦庵用樊榭原韵》注：“征君墓在王家坞，丙寅春予并祠屋修葺之。”

同治九年庚午(1870)

春，如山、许增、丁丙重建交芦庵，请何绍基补书先生及月上栗主奉祀于庵中。丁丙购得奚铁生、戴熙、钱杜等人画卷及清尊诗社吟卷送于交芦庵保存。

振绮堂《樊榭山房集》附录《轶事》汪曾唯序：“越三十四年，庵以浩劫被毁。同治庚午，经营复旧，设位供奉，创之者满洲赫舍里冠九如山，成之者仁和许益斋增、钱塘丁松生丙。”俞樾《春在堂随笔》卷五：“道光庚寅，戴文节偕徐、汪两君至庵祀征君，归而写为长卷……旧藏章次白广文梅竹山房，乱后失去。丁君松生又购得之，因付交芦庵僧收藏，以存名迹。时交芦庵亦因乱后倾圮，如冠九观察出资修葺，并属何子贞先生书征君及月上姬人栗主，仍奉庵中。”丁丙《松梦寮诗稿》卷五《子用补绘樊榭征君溪楼延月图并录清尊吟社诸公旧题于册藏之交芦庵用樊榭原韵》注："征君与月上粟主乞道州何蝯叟补书。"吴庆坻《蕉廊脞录》卷三："同治间，道州何子贞丈来游交芦庵，乃补书征君及月上二木主，里人奉祀于寺之东偏。松生丁丈乃以奚铁生画《西溪图》卷子及高迈庵、钱松壶、戴文节诸画卷付与僧藏之。"丁立诚《小槐簃吟稿》卷二《汪子用丈曾唯寻得堇浦先生遗冢于天马山复议配祀厉征君设位交芦庵同用樊榭诗韵》。

如山(1811—?)，字冠九，号古稀外史，赫舍里氏，满洲正蓝旗人。道光十八年进士，历官浙江观察使、四川布政使等。著有《写秋轩诗存》。

许增(1824—1903)，字迈孙，号益斋，浙江仁和(今杭州市)人。擅丹青。官候选道员。著有《煮梦庵词》等。

钱杜(1764—1845)，字叔美，号松壶，浙江仁和(今杭州市)人。官主事，工书画。著有《松壶画忆》等。

高树程，字蕲至，号迈庵，浙江仁和(今杭州市)人。曾为汪端师，善诗，工山水。

何绍基(1799—1873)，字子贞，晚号蝯叟，湖南道州(今湖南省道县)人。道光十六年进士，官至四川学政，通经史，诗书兼善。著有《东洲草堂诗钞》等。

十月下旬，徐琪抄《樊榭山房词》四卷。

上海图书馆藏《樊榭山房词》卷尾徐琪跋："《樊榭山房全集》，予欲购之屡矣，劫后板毁，遂不可得。今秋回杭小住，于李君荔生处假得四本，犹是旧刻，惜仅存诗词正续两集，不无耿耿。兰亭真迹，尚在人间，得见者未始非幸也。叶了将买棹吴门，不及尽录，因素有词癖，遂手抄其词四卷为二本也。他日乡居无事，当再假诗集一录，俾更付梨枣。词集中尚有脱简，无从□寻，姑阙□，以待识者。时庚午小春下浣小灵芬馆主人识。"徐琪(1852—1918)，字玉可、花农，号俞楼，浙江仁和(今杭州市)人。光绪六年进士，官至兵部侍郎。工诗文，善书画。著有《日边酬唱集》《粤轺集》等。

同治十一年壬申(1872)

是年，会稽章氏重刻《绝妙好词笺》。

《绝妙好词笺》会稽章氏刻本。

同治十三年甲戌(1874)

九月，钱塘丁氏当归草堂重刻《樊榭山房游仙诗三百首》。

《樊榭山房游仙诗三百首》同治十三年当归草堂刻本。

秋，《琴台合刻》出版，凡十种，中有《樊榭山房赋》。

《琴台合刻》同治十三年刻本。十种分别为《樊榭山房赋》《寿花堂赋》《翠云馆诗》《澄鉴堂赋》《酝藉堂诗》《有正味斋赋》《翠云馆赋》《贻经堂诗》《古芬书屋赋》《书画舫诗》。《樊榭山房赋》选厉鹗赋五篇。

光绪元年乙亥(1875)

是年，江苏书局重刻《辽史拾遗》。

《辽史拾遗》光绪元年江苏书局刻本。

光绪五年己卯(1879)

五月初五日，丁午撰《湖船续录》毕，自序之。

丁午《湖船续录序》："厉征君《湖船录》，刊小字本于邗上，凡七十九则，姚、马、自序而外，列题词十六家。再刻附于诗文集后，增者十则，遗采芳艇一条，削诸家题词。振绮堂汪氏即从再刻翻行也。《鲒埼亭外集》有序文一篇，三刻皆未之见。岂当时未尝录示欤？征君之录为续竹垞翁《说舟》而作，虽间加增注，而遗其习见易知者，似于书例稍疏。且去今百余年矣，明玉、戗金，日新月异。话南巡者有白头，吊西泠者感碧血，盛衰之迹，难已于怀。窃不自揆，妄自缀录，又得若干条，加之补注，而以全氏序、诸题词类录之。按郑氏《杭州府艺文志》有丁隐君敬《湖船续录》一卷，汪氏重刻时百计求之而不得，盖佚去久矣。然则余之续征君是录，不啻即续吾家故事云尔。博采遐搜，俟诸异日。光绪五年五月五日，钱塘丁午识于一叶五湖书画舫。"丁午(1852—1880)，字颐生，一字奚生，浙江钱塘(今杭州市)人。诸生。著有《重文》《通鉴校疑》等。

光绪七年辛巳(1881)

是年,岭南述轩重刻《樊榭山房集》《续集》《文集》二十四卷。

《樊榭山房集》光绪七年述轩刻本。按:此本翻刻自乾隆间刻本,《文集》补录《水莲吟稿题辞》《昙阳子书后》两篇佚文。

是年,丁丙嘉惠堂刻《湖船录》《湖船续录》。

"武林掌故丛编"《湖船录》《湖船续录》。

光绪九年癸未(1883)

是年,钱塘汪氏重刻《秋林琴雅》。

《秋林琴雅》光绪九年酒边人倚红楼刻本。

光绪十年甲申(1884)

是年,丁丙嘉惠堂刻《东城杂记》《南宋院画录》于"武林掌故丛编"。

"武林掌故丛编"《东城杂记》《南宋院画录》。《南宋院画录》前有章廷彦、吴炳二序。

章廷彦,字子辛,浙江仁和(今杭州市)人。官广东候补知府。著有《清风明月轩诗钞》。

吴炳(? —1861),字仲兰,浙江仁和(今杭州市)人。诸生,善书画。

七月,张维嘉跋竹书堂所刊《南宋院画录》。

"武林掌故丛编"《南宋院画录》卷尾张维嘉跋:"乡先哲厉太鸿征君,著作等身,如《辽史拾遗》《东城杂记》《增修云林寺志》《玉台书史》《湖船录》《宋诗纪事》《樊榭山房文集》《诗集》《诗续集》《游仙诗》《南宋杂事诗》《秋林琴雅》《迎銮新曲》,或生前付梓,或殁后补刊,独此《南宋院画录》虽邀天家搜采,秘府储藏,而艺林终未雕梨,传本绝稀。咸丰辛酉,浙省再罹兵燹,故家旧帙,失坠殆尽。同治纪元之岁,丁竹舟、松生两兄得此稿于四明书肆,审视跋语,知为罗镜泉先生校本。复乞归安凌君麈遗重为勘阅,补正甚多,疑者阙之,慎之至也。维嘉久羁江北,今夏甫归,而是刻适成。竹舟昆仲谓维嘉于征君夙有桑梓之敬，首贻初印本，属制跋语。窃维昔之品六法者，谓北宋李营邱、范华原、郭河阳辈，其规格雄浑而深密，法备而力宏。南宋诸君，固未可相与雁行也，然泉石萧爽之概，溪林回互往复之妙，至南宋又独臻其胜。繄自六代以还，扶舆清淑之气，递相更嬗，而畸士负绝艺者，咸即境冥搜潜索，以发其秘，其造诣与诗文著录同科，在作者亦不知其所以然也。兹就是录，按其所长，自李唐以下，其足与北宋相肩随者，尚不止三四辈，若萧氏之《中兴瑞应图》，其铺陈事实，即稗史之权舆也。其中缣楮无传，赖此表见其姓氏者，复更仆难数。几湮没而幸存之稿，一旦付诸剞劂，不独天水画苑掌故，藉以流传，在征君生平博稽载籍，思力所萃，亦可无遗珠之憾矣。时同治甲申孟秋之月，里后学张维嘉谨跋。"按："同治"误，当作"光绪"。张维嘉，字孚吉，号颖仲，浙江仁和(今杭州市)人。工诗古文，善书。著有《智胜居士诗钞》等。

秋，汪曾唯收集先生轶事为一卷，附于《樊榭山房集》后。

振绮堂初刻本《樊榭山房集》附录《轶事》卷首汪曾唯序："厉先生居东园，高大父鱼亭公居古驿后，相去二里，过从最密。读书务根柢之学，每著一书，辄订可否，手稿皆留余家。《辽史拾遗》《东城杂记》《湖船录》先后雕于振绮堂，《宋诗纪事》、《南宋院画录》、《玉台书史》、《南宋杂事诗》、《绝妙好词笺》、诗词集、文集，俱有刊本；惟《南宋院画录》《玉台书史》仅见钞本。"四库全书"著录七种。咸丰末，板毁兵燹。越二十载，余检古文诗词旧本，与范诚民士麒、朱英甫士俊雠校重雕其《游仙诗》三卷、《秋林琴雅词》四卷，少年作也；《迎銮新曲》二卷，与吴瓯亭城同撰也；并集中未载之若干首，都为集外诗词。乾隆壬申先生没，葬西溪。以从子志黼为嗣，又无子，木主遂祔入湖墅黄文节公祠。道光戊子，世父小米公集邑人移奉近墓之交芦庵。又三十四年，毁于浩劫。同治庚午，满洲冠九如山重加修葺，供奉如昔。文人学士，每当芦花盛时，只鸡斗酒，以荐先生，宿草尚存，莫不感慨系之。生平轶事，捃拾诸书，录载于左，俾后之尚论者有所资焉。光绪十年甲申秋，同里后学汪曾唯。"汪曾唯，字子用，浙江钱塘(今杭州市)人。官湖北咸丰知县。著有《去旧染污录》等。

十一月，汪曾唯整理《樊榭山房集》，附《秋林琴雅》于后，有题词。

汪曾唯《秋林琴雅题辞》："是集名《秋林琴雅》，词一百六十阕，先生三十年以前之作也。越十九年，手编《樊榭山房集》，录五十六阕，有间易字句之处，余一百四阕，不复存录。而后进得残篇剩句，往往等诸吉光片羽，矧全帙乎？爰以集外词附于后。光绪十年甲申孟冬，同里后学汪曾唯。"

是年，谢章铤刊《赌棋山庄词话》，于先生词多有议论，又称清朝词有三变，一为朱彝尊、陈维崧，二为先生，三为常州词派。

谢章铤《赌棋山庄词话》卷首自序。谢章铤(1820—1903)，字枚如，长乐(今福建省长乐县)人。光绪二年进士，官内阁中书，不殿试而归。著有《赌棋山庄集》等。

光绪十一年乙酉(1885)

五月廿五日，汪曾唯请诸可宝补作《溪楼延月图》，并录清尊吟社诸公诗成册，藏于交芦庵。

丁丙《松梦寮诗稿》卷五《子用补绘樊榭征君溪楼延月图并录清尊吟社诸公旧题于册藏之交芦庵用樊榭原韵》。振绮堂《樊榭山房集》附录《轶事》引诸可宝《溪楼延月补图题记》："圣湖之阴，西溪之奥，胜地幽刹曰'交芦庵'。庵有《溪楼延月图》，写厉征君纳姬事。雍正乙卯，樊榭重客苕溪鲍氏溪楼，实为寓屋，满娘月上纳于中秋，碧浪同舟，瑶情玉色，未传图咏，久颇阒焉。逮嘉、道间，涑园太守访楸墓于前，小米年丈获栗主于后，移祀庵院，永伴瓣香。会费山人丹旭安砚东轩，曾写两图，一畀庵僧，幐藏勿替，其副赠奚处士疑。溪楼后主，相证墨缘，当代名流，偕题雅制，今具《清尊集》中。庚辛之难，庵毁于贼，此图亦亡。迩者，旧宇新庀，岁已十六年，丈从子子用刺史弃官将归，属补绘事，更乞偶云同年重书题制，合装册子，仍付庵僧保守什袭。斯盖远绵佳话，近继先志，举一而善备矣。子用复裒刻征君全集，虽其唾余，都经手辑，读书读画，焕然粲然。吾知海客金饼，增价于乐天；苏门玉带，比珍于佛印。又不第萧寺之清供，抑亦艺苑之韵谈欤！故乐为补图，且拈黄钟商《琵琶仙慢》一阕，用白石道人《吴兴纪游》词韵记之。时光绪十有一年乙酉小暑日也。词曰：'倒楼台，有人是、打桨来时桃叶。小名惟认团栾，黄昏最幽绝。消受到吹箫石帚，但春去、怕闻鹍鸩。画里烟波，定中香火，情事谁说？　谩分付禅窟枯僧，已风景、都非那时节。添了百年佳话，尽飞花飞荚。凭点缀、词仙眉史，补溪山、绢素如雪。正好居士清凉，倦游言别。'"诸可宝(1845—1903)，字迟鞠，号璞斋，浙江钱塘(今杭州市)人。同治六年举人，官昆山知县。善书法，工山水。著有《璞斋集》。

夏，汪曾唯重订《樊榭山房集》。《集外诗》增二十一首，《集外文》增一卷二十九篇，并附录《轶事》数则，序亦改之。

振绮堂补充本《樊榭山房集》附录《轶事》汪曾唯序与初刻本文字稍有差

别，亦录于此："厉先生居东园，高大父鱼亭公居古驿后，相去二里，过从最密。读书务根柢之学，每著一书，辄订可否，手稿皆留余家。《辽史拾遗》《东城杂记》《湖船录》先后雕于振绮堂，《宋诗纪事》、《南宋院画录》、《玉台书史》、《南宋杂事诗》、《绝妙好词笺》、诗文词曲诸集，或先生自刊，或后进续刊。咸丰庚申、辛酉，板毁于兵燹。越二十载，余检《樊榭山房集》《续集》《文集》，与钱塘范诚民士麒、海宁朱英甫士俊雠校重雕，又以先生与吴瓯亭城同撰之《迎銮新曲》，及少年所作之《游仙诗》《秋林琴雅词》，并采集中未载诸作，都为集外诗文词曲。昔者，先生没，葬西溪，无子，以从子志黼为嗣，没又无子，木主遂祔供湖墅黄文节公祠偏室。道光戊子，世父小米集邑人移奉近墓之交芦庵。越三十四年，庵以浩劫被毁。同治庚午，经营复旧，设位供奉，创之者满洲赫舍里九冠如山，成之者仁和许益斋增、钱塘丁松生丙。当芦花盛时，文人学士，每以只鸡斗酒荐先生，宿草尚存，莫不感慨系之。生平轶事，摭拾诸书，录而存之，并诸先辈所撰之挽辞、铭、记，汇为一卷，附于集后，俾后之尚论者，有所资焉。光绪十一年乙酉夏，钱塘汪曾唯。"

十月，汪曾唯、诸可宝整理《迎銮新曲》毕，有跋。

振绮堂刊本《樊榭山房集·集外曲跋》卷尾汪曾唯跋："是曲手稿向藏余家振绮堂，首套曰《群仙祝寿》，吴瓯亭太学撰，樊榭征君参定；次套曰《百灵效瑞》，厉樊榭征君撰，吴瓯亭太学参定。咸丰辛酉，粤匪再陷杭城，手稿遂亡。客岁，余雠校征君古文诗词，汇为全集，丁松生大令丙邮寄是曲旧本，属附刊于集外诗词之后。舛误颇多，经诸迟鞠大令可宝参互而考订之。爰跋数语，以识颠末。光绪十一年乙酉冬十月，钱塘汪曾唯。"

光绪十三年丁亥(1887)

正月初八日，丁丙作《厉先生文录识》，备述此书流传始末，并据之补录先生轶文十六篇，付予汪曾唯刊为《樊榭山房集外文》。

上海图书馆藏龚胡鉴《厉先生文录》抄本卷首丁丙识："忆咸丰庚申正月八日，偕高兄茶庵访谢卜堂丈于余官巷新宅。午饭后出赵忠毅铁如意观之，取新年如意也。又出陈老莲《东坡行吟图》、崔道母《倪高士洗桐图》、沈石田《冷泉亭图》(上有刘邦彦、汝其通题诗及赵氏南华堂所集鸿博诸公和韵诸作)、徐青藤墨荷，皆妙墨也。因述及樊榭老人，丈后检《文录》二册出示，时以《文录》已为汪槐塘刊行，颇易视之。迨二月十九日，粤贼忽从苕郡窜突武林城下。二十七日，省城失陷。三月三日，旋经克复。余避松江，茶庵移越中，卜堂丈亦于是秋归道山。次年十一月廿八日，省城复陷，故家乔木，摧伐殆尽，遑论书画耶！同治甲子两浙镜清，余自沪归，在和合桥街邱春生书摊购得此册，已缺前册，重加装钉，藏之八千卷楼。按《樊榭山房诗文集》劫后粤东翻雕，近吾友汪子用大令又雕于楚北，且附刊集外诗词及《迎銮新曲》，较粤东翻本为胜。今就此册中排比，多《古铜佛降生像》、《记胡安人传》、《龙尾石松皮砚铭》、《四季会启》、《张母黄孺人请旌呈》、《定武兰亭跋》、《马和之小景跋》、《书乐府补题练恕可名下注文》、《倚声初集跋》、《昙阳子书跋》、《郡廨梅花诗跋》、《九秋诗跋》、《莱花诗卷跋》、《跋烟草次韵诗》、《自跋游仙诗集》一则、《摄山题名》，凡十六篇，又挽诗一卷，正恐天壤间无第二本也。始叹前次易视之，识浅耳。拟摘抄十六篇，贻子用刊为集外文，并刊挽诗附于逸事之后。惜前册多出之文不可得耳。光绪丁亥正月八日丁丙记，距在谢丈见此册时已二十八年矣，茶庵没亦七年，悲夫！”谢家枚，号卜堂，浙江仁和（今杭州市）人。工制艺，嗜金石书画。

是年，丁丙得先生手书诗册，将其中《游龙兴寺》一首钩摹上石，合刻先生与杭世骏集外诗一册。

丁丙《松梦寮诗集》卷五《钩刻樊榭游龙兴寺诗即用原韵》注：“近得樊榭征君手书册，前诗在焉，因钩摹上石。”又同卷《合雕杭厉两先生集外诗五百首竟因题》。

光绪十四年戊子（1888）

秋，汪曾唯又跋《迎銮新曲》，以未获请益于宗山为恨。

振绮堂刊本《樊榭山房集·集外曲跋》卷尾汪曾唯跋：“汉军啸吾司马宗山答松生曰：‘《迎銮新曲》读之神谥，红笔校阅甚精，是三折肱于此道者。正趁分明，毫无舛误，曲牌亦无错讹。第二曲《水仙子》一调尚少八句，寻绎文义，断非漏写，前辈通融处，只宜仍之。有两处小误，粘签请酌。样本甚工，可即上板刊成，希赐两本为幸。’迨刷印成书，而啸吾已归道山，惜乎未获请益焉。戊子秋曾唯又识。”宗山（？—1886），姓鲁氏，字小梧，一字啸吾，隶内务府镶黄旗汉军。官浙江候补同知，权乍浦同知。著有《啸吾遗著》。

是年，丁氏嘉惠堂重刻《增修云林寺志》。

“武林掌故丛编”《增修云林寺志》。

光绪十六年庚寅(1890)

是年,刘晚荣刻《玉台书史》于“藏修堂丛书”。

“藏修堂丛书”《玉台书史》。

光绪十七年辛卯(1891)

是年,陈廷焯撰成《白雨斋词话》,评先生语甚多。

陈廷焯《白雨斋词话》卷首自序。陈廷焯(1853—1892),字亦峰、伯与,丹徒(今江苏省镇江市)人。光绪十四年举人。

光绪十八年壬辰(1892)

是年,高海垞、汪曾唯于交芦庵设厉、杭二公祠。

振绮堂《樊榭山房集》附录《轶事》引谭献《复堂类记》:“至光绪壬辰,高君海垞访得堇浦杭先生墓道,告诸汪君子用,谋奉祀焉。杭、厉齐名素交,国人矜式,爰乞俞丈曲园题杭先生位,与厉先生同设交芦庵。既以蒋夫人、张、姜二姬祔堇浦先生,乃增设樊榭先生夫人蒋氏位于朱姬之左,庶几后学淑艾,永荐馨香。山水因缘,文章气谊,两先生其妥灵乎斯堂。”吴庆坻《蕉廊脞录》卷三:“光绪间里人增设征君夫人蒋木主同祀龛中,又增一龛祀杭堇浦先生及其夫人、二妾。杭、厉同时,又皆无后。溪山胜地,神灵往来,重赖后贤,香火不坠,亦礼所宜也。惟杭先生墓相传在大马山,汪子用丈求之累年,竟不可得。”

高海垞,字鹏年,浙江仁和(今杭州市)人,俞樾弟子。著有《湖墅小志》等。

谭献(1832—1901),字仲修,号复堂,浙江仁和(今杭州市)人。工词。著有《复堂词》等。

光绪十九年癸巳(1893)

七月，陆心源刊《宋诗纪事补遗》。

陆心源《宋诗纪事补遗》。又陆心源《仪顾堂题跋》卷十三《宋诗纪事跋》："《宋诗纪事》一百卷，国朝厉鹗撰。樊榭熟于宋代掌故，二百年来几无其匹。曹斯栋《稗贩》讥其有遗珠，是矣！惟所举陈棣诸集，皆出《永乐大典》，非樊榭所得见也。然遗漏尚不止此，以余寡陋，尚可补百余家。至其舛误之处，不下百余条，如赵季西名岍而不著其名，洪平斋咨夔一人分而为二之类。所录三千八百一十二人，而不详出处者一千五百有余，如柴成务、李固，《宋史》有传而亦不署字里出处。愚已考得数百人，他日当为《宋诗纪事补正》。先书此，以当息壤。"陆心源(1834—1894)，字刚甫，号存斋，归安(今浙江省湖州市)人。近代著名藏书家。著有《仪顾堂集》等。

八月，吴忠本为《樊榭山房集》画先生像，高学治为作赞。

振绮堂刊本《樊榭山房集》卷首《像赞》。高学治赞曰："鄮水之英，托迹婵嫣。鹤书下贲，蜷伏则坚。闭门奉母，拥卷百千。在家贫好，追咏唐贤。孟亭诗老，白石词仙。交芦秋爽，灵风飒然。"

高学治(1814—1894)，又单名治，字叔荃、荃甫，号高五、茸庵，浙江钱塘(今杭州市)人。廪生，官台州府教授。善书法，章太炎为其弟子。

吴忠本，浙江钱塘(今杭州市)人。光绪间举人。

光绪二十年甲午(1894)

三月，徐士恺观自得斋校刊《樊榭山房集外诗》一卷。

徐士恺"观自得斋丛书"《樊榭山房集外诗》。徐士恺，字子静，安徽石埭(今安徽省石台县)人。官浙江候补道，嗜金石，精鉴别，刻"观自得斋丛书"二十九种，凡七十八卷。按：《樊榭山房集外诗》即《游仙诗三百首》。

光绪二十一年乙未(1895)

是年,丁丙嘉惠堂重刻《迎銮新曲》。

“武林掌故丛编”《迎銮新曲》。

光绪二十六年庚子(1900)

是年,广雅书局根据振绮堂本重刻《辽史拾遗》。

“广雅丛书”《辽史拾遗》。

宣统二年庚戌(1910)

是年,国学扶轮社刊《樊榭山房集外诗》一卷。

国学扶轮社《樊榭山房集外诗》。

民国四年乙卯(1915)

是年,刘承干刊朱文藻辑、缪荃孙补订之《厉樊榭先生年谱》。

朱文藻《厉樊榭先生年谱》卷尾刘承干跋:“《厉樊榭年谱》一卷,朱文藻朗斋撰。樊榭先生,钱塘人,康熙庚子举人,会试屡报罢,荐举鸿博,又不售。卒年六十一,无子,太夫人犹在堂。人皆慕其才而悲其遇。朗斋,仁和人,于樊榭先生,同里后辈。此稿寥寥数叶,盖未成之作。乃属缪艺风征君详考之。在《公车征士录》得其父母及兄之名氏,于本集中得其完娶之年,于《南斋集》《沙河逸老集》知纳刘氏妾在扬州,于马秋玉诸君挽诗知殁时老亲犹在。补缀成帙,聊可观览。昔年曾闻全集注本在费芸舫中允(延厘)所,今不知所在。知此书复出,必更有可补者。樊榭所著之书,《辽史拾遗》《湖船录》,刻于汪氏振绮堂,《宋画苑录》刻于丁氏嘉惠堂,诗文词集汪氏刻之,并集外诗、墓志、挽诗之类,颇为详备。岁在旃蒙单阏,吴兴刘承干跋。”按:《清尊集》卷十五胡敬《五月二日同人悬樊榭征君像于水北楼设祀即用集中生日有感诗韵纪事分题于帧付交芦庵永为瓣香之奉》注："吾师朱朗斋暨吾友孙雨人先后辑先生诗谱，俱未成。"可见，继朱文藻辑樊榭年谱者尚有孙爱白。孙爱白，字雨人，与胡敬同属东轩吟社群体。

缪荃孙(1844—1919)，字炎之，晚号艺风老人，江阴(今江苏省江阴市)人。光绪二年进士，授编修，精校勘、金石。著有《艺风堂藏书记》等。

刘承干(1881—1963)，字贞一，吴兴南浔(今浙江省湖州市)人。著名藏书家和刻书家。

民国五年丙辰(1916)

是年，中华书局出版姚汉章编选之《唐文粹简编》，书中过录先生和谭献评语。

《唐文粹简编》卷首张相序云："姚铉氏之《唐文粹》，夙闻厉征君有评点本，迄未之见。今年春，同邑姚汉章作霖得乡先辈谭复堂氏《唐文粹》校本，眉注旁写，朱墨烂如。假而读之，则所过征君评点在焉。是书以娱园许氏刻本为最善，其所校雠，多从复堂，已具见许刻原叙及缀言。作霖思有以弘乡先辈之文泽，因复录其评点。去取之限，一依原目，仿曾涤生《经史百家简编》例，别出单行，以饷学者。谭本录王槐跋语一则，王为嘉庆时人，云偶归钱塘，见友人钱唯传孝廉师曾斋案上有此书，旁有太鸿小印，知为厉先生本也。复堂自跋谓'王君过录之本流传至禾中，属陈柱庼同年辗转假得之。许迈孙与余同校是书，多所补正，开雕将竟，又得此本，采获数条'云。此其渊源之大略也。复堂治是书甚勤，评点之内，附以己意，但涂注羼杂，为厉为谭，已不能自别白矣。并世好学之士，倘藏有过本，愿得借而复校之。民国五年六月杭县张相献之撰。"张相(1877—1945)，原名廷相，字献之，浙江杭州人，谭献学生。著名语言文字学家。著有《诗词曲语辞汇释》等。

民国十九年庚午(1930)

是年，王文焘将《太鸿文钞》重付潢治，是书为莫庭芝编选、王湘澄手抄，经王秉恩点读。

王文焘《太鸿文钞识》:"此本为莫芷升师所选、先叔父巡使公手录、先公点读者,庚午重付潢治,因并识于简端,俾世守勿失。文焘。"

莫庭芝(1817—1889),字芷升,贵州独山(今贵州省独山县)人,莫友芝弟。官思南府学教授。著有《青田山庐诗钞》等。

王秉恩(1845—1928),字息存、雪澄,四川华阳(今四川省成都市双流区)人。曾官广东按察使、广雅书局提调。著有《养云馆诗存》等。王湘澄为其弟。

王文焘,字君覆,室名"强学簃",王秉恩子。著名金石学家。著有《椿荫宦初草》《盐铁论校记》等。

民国二十四年乙亥(1935)

是年,陆谦祉《清厉樊榭先生鹗年谱》由商务印书馆出版,编入王云五主编之《新编中国名人年谱集成》。

陆谦祉《清厉樊榭先生鹗年谱》卷首序:"厉先生博闻强识,熟于两宋史事,所著多于地方掌故,广采遗佚;其《辽史拾遗》《宋诗纪事》二书,则尤称巨著。元修《辽史》,最嫌荒略;先生《拾遗》,虽犹未能臻于完善,而后来汪远孙之辑《辽史纪年》《西辽纪年》,李慎孺之作《辽史地理志考》,倪灿、金门诏、缪荃荪三家之补《艺文志》,先生固不无与有开导研究辽史学风之功也。《纪事》一辑,仿计敏夫《唐诗纪事》而成,其网罗之广,蒐求之勤,亦罕有伦匹。至韵文一道,余谓长短句当胜于诗,谭献称其可分中仙、梦窗之席,洵非虚誉。去年春,余既选清七家词,得一百零三首,定为一编,复就诸家著述,钩稽其生平年月事迹,各为别撰年谱一册,以辅《词选》。从事经岁,迄未告竣;其中惟厉先生谱属稿最后,而成书转速,首先写定,计费时十六日云。是书草创时,得读蒋天枢君所著《全谢山年谱》。谢山系厉先生知交,关系颇深,故是书多有根据《全谱》以订正或增补之处;惟《全谱》中有引《厉太鸿年谱》一种,不知系何人所撰,见闻褊陋,未获睹之,深以为憾。是书出版,谨向供给旧籍以资参考之周由廑师,助余搜求钞写之旧同学沈立言君,时相督促以底于成之好友志灏、克壮以及《全谢山年谱》作者蒋君,并深致谢忱。附书于此,用志不忘。二十四年十月十八日京沪车中书。"别附记:"《词选》七家:纳兰性德容若,朱彝尊竹垞,陈维崧迦陵,厉鹗樊榭,张惠言茗柯,周济止庵,及蒋春霖鹿潭。"

墓　志

厉樊榭墓碣铭

全祖望

余自束发出交天下之士，凡所谓工于语言者，盖未尝不识之，而有韵之文，莫如樊榭。樊榭少孤家贫，其兄卖淡巴菰叶为业以养之。将寄之僧寮，樊榭不可。读书数年，即学为诗，有佳句，是后遂于书无所不窥，所得皆用之于诗，故其诗多有异闻轶事，为人所不及知。而最长于游山之什，冥搜象物，流连光景，清妙轶群。又深于言情，故其擅长尤在词，深入南宋诸家之胜。然其人孤瘦枯寒，于世事绝不谙，又卞急，不能随人曲折，率意而行，毕生以觅句为自得。其为诸生也，李穆堂阁学主试事，闱中见其谢表而异之，曰："是必诗人也。"因录之。计车北上，汤侍郎西崖大赏其诗。会报罢，侍郎遣人致意，欲授馆焉。樊榭幞被潜出京，翌日侍郎迎之，已去矣，自是不复入长安。及以词科荐，同人强之始出，穆堂阁学欲为道地，又报罢，而樊榭亦且老矣。乃忽有宦情，会选部之期近，遂赴之。同人皆谓："君非有簿书之才，何孟浪思一掷？"樊榭曰："吾思以薄禄养母也。"然樊榭竟至津门，兴尽而返。予谐之曰："是不上竿之鱼也。"呜呼！以樊榭为吏，固非所宜，而以其清材使其行吟于荒江寂寞之间以死，则不可谓非天矣。

予交樊榭三十年，祁门马嶰谷兄弟延樊榭于馆，予每数年必过之。嶰谷诗社，以樊榭为职志，连床刻烛，未尝不相唱和。已而钱塘踵为诗社，予亦豫焉。数年以来，二社之人，死亡相继，樊榭每与予太息。今年予有粤游，槐塘以书告樊榭之病，不意其遽不起也。呜呼！风雅道散，方赖樊榭以主持之，今而后江淮之吟事衰矣。

樊榭姓厉氏，讳鹗，字太鸿，本吾乡之慈溪县人，今为钱塘县人。康熙庚子举人。生于某年月日，卒于某年月日。享年六十有二。曾祖某，祖某，父某。娶某氏。无子，以弟之子为之后。葬于湖上之某峰。所著有《宋诗纪事》一百卷、《樊榭山房集》二十卷，已行于世，又有《辽史拾遗》十卷。

樊榭以求子故，累买妾而卒不育。最后得一妾，颇昵之，乃不安其室而去，遂以怏怏失志死。是则词人不闻道之过也。且王适不难谩妇翁以博一妻，而樊榭至不能安其妾，则其才之短，又可叹也！

呜呼！樊榭属予序其《宋诗》《辽史》二种，忽忽十年，息壤在彼，而今陨涕而表其墓。悲夫！是为铭。其词曰：冲恬如白傅兮，尚有不能忘情之吟。人情所不能割兮，贤哲固亦难禁。祇应寻碧湖之故桨兮，与握手以援琴。（樊榭苕上之故姬也。）（《鲒埼亭集》卷二十）

荐举博学鸿词庚子科举人樊榭厉君墓表

张云锦

余幼寡交，雍正庚戌年，寓于西湖昭庆山房，长老啧啧称钱塘孝廉厉君太鸿不置口，因从长老访君于无尽意斋，古心古貌，无尘俗气，遂定交。辛亥岁，君以有司荐入通志馆，余亦厕其中，一时名士汇聚于南榷署。诸君负意气，皆以风华相尚，君独褐衣布履行稠人中。时与余把臂谈诗文，原原本本，悉有依据。暇或诉其家事，乃知君上有老母，凡修脯所入，辄以供甘旨，盖好学笃行之君子也。壬子秋，志事告竣，余返里，君适授经扬州马氏，遂契阔。甲寅九月，君与余各以县令荐应试鸿博，复遇于湖上，诗酒流连，凡匝月。庚申，君复馆马氏，余就金衢严道叶公幕，相别又数年。辛未三月，皇上南巡，余以学使荐，试行在，寓湖上。君适家居，每肩舆过昭庆寺楼，信宿流连而后去。忽聚忽离，忽离忽聚，未有如吾两人者。

君富于学问，善考核，所著《宋诗纪事》一百卷、《樊榭山房正续集》二十卷，俱已梓行，未刻者《南史纂》《辽史注》《宋诗纪事补遗》《东园杂志》若干卷，藏于家。他年数书若出，学者宜知为君作。

君康熙庚子举于乡，乾隆戊辰谒选至京师，无所遇而归。复颜东园之书屋曰"两无尘斋"，将奉母以终老焉。近岁复以马氏故，挈眷至扬州，而竟于扬州遘疾，归卒，知君未免抱恨于九原也。

君名鹗，字太鸿，别号樊榭，以乾隆壬申年九月卒，得年六十有一。嗣子黼将葬于某乡之某原，相契如余，义不能默默也，谨诠次而为表。

文后附诸锦、张价黼二人评语。诸锦："太鸿工于诗，其博综最长于南宋后杂事，词亦超逸无前人矣。神交于戊戌，谱年于庚子，温温士君子也。今得铁珊一表之，以不没其实焉。"张价黼："一往深情，溢于楮墨，奚啻前人《思旧铭》？"（《兰玉堂文集》卷十四）

传　略

杭世骏《词科掌录》卷二

钱塘厉太鸿，庚子孝廉。为诗精深华妙，截断众流，乡前辈汤少宰西崖先生最所激赏。自新城、长水盛行，时海内操奇觚者莫不乞灵于两家。太鸿独矫之以孤淡，用意既超，征材尤博，吾乡称诗于宋、元之后，未之或过也。性耽闲静，爱乐山水，一再计偕，遂绝意仕进。以浙江总督上蔡程公荐来都，试题误写论在诗前，遂罢归。生平诗逾万首，勇于删择。近裒刻其诗集曰《樊榭山房集》，凡八卷。乐府为今海内第一。他著有《辽史补》《东城杂记》《湖船录》。仿计敏夫例为《宋诗纪事》百卷，搜采极富。是科征士中，吾石友三人，皆据天下之最，太鸿之诗，稚威之古文，绍衣之考证穿穴，求之近代，罕有伦比。绍衣丙辰先成进士，改庶常，例不当试，后以散馆出外。稚威以疾，太鸿以违式，皆不得在词馆。岂非命哉！

王昶《湖海诗传》卷二

征君性情孤峭，义不苟合。读书搜奇爱博，钩新摘异，尤熟于宋、元以来丛书稗说。以孝廉需次县令，将入京，道经天津，查莲坡先生留之水西庄，觞咏数月，同撰周密《绝妙好词笺》，遂不就选而归。扬州马秋玉兄弟延为上客，嗣后来往竹西者凡数载。马氏小玲珑山馆多藏旧书善本，间以古器名画，因得端居探讨。所撰《宋诗纪事》《辽史拾遗》，极为详洽，今皆录入四库书中。

其先世家于慈溪，故以四明山樊榭为号。所作幽新隽妙，刻琢研炼，五言尤胜，大抵取法陶、谢及王、孟、韦、柳，而别有自得之趣，莹然而清，窅然而邃，撷宋诗之精诣，而去其疏芜。时沈文慤公方以汉魏盛唐倡吴下，莫能相掩也。予于戊辰岁在长洲赵君饮谷小吴船遇之，辱为亡年交。嗣后征君过吴，必访余于朱氏苹花水阁。凡三年，而征君下世矣。至其词直接碧山、玉田，予已录入《琴画楼词钞》，故不具论。

樊榭下世，葬于杭州西溪王家坞，因无子嗣，不久化为榛莽。后四十余年，何君春渚琪游西溪田舍，见草堆中樊榭及姬人月上栗主在焉，取归，偕同人送武林门外牙湾黄山谷祠，扫洒一室以供之。予为撰"丈室花同天女散，摩围诗共老人参"句，以题其楹。李光甫方湛、蒋蒋村炯、陶凫香梁诸子，皆有诗词记之。

樊榭生于康熙三十一年九月十一日辰时。月上姓朱氏，名满娘，乌程人，生康熙五十八年三月二十四辰时，殁于乾隆七年正月初三日戌时。并属蒋村及项金门墉、许周生宗彦，各于忌日，奉酒脯荐焉。

乾隆《杭州府志》卷九十四《文苑传》

厉鹗，字太鸿，号樊榭，钱塘人，康熙庚子举人。少孤贫，僦居杭城东园，敝屋数椽，读书不辍，声隽一时。乾隆丙辰应博学鸿词科，廷试被放。南归，奉老亲，与乡闾诸老酬倡。间客游扬州，有马氏藏书最富，延至其家，遗文秘牒，无所不窥。故其发为诗文，削肤存液，辞必己出，以清和为声响，以恬淡为神味。考据故实之作，搜瑕抉隐，仍寓正论于叙事中，读者咸敛手慑服。数十年大江南北，所至多设坛坫，皆奉为盟主焉。尤工长短句，入南宋诸家之胜。

钱林《文献征存录》卷五

厉鹗，字太鸿，号樊榭，钱塘人。其先世家慈溪，故以四明山樊榭为号。生时有大鸟下庭中，文采甚异，遂以名之。家贫，寄沙门以居。幼甚警悟，初学为诗，便有佳句。渐长，于书无所不睹，称博洽。补博士弟子员。康熙五十九年，临川阁学李绂主浙江试事，见其谢表，诧曰："此诗人也！"遂见叙录。计车至京后，同郡汤右曾为侍郎，见其诗，使人通意，将礼致焉。鹗即日襆被出城，竟不与相见。鹗意制拙率，不修威仪，曳步缓行，仰天摇首，虽在衢巷，时见吟咏意。人多嫌其简，惟同县周京、杭世骏与之善，一日不见，辄相思也。困顿既久，忽有捧檄之志，装未严即发，谓人曰："我诣吏曹谒选，定得佳禄，亲得所养，自此平生愿遂矣。"至天津县，羁滞数月，浩然而返，竟未入国门也。其诡越多此类。一征博学鸿词，未赴。卒，年六十二，无子。

有《宋诗纪事》一百卷、《辽史拾遗》十卷、《南宋院画录》八卷、《樊榭山房诗集》二十卷、《秋林琴雅》六卷、《城东札记》二卷、《增修云林寺志》八卷，皆行于世。鹗诗数用新事，世多未见，故重其富。然独抒襟抱，常有清逸之作，其七言近体之善者，妙绝时人。浙中后生效之，每以捃摭为工，吴郡沈德潜又取其近于刘昚虚、常建，谈艺者失矣，沈亦未为得也。

吴德旋《初月楼续闻见录》卷四

厉樊榭，名鹗，字太鸿，钱塘人。性孤峭，义不苟合。读书搜奇爱博，钩新摘异，尤熟宋、元以来丛书稗说。以贡士需次县令，将入都，道经天津，查连坡留之水西庄，觞咏数月，同撰周密《绝妙好词笺》，遂不就选而归。与陈楞山、陈授衣同为维扬马秋玉上客。马氏小玲珑山馆多藏旧书善本，樊榭肆力搜讨，撰《宋诗纪事》《辽史拾遗》，最称详洽。乾隆元年，荐举博学鸿词。有《樊榭山房集》，其所著幽新隽妙，刻琢研炼，撷宋诗之精诣，而去其疏芜。沈归愚尚书方以汉魏盛唐倡于吴下，莫能相掩也。

郑方坤《国朝名家诗钞小传》卷四

厉鹗，字太鸿，钱塘人。康熙庚子举于乡，再上公车，不第。既以博学鸿词征应试，又不遇，遂绝意功名，不复作春明梦矣。家故贫，以诗古文词教授乡里。老屋三楹，牙签插架，蓬蒿不翦，门无杂宾。法书名画而外，无储藏也；茗焚香而外，无功课也；冒雨寻菊、踏雪寻梅而外，无往还应接也。生平诸体皆工，而诗学尤邃。澄汰众虑，咳唾成珠，其旨温以厚，其音和以雅，其词丽以则，于新城、长水之后，别续一灯，是岂独天分之优哉？盖其洗伐烹炼，日起而大有功矣。昔虞伯生语袁伯长公："文章之妙，唯浙中庖者知之。凡水陆之产，皆择柔甘，调其湇齐，澄之有方，而洁之不已，视之泠然水也，而五味之和，各得所求，羽毛鳞甲之珍，不易故性。为文之妙，亦犹是耳。"太鸿固浙产，今品题其诗，窃援左氏大官羊之例，即以浙庖相方。远道寄闻，当为一喷饭也。所著有《宋诗纪事》百卷，天水华英，网罗殆遍，较诸孟棨、计有功，应高出一头地。知其解者，固当不易吾言。

《清史列传》卷七十一《文苑传》

厉鹗，字太鸿，浙江钱塘人。康熙五十九年举人。少贫，性孤峭，不苟合。始学为诗即有佳句，于书无所不窥，所得皆用之于诗，故时多异闻轶事。内阁学士李绂典浙江试，闱中得鹗卷，阅其谢表，曰："此必诗人也！"亟录之。计偕至京，尤以诗见赏于侍郎汤右曾。试礼部，报罢，右曾欲止而授之馆，比遣迎之，则已襆被出都矣。十余年间，再上公车。乾隆元年，浙江总督程元章荐应博学鸿词科，试日，误写论在诗前，又报罢，而年亦且老。值部铨期近，思得薄禄养亲，复入京。行次天津，旧友查为仁留之水西庄，同撰周密《绝妙好词笺》，遂不就选而归。十八年，卒，年六十二。

鹗搜奇嗜博，馆于扬州马曰琯小玲珑山馆者数年，肆意探讨，所见宋人集最多，而又求之诗话、说部、山经、地志，为《宋诗纪事》一百卷、《南宋院画录》八卷。又著《辽史拾遗》，采摭群书至三百余种，常自比裴松之《三国志注》。又著《秋林琴雅》《东城杂记》《湖船录》诸书，皆博洽详赡。先世本慈溪，徙居钱塘，故仍以四明山樊榭名其居。所著《樊榭山房集》二十卷，幽新隽妙，刻琢研炼，尤工五言，取法陶、谢及王、孟、韦、柳，而别有自得之趣。同时以博学鸿词征者，有胡天游、全祖望，论者谓鹗之诗、天游之文、祖望之考证，求之近代，罕有其比。其诗余，尤擅南宋诸家之胜。

鹗无子，殁后，栗主委榛莽中。何琪见之，取送黄山谷祠，洒扫一室供之，侍郎王昶属同人于忌日荐酒脯焉。

支伟成《清代朴学大师列传》卷十五

厉鹗，字太鸿，号樊榭，浙江钱塘人。幼孤贫，至寄居沙门。性颖悟，初学为诗，便惊长老。稍长，于书无所不窥。康熙庚子举于乡，需次县令，将入都，道天津，留滞查氏水西庄数月，竟不谒选而归。乾隆初，举博学鸿词，报罢。闻扬州马氏藏书最富，因客之，尽探其秘牒。往来大江南北，主盟坛坫者凡数十年。尝病《辽史》太简，阅四百余年无有为之增益者，乃仿裴世期注《三国志》例，而不就书作注，但摘史文为纲，历引群书于下，间作案语以断之，成《辽史拾遗》十卷。于辽一代二百年事凡有可考见者，粲然具备。盖亦正史外所不可少之书。又仿计敏夫《唐诗纪事》例，成《宋诗纪事》一百卷，并号赅博。诗才清逸，有《樊榭山房集》二十卷。余有《秋林琴雅》六卷、《南宋院画录》八卷、《东城杂记》二卷、《增修云林寺志》八卷、《湖船录》一卷，均梓行。

厉鹗著述考

独　撰

一、《樊榭山房集》

厉鹗生前即注重自己作品的修订，乾隆四年(1739)自刻《樊榭山房集》十卷，凡诗八卷，词二卷。乾隆十六年(1751)又刻《樊榭山房续集》十卷，诗八卷，词、曲各一卷。此二十卷本流传甚广，今上海图书馆藏有翁方纲评点本，湖南图书馆藏有钱载批、叶启勋跋本。“四库全书”《樊榭山房集》亦以此二十卷本为据。厉鹗临死前，叮嘱弟子汪沆为其整理文集，乾隆四十三年(1778)始付梓，成《樊榭山房文集》八卷。

光绪七年(1881)，岭南述轩据乾隆间刻本重刊《樊榭山房诗集》《续集》《文集》，凡二十八卷。光绪九年(1883)，汪曾唯开始整理刊刻《樊榭山房全集》，除《樊榭山房集》《续集》《文集》外，又录入《游仙集》三卷，《秋林琴雅》四卷，《迎銮新曲》二卷，《集外诗》《集外词》各一卷，总计三十六卷，并附以挽词、墓碣铭、栗主记、墓田碑记、轶事等。但汪刻实际上有两个版本，这只是初刻本。后来汪曾唯又在初刻本的基础上，在《集外诗》增加《题郭云山日记真迹》以下二十九首，《集外文》一卷二十一篇，《轶事》部分也增加了一些内容，成补充本。后来“四部丛刊”本、“四部备要”本、“国学基本丛书”本依据的都是振绮堂的初刻本。

厉鹗诗有董兆熊注本，所注为《樊榭山房集》《续集》中之诗歌，凡十六卷。稿本今存两部，一部藏南京图书馆，一部藏上海图书馆。南图所藏为校改本，书中夹有大量小纸片，写有校改意见，订讹补漏甚多，这些建议大多并不见于上图本。一些纸片上有校勘者署名，计有“韫”“芬”“东芳”“弢”

等，其中“敳”可确定是清代著名诗人江湜，他是董兆熊的挚友。可知董兆熊完成初稿后，曾请朋友帮助校勘订正。这些订正意见，部分已被董兆熊吸收，如《樊榭山房集》卷三第四十六页《溪上巢怀去年与幼鲁同游》“能不废丘壑”，夹页云：“谢灵运《斋中读书》：‘昔予游京华，未尝废丘壑。’敳。”董兆熊将之补入正文，云：“长洲江湜曰：谢灵运《斋中读书》：‘昔予游京华，未尝废丘壑。’”但大部分校勘意见，董兆熊尚未来得及整理。1992年，上海古籍出版社出版陈九思标校之《樊榭山房集》，此本以振绮堂刻补充本为底本，参以乾隆间《樊榭山房集》《续集》《文集》刻本、道光二十八年(1848)《游仙集》蒋坦刻本等，并校录董兆熊诗注。但董注乃据上图所藏稿本辗转抄录，故见于南图本的校改意见都未收录，是为缺憾。

除董兆熊外，另有汪铽、莫量、陈衍等人曾给樊榭诗作注。如汪铽《五月二日同人悬樊榭征君像于水北楼设祀即用集中生日有感诗韵纪事分题于帧付交芦庵永为瓣香之奉》自注云：“时拟注先生诗集。”[①]《归安县志·文苑传》云：“莫量，字补之，归安廪贡生……著有《文选精理》《樊榭山房诗集笺注》《渔学亭诗集》。”[②]萧穆《陈叔伊八家四六文补注序》亦云：“(陈衍)有……《厉樊榭诗注》二十卷。”[③]可惜这些注本都没有流传下来。

二、《游仙集》

《游仙集》凡三卷，《游仙百咏》《续游仙百咏》《再续游仙百咏》各一卷，计三百首。《游仙百咏》撰成于康熙四十九年(1710)，作者时年才十九岁。厉鹗《再续游仙百咏序》云：“曩作前、后《游仙》凡二百首，《前游仙》已雕板，不揣荒鄙，颇有嗜痂。”可见，《游仙百咏》在厉鹗生前即有付梓，但刻本现已不存。稍后厉鹗撰成《续游仙百咏》，康熙五十二年(1713)又撰《再续游仙百咏》，二者在作者生前皆未雕版。

乾隆二十六年(1761)，鲍廷博知不足斋以厉鹗手稿为依据，锓刻出版，此版将《游仙百咏》《续游仙百咏》《再续游仙百咏》合成一集，名曰《游仙集》。凡三卷，每卷题名有所更易，卷一曰《悔少集》，卷二曰《续游仙百咏》，卷三曰《耕烟草堂集》。这是现在可见到的最早版本。

此书后来又有多次重刊，如同治十三年(1874)丁氏当归草堂本、光绪

---

① 丁丙：《国朝杭郡诗三辑》卷二十九，光绪十九年钱塘丁氏刻本。

② 《归安县志》(光绪版)卷三十七，光绪八年刻本。

③ 萧穆：《敬孚类稿》卷二，光绪三十二年刻本。

二十年(1894)徐氏"观自得斋丛书"本、宣统二年(1910)国学扶轮社本等，光绪间振绮堂辑刻《樊榭山房全集》，亦收入《游仙集》。以上四本皆载陈鸿寿跋："此本乃郡人所传钞者，亟为梓而传之。"可见它们与知不足斋刻本并不隶属同一个系统。

《游仙集》亦有注本，现存两种：一为蒋坦《樊榭山房游仙三百首诗注》，有道光二十八年(1848)刻本；一为汪钺注本，题曰《悔少集注》，稿本今存浙江图书馆，为管庭芬旧藏。民国间，国立北平图书馆出版有照像复制本，为管庭芬《销夏录旧》五种之一。

三、《秋林琴雅》

此为厉鹗早期词集，成书于康熙六十一年(1722)，凡四卷，现存最早版本为康熙六十一年瓮熺刻本。光绪间汪曾唯辑刻《樊榭山房全集》，将之收录，故亦多随全集以行。光绪九年(1883)汪氏酒边人倚红楼重刻此书，此版值得一提的是，编者将瓮熺本与《樊榭山房集》相校，注出异文。另光绪间董兆熊麇研庵亦曾刊《樊榭山房词》四卷、《集外词》四卷，《集外词》即《秋林琴雅》。

四、《北乐府小令》

此为厉鹗曲集，凡一卷。乾隆十六年(1751)厉鹗编辑《樊榭山房续集》，首次将之编入，为卷十，故此书多随《樊榭山房集》以行。然亦有人将之勾出单行者，如国家图书馆存一乾隆间刻本，民国二十五年(1936)《散曲丛刊十五种》亦录《樊榭山房集北乐府小令》一卷。

五、《东城杂记》

《东城杂记》凡二卷，记录杭州东城遗闻旧事，成书于雍正六年(1728)。"四库全书"收录，所据为浙江巡抚所进抄本。至嘉庆二十五年(1820)汪远孙始据家藏稿本，校勘修订，刻版成书，为振绮堂刻本。此后重版甚多，如道光间南海伍崇曜"粤雅堂丛书"本、道光十三年(1833)世楷堂"昭代丛书"戊集本、光绪间钱塘丁氏嘉惠堂本、上海文明书局"清代笔记丛刊"本、商务印书馆"丛书集成初编"本、1958年中华书局本等，这些都以振绮堂本为依据。另外，《东城杂记》现存各种清抄本，如南图藏有吴骞抄本，上图藏有夏孙桐抄本等。诸本内容稍有差别，若四库本载八十五条，振绮堂本载九十五条，夏本载八十九条，文字亦多有异同，可以相互勘证。

六、《辽史拾遗》

此书成于乾隆六年(1741)，是年厉鹗《岁暮二咏》有云："时注《辽史》成。"①原书卷帙，全祖望《厉樊榭墓碣铭》云"十卷"，程晋芳《辽史拾遗跋》云"不分卷数"，现存通行本为二十四卷，是后人整理析分的结果。厉鹗生前未曾刊行此书，殁后，杭州藏书家郁礼以四十金从厉氏后裔购得稿本，发现中间缺五十页。偶然又从拾字僧的废纸篓里发现了厉鹗数十页《辽史拾遗》手稿，正好是所缺五十页，校勘整理，遂成完璧。

此书在道光二年(1822)钱塘汪氏振绮堂首次付梓，乃据家藏罗以智写本校勘而成，凡二十四卷，并附《纪年表》一卷。后来光绪元年(1875)江苏书局刻本、光绪二十六年(1900)广雅书局刻本、民国二十五年(1936)"丛书集成初编"本等，皆据此本翻印。另南图存一知不足斋抄本，并附有杨复吉《续辽史拾遗》三卷，此本很可能是根据厉氏手稿抄录，弥足珍贵。

七、《南宋院画录》

是书录南宋院画之遗闻逸事，凡八卷，成书于康熙六十年(1721)。"四库全书"收入，所据为吴玉墀家藏抄本。光绪九年(1883)，丁丙据罗以智抄校本刊入"武林掌故丛编"，嗣后之版本多据此本翻印。另上图藏一清抄本，为黄裳旧藏，据黄裳所云，抄写年代当在丁丙刊书之前，有很大的校勘价值。

八、《湖船录》

是书载录西湖游船旧闻掌故，成书于雍正五年(1727)。凡一卷，为增广朱彝尊《说舟》而成。此书初刻于雍正八年(1730)，凡七十九则，前有姚世钰、马曰璐、厉鹗序，并附有赵虹、沈嘉辙、杭世骏、吴焯、赵昱、马曰琯、施谦、符曾、赵信、蒋淑、周二学、丁敬、闵华、陈皋、符之恒、汪沆等十六家题词。丁午《湖船续录序》："厉征君《湖船录》初刊小字本于邗上，凡七十九

---

① 厉鹗：《樊榭山房续集》卷一，光绪间振绮堂刻本。

则，姚、马、自序而外，列题词十六家。再刻附于诗文集后，增者十则，遗采芳艇一条，削诸家题词。振绮堂汪氏即从再刻翻行也。"[①]可见，乾隆间，《湖船录》曾附《樊榭山房集》以行。除此二本外，清代的翻刻计有道光十年(1830)"赐砚堂丛书新编"本、道光十三年(1833)世楷堂"昭代丛书"本等、道光二十七年(1847)钱塘汪氏振绮堂刻本。光绪年间，丁午又辑《湖船续录》一卷，二书并刊入"武林掌故丛编"。

九、《玉台书史》

是书辑录历代关涉女子书法之逸事、轶文，凡一卷，分宫闱、女仙、名媛、姬侍、名妓、灵异、杂录七门。清人倪涛《六艺之一录》收录此书，故亦入"四库全书"。此书版本不少，如道光十三年(1833)世楷堂"昭代丛书"本、光绪"翠琅玕馆丛书"本、光绪十六年(1890)新会刘晚荣"藏修堂丛书"本、民国四年(1915)上海文明书局石印本、民国八年(1919)扫叶山房石印本等。

十、《厉樊榭先生手选各家诗》

是书现存抄本，藏上海图书馆，无栏格，每页十四或十五行，每行约二十三字，无钤印、识跋，亦不署抄者姓名。选明清二代十一家诗，分为梅庚、方文、华察、王向、施渐、王懋明、季流芳、归季思、盛鸣世、汤右曾、李孚青，应为未完之书。所辑之人颇为驳杂，如汤右曾、梅庚为厉鹗师友，华学、施渐、王懋明、归季思、盛鸣世为明人，李孚青为清初人。是书显然为未完之作，至于具体选辑范围与标准，则已无考。

十一、《厉先生文录》

此为厉鹗文集，龚胡崟辑。今存抄本，原为二册，今存一册，藏上海图书馆，未分卷，无栏格，每页十行，行二十字，卷首署"钱唐厉鹗太鸿著，仁和龚胡崟稼菱编"。前有丁丙识，具书此书始末，可知书稿原藏谢卜堂处，太平军之乱后流出，丁丙偶于市肆购得。是书与汪沆辑《樊榭山房文集》不同，前者比后者多出十六篇，并有时人挽厉鹗诗六十首。丁丙辑录为《集外

① 丁午:《湖船续录》卷首，光绪间"武林掌故丛编"。

文》《挽辞》,付与汪曾唯,刻入《樊榭山房全集》。

十二、《太鸿文钞》

此为厉鹗文选,莫庭芝编选,不分卷,今存王湘澂抄本。封面有王文焘篆书题签,并以隶体书识语云:"此本为莫芷升师所选,先叔父巡使公手录,先公点读者,庚午重付潢治,因并识于简端,俾世守勿失。文焘。""后二十年庚寅春日,移店沪西,检点图籍,因诵读一过,并校正点句,并识。"

合 撰

一、《南宋杂事诗》

雍正元年至二年(1723—1724)间,厉鹗与同里吴焯、赵信、赵昱、符曾、沈嘉辙、陈芝光等七人各以七绝体吟咏南宋史事,每人凡百首,七人共七百首,辑成一书,题名《南宋杂事诗》。此书最早刊于雍正二年(1724),"四库全书"收录,馆臣评云:"是书以其乡为南宋故都,捃摭轶闻,每人各为诗百首,以所引典故注于每首之下,意主纪事,不在修词,故警句颇多而牵缀填砌之处亦复不少。然援据浩博,所引书几及千种,一字一句,悉有根柢。萃说部之菁华,采词家之腴润,一代故实,巨细兼该,颇为有资于考证,盖不徒以文章论矣。"①

二、雍正《浙江通志》《西湖志》

雍正九年(1731),浙江总督李卫开《浙江通志》局,修《浙江通志》《西湖志》,历五年而成。《浙江通志》总裁为沈翼机、傅王露、陆奎勋,分修二十八人;《西湖志》总裁傅王露,分修十人。厉鹗于二书皆任分修之职。

---

① 纪昀等:《四库全书总目》,中华书局1997年版,第2666页。

三、《甘泉县志》

此书凡二十卷，有乾隆八年（1743）刻本。此书经始于乾隆六年（1741），定稿于乾隆八年，历吴鹗峙、张宏运、王熙泰三任县令而成，厉鹗与其事。卷首有《甘泉县原志修志职名》，鉴定高士钥，总辑吴鹗峙、张宏运、王熙泰、叶长扬、吴涛，同辑朱星渚、厉鹗、施安、张熷、陈章、吴可驯、马荣祖、王元衡。撰辑者大半为厉鹗挚友。

四、《焦山纪游集》

乾隆九年（1744）十月，厉鹗与马曰琯、方士庶、马曰璐、闵华、楼锜、陈章、陆钟辉、杭世骏等同游焦山、金山，途中倡和之诗，结为此集。每人各七首，联句一首，凡六十四首。此书最早刊于乾隆九年（1744），后《韩江雅集》将此书所有诗歌收入第十二卷。咸丰三年（1853），伍崇曜将此书收入"粤雅堂丛书"第九辑。

五、《增修云林寺志》

此书为厉鹗与友人张熷同辑。厉鹗以白衍、孙治等灵隐旧志脱漏尚多，且康熙南巡，赐名云林，不宜仍用灵隐旧名，因据前志予以增广而重加编纂，乾隆九年（1744）撰成《云林寺志》八卷。此书最早刊于乾隆九年（1744），后"四库全书"收录，清光绪十四年（1888）丁丙重刻，辑入"武林掌故丛编"。

六、《宋诗纪事》

此书系与马曰琯、马曰璐合撰，经始于雍正三年（1725），成书于乾隆十一年（1746）。仿计有功《唐诗纪事》，备录宋代诗歌、诗话，凡一百卷，录宋代诗人三千八百余家。是书引征广博，搜罗赅备，四库馆臣评云："考有宋一代诗话者，终以是书为渊海。"①乾隆十一年（1746），厉鹗在友人帮助下，刊成此书，后来比较通行的版本有 1937 年商务印书馆本、1983 年上海古籍

① 纪昀等：《四库全书总目》，中华书局 1997 年版，第 2760 页。

出版社本等。

此书后人多有补录或选辑，补录如陆心源《宋诗纪事补遗》、孔繁礼《宋诗纪事续补》、钱钟书《宋诗纪事补订》等。另南图藏罗以智《宋诗纪事补》稿本一册，未分卷，录王士敏至杨冠卿等一百八十五人。国图藏一快阁师石山房抄本，题名《宋诗纪事小传》，盖辑录《宋诗纪事》诸人小传为一书也。上图藏贝信三《宋诗纪事钞》，是为《宋诗纪事》的选本，撰于同治二年(1863)，凡四卷，分为帝王宗室、无时代、后妃闺媛、释子道流。

七、《绝妙好词笺》

此书凡七卷，宋周密撰，清查为仁、厉鹗笺。乾隆十三年(1748)，厉鹗赴京谒选，道过天津查为仁水西庄，流连数月，共同撰成此书。此书首次付梓是在乾隆十五年(1750)，后出版本甚夥，如清道光八至九年(1828—1829)杭州爱日轩刻本、同治十一年(1872)会稽章氏刻本、民国三年(1914)上海有正书局本、民国十二年(1923)扫叶山房石印本、民国十二年(1923)启新书局石印本、民国二十二年(1933)上海新文化书社本、民国二十五年(1936)上海中华书局铅印袖珍古书读本、民国二十五年(1936)上海中华书局缩印"四部备要"本、1956年北京文学古籍刊行社铅印本、1957年北京中华书局本、1984年上海古籍出版社本等。

八、《迎銮新曲》

乾隆十六年(1751)三月乾隆南巡至杭，厉鹗与吴城合撰二曲，以纪其盛，题曰《迎銮新曲》。书凡二卷，上卷为《群仙祝寿》，吴城撰，下卷为《百灵效瑞》，厉鹗撰。是书始刊于乾隆间，前有杭世骏、全祖望二序，并附金志章、吴廷华、蒋德、丁敬、汪沆、马曰璐、陈章、舒瞻、张云锦、张湄、周宣猷诸人题词。光绪年间，丁丙重刻此书，刊入"武林掌故丛编"。

九、《絜吴羹诗选》

茅应奎、诸锦、厉鹗同编，有乾隆十七年(1752)赏诗阁刻本。凡甲乙二集，每集各十编，甲集选六十七人，另又录倡和集《大梁试帖》《西湖倡和诗》《官梅倡和诗》二十七首。乙集录二十二人。此书仿元结《箧中集》之例，选录吴中诗人之作，且不录名家专集，而主要收辑寒门布衣之作，盖意在阐微表幽，以诗存人。

十、《摄山纪游集》

乾隆八年(1743)九月，厉鹗与王藻、方士庬、闵华、陆钟辉、张四科同游摄山，三宿而返，诸人将途中所作诗结集成册，题曰《摄山纪游集》。厉鹗三十首，王藻六首，方士庬二十首，闵华二十六首，陆钟辉十二首，张四科二十首，并附录陈章、程士械、高翔、马曰琯、马曰璐、汪玉枢、张世进等和诗十五首。民国九年(1910)，缪荃孙将之编入“烟画东堂小品”二十三种。

评　点

一、《唐文粹简编》

厉鹗、谭献选评，姚汉章编。中华书局民国五年(1916)、七年(1918)先后出版有铅印本。书凡六卷，仿曾国藩《经史百家简编》例，选录姚铉《唐文粹》文二百四十四篇，附厉鹗、谭献评语，然不具名。编者云谭献过录厉鹗评语，复附以己意，涂抹羼杂，遂不复辨。卷首有张相序，详载此书始末，有云：“姚铉氏之《唐文粹》，夙闻厉征君有评点本，迄未之见。今年春，同邑姚汉章作霖得乡先辈谭复堂氏《唐文粹》校本，眉注旁写，朱墨烂如。假而读之，则所过征君评点在焉。是书以娱园许氏刻本为最善，其所校雠，多从复堂，已具见许刻原叙及缀言。作霖思有以弘乡先辈之文泽，因复录其评点，去取之限，一依原目。仿曾涤生《经史百家简编》例，别出单行，以饷学者。谭本录王槐跋语一则，王为清嘉庆时人，云：‘偶归钱塘，见友人钱唯传孝廉师曾斋案头有此书，旁有太鸿小印，知为厉先生本也。’复堂自跋，谓王君过录之本，流传至禾中，属陈柱痟同年辗转假得之，许迈孙与余同校是书，多所补正。开雕将竟，又得此本，采获数条云。此其渊源之大略也。复堂治是书甚勤，评点之内，附以己意，但涂注羼杂，为厉为谭，已不能别白矣。”

二、《评点归愚文续》

乾隆间，沈德潜将康熙五十三年(1714)后所作之文辑为《归愚文续》，厉鹗为之评点。书凡十二卷，前有沈德潜乾隆三年(1738)二月自序，然所收之文最晚有及于乾隆十三年(1748)者。厉鹗评点多从理学立论，故多有称赞沈文义正辞洁者。如卷七《小山姜诗序》，厉鹗评云："诗品高下全在雅郑之分，不必沾沾于分门别户、入主出奴也，后代自有定论，持此文视之。"

已　　轶

一、《南湖志》

赵一清《渚步遗闻序》："昔厉征君樊榭辑《南湖志》，予修《褚塘闾史》，而湖水步地介褚祠、张寺之间，药君此书直欲与征君、予分鼎足之势。顾其搜访之勤，洪纤毕具，坊里虽狭，亦足以豪矣。迄今征君身后，《南湖志》稿无由复睹。"

二、《遗山诗选》

丁立中《八千卷楼书目》卷十五："《遗山诗选》一卷，国朝厉鹗编，手抄本。"①

三、《批宋诗钞》

丁丙《松梦寮诗稿》卷三《病起偶阅郭天锡客杭日记怅触乡情凄增旅眷率成八截聊志卷端》其七自注："予旧藏有樊榭手校《春秋注疏》、手批《宋诗钞》、手摘《碎锦》。"②

---

① 丁立中：《八千卷楼书目》卷二，光绪间钱塘丁氏聚珍仿宋本。
② 丁丙：《松梦寮诗稿》卷三，光绪二十五年丁立中刻本。

四、《碎锦》

同《批宋诗钞》。

五、《南史纂》

张云锦《兰玉堂文集》卷十四《荐举博学鸿词庚子科举人樊榭厉君墓表》:"所著《宋诗纪事》一百卷、《樊榭山房正续集》二十卷,俱已梓行,未刻者《南史纂》《辽史注》《宋诗纪事补遗》《东园杂志》若干卷,藏于家。"[①]《辽史注》当即《辽史拾遗》,《东园杂志》当即《东城杂记》,上文已著录,《南史纂》《宋诗纪事补遗》则是另撰之书。

六、《宋诗纪事补遗》

同《南史纂》。

伪　书

《西湖诗词丛话》

民国十八年(1929)杭州六艺书局出版《西湖诗词丛话》一册,署云"钱唐厉鹗辑",此书实为伪书。书为袖珍小本,凡一百二十页,不分卷,序、凡例、跋皆无。正文不用新式标点,仅以圈号断句和标出引用诗词。厉鹗本人从未说过自己曾撰有《西湖诗词丛话》或题名类似之书,除六艺书局外,亦从未见他人提及。按诸书中内容,乃系捋撦抄录明人田汝成《西湖游览志余》而成,为防人发觉,还故意打乱原书次序。以前三十则为例,第一则"西湖题咏"抄自《志余》卷十三,第二则"岳坟诗"抄自《志余》卷七,第三至第二十八则"杭州华丽"等抄自《志余》卷十,次序亦基本相同,但第二十九

---

① 张云锦:《兰玉堂文集》卷十四,乾隆间刻本。

则“林逋隐居”又抄自《志余》卷二十一，第三十则“林和靖梅花诗”转又开始抄起《志余》卷八。博采众书方可曰“辑”，转抄一书，掩耳盗铃，欲盖弥彰，厉鹗断不至如此，书出后人伪托无疑。书末有广告云：“杭州之西湖早经公认为世界第一名胜，方今交通利便，中外人士之来游者无间寒暑，络绎于道路。一般欲洞悉湖上掌故、名胜遗迹者，每苦无详备之图书翻检为憾，今本店搜求以上各书，一一付诸铅椠，以供游湖人士寻幽探胜之助焉。”盖商人射利，故假托厉鹗以为“名人效应”也。

厉鹗轶文辑存

厉鹗诗文收录，以清光绪间汪氏振绮堂刻《樊榭山房集》四十卷本最全，凡诗正续集二十卷，文八卷，《游仙百咏》三卷，《秋林琴雅》四卷，《迎銮仙曲》二卷，集外诗、词、文各一卷。1992年，上海古籍出版社出版陈九思先生标校《樊榭山房集》，即以汪刻为底本，并附以董兆熊之诗注。本文收录汪刻本以外之诗文。

轶 诗

一、得堇浦都下书约早秋归里逾期不至闻山左大水作诗怀之

杭世骏《道古堂诗集》卷三载此诗，作于雍正七年(1729)七月，时厉鹗在扬州，杭世骏于落第回南途中。诗云：

长安几朋旧，往往断音尘。忽枉因风讯，偏伤失意人。龙蛇争路险，波浪益愁新。反愧卑栖者，期君醉紫莼。

二、山鸡舞镜诗

乾隆元年(1736)厉鹗举博学鸿词，考试第一场试题为《五六天地之中合赋》《山鸡舞镜诗》《黄钟为万事根本论》，赋、论不存，诗载于杭世骏《词科余话》卷五，云：

菱铜挂壁光无翳，全距开笼貌不闲。顾影忽疑临月里，长鸣共讶出林间。分行宛转蹲蹲立，按节低昂拍拍还。大冶自陈金范铸，微禽如惜羽衣斑。九苞敢拟随丹凤，五色犹期胜白鹇。望去

空明翻绣臆，窥来只似隔花关。态依仁寿铭文动，翅逐宜官宝带环。幸伴贡琛归上苑，冀同率舞仰天颜。几年啄粒栖香谷，今日传芭自远山。散彩缤纷过锦市，回风绰约俯银湾。玉虚作鉴中皆澈，小物呈材技未娴。愿荷恩波沐咸若，雉驯宁羡越裳蛮。

三、奉和溪父先生清勤堂纪恩事

梁文濂《桐乳斋诗集》卷十二《接奉御赐清勤堂匾额追维畴昔感恩纪事》附金志章、厉鹗、丁敬和作，时为乾隆九年（1744）。厉诗云：

度支倚藉巩神畿，帝着夔龙众所稀。永矢难挠存晚节，独持匪懈佐宵衣。尚书履彻星辰动，奎画香分日月辉。盛事应须宣史馆，群工共砥寸心微。

四、桐坞

张道《定乡小识》卷三载此诗，诗云：

桐坞我旧过，阴森翳丛筱。隔林见梅花，谓是山月晓。花深不辨径，地寂惟闻鸟。但看香雪繁，似觉青翠少。此中饶僧庐，粥鱼出烟杪。后游鬓丝增，初春涧声杳。无事为佛事，益以诗自扰。

五、红桥春游曲

查为仁《莲坡诗话》第一六三则云：“钱塘厉太鸿征君（鹗），以诗名海内者三十年。有《樊榭山房集》十卷，清微孤峭，于新城、长水外，自树一帜。今年落灯日以手书诗笔见贻，内有《红桥春游曲》曰云云。”诗曰：

客愁当春乱如丝，挂在红桥新柳枝。主人官小肯爱客，载酒呼船浪泊泊。孟婆跋扈作余寒，玉箫吹过曲阑干。东陵飞下三青鸟，女儿破颜钿窝小。繁华瞥眼徒纷纭，羊牛踏穿阿麽坟。隔江山映残梅晚，招之不来殊偃蹇。主人劝客为乐方，陈郎叩舷发老狂。高子哦诗妙五字，游鱼出厅灯在水。风花上巳连清明，有约更赋《丽人行》。

六、南山亭歌

《净慈寺志》卷十五载此诗，云：

南山幽兮俯明湖，孝子爱日兮缮亭以娱。剔厓碑兮涑水亭，墓田兮起慈乌。幽人逝兮企芳躅，山空月明兮闻屦绚。呜呼！更千百世兮亭有时踣，歌传孝思兮与山罔极。

七、题南山五老图

《净慈寺志》卷十五载此诗，云：

华敬林中得共娱，竹虚松劲凛眉须。钱塘自有先贤传，漫比睢阳五老图。

八、同陆芸轩让上人游壑庵诗

《净慈寺志》卷十五载此诗，并云："此首从《小有天园纪略》录出。"释篆玉《话堕集》卷二《同厉孝廉(鹗)、陆贡士(腾)游壑庵》亦附此诗，云：

西风曳杖深深幽，缁素相携尽胜流。垂老未能专一壑，此诗可谓续三游。眠云盘石和衣冷，滤水空池彻骨秋。记得琴台摩碧藓，残蝉又噪树梢头。

九、击壤余音题词

吴震生《笠阁丛书》卷五有《樊榭击壤余音题词》，凡四首，云：

风情垂老尚能兼，试掐檀痕几折添。更买小伶亲教取，未妨留客出重帘。

闭门风雨动经旬，寒勒梅花尚未匀。不是吴家新乐府，将何消遣寂寥春。

音律平生足散怀，除书酒外不相谐。个中尝遍酸甜味，却笑鲜于号若斋。

彩笔淋漓谱旧闻，健来纸上扫千军。先生自信心无妓，不唱秦淮白练裙。

十、奉谢苇村学长兄惠西洋画用山谷谢郑闳惠高丽扇韵二首

涂宗涛《介绍厉鹗的两首佚诗》(《杭州师范学院学报》1989年第5期)一文论及钱萃恒先生所藏厉鹗与吴凤华诗笺一通：

欧罗巴国沧溟外，能写丹青到眼中。解识乾坤如许大，男儿真是可怜虫。

拂林女士工歌舞，持较西洋定不如。红袖弹丝瀑泉侧，下方更有左行书。

奉谢苇村学长兄惠西洋画，用山谷《谢郑闳惠高丽画扇韵二首》并正。弟厉鹗拜学。此笺求和韵，并望转致步江先生用韵同作，合刻一纸，亦佳话也。

十一、寒山旧庐诗

陆森《寒山旧庐诗》存先生诗，云：

十笏天围山半邱，丹青满目卧中游。雨余云气全归树，夜静潮声争入楼。鹿洞品泉寻异趣，凤冈拂石认名流。城南旧社今无恙，好共先生咏四愁。

十二、题倪穟畴七芳图

端方《壬寅销夏录》"穟畴年伯大人七芳图遗册"存厉鹗题诗两首，云：

姑射峰头雪，黄陵庙里云。春寒卧阁夜，清梦遣相闻。

昨夜浦中宿，去年花下歌。隔船风露气，谁识苦心多。

十三、功德崇坊

《西湖志纂》卷十二存厉鹗《功德崇坊》一首，云：

吴越勋名迥莫齐，天书新降武都泥。峥嵘重见龙山观，赑屃犹存玉局碑。夹岸云霞烘画壁，满湖风雨卷灵旗。舣舟小住垂杨下，愿采香苹荐一卮。

十四、二月二十一日瓯亭招同江声鹿田东壁复园龙泓堇浦竹田复斋静夫皋亭看花以舟行着色屏风里人在回文锦字中为韵各赋七言古诗分得回字

吴震生《笠阁丛书》卷五《二月二十一日瓯亭招同江声鹿田东壁复园樊榭龙泓堇浦竹田复斋静夫皋亭看花以舟行着色屏风里人在回文锦字中为韵各赋七言古诗分得行字》附先生同作。据诗中内容，先生所得应为“回”字韵。此为厉鹗存世诗歌最后之作，云：

芙蓉仙人好游戏，石壁种花高不坠。何似皋亭山下村，锦障移将在平地。花中爱桃兼爱李，映雪蒸霞皆有致。水口如缘武陵入，门外疑寻韦曲至。曩遭女妭雨难得，今逢屏翳晴非易。吾侪讵免忧米价，闲情也复关春思。未填沟壑且颠狂，若较流亡更惭愧。坐中白发生满梳，有心漫祝苍华字。痴儿黄金高至斗，无力莫回青帝辔。任他墓上署征西，那及花前酌从事。旧盟尚在仍往复，近局招邀或三四。将衰正盛恋斜日，已落犹开惜东吹。鸭头波荡句初圆，燕尾招摇人尽醉。清明过后上巳来，一春佳处君须记。

轶　文

一、玉几山房拟古诗序

陈撰《玉几山房吟卷·玉几山房拟古诗》存厉鹗序，作于康熙六十年(1721)。序云：

语云：“写西施之貌，美而不可悦；规孟贲之目，大而不可畏。”君形者亡焉。诗之拟古亦然，不得其神而袭其形，赝焉而已。今读是卷，清深窈渺，譬若霜钟风琴，气至自鸣，聆之祛人昏瞀恇懦之思多矣！真古诗也！玉几先生远客邗上，间阔积月，循玩之下，便似竹间水际，抗襟高论。时同里学弟厉鹗。

二、赏雨茅屋小稿序

符曾《赏雨茅屋小稿》卷首存厉鹗序，约作于康熙六十一年(1722)。序云：

微云遥岑，若惟恐其尽也；寒花定水，若惟恐其滓也；弦停籁寂，若惟恐其喧也；缨兰纕蕙，佩风衣云，若惟恐其凡近也。西泠派外，正不可无蠲烦析酲之作，殷璠所谓翦刻省净者，庶几近之。学弟厉鹗拜书。

三、中晚唐七言绝句序

国家图书馆藏汪埙《中晚唐人七言绝句》刻本，卷首存厉鹗序，作于雍正元年(1723)。序云：

唐人诗无体不佳，唯绝句感人为最。盖异于古体之聱牙而偭偶不拘，人工至矣，天趣转生。本事抒情，旗亭椒壁之所窃记者，皆是也。宋孝宗尝语洪容斋云："宫中无事，日编唐人绝句至六百首。"容斋对以可得五千首。归而搜括小说中神仙妇女鬼怪之作，以充其数，仅得十之三，因以进御。世所传《万首唐人绝句》者，固不无丛杂矣。明杨用修有《唐绝搜奇》之选，专意情艳，所登甚隘，未为善本。祓江先生暇录唐人绝句自娱，祧初盛而祖中晚，予得其手抄本，读之，与诸家所采特异。大历以后之诗，取清微而遗卑弱；会昌以后之诗，取隽快而斥纤秾。目过境随，情紬语出，不徒言格调而格调转新，不徒喜声华而声华自淡，沨沨乎若我欲言之而古人已言之也，若古人言之而即我言之也。回视景云、开元诸公，古律高秀雄拔，千古所宗，而绝句如土鼓苇钥，尚有淳闷之音。以云善感人而兴观群怨之旨皆备，断非中晚莫属，亦非兹选莫属。亟劝祓江开雕，以公海内。世不少恬吟密咏善于领取之人，则瓣香所在，选者之功，不与作者等乎？雍正元年十月二十日，钱唐厉鹗拜书于东城之无尽意斋。

四、精选名儒草堂诗余跋

"粤雅堂丛书"第十三集《精选名儒草堂诗余》末附厉鹗跋五则，分撰于不同时期。跋云：

元凤林书院《草堂诗余》三卷，亡名氏选至元、大德间诸人所作，皆南宋遗民也。词多凄恻伤感，不忘故国，而于卷首冠以刘藏春、许鲁斋二家，厥有深意。至其采撷精妙，无一语凡近，弁阳老人《绝妙好词》而外，渺焉寡匹。余于此二种，心所爱玩，无时离手，每当会意，辄欲作碧落空歌、清湘瑶瑟之想。雍正甲辰四月十七日，樊榭山民鹗记。

甲辰春晚，读书于外家蒋氏之水轩，凡十日，录成此本。为予装精好者，符子圣几也。鄂又记。

此本借钞于吴君尺凫绣谷亭所藏，颇多颠倒残缺，略为校定，而脱字则仍之。今年冬日，舟杈虎丘，从山塘书肆中借得朱竹垞先生家钞本，复补改数字，下卷题《题滕王阁·齐天乐》一首，添入龙紫蓬姓氏，殊快人意。但朱本上卷姓氏多遗落，不可解也。雍正庚戌阳月七日，樊榭山民再题于邗江小玲珑山馆。

诸公之作，散见于他书者绝少，偶见刘应李《翰墨大全》、刘将孙《天下同文集》内有数首，亟付录于卷中。零珠碎玉，亦自可宝，愿与知音者共之。庚戌大雪日，鹗记。

雍正癸丑中冬廿二日，在广陵小玲珑山馆，得新购元刻《草堂诗余》三册。增入赵功可三首，李太古三首，复校定数十字，始称善本，为之快绝。樊榭又记。

五、畅余集序

程梦星《今有堂集·畅余集》卷首存厉鹗序，作于雍正四年(1726)。序云：

昔仲长统论《乐志》，潘安仁赋《闲居》，其辞若恬愉冲淡，使人有屏弃埃壒之意。乃迹二子之所终，皆以簪绂负累，为世所窃笑。彼岂徒托之辞哉？其中无所自得，始虽暂寄高闲，久之而遂动于名位，所必然也。洴江先生早入词馆，遭逢盛世，与二子所遇不同，而乐志闲居之作，在二子当日所自期而不果者，先生且兼得之。以优游林水而歌咏太平，此《畅余集》之诗所为作也。盖先生自丙申归田后，筑筱园于扬州之西郊，其地爽垲闲圹，竹木交荫，凭虚望远，可以瀹性灵而外形役。扁舟双屐，往来其间，为事也简矣，为志也约矣。志约故气舒，事简故神惬。宜其发于声者广而不溺，敛而不枯。无佞也，故秀远而不繁缛；无忧也，故幽深而不结轖。世之读是集者，充然足以见其中之所存，岂不使二子远愧于千载也哉！畅余，园中轩名，取《南史》刘灵预语，因以氏其集云。丙午初夏十日钱唐厉鹗。

六、静春堂诗集跋

"文渊阁四库全书"袁易《静春堂诗集》卷尾有先生跋，作于雍正五年(1727)。跋云：

静春诗似黄、陈学杜，往往以苍硬盘郁出之，当是去宋未遥，不染元人纤靡之习耳。《八月一日雨后》七古一篇，意气摆脱，才情奔放，具体大苏矣。钞本多讹字，改定，觉眼界爽朗。谁云误书，思之更是一适邪！丁未七月二十七日半村学人厉鹗记。

七、白下编题词

"四库未收书辑刊"影印本张遂辰《白下编》卷首存厉鹗亲笔题词，约作于雍正八年(1730)。题词云：

卿子先生诗，余初贸得《湖上编》《蓬宅编》，共一册。己酉秋九月，友人丁君敬身复赠此编，方成全璧，因志良朋之惠。正月六日厉鹗记。

八、曲洧旧闻跋

沈涛《匏庐诗话》卷下云于邗上书摊市得旧抄《曲洧旧闻》，为厉鄂藏本，末有厉手书一跋，作于雍正八年(1730)。跋云：

公墓在西湖九里松普福寺之旁，有碑云"宋通司副使朱弁之墓"。予尝过之，敬赋七言一首，今附于此："突亢残碑立古阡，行人犹记绍兴年。青衣已见君王辱，皓首何期使节旋。老泪冰天终古恨，遗闻《曲洧》至今传。一坏筑傍花宫地，夕呗晨钟更惘然。"

雍正八年八月十九日，钱唐后学厉鹗书。

按：诗亦见《樊榭山房集》卷一，题云《过宋通问副使朱公少章墓》，文字多有异同。如“通司”，集作“通问”，“突亢”，集作“突兀”，“皓首”，集作“白发”，“终古”，集作“他日”，“一坏”，集作“一抔”。诗作于康熙五十五年，跋作于雍正八年，《樊榭山房集》结集则在乾隆四年。上述异文，有些是出于厉鹗自己修改，如“皓首”作“白发”，“终古”作“他日”；有些则是沈涛抄录不谨或《匏庐诗话》刊印错误所致，如“通问”作“通司”等。

九、芦浦笔记跋

“知不足斋丛书”刘昌诗《芦浦笔记》卷尾存先生跋，作于雍正十年(1732)。跋云：

考《西江志》，刘昌诗，清江人，开禧元年毛自知榜进士，《芦浦笔记》乃其所作。芦浦即华亭芦沥场，昌诗盖曾为盐官者。卑吏博雅如此，足征赵宋文治之盛矣。雍正十年壬子十有一月朔，钱塘樊榭山民厉鹗书。

十、冒辟疆姬人花卉册跋

方浚颐《梦园书画录》卷十六“冒辟疆姬人花卉册”载先生诗与跋各一，《樊榭山房集》卷七有诗无跋，编年为雍正十年(1732)。跋云：

巢民先生题此幅，自寓颇深，余衍其意为绝句，以殿诸前辈后，真续貂矣。樊榭山民厉鹗。

十一、泉石清谭跋

美国哈佛大学燕京图书馆藏明沈与文《泉石清谭》抄本附有厉鹗跋，作于雍正十一年(1733)。跋云：

此书系明嘉靖中吴下老儒所辑，其中甚多伪谬，如以房琯西湖为钱塘，王明清《玉照新志》为张功父，天台左经臣为唐人之类，不一而足。第手自抄撮，饶有积卷。卷首云：“家藏赵仲穆书刻《袁清容文集》十册，其字清丽道劲可宝，犹可想见先民风流也。”雍正癸丑初夏廿一日，杭人厉鹗记。

十二、江西诗社宗派图录跋

“知不足斋丛书”张泰来《江西诗社宗派图录》有厉鹗跋，此系赵一清所录，赵跋作于雍正十一年(1733)九月初九日，可知厉跋尚在此之前。跋云：

南州张扶长吏部作《江西宗派图录》，荟粹诸书，出处甚详，但二十五人内李錞、江端本、扬符三人小传未备。江子我在南渡初最知名，其母夫人为刘原父之女，见晁以道《寿昌县君墓志》，兄端礼，弟端本云云。惟李錞仅以官传，扬符仅以字著耳。因为补缀于后，庶好事者有考焉。南湖花隐识。

十三、白石道人歌曲跋

浙江大学图书馆藏小玲珑山馆抄本《白石道人歌曲》六卷，别集一卷，卷尾有厉鹗跋，作于乾隆二年(1737)。跋云：

《白石歌曲》世无足本，此册予友符君幼鲁得于松江楼君敬思家藏。积年怀慕，获睹忻慰无量，亟假手录。旁注音律谱，一时难解，故去之，玩其清妙秀远之词可矣。时乾隆二年四月立夏日，钱塘蒹葭里人厉鹗。

十四、史记识

李国庆《厉鹗题识匡谬一例》(《文献》1992 年第 4 期)云国家图书馆藏明刻本《史记》，残存九十二卷至一百十七卷，其中《西南夷列传》有厉鹗墨笔题识，作于乾隆二年(1737)。识云：

南宋罗纹纸《史记》残本，得于扬州故家中，可宝也。乾隆二年四月望后一日，樊榭山民厉鹗识。

十五、贞居词跋

“知不足斋丛书”张雨《贞居词》卷末存厉鹗跋，作于乾隆二年(1737)。跋云：

外史词翰高绝，即作乐章，气韵亦自不凡。予爱书之，不计字画之工拙也。乾隆丁巳醉司命之夕，入春八日，风雨萧然，录毕记此。樊榭生厉鹗。

十六、蜕岩词跋

“知不足斋丛书”张翥《蜕岩词》卷尾存先生跋，约作于乾隆二年(1737)。跋云：

近得张外史《贞居词》一卷，又校定《蜕岩词》讹字，消遣余春，殊不冷落。鹗。

十七、与陈皋书

《小莽苍苍斋藏清代学者法书选集》载厉鹗与陈皋手书，作于乾隆四年(1739)。书云：

春间准拟到邗相晤，孰意仙舟遄发，阙为面别，怅浪殊甚。继接手书，知已至津门，旅次安裕可喜。弟与三兄十年往还江淮间，情好靡间，一旦分手各天，每当还里时，孤蓬听雨，剪烛怀人，念之不胜愤结也。近日师李南归，得悉近况，稍慰悬念。复承寄贶蒲桃，为北地珍品，谨当归献老母，以志故人雅谊，不但临风称谢已也。小集一部，附呈大教。近想贤主人唱和新作必夥，便羽望示我一读，以当面谈，草草不尽。此上江皋三兄先生良友，小弟厉鹗顿首，十一月十日。

闻有所赐老母寿诗，未得接读。又及：希亮、麟征诸君俱平安，圣几遗稿已刻矣，明春续寄。

十八、半缘词跋

查学《半缘词》卷尾载厉鹗跋，作于乾隆五年(1740)。跋云：

长短句权舆于唐，盛于北宋，至南渡而极工。当日江湖诸人自刘后村梅花公案后，改业为之，盖并五七言之精力专攻于此，宜其空前绝后，为不可及也。向来作者以秦、黄为法，自竹垞翁标举南渡，为此中别开户牖。或剽拟太过，尚雕缋而乏自然，遂成涩体。东海查君七伦《半缘词》以澹雅为宗，稍加粉泽，弥觉韵格之胜，可谓善学南渡者。使竹垞翁复起，必曰浙西六家一派，近又在横涨桥边矣。乾隆庚申九日钱唐同学弟厉鹗。

十九、《广陵唱和录序》

王藻《广陵倡和录》卷首存厉鹗序，作于乾隆八年(1743)。序云：

《广陵倡和录》者，吴江王君梅沜年来游广陵友朋往还之作也。梅沜生东南菰芦中，自少即以声诗有闻于时。客游日下，不屑屑挟绫纹刺，而名字倾动公卿。会有以词学荐者，梅沜试不偶，留滞久之，乃南归。予夙知有梅沜，甲寅秋过平望，适梅沜在北，曾有诗怀之。及来广陵，见梅沜行卷，有题予《秋林琴雅》诗，两人盖心相慕也。丙辰予亦被荐入都，始与梅沜相见，而所遇与梅沜同。既意气销落，忽忽不暇以为诗。庚申夏重见于广陵，梅沜始和予奉怀诗韵，自是酒茗间稍稍有倡和，未几又各散去。盖六七年中两人会合之难如此。迩来予益坎憔悴，息影里居者二年。里中故人多衣食奔走四方，予亦疏弃笔墨，邑邑不自得，无复少壮时长吟疾书之乐。今年重来广陵，适梅沜亦在此，则遍交广陵之贤士大夫及寓公，劘垒致师，长篇大句，往往用剧韵相角逐，豪宕激发，如丰山钟，如蕤宾铁，以气相感，而未有已。予亦因梅沜以自释且自壮，而戛触笔砚间，且不免为空杠之束与退舍之避。会梅沜编此录成，予既以梅沜会合之难，知友朋文字游从为可乐，又以见广陵人士之盛，园林琴酒之适，有非他方可及者，亦太平胜事也，遂不辞而为之序。乾隆癸亥重五前二日钱唐厉鹗。

二十、澶州吟稿序

吴龙光《澶州吟稿》卷首有厉鹗序，作于乾隆九年(1744)。序云：

里中吴子雨亭少随其尊甫宦游荆楚黔滇间，汉江沅水之壮，炉山蒙顶之奇，无不恣心悦目。辟灵奥以归，闭门读书，晓夜不辍，所以名擅文场，早驰声誉，远近皆一愿见之。及赘赵氏家，为谷林、意林堂兄之女夫。二林南华草堂藏书甲天下，复集海内名士文燕其中，而雨亭蕴酿曲蘖者五六年。同余学为诗，时余居东郭，晴则脱帽露顶而来，雨则着屐戴笠以至，寒暑勿倦，有如一日。昨岁宁亲之大名，大名为古澶渊地，其山川之遒壮，事迹之奇迈，更可知也。归来出《澶州吟稿》二卷，问序于余。余谓少陵昔年十九，省其尊人于齐鲁，《登兖州城楼》诗，即具上下古今、俯冲宇宙之概。而雨亭澶渊感秋之作，悲凉苍莽，激越凄清，不将与少陵相后先乎？盖人特患自悠忽耳！如雨亭者，资力高峻，见闻敦笃，充斯气也，以往其造就，真不可限量。异日名家，则《澶州》一编，余知其未有不为鲁稿者也。樊榭厉鹗题。

二十一、柳渔诗钞序

张湄《柳渔诗钞》卷首存厉鹗序，作于乾隆十年(1745)。序云：

《书》云："诗言志。"《说文》云："诗者，志也。"《诗纬含神雾》云："诗者，持也。"孔疏以为持人之行，使不失坠。古人论诗之最初者，莫过于此二言矣。迨骚、赋、五七言递降，缘情体物，浮声切响，有加无已，而总以合此二言者为得。不然，即剽拟前哲，优孟之似，于风雅奚当焉？近赵秋谷前辈语云："诗中须有我在。"吾乡张先生柳渔之诗，可谓以我法行之而能自言其志者也。柳渔为人冲澹渊默，夷险一致，生平惟往籍是耽，渟蓄宏深，而不自矜其才。其中耿然不可磨灭者，故自有在。今读其诗，华润而不窘于物象，舂容而不伤于促迫，应变不穷，而无旬锻月炼、雕肝垩肾之苦，洵乎和其声以鸣国家之盛者。若夫岩居野处，则鸡鸣风雨之思也；回翔木天，则孔硕肆好之什也；鹄立台端，则仲山补衮之忱也；奉使蛮徼，则皇华靡及之旨也。以是为持，亦可谓能持其行者矣。故标举古人论诗之最初者，以为之序。乾隆乙丑秋九月十五日，同里学弟厉鹗。

二十二、张遂辰赞

南京图书馆藏《张遂辰集》抱经堂钞本卷首存沈德潜、彭启丰、杭世骏、周京、梁诗正、厉鹗、丁敬、翟灏、梁启心、柳溥、胡敬、黄士珣、钱师曾、吴振棫诸人题咏。厉鹗赞作于乾隆十一年(1746)，云：

猗嗟先生，渊机研理。早游上庠，文辞清绮。厨顾名逃，桑海时从。含萼隐曜，期山期水。晚托于术，探丸起死。真冷犹存，彭殇一视。我读遗诗，松风入齿。百世之下，孰传高士。乾隆丙寅夏五十一日，同里后学厉鹗顿首拜赞。

二十三、答汪沆书

济南博物馆藏有厉鹗与汪沆书札，约作于乾隆十一年(1746)。书云：

初秋令弟至舍，获接芳函。审旅候安吉，且载笔戎旃，巡历海疆，足以开拓心胸，增长闻见，宜近诗之伉壮，足为闽中生色也。不佞今年以开雕《宋诗纪事》，在家校雠。四月中仅与堇浦、敦复、竹田近游清溪，一至临平。而止得小诗数篇，无可观，写去三五首，聊以代面谈耳。承惠罗布，绝佳。愧无以为答，定做缎袜一双，物微，聊以将意，幸哂存之。汪旭老有《诗伦》二册，附寄，亦望检入。闻岁杪当归，晤言非远，余不宣。西颢老贤友史席。友生厉鹗顿首。

《福州驻防志》领到，叙事有体，本朝武备粲然在目，诚有用之书也。旭占不及另札，托致候。

二十四、兰藻堂集序

舒瞻《兰藻堂集》卷首存厉鹗序，作于乾隆十一年(1746)。序云：

春秋旧地，犹传檇李城边；吴会新吟，近数梧桐乡里。则有五陵鼎族，四姓才人。策名上第，少于陆士龙入洛之年；出宰南天，早似荀中郎作镇之日。风生判牍，讼不曾留；向答诗筒，才应无碍。昼帘写景，居然夸五字之城；秋卷装成，岂仅博一升之饭？涤笔在冰瓯雪椀，寄情非错采镂金。念贯岛佛，我方李洞之服膺；唤太白仙，世不乏贺公之赏鉴。乾隆丙寅秋日，钱唐同学弟厉鹗。

二十五、话堕集序

释篆玉《话堕集》卷首载厉鹗序，作于乾隆十三年(1748)。序云：

南屏诗僧自宋北涧而后，有椿大年，《与杨廉夫游》句云："扬雄宅外好修竹，黄妃塔前多翠微。"其标致可想见也。寥寥四百年，乃得万峰让师。师道韵洒落，戒行高峻，每爱以韵语为佛事，与白衣居士相提唱，空灵圆秀，无一字不从七个蒲团上来，却无一字有折脚铛边蔬笋气。无论远追雪昼、越彻，即此《话堕》一编，不可与北磵、大年嗣音耶？乾隆戊辰二月花朝，钱唐厉鹗拜题。

二十六、洞霄诗集跋

“知不足斋丛书”《洞霄诗集》卷尾存先生跋及《冬日重游大涤洞天得诗三首》，作于乾隆十四年（1749）。跋云：

予辛丑、甲辰两游洞霄，皆有诗，至今戊辰重游已二十四年矣。山中无尘殿供玉皇像，犹旧时构，今渐颓圮。殿中有洪武十一年洞霄新规记碑，徐一夔文，俞和书，张昱篆额。古刻存者，惟此而已。宋理宗书“洞天福地”匾犹存。篝火入洞，仙境宛然，而予颜鬓已衰，殊可叹也。因成三律，附书于《洞霄诗集》之后。乾隆己巳春正月晦日雨中，钱唐樊榭老民厉鹗太鸿。

二十七、雪庄西湖渔唱序

许承祖《雪庄西湖渔唱》卷首存先生序，作于乾隆十七年（1752）。序云：

海昌许君复斋抱才隽上，一洗裙屐之习。性复耽闲静，筑雪庄于西湖之巾子峰下。暇日游憩所至，抉剔幽隐，作为绝句三百六十五篇，诗各有题，题各有诗。西湖天下景，斯编亦西湖杰构也。昔人标目胜境，着语不多，每矜擅场，此诗以少为贵者。至如杨备之《姑苏百题》，曹组、李质之《艮岳百咏》，阮阅之《郴阳百咏》，许尚之《华亭百咏》，张尧同之《嘉禾百咏》，马之纯、曾极之《金陵百咏》，诸人或土著，或宦游，或羁旅，或奉敕撰，兴会所至，每足流传不朽。此诗以多为贵者。独西湖自唐宋至今，诗且无万数，而百咏惟董静传七律。静传生宋季，所述多荒宫陊殿，断础颓垣之悲，读之徒增人凄恨。继是，未有为西湖开生面者。复斋生圣明之世，目睹夫金碧之光，仙佛之庐，翔涌璀璨于烟云变灭间。而复斋又自有敞楼幽轩，俯临清漪，与鱼鸟为宾主，襟灵莹发，才思玲珑，又与地相副。故其为诗也，雕绘不存，天然俊妙，以视静传所作，见闻殆一新焉。复斋方盛年，名誉日起，将践著作之庭，歌斋房，颂朱鹭，斯时一编，或付之筊衬笭箵之侣，与苹风蓼雨相应和，回首雪庄，当有软红香土不如之叹矣。乾隆壬申寒食日，钱唐同学弟厉鹗。

二十八、霞坪诗存序

潘衍桐《两浙輶轩录补遗》卷六杜钧小传："厉鹗诗序曰云云。"杜钧，字禹和，山阴（今浙江省绍兴市）人，著有《霞坪诗存》，此序当即《霞评诗存序》。《补遗》所录，似非完篇，其辞曰：

禹和工诗文，为老友章善山高弟。戊辰访予于邗江马氏斋，辨论古今星史、经传、兵法、地志，如钟之遇莛。既读其诗，笺疏泉石，吐纳烟霞，丽不靡而简有则，骎骎乎望剑南以为趋。

二十九、澄怀录跋

丁丙《善本书室藏书志》卷十九载周密《澄怀录》二卷，为樊榭抄本，中有厉鹗跋，云：

胜情胜具，兼之为难，弁阳老人于简册中作卧游想，大是安乐法也。所缀葺语，虽时见于他书，如下卷沈寓山、姜白石数则，流传绝少，足令阅者霁心豁目。

征引书目

一、古代著述

[1] 厉鹗.樊榭山房集[M].刻本.杭州:武林绣墨斋,1739(清乾隆四年).
[2] 厉鹗.樊榭山房续集[M].刻本.杭州:田翠含飚锦斋,1751(清乾隆十六年).
[3] 厉鹗.樊榭山房文集[M].刻本.杭州:吴鹤亭,1778(清乾隆四十三年).
[4] 厉鹗.樊榭山房集[M].刻本.广州:岭南述轩,1881(清光绪七年).
[5] 董兆熊.樊榭山房诗集笺注[M].稿本(南京图书馆藏).
[6] 董兆熊.樊榭山房诗集笺注[M].稿本(上海图书馆藏).
[7] 厉鹗.樊榭山房全集[M].刻本.杭州:振绮堂,1884(清光绪十年).
[8] 厉鹗.樊榭山房集[M].上海:上海古籍出版社,1992.
[9] 厉鹗.游仙集[M].刻本.杭州:知不足斋,1755(清乾隆二十年).
[10] 蒋坦.樊榭山房游仙三百首诗注[M]. 杭州:钱塘蒋氏,1848(清道光二十八年).
[11] 汪钺.悔少集注[M]//管庭芳.销夏录旧.北京:国立北平图书馆.
[12] 厉鹗.秋林琴雅[M].刻本.杭州:瓮熺,1722(清康熙六十一年).
[13] 厉鹗.东城杂记[M].刻本.杭州:振绮堂,1820(清嘉庆二十五年).
[14] 厉鹗.东城杂记[M] //丁丙.武林掌故丛编.杭州:嘉惠堂,1884(清光绪十年).
[15] 厉鹗.东城杂记[M].抄本.海宁:吴骞.
[16] 厉鹗.东城杂记[M].抄本.江阴:夏孙桐.
[17] 厉鹗.辽史拾遗[M].刻本.杭州:振绮堂,1822(清道光二年).
[18] 厉鹗.辽史拾遗[M].抄本.杭州:知不足斋.
[19] 厉鹗.玉台书史[M]//续修四库全书编委会.续修四库全书.上海:上海古籍出版社,2002.

[20] 厉鹗.宋诗纪事[M].刻本.杭州:樊榭山房,1746(清乾隆十一年).
[21] 厉鹗.南宋院画录[M]//丁丙.武林掌故丛编.杭州:嘉惠堂,1884(清光绪十年).
[22] 厉鹗.南宋院画录[M].抄本.
[23] 厉鹗.南宋杂事诗[M].刻本.杭州:芹香斋,1724(清雍正二年).
[24] 厉鹗.湖船录[M]//丁丙.武林掌故丛编.杭州:嘉惠堂,1881(清光绪七年).
[25] 厉鹗.增修云林寺志[M].刻本.1744(清乾隆九年).
[26] 厉鹗.增修云林寺志[M]//丁丙.武林掌故丛编.杭州:嘉惠堂,1888(清光绪十四年).
[27] 厉鹗.厉樊榭先生手选各家诗[M].抄本.
[28] 龚胡崟.厉先生文录[M].抄本.
[29] 莫庭芝.太鸿文钞[M].抄本.成都:王湘瀓.
[30] 厉鹗.焦山纪游集[M].刻本//伍崇曜.粤雅堂丛书.广州:南海伍氏,1853(清咸丰三年).
[31] 厉鹗.摄山纪游集[M]//缪荃孙.烟画东堂小品.江阴:江阴缪氏,1920(民国九年).
[32] 周密.绝妙好词笺[M].查为仁,厉鹗,笺.刻本.天津:查氏澹宜书屋,1744(清乾隆九年).
[33] 厉鹗,吴城.迎銮新曲[M]//丁丙.武林掌故丛编.杭州:嘉惠堂,1895(清光绪二十一年).
[34] 茅应奎,诸锦,厉鹗.絫吴龑诗选[M].刻本.湖州:赏诗阁,1752(清乾隆十七年).
[35] 姚汉章.唐文粹简编[M].厉鹗,谭献,选评.上海:中华书局,1916(民国五年).
[36] 沈德潜.归愚文续[M].厉鹗,评.刻本.1738(清乾隆三年).
[37] 傅王露,厉鹗,杭世骏,等.西湖志[M].刻本.杭州:两浙盐驿道,1735(清雍正十三年).
[38] 傅王露,等.浙江通志[M].刻本.1736(清乾隆元年).
[39] 张宏运,等.甘泉县志[M].刻本.1743(清乾隆八年).
[40] 姜夔.白石道人歌曲[M].抄本.扬州:小玲珑山馆.
[41] 姜夔.白石道人歌曲[M].刻本.扬州:陆钟辉,1743(清乾隆八年).
[42] 姜夔.白石道人歌曲[M].刻本.扬州:松桂读书堂,1749(清乾隆十四年).

［43］ 张炎. 山中白云词［M］. 印本. 杭州：小山堂.
［44］ 刘昌诗. 芦浦笔记［M］//鲍廷博. 知不足斋丛书. 杭州：知不足斋，1798（清嘉庆三年）.
［45］ 凤林书院. 精选名儒草堂诗余［M］. 刻本. 江都：秦氏享帚精舍，1811（清嘉庆十六年）.
［46］ 凤林书院. 精选草堂诗余［M］//伍崇曜. 粤雅堂丛书. 广州：南海伍氏，1853（清咸丰三年）.
［47］ 郭畀. 客杭日记［M］//鲍廷博. 知不足斋丛书. 杭州：知不足斋.
［48］ 张雨. 贞居词［M］//鲍廷博. 知不足斋丛书. 杭州：知不足斋，1772（清乾隆三十七年）.
［49］ 张翥. 蜕岩词［M］//鲍廷博. 知不足斋丛书. 杭州：知不足斋，1788（清乾隆五十三年）.
［50］ 孟宗宝. 洞霄诗集［M］//鲍廷博. 知不足斋丛书. 杭州：知不足斋，1784（清乾隆四十九年）.
［51］ 袁易. 静春堂诗集［M］//乾隆. 影印文渊阁四库全书. 台北：台湾商务印书馆，1986.
［52］ 张遂辰. 张遂辰集［M］. 抄本. 杭州：抱经堂.
［53］ 张遂辰. 白下编［M］//四库未收书辑刊编委会. 四库未收书辑刊：第七辑. 北京：北京出版社，1997.
［54］ 沈与文. 泉石清谭［M］. 抄本.
［55］ 朱彝尊. 曝书亭集［M］//张元济，等. 四部丛刊初编. 上海：商务印书馆，1919.
［56］ 宋荦. 西陂类稿［M］//乾隆. 影印文渊阁四库全书. 台北：台湾商务印书馆，1986.
［57］ 查慎行. 敬业堂诗集［M］//张元济，等. 四部丛刊初编. 上海：商务印书馆，1919.
［58］ 景星杓. 拗堂诗集［M］//四库未收书辑刊编委会. 四库未收书辑刊：第八辑. 北京：北京出版社，1997.
［59］ 方苞. 方望溪先生全集［M］//张元济，等. 四部丛刊初编. 上海：商务印书馆，1919.
［60］ 李绂. 穆堂初稿［M］//续修四库全书编委会. 续修四库全书. 上海：上海古籍出版社，2002.
［61］ 鲁曾煜. 秋塍文钞［M］//四库全书存目丛书编委会. 四库全书存目丛书. 济南：齐鲁书社，1997.

[62] 周京.无悔斋集[M]//四库全书存目丛书编委会.四库全书存目丛书.济南:齐鲁书社,1997.

[63] 郑性.南溪偶刊[M]//四库未收书辑刊编委会.四库未收书辑刊:第八辑.北京:北京出版社,1997.

[64] 程梦星.今有堂集[M]//四库全书存目丛书编委会.四库全书存目丛书.济南:齐鲁书社,1997.

[65] 金农.冬心先生集[M]//续修四库全书编委会.续修四库全书.上海:上海古籍出版社,2002.

[66] 金农.冬心先生续集[M]//续修四库全书编委会.续修四库全书.上海:上海古籍出版社,2002.

[67] 郑燮.板桥集[M]//续修四库全书编委会.续修四库全书.上海:上海古籍出版社,2002.

[68] 胡天游.石笥山房集[M]//续修四库全书编委会.续修四库全书.上海:上海古籍出版社,2002.

[69] 方士庶.环山诗钞[M]//清代诗文集汇编编委会.清代诗文集汇编.上海:上海古籍出版社,2010.

[70] 杭世骏.词科掌录[M]//周骏富.清代传记丛刊.台北:明文出版社,1985.

[71] 杭世骏.词科余话[M]//周骏富.清代传记丛刊.台北:明文出版社,1985.

[72] 杭世骏.道古堂集[M]//续修四库全书编委会.续修四库全书.上海:上海古籍出版社,2002.

[73] 丁敬.砚林诗集[M]//清代诗文集汇编编委会.清代诗文集汇编.上海:上海古籍出版社,2010.

[74] 周长发.赐书堂诗钞[M]//四库全书存目丛书编委会.四库全书存目丛书.济南:齐鲁书社,1997.

[75] 齐召南.宝纶堂文钞[M]//续修四库全书编委会.续修四库全书.上海:上海古籍出版社,2002.

[76] 齐召南.宝纶堂诗钞[M]//续修四库全书编委会.续修四库全书.上海:上海古籍出版社,2002.

[77] 全祖望.鲒埼亭集[M]//张元济,等.四部丛刊初编.上海:商务印书馆,1919.

[78] 倪国琏.春及堂诗集[M]//四库全书存目丛书编委会.四库全书存目丛书.济南:齐鲁书社,1997.

［79］ 金志章. 江声草堂诗集［M］//四库全书存目丛书编委会. 四库全书存目丛书. 济南：齐鲁书社，1997.

［80］ 张映斗. 秋水斋诗集［M］//四库全书存目丛书编委会. 四库全书存目丛书. 济南：齐鲁书社，1997.

［81］ 姚世钰. 孱守斋遗稿［M］//四库全书存目丛书编委会. 四库全书存目丛书. 济南：齐鲁书社，1997.

［82］ 王曾祥. 静便斋集［M］//四库全书存目丛书编委会. 四库全书存目丛书. 济南：齐鲁书社，1997.

［83］ 桑调元. 弢甫集［M］//四库全书存目丛书编委会. 四库全书存目丛书. 济南：齐鲁书社，1997.

［84］ 陈兆仑. 紫竹山房集［M］//四库未收书辑刊编委会. 四库未收书辑刊：第九辑. 北京：北京出版社，1997.

［85］ 汪师韩. 上湖纪岁文编［M］//续修四库全书编委会. 续修四库全书. 上海：上海古籍出版社，2002.

［86］ 袁枚. 小仓山房诗文集［M］//续修四库全书编委会. 续修四库全书. 上海：上海古籍出版社，2002.

［87］ 查为仁. 蔗堂未定稿［M］//清代诗文集汇编编委会. 清代诗文集汇编. 上海：上海古籍出版社，2010.

［88］ 沈树德. 慈寿堂文钞［M］//丛书集成续编编委会. 丛书集成续编：第129 册. 上海：上海书店出版社，1994.

［89］ 楼锜. 于湘遗稿［M］//四库未收书辑刊编委会. 四库未收书辑刊：第九辑. 北京：北京出版社，1997.

［90］ 汪沆. 槐塘诗稿［M］//清代诗文集汇编编委会. 清代诗文集汇编. 上海：上海古籍出版社. 2010.

［91］ 张熷. 读史举正［M］//续修四库全书编委会. 续修四库全书. 上海：上海古籍出版社，2002.

［92］ 张熷. 南漪先生遗集刻本［M］. 刻本.

［93］ 汪维宪. 积山先生遗集［M］//四库未收书辑刊编委会. 四库未收书辑刊：第九辑. 北京：北京出版社，1997.

［94］ 陈撰. 玉几山房吟卷［M］//四库全书存目丛书编委会. 四库全书存目丛书. 济南：齐鲁书社，1997.

［95］ 陈章. 孟晋斋诗集［M］//清代诗文集汇编编委会. 清代诗文集汇编. 上海：上海古籍出版社，2010.

［96］ 赵昱. 爱日堂吟稿［M］//清代诗文集汇编编委会. 清代诗文集汇编. 上

海:上海古籍出版社,2010.
[97] 赵信.同林倡和[M].刻本.杭州:赐锦堂,1759(清乾隆二十四年).
[98] 符曾.春凫小稿[M]//清代诗文集汇编编委会.清代诗文集汇编.上海:上海古籍出版社,2010.
[99] 符曾.于役河干稿[M].刻本.1736—1795(清乾隆年间).
[100] 符曾.赏雨茆屋小稿[M].刻本.杭州:吴用威,1924(民国十三年).
[101] 符曾.霜柯余响集[M]//清代诗文集汇编编委会.清代诗文集汇编.上海:上海古籍出版社,2010.
[102] 梁启心.南香草堂诗集[M]//清代诗文集汇编编委会.清代诗文集汇编.上海:上海古籍出版社,2010.
[103] 梁文濂.桐乳斋诗集[M]//四库全书存目丛书编委会.四库全书存目丛书.济南:齐鲁书社,1997.
[104] 梁同书.频罗庵遗集[M]//清代诗文集汇编编委会.清代诗文集汇编.上海:上海古籍出版社,2010.
[105] 杨知.审是斋诗抄[M].刻本.1736—1795(清乾隆年间).
[106] 马曰琯.沙河逸老小稿[M]//清代诗文集汇编编委会.清代诗文集汇编.上海:上海古籍出版社,2010.
[107] 马曰琯.嶰谷词[M]//清代诗文集汇编编委会.清代诗文集汇编.上海:上海古籍出版社,2010.
[108] 马曰璐.南斋集[M]//王云五.丛书集成初编.上海:商务印书馆,1935.
[109] 王藻.莺脰湖庄诗集[M].刻本.1736—1795(清乾隆年间).
[110] 王藻.广陵倡和录[M].刻本.1736—1795(清乾隆年间).
[111] 曹廷枢.谦斋诗稿[M]//四库全书存目丛书编委会.四库全书存目丛书.济南:齐鲁书社,1997.
[112] 鲍钤.道腴堂诗编[M]//清代诗文集汇编编委会.清代诗文集汇编.上海:上海古籍出版社,2010.
[113] 鲍钤.道腴堂诗续[M]//清代诗文集汇编编委会.清代诗文集汇编.上海:上海古籍出版社,2010.
[114] 鲍钤.道腴堂杂著[M]//清代诗文集汇编编委会.清代诗文集汇编.上海:上海古籍出版社,2010.
[115] 闵华.澄秋阁集[M]//四库未收书辑刊编委会.四库未收书辑刊:第十辑.北京:北京出版社,1997.
[116] 沈心.孤石山房诗集[M]//四库全书存目丛书编委会.四库全书存目

丛书. 济南:齐鲁书社,1997.
[117] 沈廷芳. 隐拙斋集[M]//四库全书存目丛书编委会. 四库全书存目丛书. 济南:齐鲁书社,1997.
[118] 张湄. 柳渔诗钞[M]//四库全书存目丛书编委会. 四库全书存目丛书. 济南:齐鲁书社,1997.
[119] 篆玉. 话堕集[M]//四库未收书辑刊编委会. 四库未收书辑刊:第十辑. 北京:北京出版社,1997.
[120] 明中. 烎虚大师遗集[M]//四库未收书辑刊编委会. 四库未收书辑刊:第十辑. 北京:北京出版社,1997.
[121] 华岩. 离垢集[M]//四库未收书辑刊编委会. 四库未收书辑刊:第十辑. 北京:北京出版社,1997.
[122] 翟灏. 无不宜斋稿[M]//续修四库全书编委会. 续修四库全书. 上海:上海古籍出版社,2002.
[123] 吴颖芳. 临江乡人诗[M]//清代诗文集汇编编委会. 清代诗文集汇编. 上海:上海古籍出版社,2010.
[124] 金甡. 廉斋诗集[M]//续修四库全书编委会. 续修四库全书. 上海:上海古籍出版社,2002.
[125] 施安. 旧雨斋集[M]//清代诗文集汇编编委会. 清代诗文集汇编. 上海:上海古籍出版社,2010.
[126] 吴震生. 笠阁丛书[M]. 刻本. 1796—1820(清嘉庆年间).
[127] 姚孔𬭚. 小安乐窝诗钞[M]//清代诗文集汇编编委会. 清代诗文集汇编. 上海:上海古籍出版社,2010.
[128] 舒瞻. 兰藻堂集[M]//清代诗文集汇编编委会. 清代诗文集汇编. 上海:上海古籍出版社,2010.
[129] 陶元藻. 泊鸥山房集 [M]//续修四库全书编委会. 续修四库全书. 上海:上海古籍出版社,2002.
[130] 王又曾. 丁辛老屋集[M]//清代诗文集汇编编委会. 清代诗文集汇编. 上海:上海古籍出版社,2010.
[131] 申甫. 殳园集[M]//清代诗文集汇编编委会. 清代诗文集汇编. 上海:上海古籍出版社,2010.
[132] 英廉. 梦堂诗稿[M]//四库未收书辑刊编委会. 四库未收书辑刊:第十辑. 北京:北京出版社,1997.
[133] 赵一清. 东潜文稿[M]. 印本. 杭州:小山堂,1794(清乾隆五十九年).
[134] 万经. 六堂诗存[M]//清代诗文集汇编编委会. 清代诗文集汇编. 上

海:上海古籍出版社,2010.
[135] 张四科. 宝闲堂集[M]//清代诗文集汇编编委会. 清代诗文集汇编. 上海:上海古籍出版社,2010.
[136] 张世进. 著老书堂集[M]//四库禁毁丛刊编委会. 四库禁毁丛刊. 北京:北京出版社,1997.
[137] 钱载. 萚石斋集[M]//续修四库全书编委会. 续修四库全书. 上海:上海古籍出版社,2002.
[138] 汪启淑. 飞鸿堂印人传[M]//续修四库全书编委会. 续修四库全书. 上海:上海古籍出版社,2002.
[139] 查学. 半缘词[M]. 刻本. 海宁:查氏,1740(清乾隆五年).
[140] 吴龙光. 钱塘吴雨亭先生诗集[M]//清代诗文集汇编编委会. 清代诗文集汇编. 上海:上海古籍出版社,2010.
[141] 许承祖. 雪庄西湖渔唱[M] //丁丙. 武林掌故丛编. 杭州:嘉惠堂,1884(清光绪十年).
[142] 王德溥. 宝日轩诗集[M]//清代诗文集汇编编委会. 清代诗文集汇编. 上海:上海古籍出版社,2010.
[143] 马荣祖. 力本文集[M]//四库未收书辑刊编委会. 四库未收书辑刊:第九辑. 北京:北京出版社,1997.
[144] 王昶. 春融堂集[M]//续修四库全书编委会. 续修四库全书. 上海:上海古籍出版社,2002.
[145] 朱休度. 小木子诗三刻[M]//续修四库全书编委会. 续修四库全书. 上海:上海古籍出版社,2002.
[146] 许宗彦. 鉴止水斋集[M]//续修四库全书编委会. 续修四库全书. 上海:上海古籍出版社,2002.
[147] 翁方纲. 复初斋诗集[M]//续修四库全书编委会. 续修四库全书. 上海:上海古籍出版社,2002.
[148] 翁方纲. 复初斋文集[M]//续修四库全书编委会. 续修四库全书. 上海:上海古籍出版社,2002.
[149] 洪亮吉. 洪北江诗文集[M]//张元济,等. 四部丛刊初编. 上海:商务印书馆,1919.
[150] 汪远孙. 借闲生诗词[M]//清代诗文集汇编编委会. 清代诗文集汇编. 上海:上海古籍出版社,2010.
[151] 夏之盛. 留余堂诗钞[M]//清代诗文集汇编编委会. 清代诗文集汇编. 上海:上海古籍出版社,2010.

[152] 张应昌.彝寿轩诗钞[M]//清代诗文集汇编编委会.清代诗文集汇编.上海:上海古籍出版社,2010.
[153] 诸可宝.璞斋集[M]//清代诗文集汇编编委会.清代诗文集汇编.上海:上海古籍出版社,2010.
[154] 钱泰吉.清芬世守录[M].稿本.
[155] 陈祚明.采菽堂古诗选[M]//续修四库全书编委会.续修四库全书.上海:上海古籍出版社,2002.
[156] 章世丰.南湖倡和集[M] //丁丙.武林掌故丛编.杭州:嘉惠堂,1881(清光绪七年).
[157] 丁文衡.牡丹诗[M].刻本.
[158] 汪台.复园红板桥诗[M] //丁丙.武林掌故丛编.杭州:嘉惠堂,1881(清光绪七年).
[159] 陆森.寒山旧庐诗[M] //丁丙.武林掌故丛编.杭州:嘉惠堂,1895(清光绪二十一年).
[160] 全祖望,等.韩江雅集[M].刻本.1747(清乾隆十二年).
[161] 鄂敏,等.西湖修禊诗[M] //丁丙.武林掌故丛编.杭州:嘉惠堂,1879(清光绪五年).
[162] 余懋棅.杭郡庠得表忠碑观碑记事[M].丁丙.武林掌故丛编.杭州:嘉惠堂,1881(清光绪七年).
[163] 王钧.养素园诗[M] //丁丙.武林掌故丛编.杭州:嘉惠堂,1881(清光绪七年).
[164] 杭棫.松吹读书堂题咏[M] //丁丙.武林掌故丛编.杭州:嘉惠堂,1895(清光绪二十一年).
[165] 马曰琯,等.林屋唱酬录[M]//王云五.丛书集成初编.上海:商务印书馆,1936.
[166] 翟灏.艮山杂志[M] //丁丙.武林掌故丛编.杭州:嘉惠堂,1896(清光绪二十二年).
[167] 王士禛.感旧集[M]//四库禁毁丛刊编委会.四库禁毁丛刊.北京:北京出版社,1997.
[168] 宋荦.江左十五子诗选[M]//四库全书存目丛书编委会.四库存全书存目丛书.济南:齐鲁书社,1997.
[169] 沈德潜.清诗别裁集[M].北京:中华书局,1975.
[170] 汪埙.中晚唐七言绝句[M].刻本.扬州:陈法祖,1723(清雍正元年).
[171] 陆钟辉.南宋诗选[M].刻本.扬州:晚晴书屋,1731(清雍正九年).

[172] 陆心源. 宋诗纪事补遗[M]//续修四库全书编委会. 续修四库全书. 上海:上海古籍出版社,2002.
[173] 陆心源. 宋诗纪事小传补正[M]//续修四库全书编委会. 续修四库全书. 上海:上海古籍出版社,2002.
[174] 陆心源. 仪顾堂题跋[M]//续修四库全书编委会. 续修四库全书. 上海:上海古籍出版社,2002.
[175] 王昶. 湖海诗传[M]//续修四库全书编委会. 续修四库全书. 上海:上海古籍出版社,2002.
[176] 汪远孙,等. 清尊集[M]. 刻本. 杭州:振绮堂,1839(清道光十九年).
[177] 阮元,潘衍桐,等. 两浙輶轩录[M]//续修四库全书编委会. 续修四库全书. 上海:上海古籍出版社,2002.
[178] 阮元,潘衍桐,等. 两浙輶轩续录[M]//续修四库全书编委会. 续修四库全书. 上海:上海古籍出版社,2002.
[179] 阮元,潘衍桐,等. 两浙輶轩录补遗[M]//续修四库全书编委会. 续修四库全书. 上海:上海古籍出版社,2002.
[180] 吴灏,吴振棫. 国朝杭郡诗辑[M]. 刻本. 杭州:钱塘丁氏,1874(清同治十三年),1876(清光绪二年).
[181] 丁丙. 国朝杭郡诗三辑[M]. 刻本. 杭州:钱塘丁氏,1893(清光绪十九年).
[182] 吴应和,马洵,辑. 浙西六家诗钞[M]. 刻本. 海宁:紫微山馆,1827(清道光七年).
[183] 陶梁辑. 词综补遗[M]//续修四库全书编委会. 续修四库全书. 上海:上海古籍出版社,2002.
[184] 张泰来. 江西诗社宗派图[M]//鲍廷博. 知不足斋丛书. 杭州. 知不足斋.
[185] 袁枚. 随园诗话[M]. 北京:人民文学出版社,1982.
[186] 陶元藻. 全浙诗话[M]//续修四库全书编委会. 续修四库全书. 上海:上海古籍出版社,2002.
[187] 沈涛. 匏庐诗话[M]//丛书集成续编编委会. 丛书集成续编:第158册. 上海:上海书店出版社, 1994.
[188] 冯金伯. 词苑粹编[M] . 刻本. 1796—1820(清嘉庆年间).
[189] 陈廷焯. 白雨斋词话[M]. 北京:人民文学出版社,1959.
[190] 谢章铤. 赌棋山庄词话[M]//续修四库全书编委会. 续修四库全书. 上海:上海古籍出版社,2002.

[191] 钱林辑，王藻. 文献征存录[M]//周骏富. 清代传记丛刊. 台北：明文出版社，1985.
[192] 钱仪吉. 碑传集[M]//周骏富. 清代传记丛刊. 台北：明文出版社，1985.
[193] 国史馆. 汉名臣传[M]//周骏富. 清代传记丛刊. 台北：明文出版社，1985.
[194] 李富孙. 鹤征后录[M]//周骏富. 清代传记丛刊. 台北：明文出版社，1985.
[195] 苏惇元. 方望溪年谱[M]//张元济，等. 四部丛刊初编. 上海：商务印书馆，1919.
[196] 沈德潜. 沈归愚自订年谱[M]//北京图书馆. 北京图书馆藏珍本年谱丛刊：第 91 册. 北京：北京图书馆出版社，1999.
[197] 朱文藻. 厉樊榭先生年谱[M]. 缪荃孙，重订. 湖州：刘氏嘉业堂，1939.
[198] 杨谦. 朱竹垞先生年谱[M] //北京图书馆. 清初名儒年谱：第 10 册. 北京：北京图书馆出版社，2006.
[199] 陈玉绳. 陈句山先生年谱[M]//北京图书馆. 北京图书馆藏珍本年谱丛刊：第 97 册. 北京：北京图书馆出版社，1999.
[200] 陈敬璋. 查他山先生年谱[M]. 湖州：刘氏嘉业堂，1935.
[201] 张穆. 阎若璩年谱[M]. 北京：中华书局，1994.
[202] 顾镇. 黄侍郎公年谱[M]//北京图书馆. 北京图书馆藏珍本年谱丛刊：第 91 册. 北京：北京图书馆出版社，1999.
[203] 董秉纯. 全谢山先生年谱[M]//张元济，等. 四部丛刊初编. 上海：商务印书馆，1919.
[204] 方士庶. 天慵庵笔记[M]//赵之谦. 鹤斋丛书. 绍兴：赵之谦，1934.
[205] 徐逢吉. 清波小志[M] //丁丙. 武林掌故丛编. 杭州：嘉惠堂，1881(清光绪七年).
[206] 张道. 定乡小识[M] //丁丙. 武林掌故丛编. 杭州：嘉惠堂，1882(清光绪八年).
[207] 释际祥. 净慈寺志[M] //丁丙. 武林掌故丛编. 杭州：嘉惠堂，1888(清光绪十四年).
[208] 周二学. 赏延素心录[M]//王云五. 丛书集成初编. 上海：商务印书馆，1939.
[209] 金埴. 不下带编[M]. 北京：中华书局，1982.

[210] 曹斯栋. 稗贩[M]//四库未收书辑刊编委会. 四库未收书辑刊:第十辑. 北京:北京出版社,1997.
[211] 陈景钟. 清波小志补[M]//丁丙. 武林掌故丛编. 杭州:嘉惠堂,1881(清光绪七年).
[212] 罗以智. 新门散记[M]//丁丙. 武林掌故丛编. 杭州. 嘉惠堂,1881(清光绪七年).
[213] 梁绍壬. 两般秋雨庵随笔[M]//续修四库全书编委会. 续修四库全书. 上海:上海古籍出版社,2002.
[214] 陈康祺. 郎潜纪闻[M]. 北京:中华书局,1984.
[215] 吴庆坻. 蕉廊脞录[M]. 北京:中华书局,1993.
[216] 许承尧. 歙事闲谭[M]. 黄山:黄山书社,2001.
[217] 尹元炜. 溪上遗闻集录[M]. 刻本. 宁波:抱珠楼,1848(清道光二十八年).
[218] 戈守智. 汉溪书法通解[M]//续修四库全书编委会. 续修四库全书. 上海:上海古籍出版社,2002.
[219] 汤漱玉. 玉台画史[M]. 刻本. 杭州:振绮堂,1837(清道光十七年).
[220] 王端履. 重论文斋笔录[M]//续修四库全书编委会. 续修四库全书. 上海:上海古籍出版社,2002.
[221] 丁丙. 武林坊巷志[M]. 杭州:浙江人民出版社,1990.
[222] 丁丙. 善本书藏书志[M]. 刻本. 杭州:钱塘丁氏,1901(清光绪二十七年).
[223] 葛嗣浵. 爱日吟庐书画录[M]//续修四库全书编委会. 续修四库全书. 上海:上海古籍出版社,2002.
[224] 葛嗣浵. 爱日吟庐书画补录[M]//续修四库全书编委会. 续修四库全书. 上海:上海古籍出版社,2002.
[225] 葛嗣浵. 爱日吟庐书画续录[M]//续修四库全书编委会. 续修四库全书. 上海:上海古籍出版社,2002.
[226] 葛嗣浵. 爱日吟庐书画别录[M]//续修四库全书编委会. 续修四库全书. 上海:上海古籍出版社,2002.
[227] 江铭忠. 清代画史补录[M]//周骏富. 清代传记丛刊. 台北:明文出版社,1985.
[228] 俞樾. 春在堂随笔[M]. 南京:凤凰出版社,2000.
[229] 蒋光煦. 东湖丛记[M]//续修四库全书编委会. 续修四库全书. 上海:上海古籍出版社,2002.

[230] 倪模. 古今钱略[M]. 刻本 //四库未收书辑刊编委会. 四库未收书辑刊:第六辑. 北京出版社,1997.
[231] 彭润章,叶廉锷,等. 平湖县志[M]. 刻本. 1886(清光绪十二年).

二、现代著述

[1] 清实录[M]. 北京:中华书局,2008.
[2] 赵尔巽,等. 清史稿[M]. 北京:中华书局,1977.
[3] 中国人民大学清史研究所. 清史编年[M]. 北京:中国人民大学出版社,2000.
[4] 李恒. 国朝耆献类征初编[M]//周骏富. 清代传记丛刊. 台北:明文出版社,1985.
[5] 宫中档雍正朝奏折[M]. 台北:"故宫博物院",1982.
[6] 陈璚,王棻,等. 民国杭州府志[M]//中国方志集成编委会. 中国方志集成. 上海:上海书店出版社,2000.
[7] 柯愈春. 清代诗文集总目提要[M]. 北京:北京古籍出版社,2001.
[8] 朱保炯,谢沛霖. 明清进士题名碑录索引[M]. 上海:上海古籍出版社,2001.
[9] 张慧剑. 明清江苏文人年表[M]. 上海:上海古籍出版社,1986.
[10] 江庆柏. 清代人物生卒年表[M]. 北京:人民文学出版社,2005.
[11] 陆谦祉. 厉樊榭年谱[M]. 台北:台湾商务印书馆,1981.
[12] 蒋天枢. 全谢山先生年谱[M]. 上海:商务印书馆,1932.
[13] 戴廷杰. 戴名世年谱[M]. 北京:中华书局,2004.
[14] 蒋寅. 王渔洋纪事征略[M]. 北京:人民文学出版社,2001.
[15] 柴萼. 梵天庐丛录[M]. 上海:中华书局,1926.
[16] 中国历史博物馆. 小莽苍苍斋藏清代学者法书选集[M]. 北京:文物出版社,1995.

三、论文

[1] 孙克宽. 厉樊榭年谱初稿[J]. 大陆杂志,1978,56(6).
[2] 涂宗涛. 介绍厉鹗的两首佚事[J]. 杭州师范学院学报,1989(5).
[3] 李国庆. 厉鹗题识匡谬一例[J]. 文献,1992(4).
[4] 于中航. 记厉鹗、周京与汪沆书[J]. 文物,2013(4).

后　记

关于此书的缘起，还要追溯到九年前撰写博士学位论文的时候。我论文的研究对象是清代宋诗选本，厉鹗自然是一个绕不开的话题。根据研究计划，我先以宋诗选本为中心，为清代宋诗学史编年。随着资料的不断增加，厉鹗的重要性和研究价值日益凸显，我对他的兴趣也愈趋浓厚。同时深感学术界对他的研究空白太多，包括一些基础性的工作尚付阙如，于是萌生了编撰厉鹗年谱的想法。我一边写作博士学位论文，一边搜集资料，编撰年谱。至论文完成，年谱亦粗具规模。

博士毕业以后，我来到浙江师范大学从事教学工作。一方面是工作需要，研究兴趣有所转移；另一方面深觉自己资质鲁钝，学无所成，于文学颇有兴味索然之感，年谱随之被弃置一边。直至2011年，我以“厉鹗年谱长编”为题申请了浙江省哲学社会科学规划课题；2015年，又申请到浙江省省级社会科学学术著作出版资助。课题所迫，勉力为之，终于完稿。老实说，如果没有课题的督促，以我迂懒的个性，怕是很难完成此书的。念及此，亦喜亦愧。岁月倏忽，揽镜惊心，录旧作一篇，聊以志感，幸勿见哂：

婺水行将老，北山坐复春。平生如过燕，世事每惊禽。疏懒悄成性，壮怀空入云。业文无一可，食古竟七贫。卧冷惭先正，趋炎恤后身。牢骚常满腹，苟且亦同群。独咏聱牙句，漫为廓落人。功名随远近，山水但浮沉。

众所周知，文献研究工作极为繁杂琐碎，欲求完善，漫无止境。笔者虽勉力而为，奈何所见不博，疏漏错误，在所难免，尚请读者多加指正。此书撰写过程中，同学洪伟、张鹏、傅建忠、谢国剑助力甚多，学生黎其凤亦帮助搜集资料，并致谢忱。

申屠青松

丙申孟夏书于珞珈堂